普通高等学校"十三五"市场营销专业规划教材

郝渊晓 主编

商务谈判与推销实务教程

主　编：董　原　宋小强
副主编：薛　颖　唐家琳

·广州·

版权所有　翻印必究

图书在版编目（CIP）数据

商务谈判与推销实务教程/董原，宋小强主编；薛颖，唐家琳副主编. —广州：中山大学出版社，2015.2

（普通高等学校"十三五"市场营销专业规划教材/郝渊晓主编）

ISBN 978 - 7 - 306 - 05096 - 0

Ⅰ. ①商… Ⅱ. ①董… ②宋… ③薛… ④唐… Ⅲ. ①商务谈判—高等学校—教材 ②推销—高等学校—教材 Ⅳ. ①F715.4 ②F713.3

中国版本图书馆 CIP 数据核字（2014）第 281474 号

出版人：	徐　劲
策划编辑：	蔡浩然
责任编辑：	蔡浩然
封面设计：	林绵华
责任校对：	杨文泉
责任技编：	黄少伟
出版发行：	中山大学出版社
电　　话：	编辑部 020 - 84111996，84113349，84110779
	发行部 020 - 84111998，84111981，84111160
地　　址：	广州市新港西路135号
邮　　编：	510275　　　　传　真：020 - 84036565
网　　址：	http：//www.zsup.com.cn　E-mail：zdcbs@mail.sysu.edu.cn
印　刷　者：	佛山市浩文彩色印刷有限公司
规　　格：	787mm×1092mm　1/16　19印张　436千字
版次印次：	2015年2月第1版　2019年7月第4次印刷
印　　数：	12 001～15 000册　　定　价：34.90元

如发现本书因印装质量影响阅读，请与出版社发行部联系调换

董原 女，教授，硕士生导师，兰州商学院工商管理学院院长，长期从事营销管理理论教学与研究。学术兼职有全国高校商务管理研究会常务理事、甘肃省市场营销协会副会长等。发表论文40余篇，主编、参编著作8部，其中：《公共关系原理与实务》、《推销学》两部教材均获甘肃省社会科学"兴陇奖"三等奖，《公共关系原理实务应用》获中国西部地区教育图书优秀奖，《新编公共关系学》获甘肃省第七届优秀图书二等奖。参与并完成国家级课题2项、省级课题3项、教育厅课题2项。研究成果获甘肃省社会科学优秀成果二等奖2项、三等奖2项。教学成果获甘肃省教学成果一等奖1项、教育厅级奖2项，主讲的"公共关系学"课程获甘肃省精品课。

目前在研的项目主要有国家级社科课题项目"西部少数民族地区创新创业人才队伍建设研究"、"丝绸之路申遗中国段旅游区域旅游形象设计与推广策略研究"、甘肃省社科规划课题"深入推进西部大开发研究——甘肃与毗邻地区协同发展的机制设计"等。

宋小强 男，副教授，兰州商学院工商管理学院教师，长期从事营销管理理论的教学与研究。发表论文20余篇，主编、参编著作2部，参与并完成省级课题5项。

内 容 提 要

本书介绍了商务谈判与推销理论、谈判策略、推销技巧、推销程序、推销管理、价格磋商、商务沟通和商务礼仪等内容，对商务谈判与推销从理论和实务两个方面进行了系统阐述与分析。

本书理论联系实际，体现了理论性与实用性的统一。书中内容丰富，体例新颖，体现了导学性与趣味性的特点。本书既适合普通高等院校市场营销和工商管理专业本科生做教材，也可作为高等职业技术学院和高等专科学校营销类专业学生的通用教材，亦适合企业营销管理人员和推销人员学习使用。对希望了解商务谈判与推销知识的读者来说，本书也是一本理想的入门读物。

普通高等学校"十三五"市场营销专业规划教材
编写指导委员会

学术顾问	贾生鑫	（中国高等院校市场学研究会首任会长、现顾问，西安交通大学教授）
	李连寿	（中国高等院校市场学研究会原副会长、现顾问，上海海事大学教授、教学督导）
	符国群	（中国高等院校市场学研究会副会长，北京大学光华管理学院营销系主任、教授）
主　　任	周　南	（香港城市大学市场营销学系主任、教授，武汉大学长江学者讲座教授）
常务副主任	郝渊晓	（中国高等院校市场学研究会常务理事、副秘书长，西安交通大学经济与金融学院教授）
	张　鸿	（西安邮电大学经济与管理学院院长、教授）
	蔡浩然	（中山大学出版社编审）
副　主　任	王正斌	（西北大学研究生院常务副院长、教授）
	庄贵军	（西安交通大学管理学院市场营销系主任、教授）
	李先国	（中国人民大学商学院教授）
	惠　宁	（西北大学经济管理学院副院长、教授）
	董千里	（长安大学管理学院系主任、教授）
	侯立军	（南京财经大学工商管理学院院长、教授）
	王君萍	（西安石油大学经济管理学院院长、教授）
	马广奇	（陕西科技大学管理学院院长、教授）
	周建民	（广东金融学院职业教育学院副院长、教授）
	靳俊喜	（重庆工商大学商务策划学院院长、教授）
	侯淑霞	（内蒙古财经学院商务学院院长）
	孙国辉	（中央财经大学商学院院长、教授）
	成爱武	（西安工程大学图书馆馆长、教授）
	靳　明	（浙江财经大学《财经论丛》副主编、教授）
	董　原	（兰州商学院工商管理学院院长、教授）
	徐大佑	（贵州财经大学工商管理学院院长、教授）
	胡其辉	（云南大学经济学院教授）
	秦陇一	（广州大学管理学院教授）
	闫涛蔚	（山东大学威海分校科技处处长、教授）
	周筱莲	（西安财经学院管理学院营销系主任、教授）
	张占东	（河南财经政法大学经贸学院院长、教授）

普通高等学校"十三五"市场营销专业规划教材编写委员会

主　　编　郝渊晓　（中国高等院校市场学研究会常务理事、副秘书长，
　　　　　　　　　　西安交通大学经济与金融学院教授）
副 主 编　张　鸿　（西安邮电大学经济与管理学院院长、教授）
　　　　　董　原　（兰州商学院工商管理学院院长、教授）
　　　　　杨树青　（华侨大学工商管理学院教授）
　　　　　费明胜　（五邑大学管理学院教授、博士）
　　　　　蔡继荣　（重庆工商大学商务策划学院副教授、博士）
　　　　　邓少灵　（上海海事大学副教授、博士）
　　　　　李雪茹　（西安外国语大学教务处处长、教授）
　　　　　肖祥鸿　（上海海事大学副教授、博士）
　　　　　彭建仿　（重庆工商大学教授、博士）
　　　　　李景东　（内蒙古财经大学商务学院营销系主任、副教授）
委　　员　郝渊晓　张　鸿　董　原　杨树青　费明胜　蔡继荣
　　　　　邓少灵　李雪茹　刘晓红　肖祥鸿　彭建仿　徐樱华
　　　　　邵燕斐　赵玉龙　李　霞　赵国政　郭　永　邹晓燕
　　　　　薛　颖　梁俊凤　葛晨霞　常　亮　余　啸　郝思洁
　　　　　张　媛　何军红　史贤华　王素侠　薛　楠　吴聪冶
　　　　　许惠铭　李竹梅　崔　莹　王文军　刘　仓　李　燕
　　　　　张芳芳　宋恩梅　宋小强　荆　炜　郭晓云　关辉国
　　　　　赵　彦　周美莉　高　帆　杨丹霞　周　琳　韩小红
　　　　　周　勇　赵春秀　马晓旭　高　敏　蒋开屏　卢长利
　　　　　符全胜　祝火生　高维和　赵永全　迟晓英　张晓燕
　　　　　任声策　甘胜利　李　琳　陈　刚　李景东　张　洁
　　　　　唐家琳　胡　强

总　序

党的"十八大"以来，我国经济发展逐步告别高增长的发展模式，进入经济增长速度换挡期、结构调整阵痛期、刺激政策消化期的三期叠加的"新常态"的发展阶段。同时将继续"坚定不移地推进经济结构调整、推进经济的转型升级"，努力打造全新的"中国经济的升级版"。随着宏观环境的变化，科学技术的发展，特别是大数据、云计算、物联网、移动通信技术等广泛应用，出现了许多诸如微营销、电子商务购物、网络团购等许多新的营销工具，这些新情况，需要引起理论界和企业界的高度关注。

在这样的大背景下，高校市场营销专业如何培养能够适应未来市场竞争的营销人才，就成为理论工作者必须思考的问题。提高营销人才培养质量，增强学生对市场竞争的应变能力和适应能力，一方面必须进行教学方法改革，注重对学生的能力培养；另一方面要加快教材建设，更新教材内容，吸收前沿理论与知识，总结我国企业营销实践经验，以完善营销学教材体系。

为实现营销人才培养与指导企业实践融合的目标，为适应高校在"十三五"期间市场营销、贸易经济、国际贸易、电子商务、工商管理、物流管理、经济学等专业教学需要，在中山大学出版社的建议下，由西安交通大学经济与金融学院教授、中国高校市场学研究会常务理事、副秘书长、西安现代经济与管理研究院副院长郝渊晓，牵头组织对2009年出版的"普通高等学校"十一五"市场营销专业规划教材"进行全面修订，出版新版的"普通高等学校"十三五"市场营销专业规划教材"。该系列教材一共10本，分别是：《市场营销学》（第2版）、《公共关系学》（第2版）、《消费者行为学》（第2版）、《现代广告学》（第2版）、《商务谈判与推销实务教程》、《分销渠道管理学教程》、《营销策划学教程》、《网络营销学教程》、《市场营销调研学教程》、《国际市场营销学教程》。

本次教材的修订，我们坚持的基本原则和要求是：尽量吸收最新营销理论的前沿知识、方法和工具；更换过时的资料数据，采用最新资料；充实国内外最新案例。本系列教材的编写，汇集了我国30多所高校长期从事营销学教学和研究的专业人员，他们有着丰富的教学及营销实践经验，收集了大量的有价值的营销案例，力图融合国内外已有教材的优点，出版一套能适应营销人才知识更新及能力提升要求的精品教材。

  作为本系列教材的主编,我十分感谢中山大学出版社对教材出版的关心和支持,我也十分感谢每本书的作者为编写教材所付出的艰辛劳动。在教材的编写中,虽然我们尽了最大的努力,但由于水平有限,书中难免还有错误和不足之处,恳请同行和读者批评指正。

郝渊晓

2014 年 10 月于西安交通大学经济与金融学院

目　录

总序 ……………………………………………………………………………（Ⅰ）

第一编　商务谈判

第一章　商务谈判概述 ………………………………………………………（1）
　案例导读：分橙子的故事 ……………………………………………………（1）
　第一节　谈判概述 ……………………………………………………………（2）
　　一、谈判的概念 ………………………………………………………………（2）
　　二、谈判的特征 ………………………………………………………………（3）
　　三、谈判的基本理论 …………………………………………………………（4）
　第二节　商务谈判的概念与特点 ……………………………………………（10）
　　一、商务谈判的概念 …………………………………………………………（10）
　　二、商务谈判的特点 …………………………………………………………（11）
　　三、商务谈判成功的评判标准 ………………………………………………（12）
　第三节　商务谈判的原则与类型 ……………………………………………（13）
　　一、商务谈判的原则 …………………………………………………………（13）
　　二、商务谈判的类型 …………………………………………………………（16）
　本章小结 ………………………………………………………………………（21）
　思考与实训 ……………………………………………………………………（21）

第二章　商务谈判准备 ………………………………………………………（25）
　案例导读：《隆中对》赏析 …………………………………………………（25）
　第一节　商务谈判调查 ………………………………………………………（27）
　　一、商务谈判信息的内容 ……………………………………………………（28）
　　二、商务谈判信息搜集方式 …………………………………………………（30）
　第二节　商务谈判计划 ………………………………………………………（31）
　　一、明确谈判的主题和目标 …………………………………………………（32）
　　二、制定谈判的基本策略 ……………………………………………………（32）
　　三、制定谈判的具体方案 ……………………………………………………（33）
　第三节　商务谈判组织 ………………………………………………………（35）
　　一、选拔谈判人员 ……………………………………………………………（35）

二、谈判小组成员的分工与协作 …………………………………………………… (36)
　　三、谈判地点与时间的选择 ………………………………………………………… (38)
　本章小结 ………………………………………………………………………………… (42)
　思考与实训 ……………………………………………………………………………… (42)

第三章　商务谈判过程 …………………………………………………………………… (45)
　案例导读：幽默对紧张谈判气氛的缓和 ……………………………………………… (45)
　第一节　商务谈判开局阶段 …………………………………………………………… (45)
　　一、建立洽谈气氛 …………………………………………………………………… (46)
　　二、开场陈述 ………………………………………………………………………… (47)
　　三、开局的方式、策略与技巧 ……………………………………………………… (48)
　第二节　商务谈判磋商阶段 …………………………………………………………… (51)
　　一、磋商过程中的抗拒 ……………………………………………………………… (51)
　　二、磋商过程中的冲突与合作 ……………………………………………………… (54)
　　三、磋商过程中的威胁 ……………………………………………………………… (61)
　　四、磋商过程中的僵局 ……………………………………………………………… (64)
　　五、磋商过程中的让步 ……………………………………………………………… (68)
　第三节　商务谈判结束阶段 …………………………………………………………… (71)
　　一、各种可能的谈判结果 …………………………………………………………… (71)
　　二、结束谈判的方式 ………………………………………………………………… (72)
　　三、协议的形成与签订 ……………………………………………………………… (72)
　本章小结 ………………………………………………………………………………… (74)
　思考与实训 ……………………………………………………………………………… (75)

第四章　商务谈判策略 …………………………………………………………………… (79)
　案例导读：触龙说赵太后 ……………………………………………………………… (79)
　第一节　不同地位者的谈判策略 ……………………………………………………… (80)
　　一、平等地位者的谈判策略 ………………………………………………………… (80)
　　二、被动地位者的谈判策略 ………………………………………………………… (84)
　　三、主动地位者的谈判策略 ………………………………………………………… (87)
　第二节　应对不同风格谈判者的策略 ………………………………………………… (91)
　　一、应对强硬型谈判风格的策略 …………………………………………………… (91)
　　二、应对不合作型谈判风格的策略 ………………………………………………… (93)
　　三、应对阴谋型谈判风格的策略 …………………………………………………… (95)
　　四、应对合作型谈判风格的策略 …………………………………………………… (97)
　第三节　不同性格谈判者的应对策略 ………………………………………………… (98)
　　一、对待感情型谈判对手的策略 …………………………………………………… (99)

二、对待固执型谈判对手的策略 …………………………………………… (99)
　　三、对待虚荣型谈判对手的策略 …………………………………………… (100)
　本章小结 ………………………………………………………………………… (101)
　思考与实训 ……………………………………………………………………… (101)

第五章　国际商务谈判 ……………………………………………………… (105)
　案例导读：中国谈判小组在中东 ……………………………………………… (105)
　第一节　国际商务谈判原理 …………………………………………………… (106)
　　一、国际商务谈判与国内商务谈判的共性 …………………………………… (106)
　　二、国际商务谈判与国内商务谈判的区别 …………………………………… (106)
　　三、国际商务谈判的特点与基本要求 ………………………………………… (110)
　第二节　世界主要国家谈判者的特点 ………………………………………… (112)
　　一、美国人的谈判特点 ……………………………………………………… (112)
　　二、日本人的谈判特点 ……………………………………………………… (114)
　　三、俄罗斯人的谈判特点 …………………………………………………… (117)
　　四、英国人的谈判特点 ……………………………………………………… (119)
　　五、德国人的谈判特点 ……………………………………………………… (121)
　　六、法国人的谈判特点 ……………………………………………………… (123)
　　七、阿拉伯人的谈判特点 …………………………………………………… (124)
　　八、非洲人的谈判特点 ……………………………………………………… (125)
　第三节　中国人的谈判特点 …………………………………………………… (126)
　　一、关系的建立 ……………………………………………………………… (126)
　　二、决策结构 ………………………………………………………………… (128)
　　三、合同的严肃性 …………………………………………………………… (128)
　　四、沟通的方式 ……………………………………………………………… (128)
　　五、时间观念 ………………………………………………………………… (129)
　本章小结 ………………………………………………………………………… (129)
　思考与实训 ……………………………………………………………………… (130)

第二编　推销理论与实务

第六章　推销基本理论 ………………………………………………………… (133)
　案例导读：女大学生推销男士内裤 …………………………………………… (133)
　第一节　推销概述 ……………………………………………………………… (134)
　　一、推销学的产生与发展 …………………………………………………… (134)
　　二、推销的含义与特点 ……………………………………………………… (136)
　　三、推销的原则与作用 ……………………………………………………… (138)

四、推销的过程与形式 …………………………………………………… (139)
　第二节　推销三角理论 …………………………………………………………… (141)
　　一、推销员对企业的信任 ………………………………………………… (142)
　　二、推销员对产品的信任 ………………………………………………… (142)
　　三、推销员对自己的信任 ………………………………………………… (142)
　第三节　推销系统理论 …………………………………………………………… (143)
　　一、系统的概念 …………………………………………………………… (143)
　　二、推销系统 ……………………………………………………………… (143)
　第四节　推销方格理论 …………………………………………………………… (146)
　　一、推销人员方格 ………………………………………………………… (146)
　　二、顾客方格 ……………………………………………………………… (148)
　　三、推销人员方格与顾客方格的关系 …………………………………… (150)
　第五节　推销模式 ………………………………………………………………… (151)
　　一、爱达（AIDA）模式 ………………………………………………… (152)
　　二、迪伯达（DIPADA）模式 …………………………………………… (154)
　　三、埃德伯（IDEPA）模式 ……………………………………………… (156)
　　四、费比（FABE）模式 ………………………………………………… (157)
　本章小结 …………………………………………………………………………… (158)
　思考与实训 ………………………………………………………………………… (159)

第七章　寻找顾客和访问顾客前的准备 ……………………………………… (162)
　案例导读：唐飚如何寻找他的准顾客 ………………………………………… (162)
　第一节　寻找准顾客 ……………………………………………………………… (163)
　　一、寻找推销线索 ………………………………………………………… (163)
　　二、寻找推销对象的方法 ………………………………………………… (164)
　　三、寻找推销对象的要求 ………………………………………………… (167)
　第二节　访问顾客前的准备 ……………………………………………………… (167)
　　一、搜集顾客资料 ………………………………………………………… (168)
　　二、鉴定顾客资格 ………………………………………………………… (169)
　　三、准备充足的访问理由 ………………………………………………… (171)
　　四、拟定推销计划 ………………………………………………………… (172)
　　五、做好充分的物质和精神准备 ………………………………………… (173)
　本章小结 …………………………………………………………………………… (174)
　思考与实训 ………………………………………………………………………… (174)

第八章　接触顾客、介绍产品和推销洽谈 …………………………………… (176)
　案例导读：以"赞美"对方开始访谈 ………………………………………… (176)

第一节　接触顾客 ………………………………………………… (176)
　　　一、约见顾客 ……………………………………………………… (176)
　　　二、接近顾客 ……………………………………………………… (179)
　　第二节　介绍与示范产品 ………………………………………… (183)
　　　一、介绍产品的方法 ……………………………………………… (183)
　　　二、示范产品的方法 ……………………………………………… (184)
　　　三、介绍与示范产品应注意的问题 ……………………………… (185)
　　第三节　推销洽谈 ………………………………………………… (187)
　　　一、推销洽谈的内容 ……………………………………………… (187)
　　　二、推销洽谈的原则 ……………………………………………… (188)
　　　三、推销洽谈的方法与策略 ……………………………………… (189)
　　本章小结 …………………………………………………………… (193)
　　思考与实训 ………………………………………………………… (194)

第九章　处理异议、促成订约和售后工作 ………………………… (196)
　　案例导读：如何面对顾客的抱怨 ………………………………… (196)
　　第一节　处理顾客异议 …………………………………………… (196)
　　　一、正确认识顾客异议 …………………………………………… (196)
　　　二、顾客异议的类型 ……………………………………………… (197)
　　　三、顾客异议产生的原因 ………………………………………… (199)
　　　四、处理顾客异议时机 …………………………………………… (203)
　　　五、处理顾客异议的方法 ………………………………………… (204)
　　第二节　促成订约 ………………………………………………… (206)
　　　一、促成订约的原则 ……………………………………………… (206)
　　　二、明确达成交易的条件 ………………………………………… (207)
　　　三、准确把握成交时机 …………………………………………… (208)
　　　四、促成订约的技巧与方法 ……………………………………… (210)
　　　五、促成订约应该注意的问题 …………………………………… (212)
　　第三节　售后工作 ………………………………………………… (213)
　　　一、处理诉怨 ……………………………………………………… (213)
　　　二、售后服务 ……………………………………………………… (217)
　　本章小结 …………………………………………………………… (219)
　　思考与实训 ………………………………………………………… (219)

第十章　推销管理 …………………………………………………… (222)
　　案例导读：本杰明·富兰克林的推销术 ………………………… (222)
　　第一节　推销人力资源开发 ……………………………………… (222)

一、推销人员的职责 ……………………………………………………… (223)
　　二、推销人员应具备的素质 …………………………………………… (224)
　　三、推销人员应具备的能力 …………………………………………… (225)
　　四、推销人员的选用 …………………………………………………… (226)
　　五、推销人员的培训 …………………………………………………… (226)
　第二节　推销人员管理 …………………………………………………… (228)
　　一、目标管理 …………………………………………………………… (228)
　　二、时间管理 …………………………………………………………… (229)
　　三、行动管理 …………………………………………………………… (231)
　　四、推销员业绩评价 …………………………………………………… (232)
　第三节　推销关系管理 …………………………………………………… (232)
　　一、推销关系与关系推销 ……………………………………………… (232)
　　二、推销关系的类型 …………………………………………………… (232)
　　三、关系管理的原则与策略 …………………………………………… (233)
　本章小结 …………………………………………………………………… (235)
　思考与实训 ………………………………………………………………… (236)

第三编　价格磋商、商务沟通与礼仪

第十一章　商务谈判与推销中的价格磋商 ……………………………… (240)
　案例导读：价格磋商是商务谈判与推销的需要 ………………………… (240)
　第一节　报价与价格解释 ………………………………………………… (241)
　　一、先报价的利与弊 …………………………………………………… (241)
　　二、报价的策略及技巧 ………………………………………………… (242)
　　三、西欧式报价术与日本式报价术 …………………………………… (244)
　　四、价格解释 …………………………………………………………… (244)
　第二节　价格评论 ………………………………………………………… (246)
　　一、价格评论的含义 …………………………………………………… (246)
　　二、价格评论的方法 …………………………………………………… (246)
　　三、价格评论的内容 …………………………………………………… (247)
　第三节　讨价还价 ………………………………………………………… (247)
　　一、讨价还价概述 ……………………………………………………… (247)
　　二、让价的策略与方式 ………………………………………………… (250)
　　三、讨价还价的技巧 …………………………………………………… (254)
　本章小结 …………………………………………………………………… (257)
　思考与实训 ………………………………………………………………… (257)

第十二章　商务沟通与礼仪 ……………………………………………（261）
案例导读：烛之武退秦师 ……………………………………（261）
第一节　商务沟通 ……………………………………………（261）
　一、商务沟通语言 …………………………………………（261）
　二、商务沟通技巧 …………………………………………（263）
第二节　商务礼仪 ……………………………………………（269）
　一、日常商务礼仪 …………………………………………（269）
　二、商务谈判礼仪 …………………………………………（272）
　三、推销礼仪 ………………………………………………（277）
本章小结 ………………………………………………………（281）
思考与实训 ……………………………………………………（282）

参考文献 ………………………………………………………（284）

后记 ……………………………………………………………（286）

第一编　商务谈判

第一章　商务谈判概述

本章学习目标

学完本章以后，应掌握以下内容：①了解谈判的概念和特征；②掌握谈判需要理论、谈判博弈论、谈判三方针理论、原则式谈判理论、谈判公平理论；③了解商务谈判的价值评判标准；④掌握商务谈判的原则与类型。

案例导读：分橙子的故事

美国谈判学会会长杰勒德·尼尔伦伯格讲过一个著名的故事。有一个妈妈把一个橙子给了邻居的两个孩子。这两个孩子便讨论起来如何分这个橙子。两个人吵来吵去，最终达成了一致意见：由一个孩子负责切橙子，而另一个孩子选橙子，切橙子的孩子没有优选权。他们把橙子一切两半各自取得了一半，表面上看非常公平。实际情况是哥哥把半个橙子的皮剥掉扔进了垃圾桶，因为他要榨果汁；弟弟则把半个橙子的果肉扔进了垃圾桶，因为他只需要用橙子皮来烤蛋糕。由于他们没有充分交流各自所需，没有声明各自价值之所在，造成了不该有的浪费。他们的谈判在形式和立场上看似公平，但双方的利益并未通过谈判达到最大化。要使双方利益达到最大化，应该是一个得到全部的果肉，另一个得到全部的果皮。显然他们没能通过良好的沟通达到最佳效果。

但是，如果有一个孩子既想吃果肉又想吃蛋糕，这又该怎么办？这时如何创造价值就很重要了。结果想要整个橙子的这个孩子提议将其他问题拿出来一块谈。他说："如果把这个橙子全给我，你上次欠我的棒棒糖的钱就不用还了。"其实他的蛀牙已经很严重了，根本就不能再吃糖了。另一个孩子想了想很快就答应了，因为他并不十分想吃橙子，他更愿意拿还糖的钱去玩游戏。显然这是一个克服障碍创造价值的新过程，达到了双赢的结果，这样的结果他们事前可能并不明了。

商务谈判的过程实际上也是一样。好的谈判者并不是一味固守立场，追求寸步不让，而是要与对方充分交流，从双方的最大利益出发，创造各种解决方案，用相对较小的让步来换得最大的利益，而对方也是遵循相同的原则来取得交换条件。在满足双方最大利益的基础上，如果还存在达成协议的障碍，那么就不妨站在对方的立场上，替对方着想，帮助扫清达成协议的一切障碍。这样，最终的协议是不难达成的。

哈佛大学教授约克·肯说:"生存,就是与社会、自然进行的一场长期谈判,获取你自己的利益,得到你应有的最大利益,这就看你怎么把它说出来,看你怎样说服对方了。"

中国古人说得好,"财富来回滚,全凭舌上功"。

在现代商业活动中,谈判已是交易的前奏曲,谈判是销售的主旋律。可以毫不夸张地说,人生在世,你无法逃避谈判;从事商业经营活动,除了谈判你别无选择。

然而,尽管谈判天天都在发生,时时都在进行,但要使谈判的结果尽如人意,却不是一件容易的事。怎样才能做到在谈判中挥洒自如、游刃有余,既实现己方目标,又能与对方携手共庆呢?这就需要我们认真地去领略谈判博大精深的内涵,解读谈判运筹帷幄的奥妙。

第一节 谈判概述

谈判是一个无法回避的现实,它存在于人们生活的各个层面和各个方面之中。正如费雪尔所说:"无论你喜欢与否,你都是一个谈判者。谈判是一种生活现实。"

长期以来,人们经常有一种误解,似乎谈判只是谈判人员的事,是职业外交人员、政治家、商务主管人员才会面对的事。事实上,作为一种生活现实,人们始终必须面对各种各样的谈判。大到参与涉及国际关系处理的谈判,小到与家人或同事之间就某些日常琐事的协商。总之,谈判技能不仅仅只是外交家在谈判桌上才需要的技能,它已经成为越来越多的人需要掌握的一种能力。

谈判作为一种普遍的生活现实,并不是人类社会发展至今才有的独特现象,而是古往今来始终存在的一种事实。所不同的是,由于现代社会人们之间的交往大大加强,需要通过谈判协调的事务也大大增加。与古代社会相比,人们以比过去更大的频率,参与到更广层面的谈判之中。从古到今,在中国和西方,都有大量的有关谈判活动的历史记载。

谈判不仅是一种普遍的人类行为,而且是一种必须要予以认真对待的生活现实。谈判进行的过程如何,取得怎样的结果,对人们的未来生活和工作都会产生十分重大的影响。著名未来学家约翰·奈比斯特认为:"随着世界的变化,谈判正逐步变成主要的决策制定的形式。"作为一种决策制定形式,谈判的过程及其结果直接关系到当事各方的有关利益能否得到满足,关系到决策双方的未来关系,关系到有关各方在未来相当长的时期内的活动环境。一次成功的谈判可以帮助企业化解重大危机,一场失败的谈判则可能将企业为开拓一个新的市场所付出的若干努力付诸东流。

因此,谈判是一种普遍而又重要的人类行为,是人们生活中一种不可回避的现实。

一、谈判的概念

(一)词义辨析

谈,即说话与讨论,就是当事人明确阐述自己的意愿和所要追求的目标,充分发表各方应当承担和享有的责、权、利等看法。

判，即分辨与评定，是当事各方努力寻求关于各项权利与义务的共同一致的意见，以期通过相应的协议予以确认。

因此，谈是判的前提和基础，判是谈的结果与目的。

(二) 狭义和广义说

(1) 狭义的谈判。这是指在正式专门场合下安排和进行的谈判。
(2) 广义的谈判。这是指各种形式的"交涉"、"磋商"等。

(三) 有代表性的谈判定义

美国谈判协会会长杰勒德·尼尔伦伯格认为："谈判是人们为了改变相互关系而交换意见，为了取得一致而相互磋商的一种行为，是一个能够深刻影响各种人际关系和对参与各方产生持久利益的过程。"

美国谈判咨询顾问威恩·巴罗说："谈判是一种双方致力于说服对方接收其要求时所运用的一种交换意见的技能。"

英国学者马什说："谈判是有关贸易双方为了各自的目的，就一项涉及双方利益的标的物在一起进行洽商，通过调整各自提出的条件，最终达成一项双方满意的协议，这样一个不断协调的过程。"

中国学者田志华等则认为："谈判是谈判双方（各方）观点互换、情感互动、利益互惠的人际交往活动。"

从上述定义中可以看出，谈判是指一种技能，同时还是一个过程，是人们为了各自的目的而相互协商的活动。

二、谈判的特征

(一) 目的性

谈判者均有各自的需求、愿望和利益目标，是目的性很强的活动。谈判的双方都明白自己在谈什么，为什么而谈，谈判的这一特征将其与"闲谈"和"聊天"区别开来。从最广泛的意义上讲，人类谈判的目的主要有寻求利益满足、相互依赖与谋求合作、避免或解决冲突。

(二) 相互性

谈判是一种双边或多边的行为和活动。谈判的基本要素有三个，即谈判主体、谈判客体和谈判行为。谈判就是谈判主体对谈判客体所进行的谈判行为。

(三) 协商性

谈判双方在谈判的过程中其地位是平等的，这就决定了达成协议的基本方式是协商。谈判的这一特征将谈判与"命令"和"指令"区别并来。在谈判中谁也不能命令谁，谁也不能指挥谁，谁也不能强迫谁。即使一方是上级单位，一方是下级单位；一方经济实力雄厚，一方资金匮乏；一方是赫赫有名的大公司，一方是名不见经传的小公司，只要他们坐在谈判桌前，就意味着他们之间的问题必须通过协商才能得以解决。

（四）得失性

在谈判中，不失去就没有得到，没有让步就没有谈判。在谈判中光顾自己是不行的。因为你只想在别人那里捞取好处、获得利益，自己丝毫利益、一点好处也不给别人。这种行为是非常自私的和有失公平的，也是不现实的。所以，在谈判中想在对方那里得到好处和利益，必须先给对方一些好处和利益。

（五）说服性

在谈判中，双方的利益要求距离很大。为了谋求更多的利益，总是要提出一些观点来直接或间接地影响对方，试图说服对方接受你的观点；对方要谋求更多的利益，也必然要提出一些观点来直接或间接地影响你，同样说服你接受他的观点。双方都用自己的观点不断影响和说服对方，当双方的观点逐渐趋于一致的时候，谈判之舟就即将到达胜利的彼岸。

（六）合作与冲突并存

一方面，谈判双方为了谋求各自的利益，才坐在一起来谈判。你要满足自己的需求，就需要对方的合作；同样，对方要获取一定的利益，也需要你的合作。只有进行合作，双方的需求才能得到满足。另一方面，谁都想在谈判中获得更多的利益，需求得到更大的满足，这样必然就会造成冲突，形成对抗状态。当然，谈判首先是一种合作，冲突虽然不可避免，然而它只能处于次要地位。

（七）结果互惠但不均等

一方面，谈判不是战争，不需要一方必须打败另一方，或消灭另一方。成功的谈判，双方都是胜利者。人们越来越清醒地认识到：那种试图将己方的成功，建立在对方失败基础上的谈判，不仅难以达到谈判的目的，而且会像战争一样后患无穷。因此，谈判的结果必须是互惠双赢的。另一方面，由于谈判双方所拥有的实力与采用的技巧各不相同，虽然双方都能获得一定的利益，但所得的利益却不一定均等。只要谈判双方都获得了一定的利益，即使利益的划分不均等，有多有少，也应认为谈判是成功的，双方都是胜利者。

三、谈判的基本理论

（一）谈判需要理论

谈判需要理论是由美国谈判协会会长尼尔伦伯格提出来的，该理论包括以下几个方面的内容：

1. 谈判与需要的关系

尼尔伦伯格认为，任何谈判都是在人与人之间发生的，他们之所以要进行谈判，就是为了满足人的某一种或某几种需要。这些需要决定了谈判的发生、进展和结局。尼尔伦伯格把谈判行为中人的需要、人的动机和人的主观作用作为理论的核心，指出需要和对需要的满足是谈判的共同基础。谈判的前提是谈判双方都希望得到某种东西，否则，他们就会彼此对另一方的要求充耳不闻，双方也就不会有什么讨价还价发生了。双方都是为各自的需要所策动，才会进行一场谈判。总之，需要是谈判的基础和动力，谈判是满足需要的手段。

2. 满足需要的谈判策略

要善于利用人类的需要来进行成功的、合作的谈判。尼尔伦伯格把谈判者的基本需要理论用于实际，归纳出满足需要的六种谈判策略。按照使谈判成功的控制力量大小排列，这六种策略是：

（1）谈判者顺从对方的需要。谈判者在谈判中站在对方的立场上设身处地替对方着想，从而使谈判成功。这种方法最易导致谈判成功。由于人的需要可以分为不同的层次，因此，这种谈判策略又可以分为多种类型。需要的层次越高，谈判的难度也就越大，谈判者对谈判能否成功的控制力也就越小。

（2）谈判者使对方服从他自身的需要。也就是谈判的一方，在谈判过程中，投对方之所好，通过对对方需求的诱导，使其受自身的需要驱使而欣然接受你所提出的谈判条件，使谈判成功。这样的谈判成功，使双方都能得到好处。

（3）谈判者同时服从对方和自己的需要。这是指谈判双方从共同利益出发，为满足双方每一方面的共同需要进行谈判，采取符合对方利益的策略。这种策略在商务谈判中被普遍用于建立各种联盟、共同控制生产或流通。

（4）谈判者违背自己的眼前需要。这是谈判者为了争取长远利益的需要，抛弃某些眼前或无关的利益和需要的谈判策略。这种策略从表面上看是牺牲了一部分利益，但从长远来看，则是争取了更大的利益，所以，有时是一种极为有效的谈判策略。

（5）谈判者损害对方的需要。这是谈判者只顾自己的利益，不顾他人的利益，尔虞我诈，你死我活的一种谈判方法。在谈判中采用这种策略的一方往往处于强者地位。

（6）谈判者同时损害对方和自己的需要。这是谈判者为了达到某种特殊的目的，抛弃双方利益需要而采取的一种自杀式的谈判策略。

上述六种策略都显示了谈判者如何满足自己的需要和对方的需要。从第一种到第六种，谈判的控制力量逐渐减弱，谈判中的危机逐渐加重。如果将这六种满足需要的谈判策略与人们的不同需要种类组合在一起，则可能会形成多种不同的谈判策略。

（二）谈判博弈论

商务谈判有两大基本目标：实现利益与维持或改善与对方的关系。但人们经常发现，单纯追求自身利益的最大化似乎并不困难，单纯追求与对方关系的改善似乎也不困难，但要在实现自身利益目标的同时维持或改善与对方的关系几乎是不可能的。博弈论对这一难题进行了解释与破解。

1. 零和游戏

有人认为谈判实际上是一种"零和游戏"。在两个追求各自得益最大化的谈判者参与的这场"游戏"中,可供双方分配的成果总和是固定的,也即意味着 A 与 B 的得失总和等于零。由于总和是固定的,一方得益的增加必然意味着另一方得益的减少。任何一方都不可能在不减少对方得益或不损害对方利益的前提下扩大自己的得益,A 的所得就是 B 的损失。

作为谈判人员,首要的目标是实现自身的利益要求,扩大自身可能得到的利益。由于这一目标的实现要以牺牲对方的利益为前提,因此,在实现了这一目标的同时,也就不可能保持与对方之间的良好关系。或者要保持良好的关系,也就必须要牺牲自身的得益。

2. 谈判者疑难

囚徒困境是博弈论里最经典的例子之一。讲的是两个嫌疑犯作案后被警察抓住,隔离审讯。警方的政策是坦白从宽,抗拒从严。如果两人都坦白则各判 8 年;如果一人坦白另一人不坦白,坦白的放出去,不坦白的判 10 年;如果都不坦白则因证据不足各判 1 年。博弈的结果是两个人都选择了坦白,各判刑 8 年。

谈判的双方就像这两个"囚徒"一样,常常陷入类似的困境,我们把这一现象称为"谈判者疑难"。

我们假定,在谈判过程中,所有的谈判者都有两种可能的策略选择:一是与对方合作去努力创造更多的可供双方分配或享用的价值;二是设法索取尽可能多的价值,扩大自身在谈判中所可能获得的份额。在双方都存在两种策略选择的情况下,实际谈判中就可能出现如图 1-1 所描述的四种组合。

	甲方 创造价值	甲方 索取价值
乙方 创造价值	良好 / 良好	优秀 / 差
乙方 索取价值	差 / 优秀	一般 / 一般

图 1-1 谈判者疑难

作为谈判者,甲方和乙方都希望能获得最理想的结果,但如果其中一方采取的是创造价值的策略,而对方采取的是索取价值的策略,则采取创造价值策略的一方获得的结果是十分不利的。当谈判者采取索取价值的策略时,一旦对方采取创造价值的策略,就能获得十分理想的结果,即便对方不采取创造价值的策略而是采取索取价值的策略,谈判者也能取得一般而不是糟糕的结果。基于这样的考虑,谈判双方由于对对方采取怎样的策略并不清楚,双方都力图扩大自身的得益,最终所选择的策略可能都是索取价值而不是创造价值，最终的谈判结果也就如图1-1右下角方块所示的情形，双方所获得的都是十分一般的结果。

谈判双方都试图获得尽可能理想的谈判结果，但从图1-1中分析得出的结论却是双方都放弃了能够获得更大收获的机会，这就是"谈判者疑难"，也是实际谈判中许多谈判者所面对的情形。在这种情况下，谈判者既要实现自身利益最大化的同时又能维持或改善与对方的关系几乎是不可能的。

3. 合作性博弈

依照"零和游戏"和"谈判者疑难"所进行的分析，成功谈判的标准几乎是无法达到的。事实上，"零和游戏"和"谈判者疑难"展现在人们面前的是现实生活中大量谈判中的某些情形。实际上，在绝大多数谈判尤其是商务谈判中，零和的情形是很少见的，谈判过程中也总是存在着通过相互交流足够的信息，扩大双方得益的可能。问题的关键在于谈判者以怎样的姿态参加谈判，怎样认识谈判双方之间的关系，是否善于在矛盾中创造价值。

事实上谈判的最佳结果是把各自的蛋糕做大，这就要求谈判双方谋求一致，良好沟通，信息共享，进行合作性博弈，通过双方的共同努力降低成本，减少风险，使双方的共同利益得到增长，最终使双方都有利可图，达到如图1-1第二象限的博弈结果。

（三）谈判三方针理论

谈判三方针理论是英国谈判专家比尔·斯科特提出来的。比尔在长期的理论研究和实践工作中，精心选择了"谋求一致"、"皆大欢喜"、"以战取胜"三句话来表述他的谈判理论。他极力推崇在友好、和谐气氛下谋求一致的谈判方针，但认为也不排除使用在满足我方最大利益的前提下给对方以适当满足的"皆大欢喜"的谈判方针，但他认为对具有冲突性的"以战取胜"的谈判方针的使用则要尽可能地避免。

1. 谋求一致

这是一种为了谋求双方共同利益、创造最大可能一致性的谈判方针。或比喻为双方共同制作更大的蛋糕，分享的蛋糕更大、更好。

2. 皆大欢喜

这是一种使谈判双方保持积极的关系，各得其所的谈判方针。在谈判中，双方的需要和利益的满足，不是绝对的，而是要看他们对事物评价的方法。奉行皆大欢喜的谈判方针，不是为了损害别人的利益，而恰恰相反，是要在不损害我方利益的前提下，寻找为双方提供最大满足的最好的方法。

皆大欢喜的谈判方针所使用的方法，应能保证对方得到满足，同时又使我方获得预期的利益。与谋求一致的谈判方针相比，它不是把蛋糕做得尽可能大，而是根据不同的需要、不同的价值观，分割既定的一个蛋糕。

3. 以战取胜

上述的第一种谈判方针，双方是制造机会在协调一致的基础上达成协议；第二种谈判方针是在合作机会很少的情况下达成双方满意的公平交易。谈判人员有时会遇到第三种情况，即通过一场尖锐冲突，以你败我胜告终。此时，奉行的就是"以战取胜"的谈判方针,即通过牺牲对方的利益,取得自己最大的利益,打败对方。

(四) 谈判公平理论

管理学中公平理论的基本观点是:当一个人做出了成绩并取得了报酬以后,他不仅关心自己所得报酬的绝对量,而且关心自己所得报酬的相对量。因此,他要进行种种比较来确定自己所获报酬是否合理,以此得出是否公平的结论,这一结论将直接影响他今后工作的积极性。将公平理论应用在谈判中就是所谓的谈判公平理论。

在商务谈判中,我们必须找到一个双方都能接受的客观标准,根据这一标准来进行谈判,这样的谈判结果对双方来说才是公平的;但公平不是绝对的,它很大程度上受人们主观上的影响,即我们在谈判中不能盲目地追求所谓的绝对公平,而是寻找对双方都有利的感觉上的相对公平。

一个高明的谈判者必须借助各种谈判技巧,及时察觉谈判对手心理的微妙变化,使谈判各方认为达成的协议对每个人都是相对公平的。然而,公平与否最终都是一个对公平标准的认定问题。

例如,200元在穷人与富人之间如何分配可以有以下几种"公平"的方案。

(1) 以心理承受为标准:150元(富)/50元(穷)分配,因为富人眼里的150元钱只相当于50元钱。

(2) 以实际需要的补偿原则为标准:150元(穷)/50元(富)分配,因为穷人更需要钱。

(3) 以平均分配为标准:100元(富)/100元(穷)分配,因为这样才绝对公平。

(4) 按实际所得为标准:142元(富)/58元(穷)分配,因为富人得到的142元钱纳税后实际所得为58元钱。

(五) 谈判唯理论

谈判唯理论系谈判手应携理由进入谈判,在谈判中要说理并服从理由的一种观念,或说是一种理性的认识。这种认识包含了三个层次的意思:①谈判工具——理由;②谈判定性——说理;③谈判信念——服理。

谈判手在谈判中运用的理由主要有以下四类:

1. 真理的理由

真理的理由是指客观反映事物真相的理由。这些理由具有真实性、公正性、全面性,故具有较强的说服力。

2. 片面的理由

片面的理由是指仅反映事物部分真相的理由。这些理由在谈判中有一定的说服力,但容易引起对方的进攻。

3. 虚假的理由

虚假的理由是指反映根本不存在的事物的理由,亦即"编造的理由"。对于那种牛头不对马嘴的虚假理由,人们不难识别。然而,谈判高手确能有效利用虚假的理由为自己的谈判目标服务。

4. 无理的理由

无理的理由是指无视事实真相的理由。这类理由主要是向对方示威，容易激起对方强烈的反抗。

在谈判中，并非所有的谈判手均"唯理"而谈，有的则"唯力"而谈，即论谈判实力；还有人"论关系"，即论谈判人之间的亲疏关系；论权力，即认定权力者谈问题；论机会，即钻空子、乘人之危谈生意，等等。因此，"唯理"者虽属谈判的主流，但也不可滥用，必须依情况巧妙运用各类理由，方可取得最佳效果。总体说，应依据谈判对象和谈判阶段以及理由拥有的状态而选择应用。

（六）原则式谈判

原则式谈判又称为事实型谈判或价值型谈判，它最早由美国哈佛大学谈判研究中心提出，故又称哈佛谈判术。

原则式谈判，是根据价值来取得协议，而不是通过双方讨价还价的过程来做最后的决定，以寻求双方各有所得的方案；当双方的利益发生冲突时，则坚持根据公平的原则来做决定，而不是双方意志力的比赛。原则式谈判所强调的是价值，它不采取诡计，也不故作姿态；它使你既能得到想要的，又能不失风度；它使你既能保持公平，而别人又无法占你便宜。

原则式谈判重点可以浓缩为以下几个基本要点。

1. 将人和问题分开

每个人对事物都有自己的一套看法，因此，不可能要求彼此的意志完全相通。一般情况下，人的感情往往会影响到对待问题的客观立场。一旦立场有明显的对立，私心杂念便油然产生。所以，在讨论实质性问题之前，人和问题必须分开考虑，然后再单独处理。例如，参与谈判的人应将对方当作是并肩合作的同事，只攻击问题，而不攻击对方谈判者。由于谈判时有人为因素存在，当事者之间的关系会对讨论的实质产生微妙的影响。

2. 重点应放在利益上

当把谈判的重点放在立场上，便会蒙蔽双方的目的与利益，以至于忘记了自己的最终目标，往往也会陷入无谓的立场之争，使谈判演变为一场意志力的竞赛。所以，谈判时应把重点放在利益上。

例如，美苏核裁军核查谈判：冷战时期，美苏战略核裁军谈判，在每年实地检验的次数上争论不休。谈判长期陷入僵局。在双方每年在对方领土上进行多少次实地检验以调查可疑地震发生了争论。苏联的立场是每年 3 次，美国的立场不少于 10 次。最后美国做出让步，同意苏联的方案，但是条件是每次参与人员为 100 人，为期一个月。如此结果可谓皆大欢喜。美国的利益是调查清楚，苏联也许是满足面子。双方在立场上严重对立，但是利益上却可以调和。

3. 选择各种有可能的方案

谈判处于紧急状况时，应立即寻求最佳的解决办法。在对方面前做决定的缺点是：思路受限制，视野狭窄。为了消除这种缺点带来的损失，事前必须充分准备，拟出多种选择方案。

4. 确定客观标准

谈判双方的利益冲突几乎就是谈判的必然。诸如你要求对方立即发货，而卖方则要求下星期发货；技术引进国千方百计要降低引进技术的成本，而技术转让国要达到的目标恰恰相反；等等。这种利益上的对立是无法轻易避免的。这时，正确的解决方法就是找出与双方的主观意志无关的客观标准，以摆脱掉谈判各方意志的支配，然后按照这一客观标准去寻找和构造创造性的选择，以统一双方的利益，最终以高效率、低代价达成明智的协议。

第二节 商务谈判的概念与特点

人类谈判的种类是多种多样的。有国与国之间的外交谈判，有政党之间的政治谈判，有敌对双方之间的军事谈判，等等。当今时代，社会生产力获得了空前的发展，人们之间的经济关系越来越密切，经济交往越来越频繁，需要处理的经济利益问题也越来越复杂，因而，商务谈判在现代社会各种活动中越来越占有重要的地位。站在企业的角度，商务谈判不仅构成企业生产经营活动，尤其是市场营销活动的重要内容。而且，它的成败与否，也在越来越大的程度上对企业整体系统的运行产生制约作用。

一、商务谈判的概念

商务谈判中的"商务"一词的含义是指商业事务，即企业的经济事务，以区别于政治事务，外交事务。商字有多重含义，其一为交易，商务即交易之事务。因此，商务谈判，是指人们为了实现交易目标而相互协商的活动。

商务谈判是伴随交换而产生的一种现象，与交换活动紧密相关。但是，这并不意味着一切交换都必须经由谈判来实现。任何交换都要涉及交换的条件，以及如何确定交换条件的问题。站在这个角度，菲利普·科特勒曾经指出，交换可分为两大类：一类是惯例化的交换，一类是谈判的交换。前者的交换条件是根据定价和配销的控制计划确定的。比如在百货商店和超级市场的交换，产品的价格是标定的，并且不能改变。对于这一既定的价格，顾客只要简单地决定买或者不买，买卖双方无需进行谈判。而在后一类交换中，交换条件是不固定的，并且，在人们进行业务交往的过程中，交换条件也随有关因素的变化而发展变化。在这种情况下，价格和其他交换条件就需要通过双方谈判来最终确定，谈判是直接为确立交换的各项条件服务的。

例如，某零售商与某制造商进行一项在销售淡季经销空调器的谈判。零售商的目的是通过淡季购买，享受价格上的优惠，提高产品的价格竞争能力。而制造商则希望通过淡季销售回笼资金，以使前一阶段的劳动耗费尽快在价值和实物形态上得到补偿。对零售商来说，要想获得价格上的优惠，就必须在销售淡季向制造商购进空调器。而对制造商来说，如果不在价格上向对方提供优惠，就不可能达到尽快回笼资金的目的。双方都希望通过达成某项协议来实现自身的利益，彼此对利益的共同追求，使得其中任何一方都不能无视他方的利益和需要，只有满足了一方的需要才能满足另一方的需要。双方利益追求的实现和需要的满足都依赖于他方,以他方实现利益和满足需要为前提,这是双方在利益上相互依存的一面。但在另一方面,谈判双方又存在着分歧。零售商希望以尽可能低的价格购进空调器,并且在价格以外的其他方面获得好处。而制造商则希望以较高的价格销售空调器,以便在尽可能大的程度上实现产品的价值。在谈判过程中,双方都会设法为自己争取较多的利益,而任何一方获利的大小和需要满足程度的高低,又必然会直接影响到另一方的利益和需要的满足,这是谈判双方在利益上相互对立的一面。

一方要取得利益就必须给予对方利益,一方取得利益的大小又直接取决于对方所能得到的利益,双方既需要互相交换利益,又必须合理地切割利益。谈判双方这种在利益上既相互依存,又相互对立的关系,反映了商务谈判的实质所在。从这个意义上讲,商务谈判服从于谈判双方谋求共同利益和需要的满足。商务谈判实际上是人们相互调整利益,减少分歧,并最终确立共同利益的行为过程。

二、商务谈判的特点

商务谈判除了具有一般谈判的共性特点外还有其个性特点,具体表现在以下方面。

(一) 利益性

"天下熙熙,皆为利来;天下攘攘,皆为利往。"任何谈判都有利益追求,但商务谈判的利益性特征特指直接的经济利益,这是与其他谈判不同的,商务谈判的目的是获取直接的经济利益。当然谈判者可以调动和运用各种因素,有许多可以是非经济的因素来影响谈判,但其最终目的仍然是经济利益。

(二) 效益性

商务谈判本身就是一项经济活动,而经济活动本身要求讲究经济效益。与其他的谈判相比,商务谈判更为重视这一点。在商务谈判中,谈判者时时刻刻必须注意谈判的成本和效益如何,考虑效益的问题。经济效益是评价一场商务谈判是否成功的主要指标,不讲求经济效益的商务谈判,谈判本身就失去了价值和意义。

(三) 价格性

虽然商务谈判所涉及的因素不只是价格,价格只是谈判内容之一,谈判者的需要或利益也不唯一表现在价格上,但价格在几乎所有的商务谈判中都是谈判的核心内容,这是因为价格最直接地表明了谈判双方的利益。谈判双方在其他利益因素上的得与失,拥有的多与少,在很大情况下都可以折算为一定的价格,通过价格的升降而得到体现。

比如,质量因素:一辆一等品的自行车售价 250 元,同样牌号规格的二等品自行车售价 205 元,这样价格差就把质量差折算表现出来了。又如,数量因素:购买一盒磁带花 4 元钱,购买三盒总价 10 元,价格差就把数量差折算表现出来了。再比如:付款时间,即期付款比 120 天远期付款可给予 2%的折扣优惠,这就通过价格差把时间差折算表现出来了。当然,并非在任何时候、任何情况下都能够进行这样的折算,即谈判者并不一定接受这种折算。

对于一个商务谈判者来讲,了解价格是商务谈判的核心,价格在一定条件下可与其他利益因素相折算这一点很重要。在谈判中,谈判人员一方面要以价格为中心,坚持自己的利益,另一方面又不要仅仅局限于价格,可以拓展自己的思路,从其他利益因素上争取利益。有时,与从价格上争取对方让步相比,还在其他利益因素上要求对方让步可能更容易做到,并且行动也比较隐蔽。

三、商务谈判成功的评判标准

人们参加谈判是想藉此来满足各自的某些需要,每一个谈判者都希望谈判能够取得理想的结果。参与谈判的人们可能有着不同的要求,但追求谈判的成功则是所有谈判者共同的心愿。那么,什么样的谈判才可以称之为成功的谈判,如何来衡量商务谈判的成功与否呢?

杰勒德·尼尔伦伯格指出,谈判不是一场棋赛,不要求决出胜负;谈判也不是一场战争,不需要将对方消灭或置于死地。相反,谈判是一项互惠的合作事业。从这个意义上讲,我们可以把评价商务谈判是否成功的价值评判标准归纳为以下三个方面。

(一) 谈判目标的实现程度

人们在参加谈判时,总是把自己的需要转化为一定的谈判目标。谈判的最终结果有没有达到预期目标,在多大程度上实现了预期目标,这是人们评价一场商务谈判是否成功的首要标准。很少有人在对方获得很多,而自己所获得甚少,需要没有得到满足的情况下,认为这场谈判是成功的或理想的。

(二) 谈判效率的高低

谈判是要花费一定的成本的。谈判的成本可区分为三种:第一种成本是为了达成协议所做出的让步。这里指预期谈判收益与实际的谈判收益之差。第二种成本是为谈判而耗费的各种资源即支出的人力、物力、财力和时间。第三种成本是企业的一部分资源(人、财、物、时间等)因参加该项谈判而被占用和消耗,失去了其他的盈利机会,损失了可望获得的价值,即机会成本。在上述三种成本中,由于人们对谈判桌上的得失非常敏感,所以往往比较多地注重第一种成本而忽视第二种成本,对第三种成本考虑得更少。谈判的效率就是指谈判所获收益与所费成本之间的对比关系。如果所费成本很高而收益甚小,显然谈判是不经济的、低效率的。

(三) 谈判人际关系的变化

谈判是人们之间的交流活动。就商务谈判而言,谈判的结果不只是体现在最后价格的高低、市场份额的划分、资本与风险的分摊、利润的分配等经济数字上,它还体现在人们之间的关系上，即还要看谈判是促进和加强了双方的友好合作关系，还是因此而削弱瓦解了双方的友好关系。精明的谈判者往往是有战略眼光的，他们不计较也不过分看重某一场谈判的得失多少，而是着眼于长远，着眼于未来。虽然在这一次的谈判中少得了一些，但只要有良好的合作关系存在，长期的收支将足以补偿目前的损失。因此在谈判中他们非常重视建立和维护双方友好合作关系，而不是去做那种"过路买卖"和"游击战"。

根据以上三个评价标准，一场成功的或理想的谈判应该是：通过谈判不仅使本方的需要得到满足，也使对方的需要得到满足，双方的友好合作关系得到进一步的发展和加强，整个谈判是高效率的。

第三节　商务谈判的原则与类型

一、商务谈判的原则

商务谈判的原则也是商务谈判的指导思想、基本准则。遵循必要的商务谈判原则是取得商务谈判成功的基本保证。

（一）平等原则

平等原则，要求谈判双方坚持在地位平等、自愿合作的条件下建立谈判关系，并通过平等协商、公平交易来实现双方权利和义务的对等。

商务谈判是涉及谈判双方的行为，这一行为是由谈判双方共同推动的，谈判的结果并不取决于某一方的主观意愿，而是取决于谈判双方的共同要求。在商务谈判过程中，谈判双方都是独立的利益主体，他们共同构成了谈判这一行为的主体，彼此的力量不分强弱，在相互关系中处于平等的地位。从某种意义上讲，双方力量、人格、地位等的相对独立和对等，是谈判行为发生与存在的必要条件。如果谈判中的某一方由于某些特殊原因而丧失了与对方对等的力量或地位，那么另一方可能很快就不再把他作为谈判对手，并且可能试图去寻找其他的而不是谈判的途径来解决问题，这样，谈判也就失去了它本来的面目。

在现代市场经济条件下，作为贸易双方的经济实体，都是具有独立法人资格的商品生产者和经营者。因此，谈判双方的法律地位完全平等，不论国家大小、经济实体实力强弱，都要平等相待。同时，商品交换客观上要求自愿交易，不存在谁支配谁的问题，是否成交或怎样成交都要通过双方充分协商。不自愿，双方就洽谈不起来。在谈判中，以势压人，以大欺小，以强凌弱，把自己的意志强加于对方，这是不允许的。

然而，在实际的商务谈判过程中我们却经常可以看到或感觉到"不平等"的存在，比如买方市场条件下的买方与卖方、工程承包中的甲方与乙方、就业市场的招聘方与应招方等等，所以我们所说的平等只能是一种相对平等，它具体表现为谈判双方在法律地位、最终否决权和人格方面的平等。

(二) 互利原则

商务谈判是一项互惠的合作事业。在任何一项商务谈判中，双方都应该是平等相待，互惠互利的。平等互利反映了商务谈判的内在要求，是谈判者必须遵循的一项基本原则。

参与商务谈判的双方都想实现自己的目标，都有自己的利益，并希望通过谈判获取尽可能多的利益，因此谈判双方都是"利己"的；但对谈判双方而言，任何一方要实现自己的利益，就必须给予对方利益，每一方利益的获取都是以对方取得相应利益为前提。因此，谈判双方又都必须是"利他"的。每一项商务谈判都包含了上述相互依存、互为条件的两个方面。

商务谈判必须在平等的基础上进行，谈判所取得的结果应该对双方都有利，互惠互利是谈判取得成功的重要保证。但这并不是说双方从谈判中获取的利益必须是等量的，互利并不意味着利益的相等。在谈判过程中，任何一方都有权要求对方做出某些让步，同时，任何一方又都必须对他方所提出的要求做出相应的反应。让步对于确立双方利益而言是必需的，但让步的幅度在不同的谈判方又可以是不相等的。

谈判双方为了某些共同的需要而走到一起，互相合作；同时，谈判双方又都有着自己的需要，他们作为不同的利益主体相互对立，发生冲突。如果谈判的某一方只考虑自己的利益，只想满足自己的需要，那么，这种谈判就缺乏最起码的基础，最终也不能取得理想的结果。许多谈判者往往过分强调商务谈判中的冲突因素，他们认为可用来切割的利益是有限的、固定不变的，而没有意识到通过合作，他们还可能找到更有效地解决问题的途径。西方学者常常用合作制作更大馅饼的情况来说明这一问题。

在图1-2中，谈判双方共同分馅饼。一方所得越多，另一方所得就越少；一方增加所得，另一方的所得就必然随之减少。这是一种典型的"赢-亏"式的谈判，其中冲突的因素要比合作的因素更为突出。

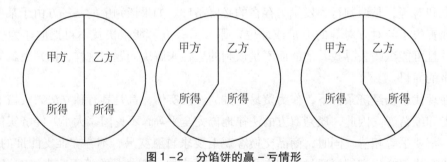

图1-2 分馅饼的赢-亏情形

事实上，谈判双方可以共同努力来增加可以切割的利益总数，如图1-3所示。如果双方联合起制作更大的馅饼，尽管其相对的份额（本例中为50%对50%）保持不变，但各自的所得却增加了。这是一种典型的"赢-赢"式的谈判，其重点是合作，而不是冲突。

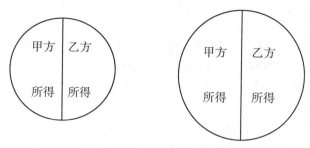

图 1-3 分馅饼赢-赢情形

例如，美国纽约印刷工会领导人伯特伦·波厄斯以"经济谈判毫不让步"而闻名全国。他在一次与报业主进行的谈判中，不顾客观情况，坚持强硬立场甚至两次号召报业工人罢工，迫使报业主答应了他提出的所有要求。报社被迫同意为印刷工人大幅度增加工资，并承诺不采用排版自动化等先进技术，防止工人失业。结果是以波厄斯为首的工会一方大获全胜，却使报业主陷入困境。首先是三家大报被迫合并，接下来便是倒闭。最后全市只剩下一家晚报和两家晨报，数千名报业工人失业。这一结果清楚地说明，由于一方贪求谈判桌上的彻底胜利，导致了两方利益的完全损失。

当然，在谈判中，50%对50%的做法仅仅是一种可能的结果，更为常见的是谈判各方都力图从那一块较大的馅饼中取得较多的一份，如图1-4所示。

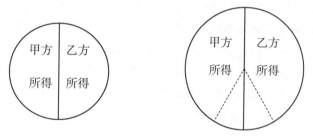

图 1-4 更大馅饼的重新分配情形

尽管商务谈判强调合作更甚于强调冲突，但在任何一项谈判中又都存在有冲突的因素。一个出色的谈判者应该善于合理地利用合作和冲突，在平等互利的基础上，努力为本方争取最大的利益。

（三）合法原则

合法原则，是指商务谈判必须遵守国家的法律、政策，国际商务谈判还应当遵循有关的国际法和对方国家的有关法律法规。它具体体现在谈判主体合法、谈判议题合法、谈判手段合法三个方面。凡是违反社会公共利益的协议，或是通过命令、欺诈、胁迫等手段所签订的合同和代理人超越代理权限签订的合同，都是无效合同。无效合同从订立时起，不仅得不到法律的承认和保护，而且还要承担由此引起的法律责任。因此，商务谈判的内容及其最终签订的协议只有遵循合法原则，才具有法律效力。

（四）信用原则

信用原则，要求谈判双方都要讲信用，重信誉，遵守和履行诺言或协议。信用有如下几种含义：其一，在谈判中，讲真话，不说假话，这叫"言必信"；其二，遵守诺言，实践诺言，这叫"行必果"；其三，商业信誉信用是诚信无欺的职业道德，也是谈判双方交往的感情基础。

讲求信用，表里如一，能给人以安全感，使人愿意同你洽谈生意，还有利于消除疑虑，促进成交，进而建立较长期的商务关系。如果谈判人员不讲信用，出尔反尔，言而无信，那么要取得对方的合作是不可能的。为此，商务谈判人员及其经济实体要坚持信用原则，以信誉为本，实事求是，言行一致，取信于人。同时，在谈判中也要注意不轻易许诺，一旦承诺或达成协议就必须严格履行。

（五）协商原则

商务谈判过程是一个调整双方利益，以求得妥协的过程，每个谈判者所做的一切都是为了维护己方的利益。双方利益的不同，必然会引起这样或那样的分歧与冲突，这就要求双方都应以友好协商的原则解决问题，以求达成一个明智、友好的协议。协商原则，要求谈判人员在谈判中对人谦让、豁达、宽容，原则性和灵活性有机结合，以便更好地达到谈判目的。

在商务谈判中，既要坚持原则性，又要保持灵活性；对于关系己方根本利益的原则问题寸步不让，但又要避免简单粗暴；要以不卑不亢的态度，从实际出发，耐心地、反复地说明立场，争取对方的理解和接受。对某些非原则性问题，则可以在不损害己方根本利益的前提下，必要时作某些让步。在整个谈判过程中，应努力做到有理、有利、有节，以理服人。即使遇到重大分歧，几经协商仍无望获得一致时，宁可中止谈判，另选谈判对象，也不能违反友好协商的原则。谈判当事人应把眼光放长远一些，互相谅解，生意不成友谊在。

二、商务谈判的类型

在现实生活中存在的大量商务谈判行为是各不相同的，我们可以按照一定的标准把商务谈判划分为各种不同的类型，这些不同类型的商务谈判各有其特点，对实际的谈判行为也有不同的要求。

（一）个体谈判与集体谈判

根据参加谈判的人数规模，可以将商务谈判区分为个体谈判与集体谈判两种类型。前一种类型，双方都只有一个人参加，一对一地进行协商洽谈；后一种类型，双方都有两个或两个以上的人员参加谈判。当然，在集体谈判中双方参加谈判的人数并不一定要完全相同。

谈判的人数规模不同，在谈判人员的选择、谈判的组织与管理等许多方面都有不同的要求。比如谈判人员的选择：如果是个体谈判，那么参与谈判的人员必须是全能型的,他需要具备该项谈判所涉及的各个方面的知识,包括贸易、金融、技术、法律等方面的知识。同时,他还必须具备完成该项谈判所需的各种能力。因为对本方而言,整个谈判始终是以他为中心的,他必须根据自己的知识和经验,把握谈判行为的发展趋势。对谈判中出现的各种问题,他必须及时地作出分析,予以处理,独立地作出决策。如果是集体谈判,则可以选择一专多能型的谈判人员,他们可能分别是贸易、技术和法律方面的专家,相互协同,构成一个知识互补、密切配合的谈判班子。

个体谈判有着明显的优点,那就是谈判者可以随时有效地把谈判的设想和意图贯彻到实际的谈判行为中,但由于只有他一个人独立应付全局,不易取得本方其他人员及时而必要的帮助;集体谈判有利于充分发挥每个谈判人员的特长,形成整体耦合的优势,但如果谈判人员之间配合不当,就会增加内部协调意见的难度,在一定程度上影响谈判的效率。一般来说,关系重大而又比较复杂的谈判大多是集体谈判,反之则可采用个体谈判。

(二) 双边谈判与多边谈判

根据参加谈判的利益主体的数量,可以把商务谈判划分为双边谈判和多边谈判。双边谈判是只有两个利益主体参加的谈判,多边谈判则是指有两个以上的利益主体参加的谈判。在这里,利益主体实际上就是指谈判行为主体,可以是自然人,也可以是法人组织。

任何一项谈判都必须至少有两个谈判方,当然在某些情况下也完全可以多于两方。比如政府为阻止罢工而卷入了工会与资方的谈判之中,或者两个以上的国家共同谈判一项多边条约等等。但无论谈判是由双方或多方参与,谈判各方都必然存在着特定的利益关系。一般而言,双边谈判的利益关系比较明确、具体,彼此之间的协调比较容易。相比之下,多边谈判的利益关系则较为复杂,各方的协调要困难得多。比如在建立中外合资企业的谈判中,如果中方是一家企业,而外方也是一家企业,彼此的关系就比较容易协调。如果中方有几家企业,外方也有几家企业,谈判的难度就将明显增大。因为中方几家企业之间存在利益上的矛盾,互相要进行协商,求得一致;外方几家企业之间也存在着利益冲突,同样需要进行协商。在此基础上,中外双方企业之间才能进行合资谈判。在谈判过程中,中外双方都应该不断调整自己的需要,做出一定程度的让步。而无论是中方或者外方做出让步,都会涉及中方各企业或外方各企业之间的利益,因而中方企业之间以及外方企业之间又必须通过不断协商,求得彼此的协调一致。而最终形成的协议,也必须兼顾到每个谈判方的利益,使参与谈判的各个企业都能得到相应的利益和满足。因此,与双边谈判相比,多边谈判的利益关系错综复杂,各方之间不易达成一致意见,协议的形成往往十分困难。

(三) 口头谈判与书面谈判

根据谈判双方接触的方式,可以将商务谈判区分为口头谈判和书面谈判。口头谈判是双方的谈判人员在一起,直接进行口头的交谈协商。书面谈判则是指谈判双方不直接见面,而是通过信函、电报等书面方式进行商谈。

口头谈判的优点主要是便于双方谈判人员交流思想感情。在谈判过程中，双方谈判人员之间保持着经常性的接触。双方不仅频繁地就有关谈判的各个事项进行磋商，而且彼此之间的沟通往往会超出谈判的范畴，在谈判以外的某些问题上取得一致的认识，进而使谈判过程融入了情感的因素。我们不难发现，在某些商务谈判中，有些交易条件的妥协让步就完全是出于感情上的原因。此外，面对面的口头谈判，有助于双方对谈判行为的发展变化做出准确的判断。谈判人员不仅可以透过对方的言谈，分析、把握其动机和目的，还可以通过直接观察对方的面部表情、姿态动作了解其意图，并借以审查对方的为人及交易的诚信程度，避免做出对己方不利的决策。但是，口头谈判也有其明显的不足，在一般情况下，双方都不易保持谈判立场的不可动摇性，难以拒绝对方提出的让步要求。

书面谈判在双方互不谋面的情况下即可进行，借助于书面语言互相沟通，谋求彼此的协调一致。它的好处在于：在表明己方的谈判立场时，显得更为坚定有力，郑重其事；在向对方表示拒绝时，要比口头形式方便易行。特别是在己方与对方人员建立了良好的人际关系的情况下，通过书面形式既直接表明了本方的态度，又避免了口头拒绝时可能出现的尴尬场面，同时也给对方提供了冷静分析问题、寻找应对策略的机会；在费用支出上，书面谈判也比口头谈判节省得多。书面谈判的缺点在于：不利于双方谈判人员的相互了解，并且，信函、电报、电传等所能传递的信息是有限的。谈判人员仅凭借各种文字资料，难以及时、准确地对谈判中出现的各种问题做出反应，因而谈判的成功率较低。

一般来说，书面谈判适用于那些交易条件比较规范、明确，谈判双方彼此比较了解的谈判。对一些内容比较复杂、交易条件多变，而双方又缺乏必要了解的谈判，则适宜采用口头谈判。随着交换本身的变革以及现代通讯业的发展，电话、网络谈判作为介于口头谈判与书面谈判之间的一种新的谈判类型，已经逐渐地发展起来。

（四）主场谈判、客场谈判与中立地谈判

根据谈判进行时所在的地点，可以将商务谈判分为主场谈判、客场谈判和中立地谈判三种类型。主场谈判是指在本方所在地进行的谈判，客场谈判是指在另一方所在地进行的谈判。对于某一项谈判来说，如果谈判是在该方所在地进行，该项谈判于该方称主场谈判，与此相对应，该项谈判于另一方而言就称为客场谈判。所谓中立地谈判是指在谈判双方所在地以外的其他地点进行的谈判。

不同的谈判地点使谈判双方具有了不同的身份，并由此而导致了双方在谈判行为上的某些差别。如果某项谈判在某一方所在地进行，该方就是东道主，他在资料的获取、谈判时间与谈判场所的安排等各方面都将拥有一定的便利条件，就能较为有效地配置该项谈判所需的各项资源、控制谈判的进程。对于另一方来说，他是以宾客的身份前往谈判的，己方的行为往往较多地受到东道主一方的影响，尤其是在对谈判所在地的社会文化环境缺乏了解的情况下，面临的困难就更大。当然，谈判双方有时完全不必囿于身份的差异，可以采取灵活的策略和技巧来引导谈判行为的发展。但身份差异所造成的双方在谈判环境条件上的差别，毕竟是客观存在的。为了消除可能出现的不利影响，一些重要的商务谈判往往选择在中立地进行。

（五）让步型谈判、立场型谈判与原则型谈判

根据谈判中双方所采取的态度和方针，可以把商务谈判划分为让步型谈判、立场型谈判和原则型谈判三种类型。

1. 让步型谈判

所谓让步型谈判，是指谈判者偏重于维护双方的合作关系，以争取达成协议为其行为准则的谈判。在让步型谈判中，谈判者总是力图避免冲突。为了达成协议，他们随时准备做出让步，希望通过谈判签订一项令双方满意的协议。让步型的谈判者不是把对方当作敌人，而是看成朋友来对待，他们的目的在于达成协议而不是取得胜利。因此，让步型谈判也称为软式谈判，较之利益的获取，谈判者更注重建立和维护双方的合作关系。在一项让步型的谈判中，一般的做法是：提议、让步、信任、保持友善，以及为了避免冲突而屈服于对方。

如果谈判双方都能以宽宏大度的心态进行谈判，那么谈判中冲突的成分就会减少到最低的程度，达成协议的可能性、速度以及谈判的效率都将是比较满意的。而且，彼此的良好合作也会使双方的关系得到进一步的加强。但在现实的谈判活动中，这种情况很少发生。在绝大部分场合，许多谈判者都避免这种为了达成协议而不顾实际利益的做法，尤其在面临强硬的谈判对手时更是如此。让步型谈判通常只限于在双方的合作关系极为良好，并有长期业务往来的情况下使用，而且双方所持的态度和谈判的方针必须是一致的。

2. 立场型谈判

立场型谈判也称硬式谈判，是指参与者只关心自己的利益，注重维护己方的立场，轻易不向对方做出让步的谈判。立场型谈判者在任何情况下都将谈判看作一场意志力的竞赛和搏斗，认为在这样的搏斗中，态度越是强硬，立场越是坚定，最后的收获也就越大。在立场型谈判中，谈判双方的注意力都集中在如何维护自己的立场、否定对方的立场上。谈判者只关心自己的需要以及从谈判中能够得到的利益，而无视对方的需要以及对利益的追求。他们只看到谈判内在冲突的一面，总是利用甚至创造一切可能的冲突机会向他方施加压力，忽视去寻找能兼顾双方需要的合作途径。

立场型谈判者往往在谈判开始时提出一个极端的立场，并始终持强硬的态度，力图维护这一立场，只有在迫不得已的情况下，才会做出极小的松动和让步。如果谈判双方都采取这样的态度和方针，双方极易陷入立场性争执的泥潭，在根本难以找到共同点的问题上付出无谓的努力，增加谈判的时间和成本，降低谈判的效率。即使某一方屈服于对方的意志力，被迫做出让步并最终签订协议，而其内心则是不以为然，甚至是极为不满的。因为在该项谈判中，他的需要并未得到应有的满足。这种结果很可能导致他有意消极地对待协议的履行，甚至想方设法阻碍和破坏协议的执行。从这个意义上讲，立场型谈判没有真正的胜利者。

3. 原则型谈判

所谓原则型谈判，是指参与者既注重维护合作关系，又重视争取合理利益的谈判。

在原则型谈判中，双方都将对方当作与自己并肩合作的同事，而不是作为敌人来对待。他们注重与对方建立良好的人际关系，但又不像让步型谈判那样，只强调维护双方的合作关系，而忽视利益的获取。原则型谈判者注意协调双方的利益而不是双方的立场。他们尊重对方的基本需要，寻求双方在利益上的共同点。谈判双方都努力争取自己的利益，当双方的利益发生冲突时，则坚持在公平的基础上协调双方的冲突，以获取对双方都有利的结果。因此，原则型谈判也称价值型谈判。

原则型谈判者认为，在谈判双方对立的立场背后，既存在冲突性的利益，也存在共同性的利益。立场的对立并不意味着双方在利益上的彻底对立。只要双方立足于共同的利益，以合作的姿态去调和冲突性的利益，双方就可能寻找到既符合本方利益，又符合对方利益的替代性立场。原则型谈判强调通过谈判而取得的"价值"。这个价值既包括经济上的价值，又包含了人际关系上的价值。因而，原则型谈判是一种既理性而又富于人情味的谈判，在现实的谈判活动中具有很广泛的实用意义。

（六）投资谈判、货物（劳务）买卖谈判与技术贸易谈判

根据谈判的事项即所涉及的经济活动内容，可以把商务谈判划分为多种形态，其中最主要的是投资谈判、货物（劳务）买卖谈判和技术贸易谈判。

1. 投资谈判

投资就是把一定的资本投入和运用于某一项以盈利为目的的事业。所谓投资谈判，是指谈判双方就双方共同参与或涉及双方关系的某项投资活动所要涉及的有关投资的目的、投资的方向、投资的形式、投资的内容与条件、投资项目的经营与管理，以及投资者在投资活动中权利、义务、责任和相互之间的关系所进行的谈判。

2. 货物（劳务）买卖谈判

货物买卖谈判是一般商品的买卖谈判。即买卖双方就买卖货物本身的有关内容，如数量、质量、货物的转移方式和时间、买卖的价格条件与支付方式，以及交易过程中双方的权利、责任和义务等问题所进行的谈判。

劳务买卖谈判是劳务买卖双方就劳务提供的形式、内容、时间、劳务的价格、计算方法及劳务费的支付方式以及有关买卖双方的权利、责任、义务关系所进行的谈判。由于劳务具有明显区别于货物的各项特征。因此，劳务买卖谈判与一般的货物买卖谈判有所不同。

3. 技术贸易谈判

技术贸易谈判是指技术的接受方（买方）与技术的转让方（卖方）就转让技术的形式、内容、质量规定、使用范围、价格条件、支付方式以及双方在转让中的一些权利、责任、义务关系问题所进行的谈判。技术作为一种贸易客体有其特殊性。比如技术的交易过程具有延伸性；技术市场价格完全由交易双方自由议定等。因此，技术贸易谈判不仅有别于一般的货物买卖谈判，与劳务买卖谈判相比也存在一定的差异。

（七）买方谈判、卖方谈判和代理谈判

这是按照商务谈判交易地位的不同来划分的谈判类型。

（1）买方谈判。这是指以购买者身份参与的商务谈判，买方常常处于主动地位。
（2）卖方谈判。这是指以供应商身份参与的商务谈判，卖方常常处于被动地位。
（3）代理谈判。这是指受当事人（买方或卖方）委托参与的商务谈判。

本章小结

商务谈判是谈判的一种类型，所以学习商务谈判要从学习谈判入手。谈判是人们为了各自的目的而相互协商的活动，它具有目的性、相互性、协商性、得失性、说服性、合作与冲突并存、结果互惠但不一定均等特点。现代谈判理论主要有谈判需要理论、谈判博弈论、谈判三方针理论、原则式谈判、谈判公平理论、谈判唯理论等，其中原则式谈判所倡导的将人和问题分开、重点应放在利益上、选择各种有可能的方案、确定客观标准等价值观和谈判方法对现代谈判具有重要指导意义。

商务谈判是人们为了实现交易目标而相互协商的活动。它具有利益性、效益性、价格性等特点。评判一次商务谈判是否成功的标准主要有谈判目标的实现程度、谈判的效率、人际关系状况三个方面。

要有效而公正地进行商务谈判就必须坚持平等原则、互利原则、合法原则、信用原则、协商原则等合乎道德、法律、习俗的商务谈判原则。

商务谈判的类型多种多样，重点了解：个体谈判与集体谈判，双边谈判与多边谈判，口头谈判与书面谈判，主场谈判、客场谈判与中立地谈判，让步型谈判、立场型谈判与原则型谈判，投资谈判、货物买卖谈判与技术贸易谈判等六种划分类型。

思考与实训

思考

（1）简述谈判的概念与特征。
（2）如何正确运用谈判需要理论？
（3）什么是原则式谈判？它对谈判有什么重要指导意义？
（4）简述商务谈判的概念与特征。
（5）如何全面理解谈判平等原则？
（6）软式谈判与硬式谈判各有什么优缺点？

实训

一、子贡救鲁

春秋末期，诸侯图强争霸。时齐国田氏，累为相国，世得民心，谋篡之心已久，至田常为相，进谋愈急。为扩大影响，出兵击鲁，以树威望。此时孔子正在鲁国，闻齐兵已屯扎汶上，企图灭鲁，大为惊骇。便召弟子商议派使说齐，阻齐伐鲁。子路请行，孔子不允，子张和子石愿往，孔子仍不答应。孔子想到：他们言语迟钝，忠直有余，应变不足恐难担当此任。子贡表示愿往，孔子知道子贡善于辞令，足智多谋，便准行，并祝成功。

子贡至齐，知齐军为田常所策动，故会田常于汶上。田常知子贡为阻齐伐鲁而来，便声色俱厉地说："先生此来，莫不是为鲁游说？"子贡回答说："不是，实为齐国！"田常不解其意，问道："先生此话怎讲？请赐教！"子贡说："鲁国并不是容易进攻的国家，其国小，城不固，上有愚昧之君，下有无能之臣，士卒厌战，百姓离心，所以难攻。相国不如攻伐吴国，吴地广城高，兵精甲利，臣有智，将有谋，兵勇善战，很容易讨伐。"田常见子贡尽说反话，大怒："先生为何如此辱我？"子贡请田常屏退左右，小声进言道："相国不曾听说忧在外者攻其弱，忧在内者攻其强吗？今相国欲夺取王位，占有齐国，你的对手在内而不在外，如攻强吴，可借强国之手，剔除异己；成功归功相国，对你有利；失败，则将士死于外大臣空于内，相国所谋之事就成功了。如攻弱鲁，功成，齐之诸大臣皆有功，其位牢固，相国之谋则难成。"常听罢默然思之，遂说道："先生之言极是，然齐军已屯扎汶上，难以移师向吴，即使移师，人必议论，奈何？"子贡说："这容易，相国可按兵不动，我愿去吴，说吴王夫差救鲁伐齐，你出师攻吴就顺理成章了！"田常欣然答应。

于是子贡向吴国奔去，见吴王夫差，说："前次吴与鲁联合击齐，齐记恨在心，现齐军屯驻汶上，想先攻鲁，后伐吴，大王可知此事？"夫差说："我有所闻，先生远道而来，必有良策教我。"子贡说："如这次齐伐鲁成功，吴必将为齐所灭，因齐胜鲁拥有齐鲁两国之众，吴就难以抵挡！为大王计，应趁齐军未动，先行救鲁。吴、鲁联合，齐师不足为虑！如胜万乘之齐，千乘之鲁为吴新所得。吴得齐、鲁，即可与强晋抗衡，而入主中原，诸侯亦必相率而朝，大王之霸业成矣，望大王考虑。"夫差忿然说："前者联鲁伐齐，齐曾许世代事吴，今齐对鲁朝聘渐缺，已目无吴国，寡人正欲兴师问罪，因闻越王勾践，勤政爱民，君臣同心，似有谋吴之意。我欲先平越患，后再挥师北上伐齐。"子贡说道："大王此策欠妥，先伐越再救鲁，则鲁为齐所平。且越之勾践，不足为虑。越弱而齐强，伐越得之以利，纵齐则为大患，避强伐弱，非勇也，仅贻笑于诸侯。逐小利而忘大患，非智也，此何以争霸？大王虑越，臣为王去见勾践，使其亲率士卒从大王伐齐如何？"夫差说道："果能为此，寡人之愿也！"

后子贡又到越国，说服勾践，向吴王赠送厚礼并派兵三千与夫差同征。但子贡又想，如吴讨齐得胜之后，要挟鲁国，鲁危似未得解，于是又去晋，欲请晋抗吴，引吴向晋。鲁国才能得以安全，晋国亦应允。

子贡游说齐、吴、越、晋四国，后回鲁。吴王夫差果出兵讨齐。在越、鲁、吴三国夹击下，齐军大败，主帅丧身。齐简公只好向吴谢罪请和。夫差得胜后逼近晋国。晋定公因先听子贡之说，早有准备，因而吴、晋相遇于黄池，吴军大败。

《史记》对此评价：故子贡一出，存鲁，乱齐，破吴，强晋而霸越，子贡一使，使势相破，十年之中，五国各有变。

链接思考

试用谈判需要理论分析该案例。

二、《厚黑学》及在谈判中的应用

《厚黑学》作者李宗吾先生1879年生于成都,一度任国民政府官员,大学教授,后为自由撰稿人,1944年去世。

《厚黑学》其实质上是一种认识论,一种看待问题的方法,它要求人们"胸怀大志",而又深藏不露,步步小心,一鸣惊人。即方法论与认识论的统一,是为了获取利益的谋略。《厚黑学》也是研究处理人类各种利益关系的谋略学,它与谈判活动相结合,具有一定的可操作性。因为它首先体现了谈判的根本原则谋求双方各自利益的基本精神,并非真正谋求共同利益;其次,它直接体现了谈判的主要战略原则以迂为宜、以柔克刚的思想实质;最后,它体现了谈判的主要战术原则——"以正合,以奇胜,正奇相生,不可胜穷"的特点。

1. 《厚黑学》精要(节选)

中国古代三国英雄,首推曹操。他的特长全在心黑:他杀吕伯奢、杀孔融、杀杨修、杀董承、杀伏完,又杀皇后皇子,全然不顾,并且明目张胆地说:"宁我负人,毋人负我!"心子之黑,真是达于极点了。有了这样本事,当然称为一世之雄了。

其次要算刘备,他的特长,全在于脸皮厚:他依曹操、依吕布、依刘表、依孙权、依袁绍,东窜西走,寄人篱下,恬不为耻,而且生平善哭,做三国演义的人,更把他写得惟妙惟肖,遇到不能解决的事情,对人痛哭一场,立即转败为胜。所以俗语有云:"刘备的江山,是哭出来的。"这也是一个有本事的英雄。他和曹操,可称双绝。当着他们煮酒论英雄的时候,一个心子最黑,一个脸皮最厚,一堂晤对,你无奈我何,我无奈你何,环顾袁本初诸人,卑鄙不足道,所以曹操说:"天下英雄,惟使君与操耳。"

此外还有一个孙权,他和刘备同盟,并且是郎舅之亲,忽然夺取荆州,把关羽杀了,心之黑,仿佛曹操,无奈黑不到底,跟着向蜀请和,其黑的程度,就要比曹操稍逊一点。他与曹操比肩称雄,抗不相干,忽然在曹丞相驾下称臣,脸皮之厚,仿佛刘备,无奈厚不彻底,跟着又和魏断交,其厚的程度也比刘备稍逊一点。他虽是黑不如操,厚不如备,但却是二者兼备,也不能不算是一个英雄,他们三人,把各人的才华施展开来,你不能征服我,我不能征服你,天下不能不一分为三。

后来曹操、刘备、孙权相继死了。司马父子乘虚崛起,他算是受了曹刘孙三人的熏陶,集厚黑学之大成,他能欺人寡妇孤儿,心之黑与曹操一样,能受巾帼之辱,脸皮之厚更甚刘备。所以他统一了天下,虽天下奇才诸葛亮也不是其对手。

又如中国楚汉时期的韩信,胯下之辱,他能够忍受,厚的程度较深。但黑术研究得太少,他为齐王时,如果能听得通的话当然贵不可言,他偏偏系念着刘邦解衣推食的恩惠,冒冒昧昧地说:"衣人之衣者,怀人之忧;食人之食者,死人之事。"后来长乐钟室,身首异处,夷及九族,真是咎由自取。他讥笑项羽是妇人之仁,可见心子不黑,做事还是要失败,这也怪韩信不得。

李宗吾先生强调,只要大原则正确,要能战胜对方,就必须智勇双全,心要彻底的黑,脸要彻底的厚。千万不可意气、感情用事,或有黑心,而无厚脸,如伍子胥、范增之流，终无立锥之地；或有厚脸，而无黑心，如韩信之流；或脸、心的修养都不够狠，失败的概率最大，如"妇人之仁，匹夫之勇"的项羽等。

2. 谈判中的《厚黑学》

《厚黑学》中的"厚黑"二字并非狭义仅指"脸厚心子黑"，而是一种形象化的谋略术语。它仅仅是实现人与人之间的共同利益，消除分歧，谋求协同的一种手段。"厚黑"是一种方法、一种手段，是一种分析问题、处理问题的不同寻常的思维方式，谈判是一种需要较高智慧才能达到愿望、目标的一种活动。谈判是双方面对面的活动，故更应注重技巧和谋略，厚黑术用于谈判中定能成为谈判桌上的英雄豪杰，许多事是不战而胜。

例如"男儿偏爱流眼泪"的政治家穆罕默德·摩萨台（伊朗前首相）。

摩萨台上任时已年过古稀。他常常在伊朗议会里说哭就哭，说昏就昏。许多伊朗人认为，这表明他情意真切，令人尊敬。摩萨台很瘦小，身体看上去很衰弱，但他却能倚老卖老，占尽便宜。

一位医生讲了他的轶事。此医生是议会的一名议员，是反对党的成员。一天医生参加了议会，当时摩萨台正在鼓吹一项议案，希望议会能通过。他慷慨激昂地演说完后，便慢慢昏了过去，嘴里还喃喃地说他准备为可爱的伊朗牺牲自己的生命。医生说医生的责任感使他忘掉了政治上的歧异。他跪在首相旁为他诊脉，竟发现他的脉搏洪大有力，医生说他当时太感动了就投了赞成票。

摩萨台还有一次更加出色的"厚黑"表演。伊朗与英国发生石油冲突，美国人按照英国的旨意来做调解。一次美国驻联合国大使欧内斯特·格罗斯在别人的陪同下来到摩萨台参加联合国大会而下榻的饭店，时值摩萨台正卧在床上，他抓住摩萨台的手说："摩萨台博士，我是欧内斯特·格罗斯大使。我是你的朋友。我愿尽一切力量帮你为伊朗民众争得公平合理的权益。"摩萨台双眼谨慎地注视着格罗斯，问道："大使？你是驻哪里的大使？"格罗斯说："我是美国驻联合国的大使呀。"谁知摩萨台一听他是联合国大使，便尖叫一声，好像被人用刀子刺了一下，在床上疯狂地翻滚，且号啕大哭，眼中现出了惊惶失措，此时陪同人员说："大使先生，我想今天不宜了。"格罗斯说："我的上帝，我看也是不宜。"于是格罗斯便走了。

摩萨台这个看起来感情脆弱、年老体弱的首相简直把"厚"字写绝了，利用软弱取胜，其实质是采用"以退为进、避免正面交锋"的策略，能以软弱的"厚"去克服对方的"黑"从而达到自己的目标。

链接思考

分析《厚黑学》在谈判中的应用。

第二章 商务谈判准备

本章学习目标

学完本章以后，应掌握以下内容：①了解商务谈判信息的主要内容；②熟悉商务谈判信息搜集方式；③掌握商务谈判目标的制定方法；④掌握选拔谈判人员的标准；⑤了解谈判小组成员的分工与协作；⑥掌握谈判地点与时间选择的要点。

案例导读：《隆中对》赏析

"欲识天下分鼎处，先生笑谈画图中。"这是后人对三国时期的一代英雄诸葛亮的高度赞颂和评价。

《隆中对》的故事，发生在建安十二年（公元207年）十月。这时军阀混战虽然尚未停息，但曹操和孙权独霸一方的大势已定，二分天下的局面已基本形成。对此，念念不忘"兴复汉室"且颇有争霸诸侯、而统一中国之雄心的刘备，当然不能善罢甘休。于是他便积极搜罗人才，以期共济大事。《隆中对》就是写刘备前去拜访诸葛亮，请诸葛亮出山为他出谋划策的故事。文章通过隆中对策，给读者塑造了诸葛亮这个具有远见卓识的政治家和军事家的形象：他善于审时度势，观察分析形势，善于透过现状，掌握全局，并能高瞻远瞩，推知未来。

《隆中对》有以下几层意思。

第一层，从"自董卓以来，豪杰并起"至"此可以为援而不可图也"。先从形势分析入手，指出"自董卓以来，豪杰并起，跨州连郡者不可胜数"。但在长期的割据混战中，许多军阀都相继失败了，而今只有既成集团势力的曹操和孙权，但是又"不可争"与"不可图"。为什么不能与他们"争"和"图"呢？就曹操来说，从过去看，"曹操比于袁绍，则名微而众寡"，但经过官渡一战，曹操却打败了袁绍。曹操之所以转弱为强，不仅是时机有利，而且也是"人谋"得当。这里所说的"人谋"，包括用人和用计两个方面。在用人上，曹操能够使用像郭嘉、荀彧、许攸等足智多谋的人才；在用计上，能够针对袁绍不恤内政、不能用人等情况，作出正确的决策。从现在来看，"今操已拥百万之众，挟天子以令诸侯"。不仅军队实力空前强大，并且挟持了汉献帝，打着堂堂正正的旗号，来号令天下了。对这样的劲敌，暂时是"不可与争锋"较量的。再就孙权来说，"孙权据有江东"，从孙坚到孙权"已历三世"，有牢固的统治根基，国势险要，人民归附，又有张昭、周瑜、鲁肃、程普等贤能之士为之效力，这是难以动摇的。因此，只能同他结成同盟，而不能去打他的主意。中原的曹操既"不可与争"，江东的孙权又"不可图"，到底该怎么办呢？

第二层，从"荆州北据汉、沔，利尽南海"至"智能之士思得明君"。文中就"可争"和"可图"的荆益两州加以陈述剖析。从荆州来看，北边有汉水和沔水之利，南边直到南海，可取得资财。东边和浙江相接，西边直通巴蜀，地处东西南北要冲，"此用武之国"，是兵家必争之地，战略地位十分重要，据此即可控制吴、魏，保住巴蜀。况且对荆州取而代之也是完全可能的。荆州的统治者刘表昏庸无能，既不懂军事，又不能知人善用。对此，投奔刘表长达七年之久的刘备是深为了解的。荆州虽然是战略要地，但易攻难守，因此只能作为外围，不宜作为建立政权的基地。所以诸葛亮又进而谈到益州。从益州来看，地势险要，土地广阔，物产富饶，当年汉高祖刘邦就是凭借这个地方的有利条件，建立了帝业。言外之意，益州同样可以作为建立蜀汉大业的基地。而且就目前来看，益州同荆州一样，也是"其主不能守"的情势。刘璋身为益州刺史，但同刘表一样昏庸无能，在北边占据汉中的张鲁，时刻都在威胁着他。益州、汉中虽然"民殷国富"，但他们都不体恤百姓，所以那些"智能之士"，都"思得明君"，也同样可以取而代之。既然荆益二州具备地利、人和的条件，那么刘备能否据为己有，以及据为己有之后又该怎么办呢？

第三层，从"将军既帝室之胄"至"汉室可兴矣"，说明刘备完全具备取得荆益二州的条件，并进而申明取得荆益二州之后应采取的措施及其前景。"将军既帝室之胄，信义著于天下。"这是说刘备作为皇帝的后代，起而发难，是名正言顺的正义之举，是有足够的声望和号召力的。再加上"总揽英雄，思贤若渴"的美德，就一定能够上下团结一致，取得荆益二州。等到"跨有荆、益"，就要"保其岩阻"。"保其岩阻"，是就军事方面说的，它包含着坚守阵地，蓄积力量，做好准备，待机而动等内容。要保住这块基地，还必须对西南少数民族做好"和"好和安"抚"工作，以巩固后方，解除北伐中原时的后顾之忧。在对外政策上，要"结好孙权"，采取联孙抗曹的政策；在内政上，要"修"，也就是要修明政治，这包含抑制豪强，施行耕战，举贤任能等一系列措施，以革除刘璋的弊政。这些对内对外政策，倘能付诸实行，力量就会不断壮大，政权就会得以巩固，自然就能对付曹操这个劲敌了。然而曹操毕竟势力强大，要想消灭他，也决非轻而易举之事，因而又不可鲁莽从事。要待"天下有变"，也就是要等待曹操集团内部发生变乱或对外发动战争，这时即可乘虚而入，分兵北进，沿着两条军事路线，发动钳形攻势。一条是"将荆州之军"向宛、洛挺进，直捣敌人的心脏洛阳；一条是"将军率益州之众，以出秦川"，攻其首脑长安。如能照此办理，就会受到百姓的拥护，那么成就"霸业"，"兴复汉室"，统一中国的目的即可达到。刘备听了这番对策，极口称善，并"与亮情好日密"。这说明他对诸葛亮的高明对策如获至宝，是欣然接受的。文章的末段，写隆中对策后的反响。从关羽和张飞等人的"不悦"，又可看出刘备对诸葛亮器重的程度，以及诸葛亮在刘备心目中的地位。特别是他对关羽和张飞等人的劝阻和解释说："孤之有孔明，犹鱼之有水也。愿君勿复言。"就更加生动形象地说明他们之间的亲密关系，同时也说明诸葛亮智识的卓绝，以及在成就蜀汉大业中将要起到的巨大作用。

诸葛亮在对策中，为刘备成就蜀汉大业规划了一条明确而又完整的内政、外交政策和军事路线，相当周详地描绘出了一个魏、蜀、吴鼎足三分之势的蓝图。这个蓝图，是建立在对现实进行科学分析的基础之上的。刘备后来就是基本上按照这个政治方案建立了蜀汉政权，形成了天下三分的政治局面。历史的实践雄辩地证明，诸葛亮的预见非常英明。只是由于刘备、关羽曾一度没有坚定地执行联孙抗曹的外交政策，结果遭到了孙、曹两面的夹攻，而失去了荆州。特别是吴、蜀夷陵一战，西蜀元气大伤，再加上刘备和诸葛亮相继死去，后主刘禅昏庸无能，西蜀每况愈下，致使诸葛亮"兴复汉室"，统一中国的规划完全落空。

诸葛亮卓越的政治军事才能，不仅表现在他为建立蜀汉政权，统一中国制定了一套切实可行的政治方案，而且也表现在他深知治国之本。他分析政治形势，除考虑到地理环境、经济条件和军事实力而外，还特别突出地强调恤民和用贤两事。他在论述东吴"不可图"时，指出"国险而民附，贤能为之用"；论述益州"可图"时，指出益州、汉中"民殷国富"而其主刘璋、张鲁"不知存恤"，致使"贤能之士思得明君"。他把能否取得政权和巩固政权，从是否恤民和举贤着眼，这就更加显示了一个政治家和军事家的卓见。

诸葛亮的崇高智慧和科学预见并非天性，而是建筑在对现实的深入观察与了解、对形势的科学分析和对历史经验总结基础之上的。

"凡事预则立"，一场谈判并不是从谈判双方坐在谈判桌前的洽谈才开始，而是在这之前就已经开始了。在确定了谈判的项目、谈判对手后，谈判者就要准备谈判必需的一切条件，为谈判过程的顺利进行、取得一个令人满意的谈判结果打下坚实的基础。谈判是一项复杂的工作，它要受到各种主观因素（如谈判者的意图、目的、谈判风格、方式）和客观因素（政治经济形势、技术水平）的影响，有许多可控制和不可控制的因素在起作用，所以谈判人员在谈判进行之前，就要准备好最充分的资料、方案，组织好谈判队伍，做好各种演习，不管发生了怎样的变化，都能有备无患，从容不迫。在谈判中，有了充分的准备，就获得了一半的成功。

第一节　商务谈判调查

《西游记》中有两位天神：一位叫"千里眼"，他的眼睛能"眼观六路"，看见千里之外的一切事情；一位叫"顺风耳"，他能"耳听八方"，可以听见千里之外发出的任何声音。有了"眼观六路，耳听八方"的本事，天上人间的任何事情都逃不过他们的"眼睛"和"耳朵"，玉皇大帝有了这两位天神，也能够在天上尽知人间的事。

当然，"千里眼"与"顺风耳"是作者的虚构，但也反映了古人的美好梦想，就是希望有一种工具（或方式）能让自己不出家门尽知天下事。现代社会，"眼观六路，耳听八方"不再是神话，而是对现代人的要求，因为科学技术的广泛运用，改善了交通条件和通讯设施，火车、汽车、飞机、人造地球卫星的出现，电话、电报、传真、广播、电视以及光导通讯的推广和运用，使信息传播的速度飞速提高，范围空前扩大，人们的社会交往已不再受时间和空间的限制。"地球村"概念的提出，意味着地球由于通讯设施和交通工具的发达而"变小"了，人们相距的空间缩短了，"秀才不出门，尽知天下事"不是天真的幻想，而是现实。

信息意识是一种现代意识，它要求人重视信息的作用，把信息视为资源，视为生命。信息论创始人维纳说："所谓有效的生活，就是拥有足够的信息生活。"信息是一种新概念，信息论中指用符号传送的报道，报道的内容是接收符号者预先不知道的。通俗来理解，信息就是指具有时效性的消息、情报、数据。现代社会是一个信息社会，知识日新月异，新事物、新情况层出不穷，掌握信息，就意味着掌握了发展自己的机会。

兵法云："知兵者，动而不迷，举而不穷。"商场如战场，谈判是一场心理战术的较量，要做到"动而不迷，举而不穷"，信息收集，资料准备工作必须细致而认真，要运用先进的信息分析工具和各种通讯设备，利用大众传播媒介和咨询机构让自己"眼观四路，耳听八方"。

一、商务谈判信息的内容

商务谈判要"知己知彼"，才能"百战不殆"。"知己"就是要正确地了解我方的谈判实力、谈判能力和一切对谈判有利或不利的客观因素，以便"扬长避短，趋利避害"；"知彼"就是要了解对方的实力、谈判目的与需要、谈判策略、谈判风格和谈判人员的特点以及与谈判相关的对手的一切情况。

就商务谈判来说，信息资料的搜集和准备主要有以下几个方面。

（一）市场行情

市场行情，即谈判的产品在国内、国际市场的分布概况、发展趋势；产品在市场中的销售状况，如消费者的层次、市场占有率、最近几年的销售量、销售总值、价格变动幅度；产品的竞争情况，如生产或输入同类产品的竞争者的数量、规模、各种相关产品的市场占有率、售价幅度、销售形式、销售组织的规模和力量，所使用的广告媒介；产品的需求情况，如消费者对产品品质、性能、设计、价格、售后服务的要求，市场对产品现实的和潜在的需求量，各种对消费者选择产品产生影响的因素等。

（二）科技动态

科技动态就是与产品有关的技术资料，新技术研究和运用的状况，产品的技术水平、技术指标、技术寿命；新产品的开发、更新；新工艺的运用；新包装、新商标的使用；技术专利转让方面的情况等。由于谈判的内容不仅仅是有形的商品，还包括呈无形状态的技术商品交易，在引进和转让技术商品时，更要全面地了解国内外科技发展的动态，使自己能高瞻远瞩，购买到国际最先进水平的技术。

（三）政策、法规

任何谈判都是在一定的社会环境下的谈判。社会的政治、经济因素对谈判起一定的影响作用，商务谈判之前，谈判人员需要了解政治、经济方面的方针、政策，通晓法规、市场规则、国际惯例、法律条款，如《专利法》、《商标法》、《涉外合同法》、《劳动法》、《国外企业所得税法》、《中外合资经营企业法》、《环境保护法》、《税法》、《价格法》，等等。

（四）谈判对手的有关情况

培根在《论谈判》一文中写道："与人谋事，则须知其习性，以引导之；明其目的，以劝诱之；谙其弱点，以威吓之；察其优势，以钳制之。"对于谈判对手，只有全面而深刻地了解他们的谈判目的、谈判需要、谈判风格、谈判的产品特点、谈判实力以及谈判班子成员的性格特点，才能制定出行之有效的方案，满足对方的要求和愿望，切中对方的要害之处，促使谈判成功。

(1) 谈判目标。谈判目标是对方进行这次谈判期望达到的目的，它有一些具体的要求。如产品的质量与价格、供销的数额、付款方式、交货日期、运输条件、技术要求等。

(2) 谈判策略。了解对方谈判需要和要采取的步骤和方法，尤其是要通过分析对手惯常使用的谈判模式、策略去进行把握。如对方最终希望有一个怎样的谈判结果，是"谋求一致"还是"皆大欢喜"，还是"以战取胜"，对方的最高期望和最低期望是什么？谈判的计划与步骤会有哪些？

(3) 谈判风格。不同的国家和地区有不同的民族和区域文化，文化传统影响着人们的思维模式和行为模式，形成了每一个国家、地区、民族不同的谈判风格，他们在各种谈判中都会表现独特的工作方式和特点，我们对此要有所了解和把握，并针对不同的风格采取不同的应对之策。

(4) 谈判产品的特征。放在谈判桌上进行谈判的产品是谈判的主要对象，所以必须将它的质量、规格、款式、价格、性能、技术水平、产销情况、市场地位等作全面的了解。尤其是对价格必须进行严格细致的分析比较，了解其他同类产品的价格、产品的成本价、市场浮动价，以便对对手的报价做出比较精确的预测，找到还价的对策，决定商品交易的价格幅度。

(5) 谈判实力。谈判对手的实力主要由组织规模、技术力量、资金力量、管理水平、生产效率、市场竞争力、声誉以及在市场交易中所处的集团（卖方或买方）所决定的。要全面地了解对方的经济状况（如资金来源、购买能力、资信程度），履行合同的能力（如经营作风、生产效率、市场销售能力），以及市场供求关系中的产品竞争能力。

(6) 谈判者的特点。谈判前了解谈判成员的特点非常重要。主要要了解谈判成员的权力和责任，他们各自的年龄、性别、经历、性格、兴趣和爱好。谈判是谈判班子成员共同协作进行的，一般来说他们都有各自的权力和职责，比如说由谁作决定？谁是主要谋略者？谁负责审议？了解他们的职责，还要了解他们各自的性格特点、年龄、经历方面的情况，以便推断出他们胜任职责的能力，确定"针锋相对"的谈判策略。

（五）自己的有关情况

"人贵有自知之明"，要知人首先要知己。在商务谈判的准备中，最容易忽视的环节是对自己的估算和认识，谈判者往往对自己的实力、目标、能力缺乏足够的认识，就匆匆"上阵"，结果在谈判桌上显得被动或缺乏自信心，所以要使谈判成功，必须先了解自己，客观地评估自己的实力。

（1）明确自己的谈判目标。谈判的目标指谈判的方向和谈判要达到的目的。开展任何一项工作都必须有一个具体的目标，这样工作才能朝着正确的方向有计划、有步骤地展开。商务谈判也如此，谈判者必须了解谈判的目标才能为自己确立正确的谈判策略。谈判目标有最高目标和最低目标、总体目标与个体目标，长远目标与近期目标之分。目标是具体的，它规定了谈判必须完成的任务、指标，体现了企业的发展战略。

（2）清楚自己的谈判实力。企业实力是谈判实力的基础和来源，但企业实力并不一定都能转化为谈判实力，也就是说企业实力强并不意味着谈判实力就一定强。谈判实力是促使谈判成功的有效筹码，每一位谈判人员都必须明白自己拥有哪些方面的实力，以便在谈判中运用实力吸引、影响、说服对方，达成令自己满意的协议。谈判实力，是指有产品实力、财政实力、技术实力和形象实力。产品实力包括产品有较高的知名度和美誉度、品质好、款式新、性能好、价格合理；财政实力指资金力量雄厚，资金来源充足，能够承担经济风险，提供最便利的付款方式，有很强的产品购买力和销售力；技术实力指拥有一流的先进技术设备、一流的专业技术队伍，有很强的运用新技术、新工艺开发新产品的能力；形象实力指企业的良好声誉，有先进的管理方法、优良的经营作风、较高的生产效率，能够获得公众的信任和支持。无论是哪一方面的实力，都能成为谈判的有利因素，必须好好地利用它，增强谈判的说服力。

（3）把握自己的谈判能力。谈判能力主要包括谈判人员具备的能力、谈判班子整体配合的能力和谈判者对谈判环境产生的影响力。谈判的成功，离不开谈判人员的努力，他们的素质和能力是谈判前就必须了解的，只有这样才能对他们进行合理的分工，"物尽其用，人尽其才"，充分地发挥各自的优势，提高谈判的效能。

（六）谈判涉及的民族文化心理、风俗习惯、宗教信仰和礼仪禁忌

"入国问禁、入境问俗"，在不同的国家和地区与来自不同民族的人进行谈判，一定要先了解有关的禁忌和风俗习惯，否则会给谈判带来麻烦和干扰。

总之，"知己知彼"是谈判准备的关键环节，商务谈判方案和谈判策略的制定就是建立在明确地了解自己的优势和劣势，剖析对方的优势与劣势的基础上的。

二、商务谈判信息搜集方式

商务谈判前信息搜集的工作，主要采取以下几种方式进行。

（一）查阅文献

根据检索，查找有关的专业期刊和书籍，了解与谈判内容有关的专业知识，同时还要找出与谈判有关的经济法规、市场规则、国际惯例和有关的政治、经济方面的政策、规定。

（二）研究资料

将一部分材料作为重点研究的材料，仔细分析、研究、顺藤摸瓜，找到重要的线索

和资料。如将谈判对手的财务预算计划、各种经济报表、年度报告、研究机构对他们的研究报告、新闻媒介对他们的评价和报道、发布的新闻稿和高层官员的公开声明、广告和产品详细的说明书、有关出版物作为重点研究的资料，就能比较全面真实地了解他们的情况，同时为自己找到应对的策略。

（三）咨询信息

各种情报中心、信息中心、咨询公司、顾问公司拥有最先进、最完善的信息网络和信息处理系统，有最具权威的、高深的理论水平和丰富经验的专业人才，如果向它们咨询，就能在谈判前得到更多的有价值的重要情报，获得专家的指导和建议。

（四）参观访问

商务谈判要承担经济风险，现代社会市场贸易频繁，贸易活动日益复杂化，单凭查阅资料不能真实地了解谈判对手的情况，如产品的质量是否符合标准？客户是否具备交易的供需能力？付款方式是否妥当安全？有多大的偿还能力？所以有必要在谈判前进行实地的参观访问，考察对方的产品质量、资金（或融资）水平、信誉、运输条件、经营渠道、执行合同的能力，对一切了如指掌，才能心中有数。另外，还要经常性地参加一些博览会和专业展览会，直观地了解国内外同类产品的样本和价格，以便宏观地了解国内外技术水平，在谈判桌上拿出最有说服力的材料。对通过各种渠道收集起来的信息必须进行科学的处理，运用电脑等信息处理工具将信息分类、整理、储存，为谈判方案的制定提供科学的依据，帮助谈判者宏观地把握谈判局势，在谈判桌上做一个最精明的买主（或卖主）。

第二节　商务谈判计划

希克曼·西尔瓦在《创造卓越》一书中说："在任何一个和对手博弈的场合——网球赛、象棋赛、太空竞赛、企业竞争等，胜利总是属于在思想上、计划上、以及行动上比对手高出一筹的一方。"苏轼说，"画竹必得成竹于胸中"才能画出竹的神韵和气势。谈判人员必须对谈判计划方案了如指掌，才能在谈判中把握进退的分寸，实现谈判的目标。

计划是组织或个人为达到某一目的，将工作或行动的顺序、时间、资金、人员的能力、资源、场所等按照一定的方式排定的管理控制方式，如同作战需要一个具体的作战方案一样，商务谈判也需要一个周全严密、科学有效的谈判方案，它必须将谈判的目的、策略、议程有计划地安排下来，使谈判人员对自己将要做的事情了如指掌，明确地知道工作的目标、步骤，信心充足地走上谈判桌。谈判方案的制定，是谈判准备中最重要的一项工作，因为它具体地体现了谈判的目的和要求，使谈判人员的行动有了明确的方向，因而能够胸有成竹地控制谈判进度，运筹自如地应付多变的谈判局势，驾驭谈判局势。

一、明确谈判的主题和目标

（一）谈判主题

谈判的主题是进行谈判的目的，谈判目标是对谈判主题的具体表现。谈判主题与谈判目标是整个谈判活动的中心。谈判主题要简单明确，一般都能用一句话将它概括出来，表述要清楚，如"以最优惠的价格购进某种设备"、"以最理想的价格出让某项技术"。

（二）谈判目标

在谈判的主题确定后，接下来的工作就是这一主题的具体化，制定出具体的谈判目标。所谓谈判目标，就是将主题的具体化。谈判目标可分为以下三个层次：

（1）最低目标。它是谈判必须实现的目标，是谈判的最低要求。若不能实现，宁愿谈判破裂也没有讨价还价、妥协让步的可能。

（2）可以接受的目标。它是指在谈判中可努力争取或做出让步的范围。如果说第一层次的目标可以用一个点来表示的话，第二层次的目标是一个区间范围。这个层次的目标是要争取实现的。

（3）最高目标，也叫期望目标。它是己方在谈判中所要追求的最高目标，也往往是对方所能忍受的最高程度，它也是一个临界点。如果超过这个目标，往往要冒谈判破裂的危险。

因此，谈判人员应充分发挥个人才智，在最低目标和最高目标之间争取尽可能多的利益。

假设某公司在一次谈判中以出售价格为谈判目标，则以上三个目标可这样表述为：①最高目标是每台售价1400元；②最低目标是每台售价800元；③可以接受并争取的价格在800—1400元之间。

值得注意的是，除价格之外，谈判一般存在着多个目标，这就有必要考虑谈判目标的优先顺序，根据其重要性加以排序，确定是否所有的目标都要达到，哪些目标可以舍弃，哪些目标可以争取达到，而哪些又是万万不能降低要求的。与此同时，还应考虑长期目标和短期目标的问题。

例如，某商家欲采购某种商品进行销售，可以作如下考虑：①只考虑价格，牺牲质量以低价进货；②只考虑质量，以高价购入高质量商品，期望能以高价销售保证利润；③将质量与价格相结合加以考虑；④能否得到免费的广告宣传；⑤将价格、质量和免费的广告宣传三个因素结合起来加以考虑。在这五个目标中，如果价格和质量问题是基本目标的话，那么，这两个问题不加以解决，谈判就不可能取得成果。

二、制定谈判的基本策略

确定谈判的基本策略就是要选择能够达到我方目的的基本途径和方法，它必须建立在对谈判对方实力及其影响因素与我方谈判实力及其影响因素细致而认真的研究分析的基础上。谈判基本策略是谈判的基调,是谈判人员遵循的基本方针,确定谈判的基本策略是谈判方案制定的基本前提。

(1)要明确双方在谈判中的目标是什么,他最想得到的是什么,可以做出让步的是什么,什么是其实现目标最有利的因素。了解这些我们才能有针对性地提出自的谈判目标,并在谈判中很好地把握谈判的"度",即利益界限。如果了解到对方最想得到的东西是什么,那么我方就可以让对方在得到其最想得到的东西、满足其需要的同时,付出更多的东西,做出更多的让步作为代价。如果我们把握了对方实现目标的最有利的因素和不利因素,那么在谈判中就可以避其有利之处而攻其不利方面,争取更好的效果。

(2)要设想我方在争取所需要达到的目的的时候,将会遇到哪些障碍,对方将会提出一些什么样的交换条件。

(3)要确定对策,即是否可以接受对方的交换条件?如果接受,在多大程度上接受?如果不接受,又将采取什么方法和措施清除遇到的障碍?

(4)要做好应对对方要求的准备。

三、制定谈判的具体方案

方案是将所有谈判计划内容具体化、条理化,它主要包括以下几个方面的内容。

(一)拟定谈判议程

谈判议程即谈判程序,包括所谈判事项的次序和主要方法,如谈什么问题、什么时候谈、分几个阶段与几个场合谈,以及谈判中运用什么方式去谈。

1. 谈判议程的安排方式

谈判议程的安排要根据具体的情况而定,常用的有三种方式:第一种是先易后难,先讨论容易解决的问题,为讨论困难的问题打好基础,为谈判创造良好的气氛。第二种是先难后易,先集中精力和时间讨论重要的、困难的问题,把问题谈透,突出重点,以主带次,推动其他问题的解决。第三种是混合型,即不分主次先后,把所要讨论的问题都提出来加以讨论,经过一段时间之后,再把所有要讨论的问题归纳起来,对已经取得统一的意见明确下来,对尚未解决的问题作进一步的讨论,取得一致性的意见。

有经验的谈判者,在谈判前便能估计到哪些问题双方不会产生分歧意见,较容易达成协议,哪些问题可能有争议,有争议的问题最好不要放在开头,这样会影响以后的会谈,可能要占用很多时间,又可能影响双方情绪,一开始就"卡了壳",对整个谈判不利。争议的问题也不要放在最后,放在最后可能时间不充分,而且在结束谈判前可能会给双方留下不好的印象。有争议的问题最好放在谈成几个问题之后,在谈最后一两个问题之前,谈判结束前最好谈一两个双方都满意的问题,以便在结束谈判时创造一个良好气氛,给双方留下良好印象。

2. 谈判议程的内容

议程拟定是否科学合理,要看它是否符合两项要求:一是议程有互利性,议程的安排不仅符合自己的需要,也要兼顾对方的实际利益和习惯做法。二是简洁性,安排的谈判事项必须单纯,过多则会造成思想负担。

比较科学合理的谈判议程的安排一般包括如下几项内容：①谈判应在何时举行，为期多久；②倘若是一系列的谈判，则要分成几次举行；③每次的谈判时间、休会时间是多少；④哪些事项应列入讨论，哪些事项不应列入讨论，列入讨论的事项应如何编制顺序，每一事项应占多少讨论时间；⑤谈判在何处举行。

3. 通则议程与细则议程

通则议程是谈判双方共同遵照使用的日程安排，谈判议程一般都指通则议程。通则议程可由一方提出或双方同时提出，但只有经过双方讨论通过后才能正式生效。细则议程具有保密性，它是对己方参加谈判的具体策略的具体安排，只供己方使用。其内容有：①对外口径的统一，包括文件、资料、证据和观点等；②谈判过程中各种可能性的估计及其对策安排；③谈判的顺序，何时提出问题，提什么问题，向何人提出这些问题，由谁提出问题，谁来补充，何时打岔，谁来打岔，在什么时候要求暂停讨论等；④谈判人员更换的预先安排等。

（二）规定谈判期限

谈判期限是指谈判人员从直接着手进行谈判的准备工作开始至报盘的有效期结束之日为止。如果超过了界限，即使达成了谈判协议，也会给谈判带来人力、物力、财力的损失。因此，在谈判方案中，应对谈判需要的时间以及因为时间因素而造成的损失做出规定。

（三）验证谈判方案的可行性

谈判方案拟定出来之后，为了保证它的科学性和有效性，还要对方案的可行性进行论证。主要从三个方面入手，首先，对限制性因素进行分析，从谈判要涉及的人力、物力、时间、技术这些客观条件方面检查是否具备谈判成功的条件，寻找实施谈判方案的必要条件与现实条件之间的差距。其次，对方案可能遇到的障碍和困扰进行预测，分析这些潜在性问题出现的可能性、严重性。在谈判过程中，存在许多不可控制的因素，对这些不可控制的因素在审查谈判方案时就应当预测，以便找到预防的措施，防止意外的发生，或者找到应变突发性事件的措施和方法。最后，对方案实施效果进行预演，谈判小组的成员可以按照计划方案的安排演示谈判过程，以便总结经验，发现问题，完善方案。

总之，谈判计划的目的，是为了使谈判人员在谈判过程中能够明确谈判的目的，抓住问题的实质，记住谈判的要点和步骤，在谈判过程中有条不紊地把握谈判局势，所以计划方案的制定必须高度地概述主题，用最简洁文字表述目标和要求，对议程的安排必须分成几个步骤，在每一个步骤的后面注明注意的事项，如时间长短，这样不会给人抽象空洞的感觉，真正可以起揭示性的作用。另外，方案应有一定的灵活性，对可以控制的因素可以做周密的安排，但对一些不可控制的随机性因素，则可以作机动性安排，可以调整计划，以适应谈判的需求，使谈判人员有一个灵活发挥主观能动性的机会。

第三节 商务谈判组织

商务谈判的主体是谈判人员,谈判人员的选择、谈判小组的组成是商务谈判组织的基本环节。其中谈判人员的素质、个性、小组成员的配合和分工协作在很大程度上决定谈判的成功与否。

一、选拔谈判人员

(一)选拔谈判人员的标准

谈判是谈判双方一场实力、策略、技巧的较量,谈判人员具有的学识、经验、能力可以在谈判桌上得到最充分的展现。在谈判过程中,谈判者必须做到:①提出己方的意见,并观察对方的反应;②倾听对方意见并作记录;③思考对方意见并答复;④考虑每一论点、条件的可能后果,并设计相应的对策;⑤记录并追踪谈判结果;⑥明确各项交易条件,签约成交。

谈判桌上风云变幻、高手如林,谈判者要有很高的素质水平才能胜任这些工作。因此,选择谈判人员应主要按照以下几个标准进行衡量:

(1) 道德品质。正直无私,廉洁奉公,坚持原则,顾全大局,忠于职守,有责任感和集体主义的精神。

(2) 学识水平。丰富的实践经验,扎实的学科基础知识,多方面的兴趣、爱好,广阔的知识面等。

(3) 能力结构。掌握谈判的技巧、技能,有很强的观察力,判断力,决策力,组织能力,逻辑思维能力,创造能力,应变能力,语言表达能力。

(4) 性格气质。热情大方,坦率正直,敏锐机智,勇敢坚强,风趣幽默,稳重沉静,谦虚谨慎,理智果断,敢于创新,有独立性。

(5) 身体条件。精力充沛,声音洪亮,身体健康。

艾克尔在《国家如何进行谈判》中认为,一个完美无缺的谈判家,应该心智机敏,而且具有无限的耐性;能巧言掩饰,但不欺诈行骗;能取信于人,而不轻信他人;能谦恭节制,但又刚毅果断;能施展魅力,而不为他人所惑;能拥巨富、藏娇妻,而不为钱财和女色所动。艾克尔的观点恰恰证明了谈判人员必须是品德高尚、智能双全的人才。

(二)确定谈判班子的规模

1. 谈判班子的形态

谈判班子的形态有三种,即"一对一"的单个谈判、谈判小组、谈判团。

(1) "一对一"的单个谈判。单个谈判的谈判者只有一个人,全部承担谈判责任,没有了分工、沟通的障碍,也不会有个性的冲突,因此便于不失时机地做出决策,抓住每一个稍纵即逝的机遇,速度快,效率高,但智者千虑,必有一失,容易因谈判者一人的失误造成谈判的失败。

(2) 谈判小组。谈判小组由几个成员组成，他们都具有谈判需要的不同的学科知识和专业技能，能够解决谈判的问题，他们分工协作，集思广益，可以互补，形成知识结构和智能结构上的整体组合，便于使用多种谈判技巧与策略，但是，一旦谈判小组成员内部不能形成统一的意见，不能沟通、协作，就会延误决策的时机，造成谈判的失败。

(3) 谈判团。谈判团由几个谈判班子组成，分别设有正式谈判小组、顾问、观察员、专家、第二线工作班子，它的成员多，组织严密，层次高，一般谈判比较重大的问题。

2. 谈判班子人员的选择

英国谈判专家比尔·斯科特在他的《贸易洽谈技巧》中认为，应当以谈判小组这一形态比较合适。因为现代社会，商品交易的范围十分广，已经由国内市场扩大到国际市场，谈判涉及的事务非常复杂，仅在知识方面就要涉及商业、贸易、金融、保险、海关、运输、法律、礼仪习俗、禁忌、科学技术等方面的知识，所以，要应付一次商务谈判，一个人的知识、精力、能力是无法胜任的。如果组成一个谈判小组，几个人的知识结构和智能结构进行互补综合，发挥分工协作的整体优势，就能够胜任谈判的职责，满足谈判的需要。

3. 谈判班子的规模

比尔·斯科特从有效管理幅度的原则出发，认为一个谈判小组的规模最好是由四名成员组成，他们分别承担不同的责任，互相协作。如果遇到比较复杂的谈判，则在谈判的各个阶段按照谈判的需求更换人员，使谈判小组的规模始终维持在四个左右，这样便于指挥、协调、沟通，减少由于内部意见不统一而造成的决策延误，保证谈判小组的团结、协作。

总之，在谈判班子的组合过程中，必须坚持"精干、实用、效率"原则，应选择最有谈判经验、掌握了谈判技巧、品德高尚、作风正派而又具有专业学科知识的谈判人员，组成最精干的谈判小组（4～5人），对他们进行严密的分工，强调协作配合，发挥整体的效能。

二、谈判小组成员的分工与协作

按照"精干、实用、高效"的原则组合起来的谈判小组，必须是一个分工合理、协调有序的整体，成员之间的知识结构和智能结构得到最佳的组合，产生互补的作用。一般情况下，谈判小组由主谈（首席代表）、专业人员、经纪人员、法律人员、翻译人员构成，另外配有记录人员，他们各有自己的职责。

（一）谈判小组成员的分工

(1) 主谈是谈判班子的核心，是谈判的首席代表，领导谈判班子的工作。其具体职责是：①监督谈判程序；②掌握谈判进程；③协调谈判班子成员的意见；④听取专业人员的建议、说明；⑤决定谈判过程中的重要事项；⑥代表单位签约；⑦汇报谈判工作。

（2）专业人员是谈判班子的主力，其具体职责是：①阐明己方参加谈判的愿望、条件；②弄清对方的意图、条件；③找出双方的分歧或差距；④同对方进行专业细节方面的磋商；⑤修改草拟的谈判文书的有关款项；⑥向首席代表提出解决专业问题的建议；⑦为最后决策提供专业方面的决策论证。

（3）财务人员是谈判班子的重要成员，常由会计师担任，他的具体职责是：①掌握该项谈判总的财务情况；②了解谈判对手在项目利益方面的预期期望值指标；③分析、计算修改中的谈判方案所带来的收益的变动；④为首席代表提供财务方面的意见、建议；⑤在正式签约前提出对合同或协议的财务分析表。

（4）法律人员是谈判班子的必要成员，他的具体职责是：①确认谈判对方经济组织的法人地位；②监督谈判程序在法律许可范围内进行；③检查法律文件的准确性和完整性。

（5）翻译人员在谈判中是实际的核心人物，在谈判对方存在语言理解的差异、交流的困难时，翻译人员在其中起沟通、消除障碍的作用。他的具体职责是：①准确忠实地翻译谈判内容；②对主谈人的谈话内容如觉不妥，可以提出，请他考虑，不能擅自向外商提个人意见；③外商提出的任何要求应详告主谈人商议解决，不能自作主张，给予肯定或否定的回答；④外商如有不正确的言论，应据实全部译告主谈人考虑。

另外，谈判过程中要有一位记录人员，将谈判过程准确、完整、及时地记录下来，作为保存的资料或下一步谈判的重要依据。

（二）谈判小组成员的协作

如同舞台上的戏剧演出，谈判小组的成员每人都有自己的角色，每个人的动作与台词都要与自己的角色相符，同时还要考虑与其他角色相呼应，否则演出就会失败，谈判就会出现失误；从某种角度来说，谈判也是一种配合协作的艺术。例如：谈判价格时，商务主谈人主持会谈，评论对方价格，还价或讨价则由主谈人负责；谈判合同款项时，主谈人要和法律人员一起准备好有关文本文件，对合同条款的合法性、严谨性、可行性、公正性负责，经济人员和技术人员则要对其中有关联的条款如价格、支付、包装、运输、服务、验收及罚款等条件的规定予以了解和监督；谈判技术附件时，技术人员作为谈判桌上的主持进行发言，对所有附件的准确性与完整性负责，而经济人员和法律人员则为参谋和卫士，他们要根据自己掌握的材料和经验提出参考意见，当对方刁难技术人员时，则从经济与法律角度予以支持，以压倒对方无理的态度等。

谈判小组的原则是加强沟通，一致对外。在谈判过程中，谈判成员会因为谈判中出现的情况各有不同的评价和看法，但不应在谈判桌上互相指责，表现出不尊重对方的态度，而应当以暂停的方式，让大家坐在一起各抒己见，相互协商，形成比较一致的意见，以共同对外的姿态出现在谈判桌上。在谈判过程中，即使谈判小组的某一成员出现失误，其他成员不能表示不满和抱怨，只能协助性地表达自己的补充意见，不露声色地挽回谈判的损失。

三、谈判地点与时间的选择

荀悦在《资治通鉴》中评述道:"夫立策决胜之术,其要有三:一曰形,二曰势,三曰情。形者言其大体得失之数也;势者,言其临时之宜,进退之机也;情者言其心志可否之实也。故策同,事等而功殊者,三术不同也。"他认为形、势、术是作战取胜的三要素,由其原意引申出去,就是势、时、术是决战取胜的三个要素,它们与兵法所说的"天时、地利、人和"是决战取胜的前提大致相同。

谈判是谈判双方为了改善或改变相互间的关系,谋求一致而进行的交换观点、切磋协议的活动,它实质上是一种说服、劝服的人际交往活动,谈判的成功是说服的成功,而为了增强谈判者的说服力,就必须选择好谈判地点、时间,营造好谈判氛围,形成对谈判有利的居家优势。

(一) 选择谈判地点

1. 谈判地点应尽力追求居家优势

心理学家曾做过这样的一个实验,他们按照支配能力也就是影响别人的能力,把一群大学生分成上、中、下三等,然后取一等中的一个组成两小组,让他们讨论大学十个预算计划哪一个最好,一个小组安排在支配能力高的学生寝室里,另一个小组在支配能力低的学生寝室里,结果发现讨论结果总是按照寝室主人的意见行事,即使主人是低支配力的学生也是如此。由此可见,一个人在自己或自己熟悉的环境中比在别人的环境中更有心理优势,更有说服力,这就是"居家优势"。

选择谈判地点首先要考虑的是居家优势。心理学的研究证明了人在自己的环境中会产生一种心理优势,一种优越感,会增强说服别人的力量,所以谈判者都喜欢选择一个熟悉的场所谈判。这样可以占有"地利"条件,无需去熟悉环境,可以全力以赴,专心致志地应付谈判,作为主人,还可以轻车熟路地驾驭谈判进程,而对方由于是客人的身份,需要适应一个陌生的环境,处于一个被动的位置,会更加注意礼节,不能随便攻击、侵犯主人利益。

2. 谈判地点要双方商议而定

选择自己的场地(或熟悉的环境)谈判,当然是理想的选择,但这不是以谈判者主观愿望为转移的,任何一方都无权自定谈判地点,否则违反了平等互利的原则,所以谈判地点的选择经常是由参加谈判的双方商议而定。为了使双方的心理获得平衡,谈判地点常常是选择在双方都不熟悉的地方。但谈判地点必须是环境优雅、气候宜人、风景秀丽的地方,它可以令谈判者感到心旷神怡。谈判地点必须拥有现代化的通讯设施和交通工具,谈判者可以通过电话、电报、传真与外界保持密切的联系。

(二) 布置谈判场地

场地的环境气氛对谈判者的心理会产生一定的影响,所以谈判者必须注意谈判场地的布置,营造一种有利于谈判进行的环境。同时,心理学研究表明,桌子的选择和座次的安排都是人的界域观念的外化与延伸,它们是一种无声的界域语言,所以必须注意谈判桌的选择和谈判座次的安排。

1. 谈判场地的环境

谈判的场地必须有良好的照明、空调、通风、隔音设备,色调柔和,空气清新,座位舒适,摆设雅致,让谈判者处于庄重、严肃、轻松、自然的谈判气氛之中。谈判场所应摆设一些新鲜美丽的花卉及雅致有趣的盆景以点缀空间,轻松愉快的环境能使紧张的情绪得到缓和。除此之外,还应准备一些茶水、点心、饮料等食品,谈判人员在休会时间可以享用,创造一种友善、宽松的气氛。

2. 谈判桌子的选择

选择合适的谈判桌是一个不可忽视的问题。每一次商务谈判,用什么样的谈判桌最为适宜,没有什么定式可循。谈判的组织者应当根据谈判的性质、规模以及谈判参与者的具体情况灵活掌握,不必墨守成规。

(1)"T"形谈判桌。组织者为 1991 年 10 月在西班牙首都马德里举行的举世瞩目的中东和会,精心设计了谈判史上前所未有的"T"形谈判桌,使以色列及其阿拉伯邻国在经历了多年的交战状态和 5 次战争之后第一次坐在一张谈判桌上进行谈判。座次是这样安排的:举办者美俄两国代表坐在"T"字顶头,各代表团分坐两旁,右边为埃及、以色列、黎巴嫩,左边为欧共体、约旦—巴勒斯坦联合代表团、叙利亚。座次的安排基于这样的考虑:埃及和黎巴嫩同以色列结怨不深,可以坐在一起,而约旦、巴勒斯坦和叙利亚则绝对不能与以色列坐在一起。

(2)方形谈判桌。方形谈判桌有长方形谈判桌和正方形谈判桌之分,双方谈判人员各占一边表示对等。这种形式看起来很正规,给人以严肃的形象,容易形成对立的感觉和情绪,缺少轻松活泼的气氛,彼此交谈不太方便。长方桌总是给人以正规、严肃之感,同地位的两方隔着方桌形成一种竞争与防御的关系,谈判者围着方形桌两边对峙而坐,意味着双方有许多分歧,需要作进一步的协商、切磋,气氛比较紧张、严肃。方形谈判桌比较适合于具有较强竞争性和对抗性的谈判。

(3)圆形谈判桌。中世纪时,亚瑟王曾举行圆桌会议,让每一位骑士都坐在圆桌周围,以示大家的地位平等,因此圆桌表示的是平等相处的意思。谈判时选择圆桌,让谈判者围坐在圆桌周围,可以造就一种宽松自在的谈判气氛。圆形谈判桌有正圆形谈判桌和椭圆形谈判桌之分。采用圆桌进行谈判,双方人员围桌而坐,不分主次地形成一个圆圈,便于双方人员交换意见,沟通感情,从而形成和谐的气氛。比较适合于多方参加的谈判或合作性较强的谈判。例如,于 1969 年在巴黎举行的由四方代表参加的尽早结束越南战争的谈判中,首次采用了椭圆形谈判桌,巧妙地解决了四方代表的座次安排问题。

(4)不设谈判桌。在双方谈判人员数不多的情况下,可以不设谈判桌,大家随便坐在一起交谈,便于交换意见。谈判双方人员都比较随便,有助于增强谈判的友好气氛。

3. 谈判座次的安排

1956 年,日本农林相河野一郎率代表团去莫斯科参加日苏渔业谈判,会见了苏联部长会议主席布尔加宁。布尔加宁按照让客方先行就座的规矩,要河野一郎自己在室内选择座位，河野一郎环视了一下室内布置后，指着就近的一把椅子说："我就坐在这儿吧！"说着便坐了下来。布尔加宁便坐到了他对面的椅子上。河野一郎后来回忆说，他选的椅子在方向上是背着光线的，谈判中他很容易看出对方的表情，甚至布尔加宁在谈判中露出的倦意他也看清了。这样，他可以根据主人的情绪变化来掌握谈判的进度和措辞。河野一郎在回忆录中宣称，这是他在谈判经验中得来的一个秘诀。

由此可见，谈判时的座次对谈判的影响甚大。当然，在一些较大、较正规或级别较高的谈判中，座位一般分为两侧，且要根据谈判代表的身份、级别和在谈判中所处的地位依次落座，不允许随意选择。但现实中更多的谈判是非程序化或非格局性要求的。在这些谈判中，谈判的座次就没有什么规定了。因此，选择一个恰当的座次在商务谈判中是很重要的。

（1）常见的谈判座次安排形式。

谈判中的座位次序对谈判的结果颇有影响。因为谈判双方一旦在各自的座位上坐定，谈判的气氛也就随之形成。座次的安排代表了许多用语言难以表达的意义，它可以体现出谈判双方彼此的关系以及谈判人员各自的身份，其细微之处，对谈判者的心理以至整个谈判氛围都可能产生明显的影响。

第一，桌角座次（如图2-1所示）反映双方的关系友善，谈判气氛轻松，这种座次的安排可以让双方有无限制的目光接触。

第二，合作座次（如图2-2所示），谈判双方的主谈人按照A与B的位置并排而坐，表示双方早已形成亲切友善的关系，真诚地把对方当作可以争取的伙伴。这种座次最适合提意见，易于使对方接受。同时，当谈判双方已在许多重要的事项上达成了一致的看法，只剩下一些具体、细小的事项需要商议时，最好选择这种座次。

第三，竞争防御座次（如图2-3所示），双方隔桌而坐，让桌子变成双方的屏障，形成一种竞争、防御的关系。谈判中两位主谈人安排在桌子两旁的中间，意味谈判刚刚开始，双方仍存在分歧，有不一致的看法，需要进一步的切磋与商议。

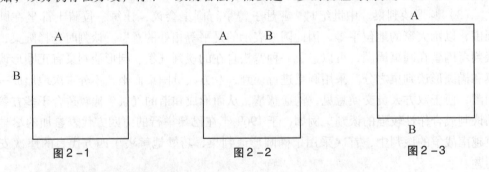

（2）谈判座次的具体安排方法。

谈判座位的设置如果是围成圆形，则不分首席，适合多边谈判。

谈判座位的设置如果是围成长方形，则适用于双边平等谈判。此时，双方谈判人员应各居一方面对面而坐，双方谈判小组的首席代表居中，其他代表分别坐在首席代表的两边。双方的首席代表应该坐在平等而相对的座位上，同时还要能够用眼神和其他成员交换意见，或者能够低声与副手进行商量，研究应付对策。此外，座次安排还要体现主宾之别，按照我国传统习惯是右为尊，坐北朝南为主，坐南朝北为客。所以在安排座次时，应安排客方坐在右侧或面朝南，让对方有被尊重、受欢迎的感觉，从而增强谈判桌上融洽和谐的气氛。

当然，我们也不能墨守成规，而是应根据谈判的需要灵活安排谈判座次。美国谈判专家尼尔伦伯格创造性地运用谈判座次策略就是成功的一例。有一次，尼尔伦伯格被邀请去参加工会与资方之间的谈判。作为资方代表中的一员，尼尔伦伯格一反常规，不是坐到工会代表的对面，而是有意识地打破劳资双方的空间界区，与工会代表们同坐一边，工会代表们十分奇怪，示意他坐错了位子，可是他却不予理会。谈判开始后不久，工会代表们好像忘记了尼尔伦伯格是资方的代表，对他的分析、意见和建议给予充分的重视，并且在认真考虑的基础上加以采纳，就好像对待他们自己一方的意见和建议一样，从而使谈判圆满成功。这一案例提示我们，对谈判策略创造性地发挥，巧妙地运用，不是也能取得令人意想不到的好效果吗？

（三）选择谈判时间

商务谈判虽然不等于短兵相接的战斗，但它也需要谈判人员严阵以待，全力以赴地对待风云变幻的谈判局势，对谈判人员的精力、情绪、能力的要求很高，时间是影响精力、情绪、能力的一个重要因素。因此，要使谈判获得成功，必须重视谈判时间的选择，创造有利于自己的条件。

时间的选择有两个方面的意思：一是时机选择，二是具体时间安排。

1. 时机选择

时机也可以是一种机遇，是由外部因素与内部因素共同作用而产生的。有利的时机往往有两种情况：其一，市场需求关系的变化（供不应求或供过于求），可以使自己作为卖方或买方有了一个举足轻重的筹码，充实谈判的力量。其二，企业发展的迫切性需要，当谈判一方对谈判结果有迫切性的需要时，最容易给对方创造机遇，对方可以因此拥有一定的谈判优势，利用时间限度迫使对方就范。

良好的时机应当是己方有了许多有利的条件，为谈判做好了最充分的准备，无论是物质上还是精神上都有准备，谈判人员信心充足，士气高昂。

2. 具体时间安排

具体的谈判时间的安排必须考虑谈判人员情绪、精力状况和气候条件。不能在谈判人员感到十分疲倦的情况下谈判，如长途跋涉之后，谈判人员需要有一段休息时间让自己消除疲劳，恢复体力，因此不能够一下飞机（或火车、汽车）就马上开始谈判；不能在精神不振、情绪低落的生物时间进行谈判，生理学表明：每天中午11：30—13：30及下午4：30—6：30是人的身心处于低潮的生物时间，人们在这段时间里不能集中精力学习和工作，效率很低，而且思维迟钝，情绪烦躁，难以控制自己的情绪，所以谈判时间不能选择在这段时间，否则会有冲突或暴力的事发生在谈判桌上。公休日也不应选择作为谈判时间，因为人在假日里难以完全地进入工作状态，影响谈判人员能力的发挥。

本章小结

凡事预则立，不预则废，商务谈判讲究不打无把握之仗，本章就商务谈判如何准备进行了研究。

首先，进行商务谈判之前应知己、知彼、知环境，所以谈判者应了解有关谈判的市场行情、科技动态、政策与法规、谈判对手的情况、自己的情况、谈判涉及的民族文化心理、风俗习惯、宗教信仰和礼仪禁忌等，这其中的大多数信息其实是谈判者日常的积累。

其次，谈判者要就某次具体谈判有一个明确的计划，这包括谈判的目标、方案和策略安排。

最后，一定要选择最合适的人去进行谈判，选拔谈判人员要从道德品质、学识水平、能力结构、性格气质、身体条件等几个方面全面考虑。

在具体事务的准备方面，首先应在地点上尽力争取居家优势；其次要根据谈判的重要程度选择环境优美的场所，并注意场地的布置与座次的安排；最后在时间的安排上要确保在大家精力充沛的时间里进行谈判。

思考与实训

思考

（1）商务谈判的信息主要有哪几个方面？
（2）如何制定商务谈判目标？
（3）应该按什么标准选拔谈判人员？
（4）谈判小组主要有哪几类成员角色？他们应该如何分工与配合？
（5）谈判座次安排有什么样的惯例可循？
（6）谈判时间安排应注意什么？

实训

一、奥康与 GEOX 公司的成功合作

浙江奥康集团是国内知名鞋业生产企业，GEOX 公司是世界鞋业巨头之一。2003年2月14日，两家企业达成协议：奥康负责 GEOX 在中国的品牌推广、网络建设和产品销售，GEOX 借奥康之力布网中国，而奥康也借 GEOX 的全球网络走向世界。在中国入世之初，GEOX 把目光对准了中国，意图在中国建立一个亚洲最大的生产基地。2002年初，GEOX 总裁波莱加托先生开始到亚洲的市场中调研。经过一段时间的实地考察，他将目标对准了中国奥康集团。但奥康能否接住 GEOX 抛过来的"红绣球"，实现企业发展的国际化战略，最终起决定作用的是商务谈判制胜原则的精彩运用。

1. 进行谈判前的准备

"凡事预则立，不预则废"，进行商务谈判，前期准备工作非常重要。只有事先做好充足准备，谈判者才会充满自信，从容应对谈判中出现的突发事件、矛盾冲突，才能

取得事半功倍的谈判结果。更进一步说,即便只有1%成功的希望,也要做好100%的准备,不管自己在谈判中处于优势还是劣势。

GEOX曾用两年时间对中国市场进行调研,先后考察了8家中国著名的鞋业公司,为最终坐到谈判桌前进行了周密的准备。谈判中,波莱加托能把几十页的谈判框架、协议条款熟练背出,令在场的人大吃一惊。波莱加托的中国之行排得满满的,去奥康考察只有20%的可能,谈判成功预期很低,合作机会也很小,波莱加托竟做了如此周密的准备,是值得国内企业家们学习和借鉴的。

尽管奥康对与GEOX合作成功的心理预期也是极其低的,但他们的宗旨是:即便是只有0.1%的成功机会也绝不放过。奥康为迎接波莱加托一行进行了周密的准备和策划。首先,他们通过一份香港翻译全面了解对手公司的情况,包括对手的资信情况、经营状况、市场地位、此行目的以及谈判对手个人的一些情况。其次,为了使谈判对手有宾至如归的感觉,奥康公司专门成立了以总裁为首的接待班子,拟定了周密的接待方案。从礼仪小姐献给刚下飞机的谈判方波莱加托一行的鲜花,到谈判地点的选择、谈判时间的安排、客人入住的酒店预订,整个流程都是奥康公司精心策划,可以安排的,结果使得谈判对手"一直很满意",为谈判最终获得成功奠定了基础。

2. 谈判情感注入

王振滔(奥康集团总裁)努力寻找奥康与GEOX公司的共同点,并把此次谈判的成功归结为"除了缘分,更重要的是奥康与GEOX公司有太多相似的地方"。的确,GEOX以营销起家,短短10多年时间,年产值就达15亿欧元,产品遍及全球55个国家和地区,增长速度超过50%,由一家酿酒企业跨入世界一流制鞋企业行列。而奥康是从3万元起家,以营销制胜于中国市场,15年的发展,产值超过10亿元。年轻、富有远见和同样的跳跃性增长轨迹,奥康与GEOX在很多方面是如此惊人的相似,难怪两位总裁惺惺相惜。

为了营造氛围消除利益对抗,奥康在上海黄浦江包下豪华邮轮宴请谈判对手,借游船赏月品茗的美好氛围消除利益冲突引发的对抗,平衡谈判双方实力,此举可以称之为谈判领域的经典案例。

在2003年2月14日,也就是西方传统情人节,GEOX与中国皮鞋业巨头奥康集团签订了合作协议。在中秋月圆之夜,王振滔与波莱加托举杯对饮,共谋发展大计。追求浪漫是现代人共同的价值取向,选择中西方传统节日中秋节、情人节为此次合作增添了浓郁的文化氛围和浪漫气息,使奥康营造和谐氛围,智取此次谈判,并为今后长远合作的劳心之作。结果正如王振滔所愿,波莱加托对王振滔亲自策划的这些活动非常满意,也对奥康集团的策划能力有了更深的认识。

谈判毕竟不是为交友而来,谈判者花在联络感情上的时间总是有限的,如果找一种方法,能够用较少的成本赢得对手的友谊和好感,那就非赠送礼物以表情达意莫属了。王振滔选择寓含奥康和GEOX完美无缺之意的"花好月圆"青田玉雕,送给波莱加托先生。礼物虽轻,但表达了赠送人的情真意切。谈判双方建立起真诚的友谊和好感,对日后的履约和合作具有重要的意义。

3. 以让步对障碍进行回避

GEOX公司有备而来，拟订了长达几十页的协议文书，每一条都相当苛刻，为了达成合作，双方都做了让步。但在两件事上出现了重大分歧，一是对担保银行的确认上，奥康一方提出以中国银行为担保银行，对方不同意，经过权衡，双方本着利益均衡的原则，最后以香港某银行为担保银行达成妥协。另一件事是双方关于以哪国法律解决日后争端的问题产生了分歧，此问题使谈判一度陷入破裂边缘。波莱加托提出必须以意大利法律为准绳，但王振滔对意大利法律一无所知，而予以坚决抵制。王振滔提议用中国法律，也因波莱加托对中国法律一窍不通而遭到了坚决反对。眼看所做的努力将前功尽弃，最后还是双方各让了一步，以第三国法律（英国）为解决争端法律依据而达成妥协。

奥康和GEOX的合作无疑是一项互利的合作。王振滔认为，GEOX看中的不仅仅是奥康的"硬件"，更多的还是其"软件"，是一种积极向上、充满活力的企业精神，还有奥康人一直倡导的"诚信"。而奥康看中的则是GEOX这艘大船，它要借船出海，走一条国际化路线的捷径。从表面上看谈判双方既得利益并不是均衡的，奥康所得（借船）远远低于GEOX所得（奥康的硬件和软件），因此，引来诸多专业人士或担忧或谴责，王振滔平和的背后并不缺少商人的精明，"许多人预言说我们'引狼入室'，而我们是'与狼共舞'，'携狼共舞'"。

链接思考

（1）本案例中双方为进行谈判做了哪些方面的精心准备？

（2）上述精心准备为谈判起到了哪些作用？

二、该怎么办

甲公司谈判组去乙公司谈判，开始展示介绍产品时，乙方主谈要求甲方将一些数据写到白板上，甲方主谈走到前面的白板上写，写完后即回原位，没想到脚下的地板太滑，差点摔倒，大家非常惊讶。甲方主谈非常尴尬。

链接思考

（1）如果你遇到这种情况你将怎么办？

（2）乙方应如何处理这件事情？

第三章 商务谈判过程

本章学习目标

学完本章以后，应掌握以下内容：①了解建立良好洽谈气氛的方法；②熟悉谈判开局的方式、策略与技巧；③掌握磋商过程中处理抗拒、威胁、僵局的技巧；④掌握磋商过程中让步的技巧与方法；⑤了解各种可能的谈判结果和结束谈判的方式。

案例导读：幽默对紧张谈判气氛的缓和

美国前总统里根到加拿大访问时，双方的会谈会场受到屋外反美抗议示威的干扰。加拿大总理特鲁多感到十分尴尬和不安。此时，里根却幽默地说："这种情况在美国时有发生，我想这些人一定是特意从美国来到贵国的，他们想使我有一种宾至如归的感觉。"几句话使得在场的人都轻松下来。幽默对缓和谈判双方的僵局是十分有效的。在卡普尔任美国电话电报公司负责人的初期，在一次董事会议上，众人对他的领导方式提出许多批评和责问，会议充满了紧张的气氛，人们似乎都无法控制自己的激动情绪。一位女董事质问："在过去的一年中，公司用于福利方面的钱有多少？"她认为应该多花些。当她听说只有几百万美元时，说："我真要晕倒了。"卡普尔诙谐地回答："我看那样倒好。"会场上爆发出一阵难得的笑声，气氛也随之缓和了下来。

正式的商务谈判是一个循序渐进的过程。从双方谈判人员的第一次接触到最后交易协议的达成，其间要经过一系列复杂而充满冲突的过程。一般正式的商务谈判过程要经历开局、磋商和结束三个谈判阶段。

第一节 商务谈判开局阶段

开局阶段主要是指谈判双方见面后，在进入具体交易内容讨论之前，相互介绍、寒暄以及就谈判内容以外的话题进行交谈的时间和经过。开局阶段主要就会谈的目标、计划、进度和参加人员等问题进行讨论，并尽量取得一致意见，以及在此基础上就本次谈判的内容分别发表陈述。

开局阶段也通常被称为"破冰"阶段。谈判双方在这段时间内相互熟悉、了解，对于正式谈判的开始起到了良好的铺垫作用。"破冰"期一般较短，控制在谈判总时间的5%之内是比较合适的。比如长达5个小时的谈判，那么用15分钟的时间来"破冰"就足够了。如果谈判要搞好多轮，并要持续数日，则"破冰"的时间相应也要增加。在这段时间里，双方应按照一定的可行方式进行交往，也可以谈一谈天气，或出入于文化娱乐场所，以增进彼此之间的了解。

"破冰"期掌握得好与坏，对谈判的进程影响很大。俗话说："良好的开端是成功的一半"。我们把握好"破冰"期，良好的谈判气氛就很容易形成，谈判全过程就会进行得比较顺利。

一、建立洽谈气氛

所谓洽谈气氛，是指谈判双方通过各自所表现出来的态度、作风而建立起来的洽谈环境。一般说来，谈判气氛可分为四种，即热烈的、平静的、冷淡的和松松垮垮的。谈判气氛直接作用于谈判的进程和结果，不同的谈判气氛可能会造成不同的洽谈效果。因此，对于谈判者来说，不但应明确洽谈气氛在谈判中的重要性，而且还必须懂得如何在谈判过程中建立一种良好的洽谈气氛去引导谈判的顺利进行。

（一）建立良好的洽谈气氛

洽谈气氛的形成，通常是在谈判的开始阶段，其中又以双方刚一见面时的最初几分钟最为关键。当然，洽谈气氛的形成还会受到双方以前的接触以及洽谈过程中的行为的影响，但是，见面时形成的印象比相见前形成的印象要强烈得多。同时，洽谈过程中的行为虽然也会不断影响着谈判的气氛，但若欲在谈判过程中以言行去改变开始阶段形成的不良气氛，则比以言行去维持开始阶段所形成的良好气氛要困难得多。因此，有经验的谈判人员都十分注重在开始阶段就建立起良好的洽谈气氛。

（二）建立良好洽谈气氛的方法

良好的洽谈气氛，其特点应该是诚挚、合作、轻松而又认真。良好的洽谈气氛是平等互利、友好合作的谈判基础，有了它，可望使谈判沿着平等互利、真诚合作的目标迅速推进，否则难以想象谈判会出现什么样的结果。因此，应该重视在开始阶段建立良好的洽谈气氛。

建立良好气氛的方法虽然视所处的环境、双方的谈判作风、双方的诚意以及本次谈判合作的前景等情况不同而各异，但下列方法则是基本的：

（1）注意个人形象。一个人的形象包括服装、仪表、语言、行为等方面。作为一个谈判者应该特别注意个人形象的树立，他不但要注意服装的整洁，还须注意仪表美和行为端庄，才能为创造良好的谈判气氛打下好的基础。

（2）沟通思想，加深了解，建立友谊。要建立一种相互合作的气氛需要有一定的时间。因此，洽谈开始时的话题最好是轻松的、非业务性的，要避免在洽谈开始不久就进入实质性磋商，应花一定时间去沟通思想，加深彼此之间的了解，只有在相互依赖的基础上才会出现和谐的气氛。

（3）做好周密细致的准备工作。事前的准备工作做得越细越周密，就越有利于良好气氛的建立。作为谈判人员，在事前应充分考虑如何利用开始阶段的各项活动使良好的气氛建立起来，最好是拟定一个详细的计划方案，以免忙中出乱。

（4）分析研究对方的行为，尽量引导对方与己方协调合作。开始阶段进行的一切活动，一方面能够为双方建立良好关系创造条件，另一方面又能够了解对方的特点、态度和意图,从而为引导对方与己方协调合作提供依据。因此,作为谈判人员应认真分析对方在开始阶段中的言行,从中正确地把握对方的性格特点以及谈判作风,尽量因势利导地引导对方与我方合作,这也是创造良好洽谈气氛不可缺少的方法之一。

(三) 维持良好洽谈气氛的方法

维持良好气氛的方法是指采取措施使在开始阶段建立起来的良好气氛得以保持到谈判的终结。为了使良好的洽谈气氛贯穿始终,谈判者应该注意如下事项:
(1) 以平等互利、真诚合作的方针指导整个谈判的言行。
(2) 行为端庄、谦虚,说话态度诚恳,言之有理,以理服人。
(3) 善于灵活运用谈判策略技巧,使谈判过程始终保持融洽气氛。

二、开场陈述

开场陈述是指在开始阶段双方就本次谈判的内容,陈述各自的观点、立场及其建议。它的任务是让双方能把本次谈判所要涉及的内容全部提示出来,同时,使双方彼此了解对方对本次谈判内容所持有的态度、立场与观点,并在此基础上,就一些原则性分歧分别发表建设性意见或建议。

(一) 开场陈述的内容

开场陈述的内容是指洽谈双方在开始阶段理应表明的观点、立场、计划和建议。主要包括以下内容:
(1) 己方的立场。即己方希望通过洽谈应取得的利益,准备采取何种方式为双方共同获得利益做出贡献;今后双方合作中可能会出现的成效或障碍,己方洽谈的方针等。
(2) 己方对问题的理解。即己方认为本次谈判应涉及的主要问题以及对这些问题的看法或建议等。
(3) 对对方各项建议的回答。如果对方开始陈述或者提出某项建议,我们必须对其建议或陈述做出应有的反应。

总之,在开场陈述中,必须把己方对本次谈判涉及的内容所持有的观点、立场和建议向对方做出一个基本的陈述。因此,所采用的陈述方法往往是横向铺开而不是纵向深入地就某个问题深谈下去。在陈述中要给对方充分搞清楚我方意图的机会,然后听取对方的全面陈述并搞清对方的意图。

(二) 陈述的方式

开场陈述的方式虽然会随着谈判地点、时间、内容和其他各种主客观因素的不同而有所区别,但主要有以下两种方式:
(1) 由一方提出书面方案并作口头补充,另一方则围绕对方的书面方案发表意见。其书面方案可以在双方会晤前提供,也可以在会晤之初提供或者在陈述之时提供。
(2) 在会晤时双方口头陈述。不提交任何书面形式的方案,仅仅在开场陈述阶段,由双方口头陈述各自的立场、观点和意向，这种陈述方式在谈判中比较多见。

上述两种方式各有优缺点。不过如果在陈述前双方都没有交换过任何形式的文件，那么在陈述之际，准备一份书面陈述的要点，对于陈述时能围绕问题的中心展开是有好处的。此外，在进行陈述时，最好以诚挚和轻松的方式表达自己的意见、观点和立场。结束语需特别斟酌，其要求是表明我方陈述只是为了使对方明白我方的意图，而不是向对方挑战，或强加给对方接受。对于对方的陈述要做到：一是倾听，听的时候要思想集中，不要把精力花在寻找对策上；二是搞懂对方陈述的内容，如果有什么不清楚的地方可以向对方提问；三是归纳、思考、理解对方的关键问题。

（三）倡议

在双方各自作了开场陈述以后，大家对于对方的立场、观点和谈判方针均有一个大致了解时，为了取得建设性的成果，就需提出倡议，即做出一种能把双方引向寻求共同利益的现实方向的陈述，简单地说就是互提建设性意见，使谈判能顺利地进行下去。为此，应注意以下几点：

（1）提建议要采取直截了当的方式。这是因为当一个建议提出后，双方往往会集中于该建议之上，且总摆脱不了该建议的思路，因此，提建议时切忌拐弯抹角、含含糊糊。

（2）建议要简单明了，具有可行性。建议的目的是使双方从中有所启发，为下一阶段的谈判搭起一座桥梁，故此建议必须简单明了，使人一听就明白，同时必须具有可行性，否则就失去了建议的意义。

（3）双方互提意见。如果不是双方互提意见，而是一方对另一方的某个建议纠缠不休，则可能导致谈判的失败或中断。假如对方不但未提出自己的建议，而且对于我方的建议一直纠缠不休的话，我方应设法引导对方提出他们的设想。只有通过双方通力合作，充分发挥各自的创造潜力提出各种设想，然后再在各种设想的基础上寻求最佳的方案，才有可能使谈判顺利地进行下去，否则不可能设想会有好的结果出现。

（4）不要过多地为自己的建议辩护，也不要直接地抨击对方提出的建议。这是因为建议的提出和下一步最佳方案的确定需要双方的合作和共同努力，如果过多地辩护自己的建议或抨击对方的建议，则会引起对方的反感或增加对方的敌意，这样会人为地给确定最佳方案制造障碍。

三、开局的方式、策略与技巧

开局阶段是双方的第一次出场，到底应该以什么样的形象出现在对方面前，在语言、姿态上应该怎样处理才比较合适？换句话说，到底该建立一种怎样的谈判气氛是需要认真加以考虑的。因为掌握谈判开局阶段的策略与技巧对谈判双方能否充分把握各种时机，做到高效率地进行谈判是很有裨益的。

（一）掌握正确的开局方式

开局的方式是制定开局策略的核心问题。从谈判内容、程序和谈判人员方面来看，谈判人员的所作所为是左右谈判开局的重要因素。这里所说的谈判人员的所作所为是泛指谈判人员之间相互作用的方式，谈判人员的各自性格融和或冲突的方式，谈判人员影响谈判的方式，以及谈判一方对另一方影响的反措施，等等。因此，积极主动地调节对方所作所为，使其与本方的所作所为相吻合，即主动地对谈判人员这个影响谈判的重要因素施加影响，创造良好的谈判气氛，是顺利开局的核心。

（1）谈判人员在开局时切忌过分闲聊，离题太远。话题应相对集中于会谈的目的、计划、速度和人物这四个方面。

（2）最为理想的开局方式是以轻松、愉快的语气先谈些双方容易达成一致意见的话题。比如："咱们先确定一下今天的议题，如何？""先商量一下今天的大致安排，怎么样？"这些话从表面上看好像无足轻重，分量不大，但这些要求往往最容易引起对方肯定的答复，因此比较容易创造一种"一致"的感觉。如果能够在此基础上悉心培养这种感觉，就可以创造出一种"谈判就是要达成一致意见"的气氛，有了这种"一致"的气氛，双方就能比较容易地达成互利互惠的协议。

（二）避免一开局就陷入僵局

商务谈判双方，有时会因为彼此的目标、对策相差甚远而在一开局就陷入了僵局。这时，双方应努力先就会谈的目的、计划、速度和人员达成一致意见。这是掌握好开局过程的基本思路和技巧，实践证明，适合于各种谈判。若对方因缺乏经验，而表现得急于求成，即开局一开始就喋喋不休地大谈实质性问题，这时，我们要善而待之，巧妙地避开他的要求，把他引到谈判目的、计划、速度和人物等基本内容上来，这样双方就很容易和拍了。当然，有时候谈判对手出于各种目的在谈判一开始就唱高调，那么我方可以毫不犹豫地打断他的讲话，将话题引向谈判的目的、计划等问题上来。总之，不管出于哪种情况，谈判者应有意识地创造出"一致"感，以免造成开局就陷入僵局的局面，为创造良好的开局气氛创造条件。

（三）不同情况下的开局策略与技巧

不同类型的谈判，需要有不同的开局策略与技巧与之对应。为了结合不同的谈判项目，采取恰当的策略与技巧开局，需要考虑以下几个因素。

1. 考虑谈判双方企业之间的关系

根据谈判双方企业之间的关系来决定建立怎样的开局气氛、采用怎样的语言及内容进行交谈，以及采取何种交谈姿态。具体有以下四种情况：

（1）双方企业过去有过业务往来，且关系很好。那么，这种友好关系应该成为双方谈判的基础，这种情况下，开局阶段的气氛应该是足够热烈的、友好的、真诚的、轻松愉快的。开局时，本方谈判人员在语言上应该是热情洋溢的；内容可以畅谈双方过去的友好合作关系，或两家企业之间的人员交往。亦可适当地称赞对方企业的进步与发展；在姿态上应该是比较自由、放松、亲切的。可以较快地将话题引入实质性谈判。

（2）双方企业过去有过业务往来，但关系一般。那么，开局的目标仍然是要争取创造一个比较友好、随和的气氛。但是，本方在语言的热情程度上应该有所控制；在内容上，可以简单地聊一聊双方过去的业务往来及人员交往，亦可说一说双方人员在日常生活上的兴趣和爱好；在姿态上，可以随和自然。在适当的时候，自然地将话题引入实质性谈判。

（3）双方企业过去有过业务往来，但本企业对对方企业的印象不佳。那么，开局阶段的气氛应该是严肃的、凝重的。语言上，在注意讲礼貌的同时，应该是比较严谨的，甚至可以带一点冷峻；内容上，可以对过去双方业务关系表示出不满意、遗憾，以及希望通过本次交易磋商能够改变这种状况，也可谈论一下途中见闻、体育比赛等中性的话题；在姿态上，应该是充满和气，并注意与对方保持一定的距离。在适当的时候，可以慎重地将话题引入实质性谈判。

（4）双方企业在过去没有进行任何业务往来，本次为第一次业务接触。那么，在开局阶段，应力争创造一个友好、真诚的气氛，以淡化和消除双方的陌生感，以及由此带来的防备甚至略含敌对的心理，为实质性谈判奠定良好的基础。因此，在语言上，应该表现得礼貌友好，但又不失身份；内容上，多以途中见闻、近期体育消息、天气状况、业务爱好等比较轻松的话题为主，也可以就个人在公司的任职情况、负责的范围、专业经历等进行一般性的询问和交谈；姿态上，应该是不卑不亢，沉稳中不失热情，自信但不骄傲。在适当的时候，可以巧妙地将话题引入实质性谈判。

2. 考虑双方谈判人员个人之间的关系

谈判是人们相互之间交流思想的一种行为。谈判人员个人之间的感情会对交流的过程和效果产生很大的影响。如果双方谈判人员过去有过交往接触，并且还结下了一定的友谊，那么，在开局阶段即可畅谈友谊地久天长，同时，也可回忆过去交往的情景，或讲述离别后的经历，还可以询问对方家庭的情况，以增进双方之间的个人感情。实践证明，一旦双方谈判人员之间发展了良好的私人感情，那么，提出要求，做出让步，达成协议就不是一件太困难的事，通常还可降低成本，提高谈判效率。

3. 考虑双方的谈判实力

就双方的谈判实力而言，不外乎以下三种情况：

（1）双方谈判实力相当。为了防止一开始就强化对方的戒备心理和激起对方的敌对情绪，以致使这种气氛延伸到实质性阶段而使双方为了一争高低，造成两败俱伤的结局，在开局阶段，仍然要力求创造一个友好、轻松、和谐的气氛。本方谈判人员在语言和姿态上要做到轻松而不失严谨、礼貌而不失自信、热情而不失沉稳。

（2）本方谈判实力明显强于对方。为了使对方能够清醒地意识到这一点，对其产生威慑作用，同时，又不至于将对方吓跑，在开局阶段，在语言和姿态上，既要表现得礼貌友好，又要充分显示出本方的自信和气势。

（3）本方谈判实力弱于对方。为了不使对方在气势上占上风，从而影响后面的实质性谈判，开局阶段，在语言和姿态上，一方面要表现出友好，积极合作；另一方面也要充满自信，举止沉稳，谈吐大方，使对方不至于轻视我们。

第二节　商务谈判磋商阶段

磋商阶段是指双方就交易的具体内容进行反复磋商的整个过程，其中价格是其磋商的核心和贯穿始终的主线，它关系到谈判的成败和双方经济利益的高低。由于交易的种类不同，谈判的具体内容和做法也会有所不同，但一般说来，谈判磋商阶段主要应包括报价、讨价、还价、让步等几个环节，在这些环节中又存在着抗拒、冲突、威胁、僵局等突出问题。因此谈判磋商阶段问题错综复杂。

为了介绍方便，我们将与价格磋商关系密切的报价、讨价还价等关键问题放在第十一章中介绍，本节只介绍抗拒、冲突、威胁、僵局和让步等问题，而抗拒、冲突、威胁、僵局这些问题又存在着对抗强度逐渐增强的这一逻辑主线，最后通过让步打破僵局，为谈判的顺利结束铺平了道路。

一、磋商过程中的抗拒

（一）谈判中抗拒的含义

抗拒是指谈判一方阻抗、拒绝、反对谈判另一方的意见与要求的行为。谈判中的抗拒是谈判冲突的典型表象。任何谈判都包含"合作"与"冲突"两种成分。冲突是谈判各方需求与利益差异的必然表现，也是引发对抗，进而致使谈判陷入破裂的因素。因此，谈判中需要采取适当的步骤、方法和谈判技巧，调整、平衡双方的利益，满足双方需要，消除冲突，促使谈判走向成功。

抗拒是商务谈判中谈判者维护自己利益、争取自身利益最大化的一种必然的、自主的行为和手段。因而，谈判中任何一方都不可能完全避免对方做出抗拒行为，谈判能否成功，就在于如何面对抗拒。谈判中巧妙地运用一定的技巧、方法，可以降低对方抗拒的强度，甚至化解抗拒。

（二）对付抗拒的技巧

1. 坚定立场，表明态度

当对方拒绝、反对己方意见时，要坚持向对方表明自己主张的正确性，并阐明其对双方都有利，从而消除对方的抵触，接受己方的观点。

例如，我国从德国进口了一套机械设备，在谈判的过程中，我方人员提出这套设备比其他国家同类产品的价格要高出近10%。德国方面的谈判代表见此情景，应答道："我们的产品确实比其他国家的产品要贵一些，在这一点上，我完全同意您的看法。不过，如果您看了这份性能比较资料之后，也许会找出我方价格较高的原因。您会发现，我方的设备比其他同类设备在主要性能指标上要高出50%，而我方的价格才只高出不到10%，性能价格比是相当合理的；在中国这种生产环境下，我方的性能优势会进一步体现出来的。据以上分析，我想我方价格还是合理的。"德方代表这一番据理力争，在坚定自己立场的同时，对双方利益得失进行了分析，从而改变了我方认为价格过高而拒绝接受的态度，接受了对方的报价。

2. 以子之矛，攻子之盾

有时由于谈判对手并不十分了解我方的产品和交易的条件，因而，常常会提出一些在逻辑上与我方要点一致的抗拒，这种抗拒恰恰可以用来说明我方的观点，只要我方将其运用，就可以成为瓦解对方反对意见的有力武器。因此，我方人员要善于发现、利用这类抗拒，抓住顾客提供的机会，阐述我方意见。

3. 伺机而动

如果对方接连不断地提出各种异议，特别是在对方带着愤怒的口气提问题或他不愿意继续往下谈的时候，最明智的办法是不直截了当地反驳他，而是集中力量把业务商谈进行下去。在对待谈判对手的某些反对意见时，最好不要即刻反驳，要拖到适当的时间再予以反驳。即刻反驳通常会造成以下两个弊端：其一，会给谈判对手一种你与他针锋相对的感觉，引起他的抵触情绪；其二，自己准备不充分，可能会出现一些应答上的漏洞。在紧张的谈判过程中，有几分钟或几秒钟的思考时间，对于谈判者是十分宝贵的，此刻，谈判者可以回味一下对手的反对意见，体会一下它的含义，寻找应对措施。

对谈判者来说，在回答问题之前，有几分钟的思考时间是再好不过了，特别是在被问及事先没有料到的问题的情况下，拖延回答是十分必要的，可以采取以下的拖延方式：①请顾客进一步阐明自己的异议；②请顾客举例说明其观点；③就异议的具体环节与顾客一同分析和讨论；④装作没有理解，请顾客重复其异议；⑤点支烟或者去洗手间；⑥坦率地请顾客给几分钟的考虑时间。

4. 坦诚相待

当对方提出的反对意见有道理时，应坦诚相待，主动地予以承认，然后将自己的不足之处详细地向对方解释，最后以一系列证据向对方证明你的不足之处并不影响这次谈判的大局，并讲明己方已采取了一定的措施给对方以补偿。在这种情况下，对方很难再揪住这个反对意见不放，谈判就可以顺利地进行了。而倘若你在谈判对手的反对意见有道理的情形下，采取消极躲避的态度或干脆予以否认，那么，你只可能增加谈判对方的不信任感，使谈判变得举步维艰。

5. 在重复对方反对意见中降低其强度

在谈判中，强烈的反对意见是不容易消除的。遇到这种情况，则应该用比较婉转的语言把对方的反对意见再重复一遍，这样，可以把反对意见的强烈程度降低一些，进而，在反驳对方的时候就会轻松一些。例如，在上述中德谈判的案例中，中方代表认为德方产品比其他同类产品价格高出近10%，而德方代表最后在重复中方代表的反对意见时说，他们的产品价格只比其他同类产品价格高出不到10%。我们很容易发现，中方代表的反对意见明显被德方代表弱化了。

6. 忍辱负重

这种方式强调在处理对方反对意见时不要因小失大，它是处理主观反对意见的一种比较好的方式。谈判对方的主观反对意见往往是很难消除的，如果执意反驳，可能会激怒对方，从而引发双方的冲突、对抗。当遇到谈判对方提出的主观反对意见时，在没有严重贬低己方、损害己方主要利益的前提下，明智的做法是不要急于反驳对方，而是保持沉默。其实，沉默已显示己方的态度，甚至，为了使谈判继续下去，可以向对方表示接受他的意见。忍辱负重换来的是双方利益的重新调整和双方的重新合作。

7. 先发制人

如果谈判一方确信对方将会向己方提出某种反对意见，那么，己方不妨抢先将其作为问题提出来，并把它作为己方论点。这样可以获取谈判对方的好感，使其以合作的态度进行谈判。

例如，中国购买了一批美国的"子弹头"面包车。在谈判过程中，美方代表预计，中方代表可能会针对这种豪华车能否适应中国路面的问题提出反对意见，于是，他们抢先说道："我们这批车是专门针对复杂路面制造的。车底盘升高了15厘米，流线曲度比以前减少了30%。这样的构造完全可以胜任在各种路面上的行驶，而且还不失其美观。"这番话消除了中方代表的疑虑，交易很快就达成了。

先发制人这种方法可以变被动为主动，把被动的应答变为主动的说明，这对于谈判的顺利进行是十分有利的。

8. "合并同类项"

当谈判对手向你提出一连串问题时，你发现其中有的问题很容易处理，有的问题很难处理，这时，你可以将这些问题进行合并。把较难的问题融于较简单的问题当中，在回答较简单问题时顺便带过较难的问题。这种方法要比一一回答问题节省时间和精力，而且容易获得谈判对手的认同。

9. 归谬法

把每一条异议所产生的后果和内在含义都说清楚，使顾客认识到并且承认其异议是荒谬的。当谈判对手的反对意见确实存在漏洞时，己方不应得势不饶人，而应该把其反对意见产生的后果和内在含义都讲清楚，使谈判对手认识并承认他的反对意见是错误的。这种方法能使谈判对手对己方产生好感，认为你不是一个把自己意识强加给他人的人，而是一个尊重他人、诚实厚道的人，进而愿意跟你洽谈。

10. "缓兵之计"

"缓兵之计"是指当谈判对手接二连三地提出强烈反对意见时，己方先不直截了当地反驳他，而是尽一切努力把谈判进行下去。当谈判进行到一定时间以后，对方可能会再次提出他先前已经提到的反对意见。不过一般而言，他这次提出的反对意见肯定要比上次少，而且口气也会比较婉转，用词也会比较和缓。此时，己方可以停下来讨论对方所提出的问题。

11. 比较事实

俗话讲：事实胜于雄辩。当谈判一方发现谈判对方的反对意见不成立时，最好不要光在嘴上与其辩论，摆弄一些文字游戏，这时，如果能举出一个事实来，那么，谈判对方自然就哑口无言了。能够用做事实的东西很多，如官方文件或有影响的报纸和杂志、现场进行的试验数据等。有时，谈判对方所信赖的人的意见，也可以作为事实来反驳对方的反对意见。

12. 提问诱导

提问诱导是在谈判对方提出反对意见后，向对方提出一连串的问题，使对方在回答问题的过程中逐步得出与其反对意见相悖的结论，从而使对方改变原有的看法。

二、磋商过程中的冲突与合作

谈判是一个充满冲突和合作的过程，正确认识谈判过程中冲突与合作之间的关系，是解开谈判者疑难的第一把钥匙。

（一）冲突的起因及其类型

1. 冲突的起因

从管理心理学的角度来看，当人们具有不同的目标或利益时，往往会产生外显或潜在的意见分歧或矛盾，从而体验到心理冲突或人际冲突。管理心理学认为，冲突是人们对重要问题意见不一致而在各方之间形成摩擦的过程，即由于目标和价值理念的不同而产生对立或争议的过程。可见，冲突表现为一个发展过程。在中国文化背景下，"冲突"一词往往具有一定的负面含义。因此，许多时候，人们会忌讳谈论"冲突"，更多愿意用"矛盾"或"分歧"的概念来分析所存在的问题。

对于冲突，绝大多数人都存在着本能的回避倾向，对其持否定的态度。人们经常将冲突与危机、僵局、关系恶化等联系在一起。事实上，在日常生活中，冲突和谈判一样是一种无法回避的现实。人们生活和工作在一个共同的社会之中，相互影响、相互依存，彼此之间就不可避免地会发生干扰和冲突。几乎任何一个个人或企业都难以在丝毫不影响他人或其他企业的利益的情况下实现自身的某些目的。就其本源而言，不同主体之间的利益差异是冲突发生的根本原因。由于不同的人群或企业分属于不同的利益主体，甲的利益满足不等于乙的利益满足，不仅如此，甲以特定的方式满足某些利益的过程还可能会损害到乙的既有利益或潜在利益，相互之间的冲突就是不可避免的。在谈判过程中，谈判双方分属于不同的利益主体，各自之间存在着明显的利益差异。也正是因为存在着利益差异，才使谈判有其必要性，才需要通过谈判来处理好相互之间的利益关系。如果甲的利益满足就等于乙的利益满足，双方就无须通过谈判来明确某些必要的利益界限。与此同时，由于存在着利益差异，在协调处理相互间利益关系的谈判过程中，谈判者各自都寻求更好地满足自身利益，双方之间在如何满足各自的利益、满足哪些利益、满足到什么程度等问题上，就可能发生冲突。

2. 冲突的类型

冲突可以区分为实质利益上的冲突和单纯意义上的立场冲突。根据冲突发生的程度，还可以区分为潜在冲突和显在冲突，前者是尚未发生但有可能发生的，后者则是已经发生能为冲突方所感受到的。谈判的目的之一就是为了解决各种各样的显在冲突，预防某些潜在冲突的激化。谈判桌上的冲突激化既可能是因为双方巨大的利益差异所引起，也可能是谈判者运用谈判技巧的结果。前者可称为客观冲突，后者则可称为主观冲突。在谈判过程中，由于客观原因所引起的冲突往往是双方在达成协议、实现合作的过程中必须要克服的障碍，而在运用得当的情况下，主观冲突的制造则可能加快达成一致（尤其是促使对方在某些问题上作出让步）、实现合作的过程。

（二）谈判过程中的合作

1. 谈判过程中合作的必然性

参加谈判本身是一种合作的表示。在谈判进行的过程中，为了取得成功，双方更需要合作。但对双方来说，能否最终实现谈判的目标，取决于双方在履行协议的过程中能否进行有效的合作。谈判过程中的合作对未来的合作有十分重要的影响。一方面，这种合作可以为未来的合作奠定良好的合作关系基础；另一方面，谈判过程中的合作有助于双方更好地发现未来可能存在的问题，真正满足双方各自的需要，较为彻底地解决现有的冲突，为未来的合作清除障碍。

与冲突的存在具有内在必然性一样，谈判过程中合作的存在也是必然的。谈判双方存在着利益差异，从而有可能存在着各种各样的冲突的同时，又存在着利益互补关系，这种互补关系决定了双方谈判进行合作的可能性。所谓利益互补，是指双方利益上的相互补充，或是指双方中的任何一方都必须要借助于另一方才能较好地满足自身利益要求的情形。正是因为双方之间存在着明显的或潜在的利益互补关系，原来不相关的两个商务活动主体才会成为同一谈判中两个密切关联的主体。由于双方都需要借助于对方才能较好地满足自身的利益要求，这就决定了双方都存在通过与对方合作及通过得到对方的合作来较好地满足自身的需求的内在倾向，尽管有时这种倾向表现得不是十分明显。

2. 谈判过程中合作的利益

谈判的目的是要解决谈判者目前所面临的某些用其他办法难以解决或是难以取得满意的解决结果的问题。而得到对方目前和将来在某些方面的协助又是解决问题的重要条件。因此，谈判过程中的合作以及按照达成的谈判协议所进行的合作就是实现谈判目的的基本手段。谈判双方之间的合作不仅具有其内在必然性，而且双方在谈判过程中的合作还会带来许多良好的效应。

（1）良好的合作，特别是双方能够充分地交换信息，有助于更好地理解各自所存在的问题及实际利益所在，从而能够提高双方达成的谈判协议的质量，使参与谈判各方的利益在谈判中都能得到较充分的体现。

（2）通过合作达成的反映谈判各方利益要求的协议的履行能为各方带来一定的利益，从而也能较好地得到有关各方的尊重和维护，提高协议履行的概率，使谈判的利益要求最终真正能够得以实现。谈判者应当明白，达成体现其利益要求的协议，并不意味着其利益要求已经真正得到了满足，也不能保证其利益要求在将来一定能够得到满足。通过合作来达成体现谈判各方要求的协议，等于是为协议未来的履行提供了良好的保障。

（3）双方合作也有助于达成更富有创造性的谈判成果。在合作的氛围下，双方充分交流信息，清楚地理解存在的问题，有助于针对问题提出创造性的解决问题的方法，最终双方可获得所期盼的成果。

（4）合作有助于解决双方所面临的某些较深层次的问题，有助于双方之间解决现有的冲突及防止潜在的冲突，从而有利于双方之间关系的改善。即便现有的合作没有能够预防双方未来往来中所可能出现的所有潜在冲突，但也可在程序或方法上为未来冲突的解决奠定良好的基础。

(5) 在谈判过程中，以合作的方式寻求解决问题，也有助于避免僵局出现的概率，消除双方关系中现有的不利因素所可能产生的影响，从而保持当事各方控制事态、自行解决自身所面临的问题的能力。

谈判过程中合作倾向的存在是必然的，通过合作去寻求问题的解决也是必需的。但仅认识到这一点对于谈判的成功仍是远远不够的。合作能够为谈判者带来巨大的利益，但正如一定条件下谈判并不一定能解决所有的问题一样，合作并不一定能解决谈判者所面临的任何问题。且要能通过合作去达成问题的良好解决，获取上述的若干合作所能带来的好处，还必须要善于把握冲突与合作的动态关系，善于运用各种有助于实现理想的谈判目标的合作技巧。

（三）谈判过程中冲突与合作的关系

1. 谈判是合作和冲突兼而有之的过程

无论是冲突与合作倾向，还是实际的冲突与合作行为，都始终存在于谈判的整个过程之中，只不过发生在不同时间、不同地点，在不同谈判者之间进行的谈判中，双方冲突与合作的倾向及实际表现出来的冲突程度（表现为发生冲突的问题的多少、冲突发生的频率、潜在冲突转化为显在冲突的概率、谈判气氛的紧张程度等）与合作程度（表现为谈判过程中双方相互信任的程度、双方信息交流的状况、双方对待已经存在及可能发生的问题的态度等）不同而已，如图3-1所示。任何谈判实际上都既存在着一定程度的冲突，又存在着一定程度的合作。如处于图3-1 A点状态的谈判就比处于B点和C点表现出更强的冲突程度。冲突与合作并存这一特性是由双方之间利益差异和利益互补这两重关系所决定的。既不存在只有冲突而没有合作的谈判，也不存在只有合作而没有冲突的谈判。

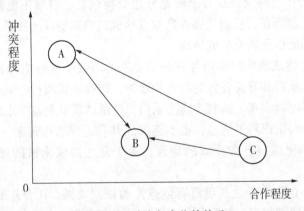

图3-1 冲突与合作的关系

2. 谈判过程中冲突与合作的程度会发生变化

在谈判过程中，冲突与合作不仅是一种客观存在，而且会发生相互转化。谈判发生的外在条件的变化及谈判者自身对某些问题的认识及谈判姿态的变化都可能使谈判桌上冲突与合作的程度发生变化。正因为存在着这种转化的可能性，才使得谈判，特别是影响因素较多的谈判，如国际商务谈判等变得十分复杂，也使得谈判的成功具备了可能性。值得注意的是，谈判过程中冲突与合作程度的这种转化既可能是图 3-1 中由 A 状态向 B 状态的转化，也可能是由 C 状态向 A 或 B 状态的转化。

3. 成功的谈判是一个达成共识的过程

冲突与合作存在于谈判的全过程之中。成功的谈判者善于把握谈判过程中冲突与合作的变化，在认可双方之间存在差异的同时，不断发现能够解决双方问题的机会和方案，达成双方在有关问题上的共识。成功谈判的结果是双方找到了能解决各自面临的问题而又能为双方认可的方案，并且以正式的协议的形式确认双方未来的合作关系，使合作关系较谈判开始时有了进一步的强化。这种关系的正式确立同时也表明双方之间已找到了解决目前已经存在或可能出现的冲突的方法，或是对某些暂时无法解决的问题达成了默契。但合作协议的达成并不意味着双方之间冲突倾向的消失，更不意味着双方将来就不可能再发生冲突。在协议履行过程中，仍旧有发生冲突的可能。如果谈判中所达成的协议本身是不完善的，则会留下可能发生更多冲突的隐患。

（四）决定谈判过程中冲突与合作程度的因素

谈判过程中冲突与合作的程度会发生不断变化。把握冲突与合作变化的规律，有助于谈判者合理控制谈判过程中冲突与合作的变化，利用合适的时机，将谈判推向成功。谈判过程中冲突与合作的程度及其变化既取决于谈判发生的若干环境因素，也取决于谈判者因素。

1. 谈判双方间关系的历史状况

双方企业之间关系的历史状况对目前的谈判会产生很大的影响。双方之间过去有着良好的合作历史，会为目前的谈判合作奠定良好的基础。反之，过去合作中的不愉快及不信任则会构成目前谈判中建立良好真诚合作关系的障碍。尤其在当前讨论的问题与历史上的纠纷具有密切联系时，则更容易加剧谈判中的紧张气氛，激化冲突。

2. 谈判双方之间相互依赖的程度

依赖程度是决定谈判过程中冲突与合作倾向及实际谈判行为的重要因素。一方对另一方的依赖性越强，为了能获得对方的合作，满足自身的需要，就越是倾向于避免与对方的冲突，在谈判中做出某些让步以换取对方合作的可能性就越大。正因为如此，相互之间的依赖程度也是决定谈判双方实力对比的重要因素。谈判者要能增强自身的谈判力量，就要尽可能避免单方面依附于对方的情形。

3. 双方对可供分配的谈判成果的预期

谈判者对可供分配的谈判成果的预期也会影响到其对自身谈判策略和行为的设计，从而影响到谈判过程中的冲突与合作的程度。谋求尽可能大的利益是谈判者的共同目标。在谈判者预期到可供谈判双方分配的成果总和固定不变，也即不会因谈判过程中双方是否友好合作而发生变化时，也或者是当其认为谈判结果是零和时，谈判过程中双方为扩大各自的得益就可能会发生较为剧烈的冲突，要达成一致就较为困难。

4. 谈判主题的多少

谈判主题即双方在谈判过程中讨论并设法达成协议予以解决的问题。一般情况下，双方需要讨论和解决的问题越多，发生冲突的可能性就越大。但值得注意的是，谈判主题的多少与冲突的多少及其剧烈程度并没有绝对的正相关关系。在多项议题的谈判中，由于谈判者可以在多项条件之间进行平衡取舍，在价格问题上做出让步所蒙受的损失可以通过达成较有利的支付条件而得以补偿，冲突反而可能减缓。而当双方仅就价格问题进行谈判时，由于缺乏其他条件来进行缓冲或平衡，任何一方所做出的让步都是实质性的，难以得到其他方面的补偿，因而要使对方做出让步就十分困难，冲突程度反而会因此而变得十分激烈。

5. 谈判者的谈判观念

所谓观念，就是指人们行为的指导思想。谈判者以怎样的指导思想去参加谈判，对其在谈判中的实际行为表现及谈判中冲突与合作的程度也会产生重大的影响。人们将谈判指导思想概括为非赢即输观念和互惠观念两种。以非赢即输观念指导谈判，将谈判视为一种零和游戏，视谈判对手为敌人，将对方的得益看作自身利益的损失，极力争取能为自己所接受、对己方有利的谈判结果，则谈判过程中就很难出现积极的合作行为。反之，将谈判视为一个互惠的、寻求解决双方所面临的问题的过程，视对方为解决问题的合作者，则自然就会促使谈判者去设法寻找能为双方所接受、解决双方各自面临的问题的方案，许多冲突就可能得以有效的化解或避免，自然也较容易形成融洽的合作氛围。

6. 谈判者管理冲突的技巧

谈判过程中冲突的发生具有一定的内在必然性。能否有效地化解冲突，达成双方之间对解决某些问题的共识，与谈判者所具有的管理和控制冲突的技巧有很大的关系。有关这一点，我们将在下面进行论述。

（五）谈判过程中的冲突管理

冲突管理是谈判者应当具备的重要技能之一。只有善于处理合作与冲突之间的关系，才能在复杂的谈判过程中有效把握谈判成功的机会。冲突管理首先在于要善于分析冲突，其次在于要善于使用各种有效手段解决冲突。

1. 冲突分析

要能合理地管理冲突，首先就必须了解冲突，掌握冲突发生的原因、影响及其难以解决的症结所在。

正如摩尔所分析的那样，冲突存在的方式多种多样，引起冲突的原因也是多种多样的：有些冲突持续的时间很长，可能源于双方之间过去合作中存在的某些问题，如许多合同履行过程中的再谈判即属于这种类型；有些冲突起因于目前双方在某些利益分配上的矛盾；还有些冲突则是起因于双方在谈判过程中沟通上的问题。不同类型的冲突显然需要采用不同的方法去解决。谈判者不能清楚认识冲突的类型及其产生的主要原因，就很难有针对性地采取措施。

在处理冲突的过程中，谈判者不仅需要了解冲突发生的原因，而且要了解双方陷入争议或冲突的程度，双方之间各种冲突间的联系，冲突已经产生的影响，冲突进一步发展的可能性及其可能产生的潜在影响等。对谈判者利益构成重大威胁的冲突显然应当优先纳入考虑解决的范围。谈判者陷入某一争议的程度越深，就可能越是要设法予以解决。几乎所有冲突都会随着时间的推移、环境的变化而发生变化，有些可能会因环境的变化而较容易化解，有些则可能因为某些因素的出现而变得更为复杂。在冲突还不是十分复杂的情况下设法予以解决，显然是一种更为经济的解决办法，也有助于维持双方之间的良好合作关系。

在冲突分析中，另一个值得注意的问题就是对解决冲突的成本的分析。不同类型的冲突的解决、在不同情况下同类冲突的解决以及以不同的方式解决某些冲突的成本都可能是不同的。况且冲突的解决需要企业投入一定的资源，冲突分析必须要考虑企业能否负担得起以特定方式解决冲突的成本，比较以一定方式解决冲突的成本及其所能够产生的收益。

综合以上分析，如果打算以谈判方式解决已有的冲突，谈判者应当分析双方之间目前存在的及潜在的冲突，判断冲突解决的最好的方法，如目前是否具备了解决的条件，是否适合通过谈判解决等。对于谈判过程中所发生的冲突，则应在快速评估谈判形势、分析上述各方面因素的情况下，采取合适的措施应对冲突。

2. 应对冲突

冲突的类型和起因是多种多样的，冲突解决的方法同样也是多种多样的。谈判者应针对冲突分析中所获得的信息，有针对性地采取应对冲突的方法，如若冲突是由于双方沟通中的误解所造成的，就应当设法消除沟通中的误解，进而消除冲突。应对冲突的基本方法如下：

（1）稳定情绪。面对谈判过程中发生的冲突，谈判者首先应当做到的是稳定自己的情绪，不使自己的谈判思维受谈判过程中冲突发展的干扰。做到了这一点，一来可以避免误入对方设置的冲突陷阱，二来可以冷静分析冲突的起因等，合理选择处理冲突的方法，有利于将谈判推向成功，用尤里的话来说，就是"到阳台上去"。

尤里强调的"到阳台上去"，并非是指在谈判间隙，谈判者应当到实际的阳台上去，而是指"意识阳台"，也就是强调谈判者在面对困难情形时，应当学会稳定自己的情绪，争取一定的时间去思考。即在对谈判情形有较全面的认识后再做出反应。他认为，这与日本剑道中所强调的"近物远视"的观点有异曲同工之处。

尤里认为，当人们面对困难时，所做的最为自然的事就是毫不迟疑地做出反应，常见的反应有三类：第一，"以牙还牙"、"以其人之道还治其人之身"；第二，做出退让，不再坚持自己的要求，或者说同意对方的要求；第三，与对方断绝关系。尤里认为，人们在未经思考的情况下做出上述三种反应都有很多弊端。退让的结果可能是以对自己不利的条件成交；与对方断绝关系要以各种成本付出为代价；而以牙还牙，情绪激动，则可能使相互间的冲突升级。尤里主张，"有多大的作用力就有多大的反作用力"这一经典定律适用于物体，并不适用于意识。对于作用力，物体会产生反作用力，而人的意识则可以选择不进行反作用。每当面对困难、面对对方的剧烈反应时，谈判者可以设想自己是在某一个阶梯上谈判，而后设想自己登上"阳台"，俯视阶梯。站在"阳台"上，就能够像第三方一样，冷静分析、评价谈判中出现的冲突和矛盾，寻找建设性地解决问题的方法，这样就不大可能使冲突升级。

（2）认识差异的价值。作为不同的利益主体，谈判双方之间主体利益的差异决定了双方谈判的必要性。这种差异往往也是谈判过程中很多冲突的根本起源。但是，在谈判过程中，要能有效地解决冲突，谈判者就不仅要认识到这种主体利益的差异，而且要认识到双方之间在其他方面的差异；不仅将差异视为冲突产生的根源，而且将差异视为冲突解决的机会。谈判双方之间及谈判者自身在行为要求等方面存在着诸多差异。这些差异往往构成冲突解决的契机。谈判者必须善于发现这些差异，认识到这些差异的价值。

例如，在1978年埃及与以色列之间进行的和平谈判中，有关在战争中被以色列占领的西奈半岛问题，双方的立场尖锐对立，一方要坚持保留西奈半岛的一部分，另一方则坚持全部收回。如果认识不到对方所持立场与其实际利益要求之间可能存在一定差异，不能发现立场背后的实质利益所在，根本无法解决双方在有关问题上的冲突。但在发现双方立场背后的利益后，即一方的利益在于收回主权，维护国家领土和主权的完整，另一方的利益则在于安全，冲突的解决无疑就要容易得多。

（3）转移话题。谈判过程中的某些冲突可能是谈判者目前运用多种手段都难以解决的，或是为解决冲突必须付出极大的代价。面对这种类型的冲突，较为理想的处理方法就是转移谈判的话题，待时机成熟，如与有关的企业主管讨论或冲突环境出现某些变化后，再与对方较为深入地讨论冲突解决的办法。转移话题，暂时搁置目前无法处理或难以处理的冲突，可以节约谈判的时间，提高谈判的效率，也有利于避免纠葛于目前尚无法解决的冲突时，双方关系恶化的危险。

（4）制造僵局。谈判过程中应当着力于处理、缓和冲突。但是，这并不意味着人们就应一味地回避冲突。有关研究表明，由于人们通常都具有回避冲突的心理，激化谈判中的某些矛盾，形成紧张的对抗局面，有时反而能促使对方改变某些不合理的想法，加快解决双方之间在某些问题上的分歧。通过激化矛盾来求得冲突的解决，我们称之为使用冲突类技巧。制造僵局就是这类谈判技巧中最为典型的一种。

（5）CC法。谈判过程中冲突难以得到解决的经常性情形是双方无法认同一个共同的标准或方案。由于相互之间存在着利益差异，双方对对方的情况又可能缺乏足够的了解，任何一方都不愿意赞同对方所提出的标准。在这种情况下，谈判者即应注重利用客观标准。作为一项具有较强的客观性、公正性的措施，CC法就是一种可以考虑的解决双方之间冲突、达成谈判协议的方法。CC法也称为公正的程序，其英文为"one cut, the other choose"，原意即"一人切开，另一人选择"。当两个孩子分享一块蛋糕或苹果，其中谁也不愿意少得一点时，CC法就是解决问题的一种十分有效的方法。只要由其中的任意一个孩子先切开蛋糕或苹果，而由另一个孩子先挑选两块中的一块，即可基本保证两个孩子对所得份额都不会有太大的意见。CC法的思路曾给人们谈判解决某些重大问题以有益的启发。

冲突的解决还可以采用其他多种方法，其中重要的方法，也是在实际谈判冲突解决中广为应用的方法就是引入第三方进行调解，或当各种措施都难以解决冲突时，由有关司法仲裁机构裁决谈判双方之间的纠纷。

三、磋商过程中的威胁

商务谈判对于谈判者而言,既是一场智力的较量,又是一场心理的较量。在谈判中,谈判双方对因所谈问题的利益分歧而诱发的矛盾和冲突,通常会对谈判参与者心理形成压力。压力存在于商务谈判过程的始终,对每一个谈判者都有两种相反的作用:它既是促使谈判者调整、平衡双方利益的因素,从而起着促进谈判走向成功的积极作用,也是导致谈判双方产生分歧和对抗的因素,从而使谈判陷入僵局甚至走向破裂。因此,对于谈判者而言,掌握承受和处理谈判压力的方法是获取谈判成功必需的基本技能。

(一)谈判中威胁的概念

谈判中的威胁是指谈判一方逼迫另一方让步的方法。当谈判双方就所谈问题存在意见分歧时,一方就可能逼迫另一方,使其按照己方意愿行事,否则就要采取行动造成一个不利于对方的结果;受到威胁的一方往往会感到一种压力,这种压力迫使其重新调整自己的利益,做出一定让步。然而,威胁通常不仅仅对受威胁的一方形成压力,而且也会对施加威胁的一方产生一定影响。如何处理好威胁的压力,是商务谈判中一项十分重要的技巧。

(二)谈判中威胁的类型

谈判中的威胁是在谈判双方产生利益分歧与冲突时实施的迫使一方让步的手段。因而,谈判威胁一旦实施后,将对谈判双方造成利益损失。依据谈判一方实施威胁后的相对损失程度,可将谈判中的威胁概括为压迫式威胁、胁迫式威胁和自残式威胁三类。

1. 压迫式威胁

压迫式威胁是指威胁方在实施威胁后给自己造成的利益损失与不实施威胁时相等的一种威胁方式。压迫式威胁对于威胁方而言是一种损失最小的威胁方式。在威胁实施过程中,威胁方始终掌握着绝对的主动,而被威胁方则要承受威胁所造成的全部压力,处于完全被动的地位。

压迫式威胁通常发生在企业实力相差悬殊的谈判者之间,或谈判的其中一方有多个竞争者的时候。例如,市场上有多个电脑销售商,其价格和服务差别不大。一个购买者与其中的一个电脑销售商接触准备购买电脑,在这种买方市场的情况下,买者就有可能采用压迫式威胁来要求电脑销售商降价或提供更多的服务,即如果卖者不答应其要求,他就可能转向其他的电脑销售商去购买。假如威胁真正实施了,即购买者转向其他的电脑销售商购买电脑,那么,对于购买者(即威胁方)来讲,他没有任何利益损失,也就是说,他向目前的这个卖主购买与向其他的卖主购买没有区别。

2. 胁迫式威胁

胁迫式威胁是指谈判一方在实施威胁后给自己可能造成的利益损失大于不实施威胁时的损失,但小于给对方造成的利益损失。在商务谈判中,这种威胁方式是最为常见的一种。由于它给谈判双方都可能造成损失,所以,它会对谈判双方都形成压力。不过区别在于威胁方所承受的压力要小一些,被威胁方所承受的压力要大一些。

这种威胁方式实际上是一种冒险行为，即威胁方也要承担遭受损失的风险。不过，由于被威胁方要承担的损失风险更大。所以，这种威胁往往可能成功，即被威胁方对威胁方做出让步。

3. 自残式威胁

自残式威胁是指如果威胁方真正实施威胁后，他所遭受的损失要大于或等于被威胁方所遭受的损失。这种威胁方式实际上就是我们常说的"两败俱伤"。

自残式威胁从某种意义上讲是一种赌博行为，它的赌注压在了对方的心理承受力上。如果对方的心理承受力强，顶住威胁的压力，威胁将以威胁方的自残而宣告失败。一般地，在商务谈判中自残式威胁付诸实施的情况很少，因为谈判双方的行为在一定程度都是理性行为，要受到经济利益的调动和制约，所以，在正常情况下，自残式威胁不会真正付诸实施。

（三）谈判中威胁的产生因素

对付谈判中的威胁，最关键的是必须了解可能产生威胁的条件，从而采取某种方法，使威胁不能形成，威胁的压力也就相应解除。

1. 权力因素

实施威胁的首要条件是具有某种权力，权力的使用可以形成对对方的胁迫。

2. 沟通渠道因素

威胁的形成要求威胁者和被威者之间具有某种沟通渠道，使被威胁方清楚地了解对方的意图，沟通渠道因素对于威胁的实施十分重要。

3. 利益损失量因素

谈判中的威胁是谈判一方（威胁方）要求谈判另一方（被威胁方）让步的手段，威胁可能使谈判双方的利益都发生一定的损失。然而，对于被威胁方而言，如果按照威胁方要求去做所造成的损失大于威胁实施后所造成的损失，那么，威胁是不能够形成的，因此，被威胁者按照威胁者的要求去做所造成的损失小于威胁实施后所造成的损失是威胁形成的一个必要条件。对于威胁者，威胁的形成与实施则要求威胁者在实施威胁后给自己造成的损失不小于不实施威胁时自己的损失。

（四）对付谈判中威胁的技巧

谈判中威胁产生的三个要素，缺乏其中任何一个，威胁便不能形成，威胁的压力也就相应解除。因此，针对形成威胁的主要要素，可以采用下述对付谈判威胁的技巧。

1. 先斩后奏

这种方法的应用范围有限，只能用来处理个别威胁情况。威胁的目的通常分为两种：一是要求对方做出某种行为；二是不让对方做出某种行为。先斩后奏这种方法适用于第二种情形。

这种方法的具体步骤是：当谈判一方通过分析，发现对方可能会利用其某些特权来威胁己方，使己方无法做出某种行为时，则立刻采取行动，在对方的威胁发出之前将该行为完成或做到无法收手的地步，造成一种"既成事实"，使对方的潜在威胁失去目标，从而无法实施威胁。

例如，我国某电子厂生产了某种新产品，这种产品有较好的市场前景，当产品一生产出来，该厂的一个老客户——在全国拥有数家分公司的大型零售商准备与其洽谈有关该产品的销售问题。电子厂商通过分析认为，这个大零售商很可能会要求取得该产品的独家代理权，这将使自己损失部分利益，但该电子厂商又不敢得罪这个零售商，因为他们有许多产品要通过其销售。于是，电子厂商抢在与这个零售商谈判前，发出十余份代理权合同，获取了一大笔收入。当他们再与那家零售商谈判时，这个既成事实使得其无法再要求独家代理权，而只获取了一个普通代理权，电子厂商保持厂家对这种新产品的控制权。

2. 往上告状

这种方法是针对威胁者权力而采取的措施。在谈判中，威胁者借以实施威胁的权力通常是由其上级赋予的，因此，使上级对威胁失去兴趣或反感，威胁就会因失去威胁的权力而自动解除。这种处理技巧对于胁迫式威胁和自残式威胁十分有效。因为这两种威胁会对威胁者自身利益造成一定的伤害，所以，用这种伤害作为依据来说服其高层主管放弃威胁，有很强的现实性，效果是很可观的。

3. 逆流而上

这是一种对付威胁的强硬方式，这种方式是基于确认己方的心理承受力强于对方这一主观判断而采取的一种强硬姿态。它适用于胁迫式威胁和自残式威胁。

采用这种方法要注意以下几点：

（1）全面分析利益得失。要肯定对方如果实施威胁后，也会使自身利益受到损失。这是被威胁方采取强硬态度的根本保证。

（2）要做最坏的打算。要预先安排好各种方案，以应付威胁实施后可能出现的各种结果。

（3）向对方反复表明己方的强硬姿态。可以向对方适当透露己方针对威胁所做的各种安排，以此向其证明己方准备接受一切可能出现的结果。

（4）向对方晓以利害，陈述威胁给对方造成的压力。

应该注意的是，一旦采用了这种方法，切不可再单方面向谈判对手做出让步。

4. 分散风险

这种方法是针对威胁可能造成的损失而采用的技巧，它极类似于企业行为中的多角化经营或保险行业中的分散保险，即设法将本企业可能承受的威胁损失转嫁或分散到其他企业，使对方的威胁丧失应有的效力。当对方意识到他的威胁无法损害或无法严重损害己方利益时，他或许会撤掉威胁。采用这种方法一定要向对方表明：对方的威胁根本无法对我方造成实际损害，反而会涉及其他企业，从而对对方造成不利。

5. 假装糊涂

这是针对威胁赖以形成的沟通渠道因素而实施的技巧。倘若谈判一方面对发出的威胁假装糊涂，使威胁方误以为其没有意识到威胁，那么，威胁方可能会认为自己发出的威胁并未给对方造成压力而撤回威胁。

这种处理威胁的技巧适用于胁迫式威胁和自残式威胁。而对于压迫式威胁，其效果并不好。因为在压迫式威胁中，威胁方的利益在实施威胁前后并不发生改变，所以，一旦被威胁方装糊涂，威胁方就极有可能真正将威胁付诸实施，最后受害的只是被威胁方。而对于胁迫式威胁和自残式威胁就不同了，由于实施威胁还会伤害威胁方的利益，所以，威胁不会轻易付诸实施。威胁的主要目的是给对手造成压力，迫使其让步。如果威胁方认为目的没有达到（比如没有给对手造成压力），那么，威胁方可能会主动撤回威胁。

6. 晓以利害

商务谈判中，绝大多数的威胁会对谈判双方形成压力。有时威胁方可能会低估威胁实施给自己造成的损失，这对于谈判是十分危险的。这就要求被威胁方在受到威胁以后，要分析威胁实施会给对方造成的损失，然后，将所有这些损失逐一向对方说明。这样，一方面可以使威胁方更清楚自己威胁的利弊得失，另一方面可以增加对手的心理压力。

现实的商务谈判中，运用晓以利害这种技巧对付威胁十分有效，它可以使威胁者主动收回威胁，有时还会做出一定的让步。

7. 报复威胁

即向威胁方说明如果威胁付诸实施，那么己方将会采取何种报复行动，这些行动将给对方带来何种损害。这种方式通常可以用来对付压迫式威胁。

四、磋商过程中的僵局

（一）谈判僵局的含义

谈判僵局是指商务谈判过程中呈现的一种不进不退的僵持局面。如果双方在某一问题的谈判上，各自对交易的期望值相差太大，而彼此又不愿向对方作出让步，谈判就可能陷入僵局。任何商务谈判中，谈判双方由于在利益分割上存在矛盾，从而在某些谈判条款上产生分歧。当双方均不对分歧做出妥协而向对方让步时，谈判进程就会出现停顿，谈判即进入僵持状态。

谈判僵局对每一个谈判者来说都有两种相反的作用：一方面，谈判者可以利用制造谈判僵局为实现自己的目标服务；另一方面，谈判者可以通过有效地处理谈判僵局来促使谈判朝着对自己有利的方向发展。因此，在商务谈判中，利用谈判僵局来促使对方接受自己的条件，了解谈判僵局产生的原因，避免僵局出现，打破僵局以取得有利的结果，便成为谈判者必须掌握的处理谈判僵局的基本技能。

（二）谈判僵局形成的原因

1. 主观偏见

人们对客观事物的认识是一个主动的反映过程，这一过程强烈地受到个体的需要、期望、经验等众多因素的制约。当个体对客观事物的反映与客观事物本身发生偏差时，人的认识就变成了主观偏见。商务谈判中，主观偏见往往导致谈判一方忽视客观事实，而与对方产生不必要的分歧，使谈判陷入僵局。

2. 客观障碍

在商务谈判中，由于某些客观因素的影响，谈判双方会形成分歧，从而使谈判陷入僵持状态，这就是由客观障碍而呈现出来的僵局状态。导致谈判进入僵局最主要的客观障碍是谈判者知识的局限性或缺陷性。例如，不了解产品的性能和用途，不清楚产品的价格构成，缺乏对谈判对手的文化背景、社会传统和风俗习惯的了解，缺乏对相应的法律与政策的理解，缺乏对市场行情的把握，等等。

3. 行为失误

谈判者的行为失误常常会引起谈判对手的不满，使其产生抵触情绪从而使谈判陷入僵局。谈判者行为失误包括谈判场内的行为失误和谈判场外的行为失误。前者一般是由于谈判的一方陈述过多而忽略了对方陈述的机会与权力，或者是对对方的陈述反应冷淡，保持缄默而造成的；而后者通常是由于谈判的一方在礼节或接待方面考虑不周全而产生的。

4. 偶发因素

商务谈判是一个过程，要经历一定的时间，在这个时限内或许会有一些偶发因素出现。当这些因素涉及谈判其中一方的利益得失时，谈判就有可能由于这些因素的出现而陷入僵局。偶发因素的产生可产生于谈判内部，也可产生于谈判外部。当谈判一方发生变化，导致他们对谈判的看法、前景预测等问题的认识发生改变，从而与对方产生冲突和分歧时，这种来自于谈判活动之中的偶发因素将可能导致谈判进入僵持状态。当谈判过程的外部环境因素发生改变，使谈判一方若履行原承诺就会蒙受利益损失时，他或许会推翻原有承诺，从而使谈判陷入僵局。例如，在国际商务谈判中，汇率突然地、大幅度地变动，往往会使谈判双方在价格上重新产生分歧，从而使谈判陷入僵持状。

5. 施加威胁

当谈判一方向另一方施加威胁而被威胁方不愿让步时，谈判往往也会陷入僵持状。

（三）谈判僵局的利用

在商务谈判过程中，当我方因坚持较高条件而使僵局出现的时候，所形成的压力或许会使谈判对方的信心产生动摇，并以对方的某些让步为打破僵局创造条件。可见，作为一个成熟的谈判者，可以利用谈判僵局为己方服务。

谈判者在谈判过程中利用谈判僵局，主要有两种情况。

1. 改变已有的谈判形势，提高自己在谈判中的地位

这是那些处于不利地位的谈判者利用僵局的动机。由于谈判各方实力对比的差异，弱者在整个谈判过程中处于不利地位，他们没有力量与对方抗衡，为了提高自己的谈判地位，便采用制造僵局来拖延谈判时间，以便利用时间来达到自己的目标。

2. 争取有利的谈判条件

这是指那些处于平等地位的谈判者利用僵局的动机。有些谈判要求仅在势均力敌的情况下是无法达到的，为了取得更有利的谈判条件，谈判者便谋求制造僵局的办法来提高自己的地位，使对方在僵局的压力下不断降低其期望值。当自己的地位提高和对方的期望值降低以后，最后再采用折中方式结束谈判，便会使自己得到更有利的条件。

(四) 谈判僵局的人为制造

谈判者要利用僵局，首先要人为制造僵局，即利用主观行为刻意制造僵持局面。制造僵局的一般方法是向对方提出较高的要求，要对方全面接受自己的条件。对方可能只接受己方的部分条件，即做出少量让步后便要求己方做出让步，己方此时如果坚持自己的条件，而对方又不能再进一步做出更大让步时，谈判便陷入了僵局。

僵局通常是谈判者不愿面对的情形，因为僵局是一种带有强烈暗示性的不确定状态，它可能表明对方对己方已有的谈判行为十分不满，也可能意味着谈判即将陷于破裂。这种不确定性将会对谈判者个人特别是谈判小组负责人乃至负责领导谈判的高层领导形成巨大的压力。有时，一个坏合同要比僵局易于向上级交差，己方在谈判力量对比中越是处于薄弱地位，僵局带来的压力越大。当谈判出现僵局，对方不可能去寻求任何第三者进行谈判，即己方是对方谈判需要满足的单一提供者时，对方无须依靠己方也可能满足谈判需要的可能性极小，僵局对己方的压力也很小；而当谈判出现僵局，对方是己方需要满足的单一提供者时，僵局对己方的压力就会变得很大。此时谈判者感受到不确定状态所带来的压力，必然就要思考分析僵局出现的原因、结果及自己因此而可能承担的责任。这些考虑可能促使谈判者做出向对方让步的决策，以化解僵局的压力。正因为僵局有可能使谈判者出现这种反应，因此，有些谈判者在己方可以做出让步或是已做出很大让步但尚不能成交的情况下，拒绝做出进一步的让步，有意识地制造僵局，以达到迫使对方做出最大可能让步的目的。正是从这一意义上说，制造僵局也是一种谈判技巧。

僵局是一种不确定的状态，谈判者要人为制造僵局以达到谈判目的，必须对有关情况有较好的把握：①在制造僵局之前，应考虑自己是否有顺利地打破僵局的能力；如果无法运用自己能够控制的措施打破僵局，则不应有意识地制造僵局。②在制造僵局之前，应确信能够得到企业高层领导的支持；在得不到企业高层领导支持的情况下制造僵局是十分危险的。③要确保僵局的形成不是因为对对方的人身攻击。④能够从对方行为中找到某些僵局形成的原因。

制造僵局是通过矛盾的进一步激化来达到促进冲突解决的目的。把握上述各点，有助于在僵局形成后，找到打破僵局的有效手段。

(五) 打破谈判僵局的方法

谈判僵局出现后会有两种结果：一是打破僵局继续谈判，二是谈判破裂。对于第二种结果，这是僵局的制造者所不愿意看到的。因此，如何使所制造的僵局给自己带来更大的利益，就成为谈判者必须认真研究的问题。

谈判僵局的产生来自三个方面：一是自己制造的僵局，二是对方制造的僵局，三是由于双方的原因产生的僵局。除了己方有意制造的僵局外，其他原因形成的僵局对己方均是不利的。这类僵局又分为两种情况：一种是在谈判中可以预见的，并可以通过预先的工作避免其产生，另一种则是无法预见和避免的。对于前一种僵局，其处理办法是尽量避免；对于后一种僵局，则应有效地打破僵局使谈判取得有利于己方的结果。

一般来说，要避免谈判僵局出现或打破僵局使谈判进一步向前发展，就必须了解谈判僵局产生的原因，从而对症下药，找出处理僵局的办法。以下是打破谈判僵局的基本方法：

1. 低潮回避法

当谈判陷入僵局，经过协商而毫无进展，使双方的情绪均处于低潮时，可以采用避开该议题的办法，换一个新的议题与对方谈判，以等待高潮的到来。由于议题与利益间的关联性，当其他议题取得成功时，再回来谈陷入僵局的议题，便会比以前容易得多。

2. 总结休会法

当谈判呈现僵局而一时无法用其他双方都能接受的方法打破僵局时，可以采用冷处理的办法，即总结已取得的成果，然后决定休会，使双方冷静下来认真考虑对方的要求，同时，各方可进一步对市场形势进行研究，以证实自己原观点的正确性。当双方再按预定的时间、地点坐在一起时，会对原来的观点提出修正的看法。这时，僵局就会较容易被打破。

3. 多案选择法

当对方坚持条件而使谈判陷入僵局时，己方可以由过去是否接受对方的条件改为让对方选择自己的条件来打破僵局，即提出多种谈判条件的组合，让对方从中选择所能接受的条件。当对方认为其中的某一条件可以接受时，已形成的僵局就自行消失。

4. 妥协退让法

当谈判由于各持己见互不相让而陷入僵局时，可以采用妥协退让的办法打破僵局。即首先在某些条件上做出让步，然后要求对方让步。当然，自己先让步的条件是那些非原则性问题或对自己不很重要的问题。由于妥协是谈判具有诚意的表示，因而，在自己做出妥协后，对方也往往要做出让步，否则，可把造成僵局的罪名加在对方头上。这样，谈判就会继续下去。

5. 利益协调法

当双方在同一问题上利益发生尖锐对立，并且各自理由充足，均既无法说服对方，又不能接受对方的条件，从而使谈判陷入僵局时，可采用利益协调法，即让双方从各自的目前利益和长远利益的结合上看问题，使双方都认识到：如果都只追求目前利益，可能都失去长远利益，这对双方都是不利的，只有双方都做出让步，以协调双方的关系，才能保证双方利益都得到实现。利益协调法可以使双方采取合作的态度共同打破僵局。

6. 以硬碰硬法

当对方通过制造僵局，给己方施加压力时，妥协退让已无法满足对方的欲望，可采用以硬碰硬的方法向对方反击，让对方自动放弃过高的要求。具体做法有两种：

（1）揭露对方制造僵局的用心，让对方自己放弃所要求的条件。由于策略只有当他人不了解时才能奏效，而他人一旦掌握了策略的内容及破解方法，该策略便失去了效用。因此，当你公开揭露对方的不友好做法时，有些谈判对手便会自动降低自己的要求，使谈判得以进行下去。

（2）离开谈判桌，以显示自己的强硬立场。如果对方想与你谈成这笔生意，他们会再来找你，这时，他们的要求就会降低，谈判的主动权就掌握在了你的手里。

7. 场外调停法

当谈判双方话不投机，出现横眉冷对的场面时，僵局已无法在场内打破，只能到场外寻找打破僵局的办法。场外调停的具体办法是在场外与对方进行非正式谈判，多方面寻找解决问题的途径，如请对方人员参加己方组织的参观游览、运动、娱乐、宴会舞会或请第三方出面调解等。

五、磋商过程中的让步

（一）谈判中让步的含义

让步是指一旦双方谈判陷入僵局，为了最终达成交易，彼此在交易条件等方面都做出一些退让。为此，首先应该分析产生僵局的原因并考虑如何打破僵局，然后采取适当的让步措施。

实质性磋商阶段的核心任务是要缩小双方报价后有关交易条件上的分歧，寻求能够协调双方利益的方案。正如费雪尔和尤里所提出的那样，要想取得理想的谈判结果，谈判者就不能将自己的思维和眼光局限于某一既定的方案上，而应努力寻求多种可能同时满足双方利益要求的方案，充分发掘差异的价值，扩大可供双方分享的"馅饼"。但无论如何，由于资源条件限制，可供分配的"馅饼"总是有限的，对存在利益差异关系的双方来说，为达成一致而进行讨价还价总是不可回避的，这就必须要处理好谈判过程中的让步及让步对策问题。

几乎在所有最终取得令双方满意的结果的谈判中，都存在形式不同的让步行为。绝大多数谈判者的最初报价都有一定的"水分"，他们通常都有为换得对方让步而做出一定让步的打算，最初报价与最低成交要求之间的差额就构成其让步的最大幅度。

（二）谈判中的让步原则与方法

在让步磋商中没有也不可能会有一个固定的模式，也不可能有一个普遍适用的原则，往往有些方法对这次谈判非常有利，而对于另一次谈判则可能适得其反。因此，对于一个谈判人员来说，不要过多地拘泥于某种固定的让步模式而应该根据具体情况作具体分析，然后在参照前人成功经验的基础上决定其所采用的方法和对策。

在让步磋商时，尽量让对方先表达意愿，并给予足够的时间让其表明所有的要求，然后尽量给予最圆满的解释，即使是相同的理由，也不妨多说一次，并且借助温和、礼貌、谦虚的言辞去制造和保持良好的洽谈气氛。要知道人们在满意时，往往乐意付出高价。若上述方法还是不能奏效，则可考虑适当让步，或利用折中办法，将对方的要求和己方的要求相加而取其中间值，得出一个中间价或折中的条件。这样通常可以促成交易，使双方都能满意。

（1）双方让步可同时进行。如果己方先作了一些让步，则在对方做出相应让步之前，一般就不宜再让步了。相反，如果对方在重要条款上先让步，或以合作的姿态作了必要的让步时，己方也应该给予适当的配合。

（2）不作无谓的让步。也就是说，让步必须在对我方有利或能换取对方在其他方面做出相同幅度的相应让步时才可进行。

（3）让步要恰到好处，通常以我方的小让步换得对方较大的满足为原则。

（4）一次让步幅度不宜过大，让步次数不宜过多。

（5）尽量争取以我方非重要性条款的让步，换得对方在重要性条款上的让步。

（6）如果我方做出的让步失当，在协议尚未正式签字之前，可采用巧妙策略收回。比如，借在某些条款上对方坚持不让步的时机，我方乘机收回原来做出的让步，重新提出谈判条件。

（7）要敢于提出较高的让步要求。俗话说，会哭的孩子有奶吃，提出较高的让步要求即使不能被全部满足，也能够达到动摇对方信心和确保我方最低让步要求的目的。

（三）让步的两种基本形式

不少人认为，打破僵局的最有效办法莫过于让步，但对让步却不能简单实施。从形式上来讲，让步有积极让步和消极让步之分。积极让步是以某些谈判条款上的妥协来换取主要方面或基本方面的胜利，打的是胜仗；消极让步是以单纯的自我牺牲求得僵局的打破，实际上是为对方的胜利创造了条件，打的是败仗。在谈判过程中，应该争取积极的让步而不是进行消极的让步。

（四）迫使对方让步的策略与技巧

对谈判双方来讲，谈判中的利益可以分成三个部分：一是可以放弃的利益；二是应当维护的利益；三是必须坚持的利益。必须坚持的利益要得到维护，就要讲究策略与技巧，经过激烈的讨价还价，迫使对方做出让步。

1. 情绪爆发

在谈判过程中，情绪的爆发有两种，一种是情不自禁的爆发，另一种是有目的的爆发。由于谈判过程中，对方的态度和行为所引起我方的反感和愤怒，属于一种自然而真实的情绪发泄，而有目的的情绪爆发则是逼对方让步的策略。谈判人员为了达到自己的谈判目的而有意识的"发火"，这是一种情绪表演。在谈判中，当双方在某一个问题上相峙而立，互不相让，或者对方的态度强硬，行为举止无礼，或者要求不合理时，我方可以抓住这一时机，突然大发脾气，严厉地斥责对方无理，没有谈判的诚意，有意制造僵局，甚至为此拂袖而去，这样做可以震撼对方，产生威慑的作用和影响，使对方在突然而激烈的冲击下，手足无措，动摇自己的信心和立场，甚至检讨自己做得太过分，从而重新调整自己的谈判方针和目标，在某一问题上做出让步。

运用"情绪爆发"的策略必须根据谈判环境和气氛，把握好时机和强度，要恰到好处，既起到了威慑对方、乱了对方阵脚的效果，又不至于让对方觉得自己小题大做，破坏彼此间的友好关系，有意制造谈判僵局。

另一方面，当对方利用情绪爆发来向我方进攻时，我方最好的应付措施是：

（1）泰然处之，冷静处理。尽量与对方保持合作的态度，避免与对方争执与在情绪上对抗、交锋，把话题引向实际问题，表示理解对方的心情和立场。

（2）宣布暂时休会，耐心地解释不能接受对方要求的理由。给对方冷静平息怒火的时间，然后再指出对方的行为是不理智的、无礼的，重新进行实质性的谈判。

2. 分化瓦解

在磋商阶段，谈判双方都逐渐了解了彼此的交易条件和意图，这时，每个谈判人员都会自觉或不自觉地就双方如何进行讨价还价的问题进行思索，这样，每一方的内部成员之间对如何讨价还价的问题会存在不同的意见和看法，由于站的角度不同、思考方式的差别而产生分歧。如果这些分歧没有得到约束和控制而表面化、外在化时，就容易被对方察觉，谈判一方就可以借此分化对方。具体做法是把对方成员中持有利于我方的意见的人作为重点争取的对象，以各种方式给予支持和鼓励，与他结成一种暂时的无形的同盟。如肯定对方友善的合作态度，赞扬他为达成协议而做出的努力和贡献，即使对方提出的意见不能被接受，也要以最温和、委婉的态度拒绝，争取对方的好感。对那种持对我方不利的观点的人，应把他当作进攻的对象，以强硬的态度对待他，挫败他的锐气，孤立他，使他的观点失去"市场"，不能获得共鸣，势力孤单，就会令他信心受到打击，从而做出让步。这种瓦解对方战斗力的做法一定要做得不露痕迹，否则就会使对方产生警惕心，会以更加团结的姿态来应付我方。

抵御这种"瓦解阵线"的做法，我方应做到提高警惕，加强沟通、交流，增强团结，保持高度的集体荣誉感，一旦小组成员因为对某一个问题的看法不一样而产生分歧，就要及时地开会，统一思想，在求同存异的基础上获得统一的意见。要清楚地认识到谈判的成功，并不是某个人或某几个人的功劳，应当是全体成员共同努力的结果，特别是不能被对方的赞美词所迷惑，也不要因为心理不平衡而猜忌别人，这样就可以形成牢不可破的坚固阵线、铜墙铁壁，令对方无法施行"离间计"从而坚守了自己的立场。

3. 制造竞争

竞争对手的存在对谈判对方自然具有一定的压力，所以制造或利用竞争局势给对方施加压力，迫使对方让步是谈判过程中常用的策略和技巧。在谈判过程中，要善于创造竞争激烈的气氛，如同时与几个商家谈判，或者故意制造一个"奇货可居"的假象，这样可以使成交心切的谈判对手焦急，他们会害怕交易失败，被其他竞争对手抢去，落得"竹篮打水一场空"而改变主意，调整价格，做出让步。

应付这种给竞争对手加压力、逼迫对方让步的措施是在谈判前做好充分的调查研究，对那些有可能参与竞争的商家的情况分析透彻，并将他们的意图、立场与自己的意图、立场加以比较，均衡各方面的条件，找出自己的有利条件和不利方面。如果自身的条件优越，可以在众多的竞争者中遥遥领先，那么当对方利用竞争对手压自己时，就可以冷静地向对方申明自己要坚守阵地，不能退让的原因，而不至于乱了方寸，被一些莫须有的假想蒙骗、吓倒，做到坦然处之，胸有成竹。

4. 最后通牒

在谈判双方相持不下，对方不愿做出让步接受我方交易条件时，可以运用下最后通牒的策略，逼迫对方让步。通常做法是给谈判规定最后的期限，如果在一定的时间内对方不接受我方提出的要求而达成协议，那么我方就要退出谈判，宣布谈判破裂。

最后通牒在谈判中常常是非常有效的，因为人们在谈判中对时间都是十分敏感的，在谈判的后期阶段，经过激烈的讨价还价，双方在许多问题上都形成了一致的意见，只是在最后的几个问题上相持不下，如果这时一方发出最后通牒，规定了具体的时间期限，另一方就必须考虑自己是否要放弃这次合作盈利的机会，牺牲以前投入的谈判精力、时间、资金，权衡比较做出让步牺牲的利益和放弃整个谈判而造成的损失谁轻谁重，谈判的对方会做出让步以求达成协议。

但是"下最后通牒"的策略也不能经常使用，应当衡量我方和对方的谈判实力，了解谈判对手的谈判意图和期望的基础上确定是否应该使用这一策略。当我方的谈判实力明显强于对方，或者对方对这次交易成功给予最大的希望，迫切希望成交时，可以使用"下最后通牒"的策略，而且一定会取得比较大的效果。下最后通牒通常是在讨价还价进入尾声，人们经过再三的磋商、让步，已在许多问题上达成了协议，双方都为谈判投入了大量的时间、人力、物力、财力等高昂的成本，使人们十分关注谈判的最后阶段，因为一旦谈判破裂，过去做出的努力将付诸东流，成为浪费，所以，对最后几个问题，只要不是举足轻重，人们都会因时间问题而考虑让步，所以在最后关头，下最后通牒效果最大。下最后通牒时，必须态度坚定，清楚明白，不让对方存在任何的幻想，没有商量的余地。

在谈判中，如果遇到对方真的下了最后通牒，那么应付的方法应当是首先必须沉着、冷静，要判断对方的"最后通牒"是真还是假，衡量在这次交易中，谈判破裂，谁的损失最大，如果中止谈判，自己损失的利益不及对方大，则可以泰然处之，因为对方也会更加看重交易破裂后的损失。如果对方的"最后通牒"只是一种"讹诈"，那么就要针锋相对，做出决不让步的姿态，同时可以给对方一个台阶，如"假如对方还有什么新的设想和建议的话，我们还可以考虑重新谈判"，也可以将"最后通牒"置于一边，改变一下商议的角度，试探对方的态度，在新的条件下与对方展开谈判，讨价还价。

第三节　商务谈判结束阶段

经过一番艰苦的讨价还价，该谈的每个问题都已经谈过，取得了不少进展，但也可能存在最后的障碍。交易已经渐渐明朗，谈判接近尾声，这就进入了谈判结束阶段。

一、各种可能的谈判结果

就相互之间在交易条件上的差距而言，谈判过程既可能是一个收敛的过程，即通过谈判，相互之间的分歧不断缩小，逐步趋于达成一致；也可能是一个发散的过程，即经过磋商，双方之间的分歧非但没有缩小，反而有所扩大；还有一种可能则是经过一段时间磋商后相互间的分歧既未消除，也未进一步扩大。从交易条件和双方关系两方面看，理论上说，谈判的客观结果不外乎这样一些情形：①达成交易，并改善了关系；②达成交易，但关系没有变化；③达成交易，但关系恶化；④没有成交，但改善了关系；⑤没有成交，关系也没有变化；⑥没有成交，但关系恶化。这些情形如图3-2所示：

图3-2 各种可能的谈判结果

谈判的结果究竟如何，取决于多方面的因素，包括双方实力的对比、谈判准备的情况、谈判者思维的创造性、让步处理的能力、创造合适气氛的能力，以及沟通技巧、跨文化交流的能力等。

二、结束谈判的方式

世上没有不散的宴席。在谈判者尝试了各种可能的方案，利用了各种可以运用的资源后，即应以适当的方式结束谈判过程，否则，就会不合理地加大谈判成本。一般而言，谈判终结的方式有以下三种：

（1）成交方式结束谈判。其中既包括实现全部交易目的的完全成交，也包括实现部分交易目的的部分成交。

（2）中止方式结束谈判。谈判者在对未能达成交易表示遗憾的同时，又表示出将来与对方再度合作的期望，将问题留待将来解决。中止可分为无约期和有约期中止。

（3）破裂方式结束谈判。停止现有的谈判，同时表示出对对方的失望。破裂分为友好破裂和对立破裂。

在谈判过程中，不仅当双方通过磋商，消除主要分歧后，谈判者应及时把握时机，发出订约提议，尽快结束谈判，以免"久则生变"；当进行了各种尝试，谈判进展不大，或以己方能够接受的条件成交的希望十分渺茫，或仍有成交希望，但谈判时限已到时，也应及时停止进一步的磋商，避免不必要的资源浪费。谈判者应当根据谈判过程中的具体情况，根据长远利益要求，选择合适的结束谈判的方式。

三、协议的形成与签订

（一）向对方发出信号

收尾在很大程度上是一种掌握火候的艺术。通常会发现，一场谈判旷日持久但进展甚微，然后由于某种原因大量的问题会神速地得到解决，双方互做一些让步，而最后的细节在几分钟内就可拍板。一项交易将要明确时，双方会处于一种准备完成时的兴奋状态，这种兴奋状态的出现，往往是由于一方发出成交信号所致。所以，如果认为各项条件都已谈妥，己方愿意与对方达成协议，就应该适时地向对方发出成交信号。

每个谈判者使用的成交信号不尽相同，但常见的有以下几种：

（1）用最少的言辞阐明自己的立场。即在谈话中表达出一定的承诺意愿，但不包含讹诈的成分。比如说："好，这就是我最后的主张，现在就看你的了。"

（2）提出完整的、绝对的、明确的建议。在这种情况下，实际上等于向对方表明，如果你的建议未被接受，除非中断谈判，否则别无选择。

（3）以一种最后决定的语调和身势阐述自己的立场。即坐直身体，双臂交叉，文件放在一边，两眼紧盯对方，不卑不亢，没有任何紧张的表示。

（4）回答对方的任何问题尽可能简短，常常只回答一个"是"或者"否"。使用短词，很少谈论据，表明确实没有折中的余地。

（5）一再向对方保证，现在结束对对方来说是最有利的，并告诉其中的理由。

发出这些信号，目的在于推动对方脱离勉勉强强或惰性十足的状态，而达成一个承诺，设法使对方行动起来。这时应注意的是，如果过分地使用高压政策，有些谈判对手会退出；如果过分地表示出你希望成交的热情，对方就可能会不让一步地向你进攻。所以，在发出信号时，应该做好充分的准备。

（二）最后的总结和报价

在交易达成之前，有必要进行最后的回顾与总结，并进行最后的一次报价。

1. 最后的总结

回顾总结的内容主要有：明确是否所有的内容都已经谈妥，是否还有一些未能得到解决的问题，以及这些问题的最后处理办法；明确所有交易条件的谈判结果是否已达到己方期望的交易结果或谈判目标；最后的让步项目和幅度；决定采用何种特殊的结尾技巧；着手安排交易记录事宜。这种回顾总结的时间和形式取决于谈判的规模。如，可以安排在谈判一天结束后的几分钟休息时间里，也可以安排在一个正式的会议上。

2. 最后的报价

在这个阶段，双方都要作最后的一次报价，此时应注意以下几个问题：

（1）不要过于匆忙地报价，否则会被认为是另一个让步，对方会希望再得到一些东西。如果报价过晚，对局面已不起作用或影响很少，也是不妥的。为了选好时机，最好把最后的让步分成两步走。主要部分在最后期限之前提出，刚好给对方留下一定的时间进行回顾与考虑；次要让步，如果有必要的话，应作为最后的"甜头"，安排在最后时刻做出。

（2）最后让步幅度的大小，必须足以成为预示最后成交的标志。

（3）让步与要求同时并提。除非我方的让步是完全接受对方现时的要求，否则必须让对方知道，不管在己方做出最后让步之前或做出让步的过程中都指望对方予以响应，做出相应的让步。例如，在提出己方让步时，示意对方这是谈判者个人的主张，很可能会受到上级的批评，所以要求对方予以同样的回报。

（三）书面协议的草拟与签订

双方经过最后一轮报价和协商，所需磋商的问题应大致达成一致的意见，这时，谈判就进入签约阶段。

1. 书面协议的草拟

起草书面协议是一件难度较大的事，特别是一揽子的协议书，应谨慎和全面。双方都必须对他们同意的条款有一致的认识，保证协议名副其实，防止某些部分因叙述不当而变得含混不清，造成漏洞，日后导致严重的后果。所以，在草拟书面协议时，对以下容易产生错误的问题要特别注意：

（1）价格方面的问题。应着重考虑：①价格是否最后确定？或缔约者是否能收回人工和原材料增加后的成本？②价格是否包括税收、关税或其他法定的费用？如果包括的话，在合同有效期内，倘使这些税率增加，应由谁支付这些增加的费用？③价格的确定是否已考虑汇率变动因素？④对于合同价格并不包括的项目是否也已经明确？

（2）合同完成的问题。应着重考虑：①对"完成"是否有明确的解释？它是否包括客户对设备的测试？②如果某些次要的零部件丢失，并不影响设备的性能和运转，能否签发一张完成或接受的证明书？③合同的完成是否能分阶段进行？这点是否明确规定？

（3）规格方面的问题。应着重考虑：①买方取得执照、许可证和图纸的批准等的义务是否有明确规定，并注明每件完成的时间？②如果有什么国家或国际机构的一般标准可参照，是否明确运用哪些标准，而哪些标准又与合同的哪些部分有关？③对于工厂或现场的材料或设备的测试，以及它们的公差限差和方法是否都作了明确的规定？

（4）清点、卸货与仓储等问题。应着重考虑：①是否明确谁来负责清点，谁来负责交货到现场，谁来负责卸货和仓储？②一些永久性或临时性工作由谁来负责安排、处理？

（5）索赔的处理。应着重考虑：①处理的范围如何？②处理是否排除未来的法律诉讼？

对于上述这些问题以及其他有关问题，谈判双方应该彻底检查一遍，以保证双方真正能够理解一致。

2. 协议的签订

当书面协议草拟完毕以后，双方当事人应认真地审查各项条款，若是确认协议条款内容无误时，就由双方代表签署。至此，双方所进行的谈判工作告一段落。

（四）谈判结束以后的工作

当谈判结束后，通常有一种轻松的感觉。原先谈判桌上的对手一下子变成了亲密的朋友。大型谈判之后，告别酒会仍是必要的。当双方经过告别酒会后，各自怀着喜悦的心情回到公司。双方回去后，需要立即做的工作是：把谈判资料整理入档，开始做履行协议的准备，谈判小组进行经验教训的总结等。特别值得一提的是谈判结束后的总结工作往往被人们所忽视，实际上它对于搞好今后的谈判工作是十分必要的和非常有益的。

本章小结

正式的商务谈判过程要经历开局、磋商和结束三个阶段。

开局阶段主要是指谈判双方见面后，在进入具体交易内容讨论之前，相互介绍、寒暄以及就谈判内容以外的话题进行交谈的那段时间和经过。开局阶段主要就会谈的目标、计划、进度和参加人员等问题进行讨论,并尽量取得一致意见,以及在此基础上就本次谈判的内容分别发表陈述。开局阶段的核心是建立良好的谈判气氛,其方法要视双方的关系与地位而定。

磋商阶段是指双方就交易的具体内容进行反复磋商的整个过程,该阶段问题错综复杂,本节只介绍抗拒、冲突、威胁、僵局和让步等问题。

抗拒是谈判一方阻抗、拒绝、反对谈判另一方的意见与要求的行为,它是商务谈判中谈判者维护自己利益、争取自身利益最大化的一种必然的、自主的行为和手段。因而,谈判中任何一方都不可能完全避免对方做出抗拒行为,谈判能否成功,就在于如何处理抗拒。谈判中巧妙地运用一定的技巧、方法,可以降低对方抗拒的强度,甚至化解抗拒。

任何谈判都包含"合作"与"冲突"两种成分。冲突是谈判各方需求与利益差异的必然表现,也是引发对抗,进而致使谈判陷入破裂的因素。因此,谈判中需要采取适当的步骤、方法和技巧,调整、平衡双方的利益,满足双方需要,消除冲突,促使谈判走向成功。

谈判中的威胁是谈判一方逼迫另一方让步的一种方法。依据谈判一方实施威胁后的相对损失程度,可将谈判中的威胁概括为三类:压迫式威胁、胁迫式威胁与自残式威胁。对付谈判中的威胁,最关键的是必须了解可能产生威胁的条件,从而采取某种方法,使威胁不能形成,威胁的压力也就相应解除。产生威胁的条件主要有权力因素、沟通渠道因素、利益损失量因素。

谈判僵局是商务谈判过程中呈现的一种不进不退的僵持局面。如果双方在某一问题的谈判上,各自对交易的期望值相差太大,而彼此又不愿向对方作出让步,谈判就可能陷入僵局。谈判僵局出现后会有两种结果:打破僵局继续谈判或谈判破裂。

让步是指一旦双方谈判陷入僵局,为了最终达成交易,彼此在交易条件等方面都作出一些退让。一般的让步原则有双方可同时让步、不作无谓的让步、让步要恰到好处、一次让步幅度不宜过大,让步次数不宜过多,尽量争取以我方非重要性条款的让步,换得对方在重要性条款上的让步等。

谈判结束的方式主要有成交结束谈判、中止结束谈判和破裂结束谈判。谈判结束阶段的核心工作是起草并签署协议。

思考与实训

思考

(1) 谈判气氛对谈判的进行与走势有怎样的影响?
(2) 怎样营造良好的洽谈气氛?
(3) 如何化解谈判中的抗拒?
(4) 如何理解谈判中冲突与合作的关系?
(5) 什么叫谈判中的威胁?它的构成要素有哪些?谈判中哪一种威胁最为常见?
(6) 什么叫谈判中的僵局?最基本而有效地打破僵局的方法是什么?

(7) 什么叫谈判中的让步？让步的基本原则有哪些？
(8) 最理想的谈判结果与结束方式是什么？

实训

一、谈判环境对谈判气氛的影响

1972年2月，美国总统尼克松访华，中美双方将要展开一场具有重大历史意义的国际谈判。为了创造一种融洽和谐的谈判环境和气氛，中国方面在周恩来总理的亲自领导下，对谈判过程中的各种环境都做了精心而又周密的准备和安排，甚至对宴会上要演奏的中美两国民间乐曲都进行了精心的挑选。在欢迎尼克松一行的国宴上，当军乐队熟练地演奏起由周总理亲自选定的《美丽的亚美利加》时，尼克松总统简直听呆了，他绝没有想到能在中国的北京听到他如此熟悉的乐曲，因为这是他平生最喜爱的并且指定在他的就职典礼上演奏的家乡乐曲。敬酒时，他特地到乐队前表示感谢，此时，国宴达到了高潮，而一种融洽而热烈的气氛也同时感染了美国客人。

一个小小的精心安排，赢得了和谐融洽的谈判气氛，这不能不说是一种高超的谈判艺术。美国总统杰弗逊曾经针对谈判环境说过这样一句意味深长的话："在不舒适的环境下，人们可能会违背本意，言不由衷。"英国政界领袖欧内斯特·贝文则说，根据他平生参加的各种会谈的经验，他发现，在舒适明朗、色彩悦目的房间内举行的会谈，大多比较成功。

日本首相田中角荣20世纪70年代为恢复中日邦交正常化到达北京，他怀着等待中日间最高首脑会谈的紧张心情，在迎宾馆休息。迎宾馆内气温舒适，田中角荣的心情也十分舒畅，与随从的陪同人员谈笑风生。他的秘书早饭茂三仔细看了一下房间的温度计，是"17.8度"。这一田中角荣习惯的"17.8度"使得他心情舒畅，也为谈判的顺利进行创造了条件。

链接思考

结合该案例，分析谈判环境与气氛对谈判的影响。

二、中美"入世"谈判

中国与美国的"入世"谈判，时任中国国务院总理的朱镕基亲自出马参与谈判，使近乎破裂的谈判最终达成协议。龙永图副部长对此回忆说："1999年11月15日，当中美入世谈判几乎再次面临破裂之时，朱总理亲自出面，把最棘手的7个问题找了出来要亲自与美方进行谈判。当时，石部长担心总理出面谈，一旦谈不好将没有回旋余地，不赞成总理出面。总理最终说服了我们。最后，我方决定，由朱总理、钱其琛副总理、吴仪国务委员、石广生部长和龙永图共五位代表，与美方三位代表谈判。谈判刚开始，朱总理就对7个问题的第一个问题作了让步。当时，我有些担心，悄悄地给总理写条子。朱总理没有看条子，又把第二个问题拿出来，又作了让步。我又担心了，又给朱总理写了条子。朱总理回过头来对我说：'不要再写条子了！'然后总理对美方谈判代表说:'涉及的7个问题,我已经对两个问题作了让步,这是我们最大的让步。'美国代表对朱总理亲自出面参与感到愕然,他们经过商量,终于同意与中方达成入世谈判协议。"

1999年11月15日,中美双方就中国加入世界贸易组织的谈判达成了一致,中国谈判代表与美国贸易谈判首席代表巴尔舍夫斯基签署协议并交换文本。中国与美国谈判成功,为中国"入世"扫除了重大壁垒。2001年11月10日,世界贸易组织第四届部长级会议在卡塔尔首都多哈以全体协商一致的方式,审议并通过了中国加入世界贸易组织的决定。

链接思考

朱总理的谈判让步策略为什么会取得成功?

三、金盾大厦设计方案谈判

1995年7月下旬,中外合资重庆某房地产开发有限公司总经理张先生获悉澳大利亚著名设计师尼克·博谢先生将在上海作短暂停留。张总经理认为,澳大利亚的建筑汇聚了世界建筑的经典,何况尼克·博谢先生是当代著名的建筑设计师,为了把正在建设中的重庆金盾大厦建设成既方便商务办公、又适于家居生活的现代化综合商住楼,必须使之设计科学、合理,不落后于时代新潮。具有长远发展眼光的张总经理委派高级工程师丁静副总经理作为全权代表飞赴上海与尼克·博谢洽谈,请他帮助设计金盾大厦的方案。

丁静一行肩负重担,风尘仆仆地赶到上海。一下飞机,就马上与尼克·博谢先生的秘书联系,确定当天晚上在银星假日饭店的会议室见面会谈。

下午5点,双方代表按时赴约,并在宾馆门口巧遇。双方互致问候,一同进入21楼的会议室。

根据张总经理的交代,丁静介绍了金盾大厦的现状,她说:"金盾大厦的建设方案是在1978年前设计的,其外形、外观、立面等方面都有些不合时宜。我们慕名而来,恳请贵方支持合作。"丁静一边介绍,一边将事先准备的有关资料,如施工现场的照片、图纸、国内有关单位的原设计方案、修正资料等提供给尼克·博谢一方的代表。尼克·博谢在中国注册了"博谢联合建筑设计有限公司",该公司是多次获得大奖的国际甲级建筑设计公司。在上海注册后,尼克·博谢很快在上海建筑市场站稳脚跟。但是,除上海外大部分内地市场还没有深入发展。由于有这样一个良好机会,尼克·博谢对这一项目很感兴趣。他们统一接受委托,设计金盾大厦8楼以上的方案。

可以说,双方都愿意合作。然而,根据重庆某公司的委托要求,博谢联合建筑设计有限公司的报价是40万元,这一报价使重庆某公司难以接受。博谢公司的理由是:本公司是一家讲求质量、注重信誉、在世界上有名气的公司,报价稍高是理所当然的。但是,鉴于重庆地区的工程造价,以及中国内地的实际情况,这一价格已经是最优惠的价格了。

据重庆方面的谈判代表丁静了解,博谢联合建筑设计有限公司在上海设计价格为每平方米 6.5 美元。若按此价格计算，重庆金盾大厦 25000 平方米的设计费应为 16.26 万美元，根据当天的外汇牌价，折算成人民币为 136.95 万元。的确，40 万元是最优惠的报价。

"40 万元是充分考虑了中国内地情况，按每平方米设计费为人民币 16 元计算的。"尼克·博谢说道。但是，考虑到公司的利益，丁静还价："20 万元。"对方感到吃惊。顺势，丁静解释道："在来上海之前，总经理授权我们 10 万元左右的签约权限。我们出价 20 万元，已经超过了我们的权力范围。如果再增加，必须请示正在重庆的总经理。"双方僵持不下，尼克·博谢提议暂时休会。

第二天晚上，即 7 月 26 日晚上 7 点，双方又重新坐到谈判桌前谈判对建筑方案的设想和构思，之后接着又谈到价格。这次博谢联合建筑设计有限公司主动降价，由 40 万元降到 35 万元，并一再声称："这是最优惠的价格了。"

重庆方面的代表坚持说："太高了，我们无法接受，经过请示，公司同意支付 20 万元，不能再高了。请贵公司再考虑考虑。"对方代表嘀咕了几句，说："鉴于你们的实际情况和贵公司的条件，我们再降价 5 万元，即 30 万元。低于这个价格，我们就退出。"

重庆方面的代表分析，对方舍不得丢掉这次与本公司的合作机会，对方可能还会降价。所以，重庆方面仍坚持出价 20 万元。过了一会儿，博谢公司的代表收拾笔记本等用具，根本不说话，准备退场。

眼看谈判再次陷入僵局，这时，重庆方面的蒋工程师急忙说："请贵公司与我们的总经理通话，待总经理决定并给我们指示后再谈如何？"由于这样的提议，紧张的气氛才缓和下来。

7 月 27 日，博谢联合建筑设计有限公司的代小姐与张经理取得了联系。其实在此之前，丁静已经与张总经理通过电话，详细汇报了谈判的情况及对谈判的分析与看法。张总经理要求丁静："不卑不亢，心理平衡。"所以当代小姐与张总经理通话后，张总经理作出了具体的指示。

在双方报价与还价的基础上，重庆方面再次出价 25 万元，博谢联合建筑设计有限公司对此基本同意，但提出 9 月 10 日才能交图纸，比原计划延期两周左右。经过协商，双方在当晚草签了协议。7 月 28 日，签订了正式协议。

链接思考

（1）在此案例中第一次陷入谈判僵局时，对方首先提出休会从而缓解僵局，但是首先提出休会方是否能够显示出其想达成协议的某种迫切性或渴望？为什么？

（2）在第二次谈判面临陷入僵局之时，蒋工程师提出让对方与己方的总经理通话，这给对方的谈判代表提供了哪些有利于打破僵局的信息？

第四章 商务谈判策略

本章学习目标

学完本章以后，应掌握以下内容：①了解不同地位者的谈判策略；②了解应对不同风格谈判者的策略；③了解不同性格谈判者的应对策略。

案例导读：触龙说赵太后

赵太后新用事，秦急攻之。赵氏求救于齐，齐曰："必以长安君为质，兵乃出。"太后不肯，大臣强谏。太后明谓左右："有复言令长安君为质者，老妇必唾其面。"

左师触龙言：愿见太后。太后盛气而揖之。入而徐趋，至而自谢，曰："老臣病足，曾不能疾走，不得见久矣。窃自恕，而恐太后玉体之有所郄也，故愿望见太后。"太后曰："老妇恃辇而行。"曰："日食饮得无衰乎？"曰："恃粥耳。"曰："老臣今者殊不欲食，乃自强步，日三四里，少益耆食，和于身。"太后曰："老妇不能。"太后之色少解。

左师公曰："老臣贱息舒祺，最少，不肖；而臣衰，窃爱怜之。愿令得补黑衣之数，以卫王宫。没死以闻。"太后曰："敬诺。年几何矣？"对曰："十五岁矣。虽少，愿及未填沟壑而托之。"太后曰："丈夫亦爱怜其少子乎？"对曰："甚于妇人。"太后笑曰："妇人异甚。"对曰："老臣窃以为媪之爱燕后贤于长安君。"曰："君过矣！不若长安君之甚。"左师公曰："父母之爱子，则为之计深远。媪之送燕后也，持其踵，为之泣，念悲其远也，亦哀之矣。已行，非弗思也，祭祀必祝之，祝曰：'必勿使反。'岂非计久长，有子孙相继为王也哉？"太后曰："然。"

左师公曰："今三世以前，至于赵之为赵，赵王之子孙侯者，其继有在者乎？"曰："无有。"曰："微独赵，诸侯有在者乎？"曰："老妇不闻也。""此其近者祸及身，远者及其子孙。岂人主之子孙则必不善哉？位尊而无功，奉厚而无劳，而挟重器多也。今媪尊长安君之位，而封之以膏腴之地，多予之重器，而不及今令有功于国，一旦山陵崩，长安君何以自托于赵？老臣以媪为长安君计短也，故以为其爱不若燕后。"太后曰："诺，恣君之所使之。"

于是为长安君约车百乘，质于齐，齐兵乃出。

子义闻之曰："人主之子也、骨肉之亲也，犹不能恃无功之尊、无劳之奉，已守金玉之重也，而况人臣乎。"

分析：谈判说话，看似简单，实则不容易，会说不会说大不一样。古人云："一言可以兴邦，一言也可以误国。"苏秦凭三寸不烂之舌而身挂六国相印，诸葛亮靠经天纬地之言而强于百万之师，烛之武因势利导而存郑于危难，触龙循循善诱而救赵于水火。言语得失，小则牵系做人难易，大则连及国家兴亡，非常重要。然而，说话技巧再高，它高不过"理"字。《十善业道经》说："言必契理，言可承领，言则信用，言无可讯"，意思是说，言论一定要合理，要让别人能接纳领受，要有信用，要令人无懈可击。总结起来，触龙在说服赵太后的过程中采用了一下策略：①避其锋芒，欲擒故纵；②以子之矛、攻子之盾；③大话家常，拉近距离；④巧妙布阵，诱其上钩；⑤晓之以理，循循善诱。

"鬼谷先生两后生，苏秦张仪各竞争：苏某高谈成合纵，张生胜算有连横。"凭借三寸不乱烂之舌，纵横家苏秦、张仪将战国晚期各诸侯及天下形势掌握于股掌之中，甚至改变了历史。如此高超的智谋和说辩之术，是在商战上摸爬滚打的您必不可少的！

商务谈判策略是对谈判人员在商务谈判过程中，为实现特定的谈判目标而采取的各种方式、措施、技巧、战术、手段及其反向与组合运用的总称。由于谈判策略的选择约束到谈判人员的许多具体行为，即对谈判人员行为的指导意义，因而成为促进谈判顺利进行和发展的一个重要内容。除此之外，谈判过程和谈判技巧有着必然的联系。一方面，策略体现并运用于谈判过程中，构成谈判过程；另一方面，只有当谈判策略体现并运用于谈判过程中时，才具有意义。

古人云"纸上谈兵，害人害己。"谈判中的策略不可生搬硬套，应悉心学习理解，力达融会贯通的境地，随着谈判实际情况的变化而变化，各种方法和措施不断重新配合，以力求最有效的出击。所以，在知道有哪些谈判策略之后，还应了解研究其运用的条件。

第一节 不同地位者的谈判策略

由于谈判双方的谈判实力不尽相同，据此可分为主动地位、平等地位和被动地位三种情况，在不同地位下谈判者所运用的谈判技巧也应有所不同，可以说五花八门，数不胜数，而且因为谈判人员的经验与擅长，运用上也会有些差别。

一、平等地位者的谈判策略

平等地位是指谈判双方实力大体相当，在这种情况下，可以采用以下的谈判策略。

（一）建议休会

1. 含义

休会策略是谈判人员经常使用的一种基本谈判方法。这种策略的主要内容是，在谈判过程进行到一定阶段或遇到某种障碍时，谈判双方或一方提出休会一段时间，使谈判双方有机会恢复体力和调整对策，推动谈判的顺利进行。

2. 应用条件

（1）在会谈要出现僵局时。

（2）在会谈的某一阶段接近尾声时。这时休会双方人员可以有机会分析、讨论既定的结果，展望下一阶段谈判的发展。

（3）在疑窦难解如会谈中出现了意想不到的新情况，难以应付时。这时不妨找机会休会，以便研究、协调相应的对策。

（4）在谈判出现低潮，会谈拖延过长，谈判人员精力不济时，最好稍稍休息一下，养精蓄锐，以利再战。

（5）在一方不满现状，如会谈进行得拖拖拉拉，效率很低时，这时一方可以提出休会。短暂休整一下后继续会谈，能使沉闷的气氛有所改观。

3. 实施方法

休会的请求一般由一方提出，只有经过对方同意，这种策略才会发挥作用。提出的一方不能我行我素，擅自离开谈判桌。那么怎样才能取得对方的同意呢？提出建议的一方要把握好时机，看准对方的态度变化及相应休会需要，很显然双方就会一拍即合。另外，要清楚、委婉地说明休会的原因，一般来讲，参加谈判的各种人员都是比较有涵养、知情达理的，只要一方提出休会，对方很少予以拒绝。

4. 注意事项

在提出休会建议时，谈判人员还要注意以下几个问题：

（1）明确无误地让对方知道你有这方面要求。讲清休会的时间，休会时间的长短要视双方冲突的程度、人员精力疲惫状况、提出一方所要了解有关问题的复杂性来确定。

（2）从休会提出到决定休会这段时间里，最好避免谈过多的新问题或对方非常敏感的问题，以便创造冷却紧张气氛的时机。

（3）在休会期间，双方谈判人员应集中考虑许多问题，如谈判到目前取得了哪些进展？还有哪些方面有待深谈？双方分歧何在？是否有必要调整对策？是否要向上级或本部报告？双方只有休会期间进行充分准备，下轮会谈才会有成果。

（二）私下接触

1. 含义

在谈判过程中，各方谈判人员一般都有充裕的业余时间进行休整。在这段时间里谈判人员可以充分地休息、娱乐、养精蓄锐，当然也可以运筹下一步谈判的各项内容。除此之外，谈判人员还可以有意识地同对手私下接触，一起去娱乐游玩，以期增加双方的了解和友谊，促进谈判的顺利发展，我们称其为"私下接触"策略。

2. 实施对象

这种策略尤其适用于各方的首席代表。双方代表在业余时间里一起说说笑笑、玩玩闹闹，这很容易消除双方的隔阂，增强合作精神，建立起真挚的个人友谊，为下一步谈判创造积极气氛。

3. 实施方法

一般说来，凡是可以使双方人员一起高高兴兴地消遣一下的地方都在此列。比如说高尔夫球俱乐部、保龄球房、游泳场、浴室等，皆无不可。当然，各地、各国商人可能有独特的偏好。如日本人喜欢在澡堂一起洗澡闲谈，芬兰人乐于在蒸汽浴室一起消磨时间，而英国人则倾向于一起去俱乐部坐坐，我国的广东人喜欢晨起在茶楼聊天。对于不同的谈判对手要兼顾偏好，则更有利联络感情。

（三）开诚布公

1. 含义

开诚布公是近年来许多谈判专家日渐重视的一种策略。其基本含义是：谈判人员在谈判过程中应坚持开诚布公的态度，向对方袒露自己的真实思想，这样往往会促使双方在诚恳、坦率的气氛中有效地完成各自的使命。

2. 积极意义

过去人们对这种策略常常嗤之以鼻，认为这不过是书生的空想，有些人甚至觉得这是荒诞的奇端异说，因而对其一概取排斥态度。其实，人们在生活中都希望别人相信自己，希望自己的建议、意见能被别人采纳；同样，别人也会抱有这样的愿望。所谓"一人之心，千万人之心也"，说的就是这个道理。人们既然喜欢取得别人的信任，那么就应当先有取信于人的表现。试想某公心怀叵测，怎能指望对方以诚相待？何况所进行的谈判都是以达成互利协议为基本目的的友好活动。因此各方谈判人员都应积极、主动地采取开放策略，力促谈判在诚挚、友好气氛中取得令人满意的进展。

3. 实施条件

谈判活动中经常会有自私自利之举，甚至有见利忘义之徒。在这种情况下，开诚布公不仅会失灵，而且还会导致相反效果。因此，在这种情况下就不宜提倡采用此策略。

4. 实施方法

一般情况下，应在谈判开局阶段将结束之时做出决定是否采用该策略。因为在此阶段，对方的策略、目的、态度、风格等方面情况已初露端倪了。至于开放到什么样的程度，我们认为将自己方面有关情况的十之八九透露给对方，让对方比较明确整个交易的总轮廓，就称得上是胸怀坦荡、开诚布公了，实际上百分之百的"开放"不存在、不可能，也是难以做到的。

（四）馈赠润滑

1. 含义

谈判人员在相互交往过程中经常会馈赠一些礼品以表示友好和联络感情，有人幽默地称之为"润滑策略"。由于文化习俗的差异，各国谈判人员对这种策略的评价很不一致。西方人信奉基督教，认为谈判送礼有悖于基督精神，对该谈判策略很不以为然；而日本人则有相互赠送礼品的习惯，认为这是友好的表示。在一些国家，送礼则是谈判的一项重要准备工作，没有这项内容，谈判就不会顺利进行，生意也就无从谈起。

2. 注意事项

我国是礼仪之邦，在对外交往活动中适当地馈赠一些礼品，有利于增进双方的友谊。但在国内商务活动中，应该禁止馈赠礼品之风。另外，我方人员在对外交往中所接受外国友好团体或人士赠送的礼物要按照规定交有关部门处理。馈赠礼品是一门敏感性较强的艺术，搞不好，会适得其反，因此，我们应该慎重对待。一般来说，要注意以下几点：

(1) 弄清对方的习俗。各国各地区谈判人员的文化背景不一样，送礼中有所讳忌。日本人不喜欢饰有狐狸图案的礼品，因为他们认为狐狸是贪婪的象征；法国人讨厌别人送菊花，在法国只有葬礼时才用菊花；在阿拉伯国家，酒类不能当礼品，更不能送礼给当事人的妻子；在英国，受礼人不喜欢有送礼人公司标记的礼品。所以，送礼时要避开这些讳忌。

(2) 礼品价值不宜过重。我们送礼给人家是为了表明我们的友好情谊，不是要贿赂人家，俗语说："千里送鹅毛，礼轻情义重"。实际上许多国家都坚持这个原则。在西欧、美国、阿拉伯地区，礼物过重会被认为是贿赂，对此除了贪心者外，正直的商人大多不肯接受。有时即使接受了，也疑窦丛生，送礼者反而达不到预期的目的。

(3) 送礼的场合要恰当。在什么场合送礼也有讲究，如送礼给英国对手，最好是在请其用完晚餐或者看完戏后进行；对法国人则在下次重逢时为宜。不过许多地区有一点是基本相同的，即初次见面就以礼相赠有失妥当，甚至有贿赂之嫌。

（五）假设条件

采用假设条件策略，目的是通过别具一格的谈判形式试探对方让步的界限。比如，在洽谈中，不断地提出如下种种问题："如果我增加一倍的订货，价格会便宜一点吗？"或"如果我们自己检验产品质量，你们在技术上会有什么新的要求？"。

在摸底和开局阶段，这种提问法不失为一种积极策略，它有助于双方为了共同的利益选择最佳成交条件与方式。然而，如果谈判已十分深入，再运用这个策略只能引起分歧，打乱正常的谈判程序，甚至使以前议定的条款再作变化。因此，假设条件策略用于谈判开始的摸底阶段为宜。

（六）专门小组

谈判是一种错综复杂的业务活动，往往要涉及很多不同领域的各种专门问题。如我们在洽谈出口业务时，通常涉及商品的品质、数量、包装、价格、交货、运输、保险、支付、检验、索赔理赔等各项内容。这些内容又都包括了许多细节问题，任何一个问题上出了故障，往往都需艰苦的努力，处理起来相当复杂，需要专门人才认真解决，其他人很难插上手。如果出现这种情况，则应该成立专门的研究小组，专心致志地解决存在的问题，其他人可以休会，也可以继续谈其他问题。

采取这种策略的好处很多：首先，可以提高谈判效益，节约其他人的时间，其他人可从这种困难中抽出身来，去探讨其他问题；其次，可以促成问题圆满解决，因为成立专门小组后，从事这项工作的都是熟悉情况的专业人员，他们是处理这方面问题的专家，解决问题时轻车熟路，显得游刃有余，考虑问题现实、细致，提出的解决办法周密、稳妥，易于为对方接受；最后，可以调动专门人才的积极性，发挥他们的特长，增强他们解决问题的使命感。

总之，在谈判过程中，成立专门小组以解决专门的问题，是行之有效的，有百益而无一害，尤其适用于大型谈判。

二、被动地位者的谈判策略

被动地位者是指我方谈判实力不敌对方的情况,在这种情况下,被动地位者可以采用以下的谈判策略。

(一) 疲惫对手

1. 含义

在商务谈判中,实力较强一方的谈判者常常不以为然地咄咄逼人、锋芒毕露,表现出居高临下、先声夺人的姿态。比如:提高嗓门说话;情绪激昂时,离开座席,站起来挥舞着手,喋喋不休地叙述自己的观点,以自负甚至略带傲慢的眼神扫视对方;毫不掩饰地想让谈判围着他的指挥棒转,并流露出不屑于听对方意见的神情;等等。凡此种种,都表明其是一个趾高气扬的谈判者。

对于这种谈判者,疲惫战术是一个十分有效的策略,这种战术的目的在于通过许多回合的拉锯战,使这位趾高气扬的谈判者感到疲劳生厌,以此来逐渐地消磨其开始的锐气,同时使我方的谈判地位从不利和被动的局面中扭转过来,到了对手精疲力竭、头昏脑涨之时,我方则可乘机反守为攻,抱着以理服人的态度,摆出我方的观点,力促对方接受我方的各种条件。

2. 实施方法

这种疲劳战术要求我方事先对一轮接一轮的马拉松式的蘑菇战有足够的思想准备和精力准备。在谈判刚开始时,对于对方所提出的种种盛气凌人的要求采取回避、虚与周旋的方针,暗中摸索对方的情况,寻找其弱点,等到蘑菇战的后期,则据理提出我方的要求。

3. 注意事项

运用该策略时,即使我方在驾驭谈判局面变得有利起来,占了上风时,也不能盛气凌人,应以柔克刚。运用疲劳战术最忌讳的就是以硬碰硬,因为这很容易激起对方的对立情绪。

(二) 权力限制

实力较弱一方的谈判者常常带着许多限制去进行谈判,这比大权独揽的谈判者处于更有利的状况,而不是坏事情。由于谈判者的权力受到了限制,他的立场可以更加坚定,更可以优雅地向对方说"不",因为,这不是他个人的问题,他无法在超越权力范围以外的事情上让步,从而使对方撤销原来打算坚持的条件。

有经验的谈判者,应该欢迎上司给予你金额、条件、程序和公司政策、法律和保险、工程方面等的限制,并在谈判时有效地运用这些限制迫使对方作出你所希望的决定。

总之,各种谈判都有相应的限制性内容,这是迫使对方为了成交而让步的最好理由。

当然,也可能出现这种情况,对方知道你在谈判中所受的限制后,直接去和你的上司商谈,但他面对的是另一个人,产生了另一种新的地位关系,必须作更多的准备,况且某些限制上司也未必能够超越,所以超过谈判者去和更高层次的人谈判,这是对方一般不会采取的做法。

(三) 先斩后奏

先斩后奏策略,在商务活动中可以解释为"先成交,后谈判"。即实力较弱的一方往往通过一些巧妙的办法使交易已经成为既成事实,然后在举行的谈判中迫使对方让步。以下行为都是先斩后奏策略的运用:卖方先取得买方的预付金;买方先获得了卖方的预交商品;买方取得货物之后,突然又以堂皇的理由降价。

"先斩后奏"策略的实质是让对方先付出代价,并以这些代价为"人质",扭转自己实力弱的局面,让对方通过衡量所付出的代价和终止成交所受损失的程度,被动接受既成交易的事实。

对先斩后奏策略的破解是有法可循的。首先,要尽量避免"人质"落入他人之手,让对方没有"先斩"的机会;其次,即使交易中必须先付定押金时,必须做好资信调查,保证定押金、保证金的正常用途;最后,还可以采取"以其人之道,还治其人之身"的做法,尽可能相应掌握对方的"人质",一旦对方使用此计,则可针锋相对。

(四) 广泛联系

1. 含义

广泛联系策略是指谈判实力较弱的一方向对手提出有利于对方的交易以外的行为活动,通过这些行为活动与交易本身的联系促进协议达成的策略。广泛联系策略是一种很能吸引对方的有效办法。

2. 实施方法

如果一个买主在与卖方商谈中提出以下问题,往往可以增强自己的实力:

(1) 我想借此谈判机会向你承诺,我们以后将做更大的生意,成为你固定的客户,并随着业务的扩展,不断扩大对您的订货。

(2) 我将为您的产品主动地做出有益的宣传,帮助您找到更多如我一样的顾客。

(3) 我们将为您广泛搜集市场信息,以帮助您改进产品更加适应顾客的需要等。

某人曾运用这些策略,在修建游泳池时省下了1万美元。他找到一个正想进入这种新兴行业的建筑承包商,并许诺一旦游泳池建好,他将允许把游泳池展示给别的客户参观,作为承包商的实物宣传广告,但承包价格必须九折,承包商接受了这个价格,并且因为游泳池将成为他向顾客宣传的实物广告,承包游泳池的建筑质量也属一流。游泳池建成之后,承包商想到保持游泳池的美观清洁对自己最为有利,于是同意在三年之内共同分担清洁费用。整个交易对于双方来说都有益,但对主人来讲却获利更大,因为他通过这种建游泳的行为广告有效地吸引了承包商,让承包商以九折的承包价建了一个上好的游泳池,并分担了三年清洁费用,少支出1万美元。

3. 注意问题

广泛联系策略实际上是互利的,因而容易为对方所接受,但这种策略常被谈判者忽略，有些处于劣势的谈判者对实力强大的对手无计可施。运用"联合"策略时，最关键的是要挖掘交易行为本身以外的行为，而且这种行为应该是有益于对方，并能加强谈判实力的。所以为找到这种合适的交易行为以外的行为，谈判者必须开动脑筋，把许多看来孤立的事情联系起来；当然对该行为的承诺要是自己易于办到的。根本不能办到的事，对方也不会相信，反而会把正在洽谈的生意搞得更糟。

（五）吹毛求疵

1. 含义

在谈判中处于较有利地位的一方最容易犯的错误就是炫耀自己的实力，向对方大谈特谈自己的优势，即使所谈的这些都是事实，但聪明的对手总可以回避这些优势，或者说不理会这些实力，而寻找对方的弱点，打击对方的士气。这种策略就是吹毛求疵，只要你想"求疵"，这些"疵"总是可以"求"到的。

有位顾客跑到不讲价的冷冻设备商店去，绕着一部冰箱看来看去，这时销售人员立即跑过来，向这位顾客喋喋不休地介绍："这种冰箱是最新型的，外观质量好，压缩机的使用寿命长，而且我们保修三年，免费送货上门，卖 400 美元可是货真价实。"这位顾客打心里喜欢这种冰箱，售货员讲的都不假，但手上只有 370 美元，且该商店是不讲价的，看来他是不能如愿以偿了。但他却毫不露声色，装着心不在焉的样子听售货员讲后，再看看冰箱，说道："这冰箱的脚架是活动的。可惜我要固定的，因为我房间的震动太大，会使冰箱移位。"其实他的房间并不震动。

售货员赶忙答道："这脚架一般是活动的，但根据需要也可以固定下来。"

顾客又说："冰箱的颜色好是好，却正好与我家墙壁的颜色不相配。"

售货员非常热情："我们可以立即为您改喷其他颜色的漆。"

顾客说："不用了，要是你能便宜一点，就不麻烦了。"

售货员："先生，您看，我们是一家不讲价的商店！"

顾客仍然并不理会，继续察看冰箱，这时他提高了嗓门："这冰箱的冷藏室太小了，太小了，不够我家的五个人用。"原来他家也仅只三口人。

等在一旁的经理早就注意到了这位与众不同的顾客，走过来礼貌地谈道："冰箱的冷藏室对五口之家是小了一点。"

顾客说："尽管这冰箱有些不合我的地方，但我喜欢这样式，你们是否能便宜些？并且不劳送货。"

对于这位纠缠了半天却又温和的顾客，经理无计可施，最终同意以 7.5% 的优惠价格将冰箱卖给他。

这位顾客开始实力是很弱的：首先，这是不讲价的商店，即顾客必须以商店售价购买；其次，他并没有足够的钱。另外，他所看中的货确实是上好的。但聪明的顾客并不甘心，他相信所谓不讲价的价格也是商店定的，既然它能定，它也必定能改。所以，不讲价也可以成为可讲价。他动脑筋终于找到了要对方降价的疵点，并且他从销货员的介绍中抓住不要送货上门应该少付费用这一点。他总算如愿做成了交易。

2. 实施方法

这种吹毛求疵的策略，是通过再三挑剔，提出一大堆问题和要求来运用的，当然有的问题是事实，有的却是虚张声势。之所以这么做主要是降低对方的希望值，找到讨价还价的理由，达到以攻为守的目的。

3. 破解对策

对于吹毛求疵策略的破解是能做到的。首先，要有耐心，那些虚张声势的问题与要求随着你的耐心和韧劲自然会渐渐地露出马脚，从而对交易失去影响力；其次，当对方浪费时间，节外生枝，或作无谓的挑剔或提出无理要求时，必须及时提出抗议；最后，向对方建议一个具体且彻底的解决办法，而不去讨论那些没有关系的问题。总之，要注意，千万不要轻易让步，以免对方不劳而获，对方的某些要求很可能是虚张声势而已，不要让他轻易得手。同时，也可以主动地提出某些虚张声势的问题来加强自己的议价力量。

三、主动地位者的谈判策略

双方实力绝对平衡的谈判是很少的，而大多数谈判都会呈现出一方实力较强而另一方实力较弱的态势。主动地位者常常会利用谈判中的主动地位并采用以下的谈判策略。

（一）规定期限

1. 含义

规定最后期限的谈判策略是指谈判一方提出的达成协议的最后期限，超过这一期限，提出者将退出谈判。事实上，许多谈判基本上都是到了谈判的最后期限或者临近这个期限才达成协议的，因为让对方明确最后期限常常迫使其不得不对谈判的结果作出反应，采取行动。最后期限带有明显的威胁性。每一个交易行为中都包含了时间因素，时间就是力量，时间限制的无形力量往往会使对方在不知不觉的情况下接受谈判条件。

2. 应用条件

（1）对方急于求成时。

（2）对方存在众多竞争者时。

（3）我方不存在竞争者时。

（4）我方最能满足对方某一交易条件时。

（5）对方谈判小组成员意见有分歧时。

（6）发现与对方因交易条件分歧悬殊，达成协议的可能性不大时。

3. 注意事项

选用规定最后期限的策略，目的是促使对方尽快地达成协议，而不是使谈判破裂。因而，运用时必须注意，所决定的最后期限能给对方有接受的余地，即最后期限的规定是由于客观情况造成的。无理的、令对方来不及反应的最后期限常会导致该策略的失效，所以规定的最后期限必须是严肃的，尽管该期限将来是可以更改和作废的。但是，在最后期限到来之前，提出最后期限的一方要表明执行最后期限的态度是坚决的；在运用规定最后期限的同时，可以向对方展开一些心理攻势，作一些小的让步相配合，给对方造成机不可失、时不再来的感觉，以此来说服对方，避免因"规定最后期限"给对方形成咄咄逼人的气氛，使双方在达成协议的态度上更加灵活。

4. 应对策略

最后期限的规定有可能是真的，也可能是假的，一般无法作出正确的估计。对于对方所提出最后期限必须持以下态度：①要重视对方所提出的最后期限，无论是真是假，绝不能把这个最后期限认为是可有可无的事，必然事出有因；②可以越过对方直接谈判人员，通过与其上级的交往摸清最后期限的真假性，然后采取对策；③应该相信最后期限决不是机不可失，时不再来，接到对方规定的最后期限，不必慌张，从交易上看，有去也有再来的时候，重要的是在规定的最后期限内所进行的谈判是否达到了我方的目标；④没有满足我方的要求，尽可以把对方规定的最后期限作为一个无意义的时间，而决不可在最后期限的威胁下仓促达成协议。

（二）不开先例

1. 含义

这一策略常用于卖方坚持自己提出的交易条件，尤其是价格等条款时。当买方所提的要求使卖方不能接受时，卖方谈判者向买方解释道，如果答应了买主，对卖方来说就等于开了一个交易先例，这样就会迫使卖方今后在遇到类似的问题，同其他客户发生交易行为时，也至少必须提供同样的优惠，而这是卖方客观上承担不起的。

2. 应用条件

（1）谈判内容属保密性交易活动时，如高级生产技术的转让、特殊商品的出口等。

（2）交易商品属于垄断经营时。

（3）买方急于达成交易时。

（4）因买主提出的交易条件难以接受时，不开先例，退出谈判是最有礼貌的托词。

3. 注意事项

卖主在运用不开先例谈判策略时，对所提出的交易条件应反复衡量斟酌，说明不开先例的事实与理由并使买方相信。否则，空口说白话，提出不开先例，则是蛮横无理，不利于达成协议。

4. 应对策略

对于买方来讲，这里问题的关键是无法获得必要的情报和信息来确切证明卖方所宣称的先例界限是否属实。因为买方无法知道卖方是否对其他客户提供过类似的优惠，而且即使在目前的谈判中卖主决定提供该买主一个新的优惠，但他是否就真的成为一个先例，买主也是无法了解的事情，如同以后卖方的客户同现在的买主一样，对先例也是模糊不清的。所以所谓先例问题是一个由卖方所说的过去的交易情况，买方对于否定先例是无能为力的，只能凭主观来判断。所以，买方采取不予理睬和承认恐怕是唯一的选择，切忌与卖方过分纠缠。

（三）先苦后甜

1. 含义

这种谈判策略是从实际生活常见的现象中得到的启发。举个生活中的例子来说，有一次，一架民航班机在即将着陆时，机上的乘客忽然听到乘务人员向他们报告，由于机场地面场地拥挤，腾不出地方，暂时无法降落，因此，本机着陆时间将要推迟一小时。顿时，机舱里响起一片喧嚷和抱怨声。可是尽管如此，乘客们对这一情况不得不做好思想准备，在空中度过这难熬的一小时。谁知几分钟以后，乘务人员又向乘客们宣布，晚点的时间将缩短到半小时，听罢这个消息，乘客们如释重负地松了一口气。又过了一刻钟，乘客们再一次听到机上广播说，由于机场地勤人员的努力，本机即可着陆。这一下，乘客们个个喜出望外，额手称庆了。从这个例子的最终结果来看，虽然飞机实际上是晚点，可是乘客们依然新添了几分庆幸和满足，反而把飞机晚点这一不愉快的事实放在不在意的位置上。当然我们也可以另外做出相反的假设，要是飞机晚一刻钟着陆，而广播分三次说飞机必然推迟着陆五分钟、十分钟乃至一刻钟，则乘客的抱怨会逐次加重，旅途自然会变得不快。

把人们这种心理上的效应加以有意识的利用，就形成了所谓"先苦后甜"的策略，这一策略在商务谈判中也常常被采用。

例如，就某一商品的交易，买卖双方进行谈判，该商品最合适的交易价格为80元，最后以60元成交，可能买方也会乐意接受，因为通过谈判他获得了对方20元让步。但是我们假设另外一种情形，如果卖方先开价就是50元，即使最后再降5元以45元的价格成交，买方也并不得意，因为交易几乎就是卖方开价，洽谈活动并没有带来理想的效果。

2. 注意事项

不过，如同其他谈判策略的运用一样，先苦后甜策略的有效性也有一定的限度，起先向对方所提的要求，不能过于苛刻，漫无边际，"苦"得要有分寸，不能与通行的惯例和做法相距太远。否则，对方会觉得我方缺乏诚意，以致终止谈判。因此，在决定采用这一战术时，"过犹不及"是应该避免的。

3. 实施方法

在具体运用"先苦后甜"的策略时，谈判组的成员可以分工。假定谈判组由两人组成，可以让第一个人先出场，提出极为苛刻的要求和条件，并且表现出立场坚定、毫不妥协的态度，扮演一个"鹰派"的角色。随着谈判活动的深入展开，"鹰派"自然会出现与对方相持不下、争得不可开交的时候，谈判组的第二个人便可登场了，他和颜悦色，举止谦恭，给人以一个事佬的形象，扮演一个温和的"鸽派"角色，显得通情达理，愿意体谅对方的难处。经过左思右想，尽管显得面有难色，通过对"鹰派"角色的工作，促其立场一步一步地后退，所剩下的那些条件和要求，正是所要达到的目标。在"鹰派"和"鸽派"这番先苦后甜战术的掩护下，目标就容易达到了。

（四）价格陷阱

1. 含义

所谓"价格陷阱"策略，其实质就在于利用货价变化的时机以及人们对之普遍存在的心理，把谈判对手的注意力吸引到价格问题上来，使其忽略对其他重要合同条款的讨价还价，而在这些方面争得优惠和让步比单纯地因货价变化带来的利益，包含着更为重要的实际利益。

许多商品的市场价格都是因时因地不断变化的，当价格可能上涨时，则增加了卖方的谈判实力；反之预测要下降时，则又增加了买方的谈判实力。之所以如此，除了价格上涨和下降同市场供求关系的变化有联系外，还有一个市场交易的限制问题。有经验的谈判者往往把商品市场价格的变化看作是一个极为有利的时机，做成许多生意，甚至无须按部就班，逐条逐项地去谈合同，利用价格波动就可诱使对方上钩。

例如，某机器销售商对其买主说："贵方是我公司的老客户了，因此，对于贵方的利益，我方理应给予特殊照顾，现在我们已获悉，今年年底前，我方经营的设备市价要上涨。为使你方在价格上免遭不必要的损失，我方建议：假如你方打算订购这批货，要求在半年至一年内交货，就可以趁目前价格尚未上涨的时间，在订货合同上将价格条款按现价确定下来，这份合同就具有了价格保值的作用，不知贵方意下如何？"如此时价格确有可能上涨，这个建议自然会产生很强的诱惑力。

为使买方相信这是件对双方都有利的事，该销售商又补充说，这事若早日定下来，对于卖方妥善安排生产，确保准时交货也有利。见买方此时仍半信半疑、踌躇不定的样子，该销售商似乎看出了他的心思便说："所要签的合同目的只是为了价格保值，如果签了以后觉得不妥，可以撤销合同。当然，若正式决定撤销合同，必须提前三天通知我公司，以便我方对供货问题另外安排。"买主听后，觉得他说的有道理，就决定签署这个"保值合同"。卖方所运用的价格陷阱策略至此得以实现。

2. 精神实质

该策略的运用看来似乎照顾了对方的利益，其实不然：其一，在上述情况下，买方在签订合同时，往往没有对包括价格在内的各项条款从头到尾仔细进行谈判，因而这种仓促决定是欠周到的，一般情况下，买方实际上只是在卖方预先备好的标准式样合同上签字，很少能根据自己的意愿作大的修改和补充。这样买方原来所争取的各项经济、法律上的优惠条件，就很难写入这种改动余地太小的合同之中。其二，由于合同签订仓促，很多问题都会被忽视。比如，所订购设备或与主机有关的其他辅助产品、配套元件以及技术服务等，买方是否都需要，由卖方所提出的供货方式、供货数量是否符合买方的最大利益等。对这些问题的忽略，其结果会造成买方附带地买一些并不十分需要或条件并不优惠的产品。如若经过仔细比价、认真谈判，从容地考虑和权衡各方面的利弊得失，这类事情是完全可能避免的。其三，买方谈判人员签订这种价格保值合同，为抓住时机，常常顾不得请示上司或征得董事会的同意而"果断"拍板，由于合同的执行要等好久以后，它所包含的一些潜在问题不会立即暴露出来，因而往往不能引起买方上司的注意。而一旦在日后暴露出来，已是无力换回了。

即使价格变化已经迫近甚至已经发生,实力较强的一方依然可以运用该策略。比如卖方可以奉告:现在货价已经上升了多少个百分点,但如买方同意一小时内在合同上签字,则可享受按原价购买的优惠,这一招往往可以诱使买主做出更仓促、更草率的决定,以及来不及去考虑这笔交易总的利弊得失。

3. 破解对策

作为运用该策略谈判者的对手,要破解"价格陷阱"策略,必须做到:首先,谈判目标计划和具体步骤一经确定,就要毫不动摇地照着做,决不要受外界情况的干扰而轻易地加以改变。无论是"价格保值合同"还是其他什么样的合同,都要就合同每一条款进行仔细谈判和讨价还价,不能随意迁就。其次,不要被对方在价格上的蝇头小利所诱惑,而要对该笔交易活动进行总核算来决定是否同意签约。

第二节 应对不同风格谈判者的策略

我们将商务谈判中常见的谈判风格可以归纳为强硬型、不合作型、阴谋型、合作型等几种类型,我们下面分别就其特点与应对策略进行论述。

一、应对强硬型谈判风格的策略

这种谈判风格最突出的特点是,主谈人很自信,态度傲慢。这种人最常用语言或肢体暴力威胁对方,譬如说:"这是什么话"或"我现在就要……"或者说:"如果你不……我就……"

面对这种谈判对手,寄希望于对方的恩赐是枉费心机,要知"坐以待毙"不是谈判的本意。因而登上谈判的理想之峰,须以策略为向导。总的指导思想是:避其锋芒,设法改变谈判力量的对比,以达到尽量保护自己、满足己方利益的目的。

(一)沉默是金

沉默是金,是指在谈判中不开尊口,观看对方的表演。这种策略用来对待"强硬型"谈判对手不失为一个十分有力的谈判工具。

上乘的沉默策略会使对方受到冷遇,造成心理恐慌,不知所措,甚至乱了方寸,从而达到削弱对手谈判力量的目的。沉默策略要注意审时度势、灵活运用,运用不当,谈判效果会适得其反。例如,在还价中的沉默,对方会认为是默认。又如,沉默的时间较短,对方会认为你是慑服于他的恐吓,反而增添了对手的谈判力量。

有效地发挥沉默策略的作用,应注意以下三个方面的问题:

(1)事先准备。首先,要明确在什么时机运用。比较恰当的时机是报价阶段,此时对手的态度咄咄逼人,双方的要求差距很大,适时运用沉默可缩小差距。其次,如何约束自己的反应。在沉默中,行为语言是唯一的反应信号,是对手十分关注的内容,所以事先要准备好使用哪些行为语言。如果是多人参加的谈判,还要统一谈判人员的行为语言口径。

(2)耐心等待。只有耐心等待才可能使对方失去冷静,形成压力。为了忍耐可以作些记录。记录在这里可以起到双重作用：一是它纯系做戏，二是记录可以帮助你掌握对手没讲什么，对手为什么不讲这些而讲那些。静心听，加之冷静思考会掌握重要资料，致使沉默超出了本身的作用。

（3）利用行为语言，搅乱对手的谈判思维。由于沉默的灵活性的真正含义是要让对方推测，而己方又可以任意否定这些推测，因而可从需要出发，有意识地巧用行为语言，搅乱对手的谈判思维，最终控制对方以至谈判的局面。

（二）争取承诺

争取承诺是指在谈判中利用各种方法获得对方对某项议题或其中一部分的认可。例如，"这种产品的外型设计很别致。"对方答道："我也有同感。"在商务谈判中争取对方的口头承诺，作用很大。因为在正式谈判中无论哪方谈判代表，什么性格的谈判者，从信誉出发，通常总要维护自己已经承诺的条件，争取到有利于自己的承诺，就等于争取到了有利的谈判地位。再如，在谈判中，需方向供方指出："你方某某的产品功能少，而且外观颜色陈旧。"供方当即回答："颜色是陈旧些，但这种产品质量好。"供方谈判人员同意了对方的观点。实际上就是一种口头承诺，这无疑增加了需方的议价力量。用这种方法对付"强硬型"谈判人员效果可能会更好。因为"强硬型"谈判人员的特点之一就是严肃而正直，给人一种可以信赖的感觉，所以争取这种人的承诺，乃是己方议价力量的重要来源。

必须指出的是，谈判中的承诺有真也有假。所谓假承诺是指谈判者为了加快谈判进程或躲避对方的追问而有意识地犯错。为此，对待承诺要善于区分，既不盲目听信，也不全盘否定，要认真考虑对方承诺的原因和内容，见机行事，以取得有利的谈判效果。

（三）软硬兼施

软硬兼施，是指将组成的谈判班子分成两部分，其中一个成员扮演强硬型角色即"鹰派"。鹰派在谈判某一议题的初期阶段起主导作用。另一个成员扮演温和的角色即"鸽派"。鸽派在谈判某一议题的结尾阶段扮演主角。这种策略是商务谈判中常用的策略，而且在多数情况下能够生效。因为它利用了人们避免冲突的心理弱点。

具体为在洽谈某项议题时，担任强硬型角色的谈判人员，毫不保留地果断地提出有利于己方的要求，并且坚持不放，必要时带一点疯狂，甚至表现一点吓唬式的情绪行为。此时，承担温和角色的谈判人员则保持沉默，观察对方的反应，寻找解决问题的办法。等到谈判空气十分紧张时，鸽派角色出台缓和局面，一方面劝阻自己的伙伴，另一方面也平静而明确地指出，这种局面的形成与对方也有关系，最后建议双方都作些让步。

（四）以柔克刚

以柔克刚，是指对咄咄逼人的谈判对手，可暂不作出反应，以我之静待"敌"之动，以持久战磨其棱角，挫其锐气，使其筋疲力尽之后，我方再发起进攻，反弱为强。运用以柔克刚策略必须树立持久战的思想，同时还要学会运用迂回策略和反守为攻策略。

（五）更换方案

更换方案，是指在既定方案不能实施时可以替代的方案。谈判中，在强硬的对手面前，最初抛出的谈判方案无法实施，而又无其他方法解决时，及时更换备选方案是明智的。我们之所以要谈判是要得到比不谈更好的效果。及时更换备选方案并以此作为度量尺度，防止接受对自己不利的条件，同时又可防止自己拒绝符合本身利益的条件。不仅如此，更换备选方案还可以使己方有充分的时间去探索富有创造性的解决问题的方法，使谈判能顺利进行下去。

（六）伺机喊停

伺机喊停，是指当谈判将要陷入僵局时，不妨喊"暂停"，告诉对方关于这个问题我无权做主，请允许我向领导请示或向外界专家请教。"暂停"的妙用在于：一方面可以让对方有机会怀疑和重新考虑；另一方面自己有机会改变原来的谈判地位，或者以一点小小的让步，重新回到谈判桌上。

（七）制造竞争

制造竞争，是指在谈判中创造一种竞争的姿态。例如，"这种订单，我已经接到了几份，他们都希望得到我们的合作。"这种做法可以转变谈判中所形成的局面。运用这种策略的前提条件是，让对方知道你对所谈问题确实有多项选择。切忌不要在没有选择的情势下运用这种策略。

（八）引起注意

引起注意，是指对凶悍派特别有效的方式是引起他们的注意，必须把他们吓醒，让他们知道你忍耐的底线在哪里。其目的不是惩罚，而是要让他们知道你忍耐的极限。

（九）指责对方

指责对方，是指对方行为的失当，并且建议双方应进行更富建设性的沟通。如指出对方态度过分凶悍。一般说来，在这种情况下对方也会收敛火气。这时最重要的是提出进一步谈话的方向，给对方一个可以继续交涉下去的台阶。

二、应对不合作型谈判风格的策略

这种谈判风格的主谈人的突出特点是，以我为中心，善用谈判技巧。这种人采取的是避而不见或拖延战术。他们会说："明天再说吧"或"我没时间"或"这不归我管"。

面对不合作型的谈判代表，要坚信他是可以改变的。因为他的谈判目的是通过此次谈判获得经济利益。那么如何与之交锋呢？总的策略思想是：求同存异，适度冒险，利益共沾，具体运用如下。

（一）真情感化

感化策略的思想是在商务谈判中不能把谈判对手看成"抽象代表"。人是有感情的，在谈判过程中经过接触，相互尊敬和体谅，就能建立良好的工作关系，从而使每一次谈判变得顺利和有效率。"感化"作用的发挥要求谈判者在任何场合、任何内容的谈判中，切忌不要使对方难堪，即使对手语言过激也要忍耐，不要因人的情绪问题影响谈判的进行，要把对手看成解决问题的伙伴，想方设法用坦诚的态度和诚恳的语言感化对方，把对手拉向共同解决问题的轨道上来。

（二）用心改良

在商务谈判中与"不合作型"的对手谈判是非常伤脑筋的事情。采取敌对态度可能使关系僵化；采取软弱态度，一味退让，会使自己遭受利益损失。这样，即使达成了协议，合作关系也是不稳定的。比较理想的做法之一就是改良。改良策略的作用是将自己的观点能更多地为对方所接受，从而达到由不合作转变为合作的谈判。为了实现这一目的，应掌握以下七条原则：

（1）少说多听，中途不打岔。如果对方在滔滔不绝地表现自己，那么你要热心地聆听，等你发言时，对方一般也会效仿你的做法。

（2）说话语气要温和，不要无谓争论。因为在双方激烈的争论时，难以达成双方满意的协定，而说话温和的谈判者往往受到人们的尊敬，使双方都能理智地考虑对方条件，促成谈判完成。不要急于说出自己的观点，要先让对方"露底"。因为想要说服对方，必须要先了解对方的观点，判定与自己的观点是否有差距，差距是什么等等。

（3）用对手的话说出自己的观点。当了解对方的立场、目的和处境后，最好立即插话，将对方的观点重复一遍，这样做不仅可以征得对方的好感，而且还能够帮助你使用他的话说出你的观点来。例如，对方说："你方产品要价太高的，不杀价，无法达成协议。"我方听后即可重复一遍对方的意思，尔后可以说："我们也认为产品价格定得高了些，但由于它的成本高，又不能杀价，所以我们才考虑从另外一些方面给你们一些优惠，作为价格上的补偿，你意下如何？"

（4）利用休会的时间与对方讨论谈判中的分歧点。

（5）对于一些不太重要的问题和要求，本着求同存异的原则要能熟视无睹地一笔带过。

（6）向对方提出一个具体建议，抛弃原有的无关紧要的问题。

（7）千万不要做出轻率的让步。

（三）制造僵局

在特殊情况下，人为制造僵局可以作为一种威胁对方的策略。"以毒攻毒"有时可以取得意想不到的效果。因为谈判双方一般都不希望出现僵局，不愿轻易失去一次成交机会。

（四）人为"搅和"

所谓"搅和"，就是打乱原有的秩序，把要讨论的议题搅在一起，将事情弄得复杂化。谈判通常应该以一种有秩序的方式进行，但是懂得"搅和"策略的人却知道没有秩序的状况反而对他有利。例如，搅和可能会形成僵局，也有可能促使对方在困惑时犯错误，还可能借此机会反悔已经答应的让步，有时候还可以趁机试探对方在压力下保持机智的能力。

（五）"荆棘地"

这种策略的思想是将对方的注意力吸引到看起来对我们深具威胁，而事实上对我较为有利的事情上，对方很可能因此而被说服不致采取我们所真正害怕的行动。例如，"这次谈判千万不能拖到节日之后"。"不合作型"的主谈人听了后，以为对方希望在节日前结束谈判，就会以种种借口拖到节日之后再谈。对方得到了这个喘息机会，很可能就会使下次谈判出现新的转机。

（六）出其不意

这种策略是指在谈判过程中，突然改变谈判的方法、观点或提议，使对方为之惊奇或震惊，以达到对方折服、陷入混乱或迫使其让步等目的。对于"不合作型"谈判风格的主谈人，在必要的时候不妨以出其不意的手法施加压力，可以起到软化立场的作用。

出其不意策略包括以下内容：①提出令人惊奇的问题，如新要求、新包装等；②提出令人惊奇的时间，如截止日期的改变、谈判速度的突然改变等；③采取令人惊奇的行动，如不停地打岔、退出商谈等；④做出令人惊奇的表现，如提高嗓门、人身攻击等；⑤聘用令人惊奇的人物，如专家、权威的突然加入；⑥确定令人惊奇的地点，如杂乱无章的办公室或豪华的办公室等。

如何抛出这些令人惊奇的内容呢？通常的方法是突然性的或戏剧性的。例如，谈判时有一方突然毫无理由地大发雷霆，行为很不理智，让对方难以招架。

三、应对阴谋型谈判风格的策略

正规的谈判应是光明正大、公平协商。但是在商务谈判中，有的人为了满足自身的利益和欲望，常使用一些诡计来诱惑对方达成不公平的协议。为了使谈判能公平协商，下面介绍几种对付"阴谋型"谈判者的策略。

（一）反车轮战的策略

所谓的车轮战术是指谈判的一方采用不断更换谈判人员的一种方法。其目的是使对方精疲力竭，从而迫使其做出某种让步。对付这种策略的反策略是：

（1）及时揭穿对方的诡计，敦促其停止车轮战术的谈判。
（2）以借口拖延谈判，直到原来的对手重新回到谈判桌上。

（3）对更换上来的谈判对手拒绝重复以前的陈述，应静静地听对手替你做报告，这样一是可以挫其锐气，二是可以得到保存精力的机会。

（4）如果新对手否认过去的协定，己方也可以用同样的方法否认你所许过的诺言。

（5）在消极对抗中，不要忽视对方提出的新建议，抓住有利时机立即签约。

（6）采用私下会谈的形式与新对手谈话。其用意是了解情况，另外是为对方的谈判设置障碍。

（二）对付滥用权威的策略

在商务谈判中，人们对专家权威的意见往往是比较看重的，有些谈判者就是利用人们这种心理，在谈判中对某个重要议题出现争论时，便请出"权威"给对方施加压力。对付这种做法的策略是：

（1）沉着应战。面对"权威"不要畏惧，要用你熟悉的业务知识与专家交谈，抓住某些"权威"不太熟悉的技术难点向"权威"进攻，使其难堪，达到使"权威"失去其权威的目的。

（2）向对方表明，即使对手请出来的是位专家，他的观点只是个人的学术观点，并不是谈判的协议，要想达成协议还需要洽谈双方可接受的条件。

（3）如果确认自己不是"权威"的对手，不妨可用无知作为武器。表明这些东西我们不懂，无法确认真伪，也无法对此做出什么承诺。这种做法可以为你带来许多好处，它能够使你有足够的时间去思考，去请教专家，并考验对方的决心，还可以造成对方"权威"的失落感。

（三）对付"抬价"的策略

抬价策略在商务谈判中经常遇到或用到，它是否符合谈判惯例要看如何运用。

不合理的抬价策略是指当谈判双方已经谈好价款，第二天供方却又突然要求提价，需方尽管很生气，但为了避免谈判破裂或减少损失，也只好再和供方磋商，最后结果肯定以较高的价格成交。对付抬价策略的基本原则是：

（1）若看出对方的诡计，应直接指出，争取主动。

（2）在讨价还价中，要争取让对方达到临界的边缘。

（3）尽早争取让对方在协议书或合同上签字，这样可以防止对方以种种借口推翻。

（4）必要时可以向对方要求某种保证，以防反悔。

（5）中止谈判。

（四）对付既成事实再谈判的策略

严格地说，既成事实再谈判是一种不讲道理的策略，但在特定条件下，使用它也可以讲出一些正确的道理来。为了防止既成事实再谈判造成损失的现象出现，谈判人员应掌握以下策略：

（1）对谈判者爽快地答应己方提出的要求要有戒心。

（2）一旦悲剧发生，要敢于向对方的领导抗议，若不能解决，可向当地的司法机关诉讼。

(3) 搞联合战线,揭穿他们的行为,使对方的信誉扫地。

(4) 切记在没有获得对方押金或担保时,不要预付货物或付款。

(五) 假痴不癫

这种策略的思想是,表面装糊涂,暗中筹划不露声色,伺机迫使对方让步或诱使对方上当。用这种策略来对付"阴谋型"谈判者,可视为上策。

例如,"阴谋型"谈判风格的代表者将其产品乔装打扮,售价由500元提高到550元,己方明知是骗局,但还是向对手表明愿出520元购买,并当下预付了少量定金。一般地说,对手不再考虑其他需方了。如果己方本身还有存货可以低于对手价格出售,如果是想要这批货源,可拖些时候再来惠顾。到那时,己方可以提出种种理由作为杀价的筹码。如现在市场价格最多只能值400元了,因此实在无法继续按520元完成交易。

(六) 兵临城下

这种策略的意思是,对你的对手采取大胆的胁迫做法,看对方如何反应。这一策略虽然具有冒险性,但对于"阴谋型"的谈判代表常常有效。因为他们本身想通过诡计诱使对方上当,一旦被对方识破反击过来,一般情况下会打击他们的士气,从而迫使对手改变态度,或是重新谈判。例如,对于送来的一份协议,上面有一条或几条你不大喜欢的条款,你可以径自将该条款删除,然后签字送还。这种做法必然会迫使对方重新考虑协议条款。

四、应对合作型谈判风格的策略

"合作型"谈判风格的主谈人是人们最愿意接受的,因为他的最突出特点是合作意识强,他能给谈判双方带来皆大欢喜的满足。所以,对付"合作型"的主谈人的总的策略思想是:互利互惠。

(一) 设定期限

明确某一谈判的结束时间是很有必要的,这样做可以使谈判双方充分利用时间,在不违背互利互惠原则的前提下,灵活地解决争议问题,适时作出一些让步,使谈判圆满结束。必须指出的是,最后期限若运用不好,便会适得其反。怎样运用才会合理呢?运用时应注意两点:一是提出的时间要恰当,如果过早地提出最后期限,会给双方或一方造成时间上的压力,造成消极的影响;二是提出的方法要委婉,强硬提出最后期限,会引起对方不满,使谈判向不利于自己的一方发展。

(二) 假设条件

这是指在谈判的过程中,向对方提出一些假设条件,用来探知对方的意向。由于这种做法比较灵活,使谈判在轻松的气氛中进行,有利于双方达成互利互惠的协议。例如,"假如我方增加一倍订货数量,价格会有什么变化?"

须指出的是，假设条件的提出要分清阶段。一般地说，假设条件的提出应在谈判的开局至还价阶段。谈判前对自己的对手情况的假设条件是有害的。例如，"我确信我们的喊价太高了，我们无法做成这笔交易。"这种假设必然会使谈判人员在未开始谈判之前便气馁。

（三）适度开放

这是指谈判人员在谈判过程中坚持开诚布公的态度，尽早向对方吐露自己的真实意图，从而赢得对方的通力合作。必须提出的是，开放策略的运用要适度。"度"的大小要视情而定。例如，在谈判中遇到"不合作型"的谈判代表，开放策略的度就应掌握得小些，即将自己方面有关的情况让对方知道得越少越好。因为言多失密，如果遇到老朋友，这个度就要放得大一些，以增强协作意识，取得皆大欢喜的效果。

（四）私下接触

这是指谈判者有意识地利用空闲时间，主动与谈判对手一起聊天、娱乐，目的是增进了解、联络感情、建立友谊，从侧面促进谈判的顺利进行。

（五）感情润滑

这是指谈判人员在相互交往过程中，馈赠一些礼品以表示友好和联络感情。这一策略在商务谈判中经常用到。为了防止这个策略的副作用，有几点应注意的事项：首先是对方的习俗；其次是礼品的价值不宜过重，送礼给人家是为了表明我们的友好情谊，不是贿赂；最后是送礼的场合，一般不要选在初次见面的场合。

（六）缓冲摩擦

这是指在谈判气氛紧张时，适时采取调节手段，使之缓和。在实际的商务谈判中，尽管是"合作"模式的谈判，由于谈判人员的性格差异，对问题的看法、理解不同，时常也会出现一些摩擦，使谈判空气带些火药味，在这种情况下，运用缓冲策略无疑是明智的。缓冲的主要手段有：

（1）转移话题，如讲些当前国内外的事情或名人轶事，开些比较轻松的玩笑等。
（2）临时休会，使谈判人员适当休息，以便达到平衡。
（3）回顾成果，使谈判双方醒悟方才的过失。
（4）谈些双方比较容易达成一致意见的议题。

第三节　不同性格谈判者的应对策略

由于人的心理、生理因素以及所处周围环境的复杂性，商务谈判人员的性格千差万别。下面我们针对感情型、固执型、虚荣型三种类型的谈判主谈人，介绍有关的谈判策略。

一、对待感情型谈判对手的策略

在商务谈判中最常见的是感情型的人,这种性格往往很容易被人们所接受。其实在某种程度上,感情型的谈判者比强硬型谈判对手更难对付。强硬型性格的人容易引起对方的警惕而感情型性格的人却容易被人忽视,因为感情型性格的人在谈判中十分随和,能迎合对手的兴趣,能够在不知不觉中把人说服。

为了有效地应付感情型性格的主谈人,必须利用他们的特点及缺点制定相应策略。感情型性格的对手的一般特点是:心胸开阔,富有同情心,与人为善,着眼于战略问题,不拘小节,不能长时间专注于单一的具体工作,不适应冲突气氛,对进攻和粗暴的态度一般是回避的。针对上述特点,可以采取下面的策略取得谈判的成功。

(一) 以弱为强

谈判时,柔弱胜于刚强。因此要训练自己,培养一种"谦虚"习惯,多说"我不懂"、"我不明白"、"你给我弄糊涂了"、"我要向你请教"等。由于感情型的主谈人需要有一个良好的人际关系环境,他会帮助你搞清楚你不明白的问题。这样他便会为你提供越来越多的信息资料,这就意味着你的谈判力量也越来越得到增强。

(二) 赞美恭维

感情型的人主谈有时为了顾及"人缘"而不惜代价,希望得到对方的承认,受到外界的认可,可以满足他们的需要。在即将成交时,为了争取到有利于自己的谈判,要抛出一些让对手高兴的赞美话,这些对于具有感情型性格的人非常有效。

(三) 保持进攻

在谈判一开始就创造一种公事公办的气氛,不与对手谈得火热,在感情上保持适当的距离。与此同时,就对方的某些议题提出反对意见,以引起争论,这样就会使对方感到紧张。但不要激怒对方,因为对方的情绪不稳定,当刺激超过一定程度时,对方就会被迫还击,他们一旦撕破脸面,己方很难指望会有好结果。

(四) 细节拖延

感情型性格的人对细节问题不感兴趣,也不喜欢长久局限于某个问题之中,他们希望以一种友善的方式尽快取得具有实质意义和影响全局的成果,以此证明他们的能力。在细节上长时间纠缠,会使他们感到烦躁和紧张,从而促使他们就某些有争议的问题达成协议。

二、对待固执型谈判对手的策略

固执型的谈判者在各类谈判中都会遇到。这种人最突出的特点是:坚持所认定的观点,有一种坚持到底的精神,对新建议和新主张很反感,适应环境变化需要较长的时间,谈判中需要不断地得到上级的指导和认可,喜欢按章办事。对固执型谈判者可采用以下策略。

（一）"气球"试探

这一策略是用以摸清"敌情"的常用手段。放气球的目的是用来观察对方的反应，以此来分析其虚实真假。例如，需方向供方提出一项对己方很有利的提议，如果供方反应强烈，尖锐对抗，那就可以放弃；如果供方反应温和，就说明谈判有很大余地。

运用这一策略，还可以试探固执型谈判者的权限范围。一般来说，对试探性气球的反应比较温和的谈判者掌握的权力是有限的；反之则大。了解这一情况对争取谈判主动权有很大的好处。

例如，对权力有限的固执型主谈人，可采取速战速决的方法。因为他是上级意图的忠实执行者，不会超越上级给予的权限。所以，在谈判中遇到重大问题时，不要与这种人浪费时间，应越过他直接与他的上级谈判。又如，对权力较大的固执型主谈人，则可以采取冷热战术。一方面以某种借口制造冲突，或是利用多种形式向对方施加压力；另一方面想方设法恢复常态，适当时可以赞扬对手的审慎和细心。总之，通过软磨硬抗的方法达到让对方改变原有观点的目的。

（二）先例影响

固执型谈判者所坚持的观点不是不可改变，而是不易改变。要认识到这一点，不然你的提议就会被限制住。为了使对手转向，不妨试用先例的力量影响他、触动他。例如，向对手出示有关协议事项的文件以及早已成为事实的订单、协议书、合同等，并且可以告诉他调查的地点和范围。

（三）以守为攻

与固执型性格的人谈判是很有难度的，一方面必须十分冷静和耐心，并温文尔雅地向最终目标推进；另一方面，与此同时还要准备详细的资料，注意把诱发需求与利用弱点结合起来进行攻击。

三、对待虚荣型谈判对手的策略

爱虚荣的人一般具有这样一些特点：自我意识较强，好表现自己，嫉妒心理较强，对别人的暗示非常敏感。面对这种性格的谈判者，一方面要满足虚荣的需要；另一方面要善于利用其本身的弱点作为跳板。具体策略如下。

（一）熟悉话题

与虚荣型谈判者洽谈，以他熟悉的问题作为话题，效果往往是比较好的。这样做可以为对方提供自我表现机会，同时己方还可以了解对手的爱好和有关资料。但要注意到虚荣者的种种表现可能有虚假性，切忌上当。

（二）间接信息

这一策略是依据由间接途径得来的信息比公开提供的资料更有价值的心理设计的。例如，非正式渠道得到的消息，对方会更重视。运用此种策略的具体方法是，在非正式场合，由一些谈判中的非重要的人有意透露一些消息。

（三）顾全面子

谈判中一方如果感到失去了面子，即使是再好的交易条件也会留下不良的后果。实验资料表明，失掉面子的人都会从交易中撤出，对方攻击愈是切中要点，失掉面子的一方撤退得越彻底，没有一点商量余地。因此，必须记住，无论你是如何气愤或是为了自己的立场辩护，都不要相信激烈的人身攻击会使对方屈服，要多替对方设想，顾全他的面子。

在谈判中，怎样做才能顾全对方的面子呢？首先，提出的反对意见或争论应该针对所谈的议题，不应该针对人。例如，"有一些资料，你可能还不晓得"，而不该说："这样一个问题你都不知道？"其次，如果当一个人被逼到非常难堪的地步时，可选择一个替罪羊，为他承担责任。仍以上面的例子来讲："这个问题之所以我不知道，原因就在于我公司的信息部门失职。"再次，当双方出现敌意时，要尽量找出彼此相同的观点，然后一起合作将共同的观点写成一个协定。

（四）牵制制约

虚荣型谈判者的一个最大弱点是浮夸，因此对此应有戒心。为了免受浮夸之苦，在谈判的过程中，对虚荣型谈判者的承诺要有记录，最好要他本人以书面的形式来表示。对达成的每项协议应及时立字为据，要特别明确奖罚条款，预防其以种种借口否认。

本章小结

谈判策略是指谈判人员为达到预期的谈判目标而使用的一系列方法的总称。

不同地位者的谈判策略主要有平等地位者的谈判策略、被动地位者的谈判策略、主动地位者的谈判策略。

应对不同风格谈判者的策略主要有应对强硬型谈判风格的策略、应对不合作型谈判风格的策略、应对阴谋型谈判风格的策略、应对合作型谈判风格的策略。

不同性格谈判者的应对策略主要有对待感情型谈判对手的策略、对待固执型谈判对手的策略、对待虚荣型谈判对手的策略。

思考与实训

思考

（1）请谈谈对中国古代谋略思想的认识与其对现代商务谈判的指导意义。

（2）被动地位者的谈判策略有哪些？

（3）应对强硬型谈判风格的策略有哪些？
（4）应对不合作型谈判风格的策略有哪些？
（5）对待固执型谈判对手的策略有哪些？

实训

一、有关美日汽车谈判

1. 美日汽车的谈判节奏控制

美国和日本在汽车销售领域的摩擦在经过近20个月的谈判之后仍然未能取得实质性的进展。1995年5月10日，美国人的耐心似乎已经枯竭。美国首席贸易谈判代表坎特声明，白宫曾提醒过让刚刚成立的WTO注意，美国可能在45天之内提出申诉，指控日本政府在汽车及其零部件领域的规章与汽车生产公司的商业行为同世界贸易规则貌合神离。他还声明，美国在提出此申诉之后将对日方进行贸易制裁。

2. 美方单方面制定时间界限

1995年5月16日美国公布了制裁日本汽车的清单。美方的声明指出，如果日本到6月28日仍未向美国汽车及零部件开放其市场，美国将对日本的13种豪华型汽车征收100%的惩罚性关税，总金额按照1994年的进出口值为50.9亿美元。50.9亿美元创下了美国政府实施惩罚性关税的最高纪录。

3. 日方对美方强加时间界限的应对方案

在美国宣布制裁清单后，1995年5月17日，日本通产省省长桥本龙太郎宣称日本决定向WTO争端解决机构提出解决的要求。日方敦促WTO就美国提出的对日本汽车征收惩罚性关税的合法性问题召开紧急会谈。桥本还指出日方准备在6月末对美国采取报复性措施，并声称日本政府将在审查了美国针对日本出口汽车的最后制裁清单后再作决定。

按照WTO争端解决机构的规定，争端的双方首先应进行双边磋商，这是复杂的争端处理程序中的第一步。如果美日双方在最长不超过60天的时间内达不成协议，那么就要成立一个三人专家小组来评定美国的制裁是否合法。

4. 双方在重开双边谈判的日期及地点上也存在着意见分歧

桥本龙太郎要求在WTO的监督下最迟应于1995年6月15日在日内瓦开始汽车贸易的双边谈判，因为按照WTO的指导规则，6月15日是非紧急程序的最后期限。但是坎特却要求汽车贸易谈判应该于6月20日和21日在华盛顿举行。尽管存在这些分歧，各方还是设法达成了协议，决定由两国的中层代表于6月12日和13日在WTO总部所在地日内瓦重开双边谈判。然而正像人们所预期的那样，谈判无果而终。于是，桥本龙太郎于6月14日在一次匆忙安排的新闻发布会上宣布将于6月22日和23日在华盛顿举行新一轮谈判，以便再作最后一次努力来避免这场贸易战。

5. 强调利益平衡的最后阶段的较量

在新一轮谈判的第一天里并未取得任何进展，各方的分歧依然存在。克林顿总统与坎特在不同的场合都一再重复他们要对日方实行制裁的威胁。日本几家最大的汽车制造厂商终于相信白宫所提出的报复是严肃、认真的,因而准备朝着满足美方要求的方向尽量缩小部分差距。于是,在1995年6月23日的一次"非官方"会议上,日方告诉美方的贸易谈判人员,日本打算要求日本汽车制造商增加海外生产,并提高其在海外生产汽车的当地保有量。在日本提出了妥协性建议后,虽然美日双方从6月22日起就在准内阁级别和专家级别的会议上进行了马拉松式的谈判,但直至6月26日华盛顿与东京仍未能解决全部细节问题。

就在克林顿政府所宣布的实施制裁措施期限的前一天,即6月27日,谈判有了实质性的突破,美国贸易谈判代表坎特声明放弃克林顿政府的数额要求。这是华盛顿先前坚决拒绝作出的让步。在全部谈判最终结束后,白宫的贸易战略家们总结说,美国人最终在数额问题上表现出的灵活性以及日方提出的自愿增产计划,为美国汽车销售商准入和取消售后服务规定问题达成政府间的协议提供了唯一的机会。由于美国最终作出了放弃数额要求的困难抉择,而使用自己提供的数据,协议的最后条文很快得以落实。美方同日方就汽车及汽车零部件的争吵终于结束了。

链接思考

(1) 在此案例中美方为了尽快对双方的贸易争端达成协议采取了哪些有利于己方的谈判节奏控制技能?

(2) 日方面对美方施加的压力是怎样作出反应的?这些反应对于谈判节奏的控制有什么作用?

(3) 双方对于哪些方面的利益争取反映了对利益平衡原则的重视?在现实中是否存在不重视利益平衡原则的情况?如存在试举例说明。

(4) 你认为此案例的谈判过程是处于整个贸易争端问题谈判的什么阶段?这一阶段是否体现了对阶段节奏原则的把握?

二、"基辛格法则"的谈判策略

世界上最高明的谈判专家当属美国前国务卿亨利·基辛格。基辛格是一位出生于德国南部农村的犹太人后裔。犹太人和欧洲人的传统观念对他的思维方式和谈判模式都有着重大影响,因此形成了他那独特的思想与谈判风格。他的谈判哲学和谈判策略,被称为"基辛格法则"。"基辛格法则"虽然只是外交事务中巧妙利用心理技巧进行谈判的案例,但同样也适用于一般的商务谈判中。

"基辛格法则"的内容实际上是他信奉其导师和启蒙者梅特涅的秘诀,梅特涅独特的谈判手段是:告诉俄国沙皇一个"秘密",又告诉法国国王一个"秘密",再告诉普鲁士国王一个"秘密"。因为他深知这些国王之间将互相封锁消息,而要在许多年以后才会相互公开各自掌握的所谓"秘密",而梅特涅在这之前就已经达到了自己的预期目的。

例如,基辛格在中东问题的斡旋谈判中,采取的就是梅特涅的做法:他对埃及总统萨达特说一套,对叙利亚总统阿萨德说一套,对沙特阿拉伯国王费萨尔说的又是另一套,而对伊朗国王倒是说了一半真话。由于他掌握了心理学的一般技巧,确信他们之间互不相信，绝不会交换他们了解掌握的秘密情况，这样一来，在相当长的时间内，基辛格在中东便可以左右逢源了。

链接思考

试述"基辛格法则"对于商务谈判的意义。

第五章 国际商务谈判

本章学习目标

学完本章以后，应掌握以下内容：①掌握国际商务谈判与国内商务谈判的区别；②掌握国际商务谈判成功的基本要求；③了解国际上比较有代表性国家的谈判特点；④掌握中国人谈判的特点。

案例导读：中国谈判小组在中东

一个中国谈判小组赴中东某国进行一项工程承包谈判。在闲聊中，中方负责商务条款的成员无意中评论了中东盛行的伊斯兰教，引起对方成员的不悦。当谈及实质性问题时，对方较为激进的商务谈判人员丝毫不让步，并一再流露撤出谈判的意图。

分析：案例中沟通出现的主要障碍在中方负责商务条款的成员无意中评论了中东盛行的伊斯兰教，这种障碍导致对方成员的不悦，不愿意与中方合作。为此，中方人员应该向对方成员道歉。今后，中方谈判人员在国际谈判前应该先了解对方的习俗及喜好，避免类似情况再次发生，正所谓知己知彼才能百战百胜。

国际商务谈判，是国际商务活动中不同的利益主体，为了达成某笔交易，而就交易的各项条件进行协商的过程。

谈判中利益主体的一方，通常是外国的政府、企业或公民（在现阶段，还包括香港、澳门和台湾地区的企业和商人）。另一方是中国的政府、企业或公民。国际商务谈判是对外经济贸易工作中不可缺少的重要环节。在现代国际社会中，许多交易往往需要经过艰难烦琐的谈判，尽管不少人认为交易所提供的商品是否优质、技术是否先进或价格是否低廉决定了谈判的成败，但事实上交易的成败往往在一定程度上取决于谈判的成功与否。在国际商务活动中，不同的利益主体需要就共同关心或感兴趣的问题进行磋商，协调和调整各自的经济利益或政治利益，谋求在某一点上取得妥协，从而在使双方都感到有利从而达成协议。所以，我们可以说，国际商务谈判是对外经济贸易活动中普遍存在的一项十分重要的经济活动，是调整和解决不同国家和地区政府及商业机构之间不可避免的经济利益冲突的必不可少的一种手段。

国际商务谈判不仅在国际商务活动中占据相当大的比重，而且具有相当重要的地位。谈判的成功与否直接关系到整个国际商务活动的效果，如关系到企业能否在一个新的海外市场建立必要的销售网络、获得理想的合作伙伴、获得进入市场的良好途径等。

国际商务谈判在表现出其重要性的同时，也不断向人们展示出其复杂性。一个国内谈判高手并不必然是一个成功的国际商务谈判专家。要能在国际商务谈判中取得满意的效果，必须要充分理解国际商务谈判的特点和要求。这不仅对那些以国际市场为舞台的企业经营者们来说是必要的，而且对所有参与国际商务活动，希望取得理想效果的人们来说，都是必要的。

第一节　国际商务谈判原理

一、国际商务谈判与国内商务谈判的共性

国内商务谈判和国际商务谈判都是商务活动的必要组成部分，它们是企业发展国内市场和国际市场业务的重要手段。国际商务活动是国内商务活动的延伸，国际商务谈判则也可以视为国内商务谈判的延伸和发展。尽管国内商务谈判和国际商务谈判之间存在着十分明显的区别，但两者之间也存在着十分密切的联系，存在着许多共性。

（一）两者都是为特定目的与特定对手进行的磋商

国内商务谈判和国际商务谈判同样都是商务活动主体为实现其特定的目的而与特定对手之间进行的磋商。作为谈判，其过程都是一种双方或多方之间进行信息交流，"取"与"予"兼而有之的过程。谈判过程中所适用的大多数技巧并没有质的差异。

（二）谈判的基本模式是一致的

与国内商务谈判相比，国际商务谈判中必须要考虑到各种各样的差异，但谈判的基本模式仍是一致的。事实上，由于文化背景、政治经济制度等多方面的差异，谈判过程中信息沟通的方式、需要讨论的问题等都会有很大的不同，但与国内商务谈判一样，国际商务谈判也同样遵循从寻找谈判对象开始，到建立相应关系、提出交易条件、讨价还价、达成协议，直至履行协议结束这一基本模式。

（三）国内、国际市场经营活动密不可分

国内商务谈判和国际商务谈判是经济活动主体从事或参与国际市场经营活动的两个不可分割的组成部分。尽管国内谈判和国际谈判可能是由不同的人员负责进行，但由于企业必须保持其国内商务活动和国际商务活动的衔接，国内谈判与国际谈判之间就存在着密不可分的联系。在从事国际谈判时，必须要考虑到相关的国内谈判的结果或可能出现的状况；反之亦然。

二、国际商务谈判与国内商务谈判的区别

在认识到国际谈判与国内谈判的共性特征的同时，要想取得国际商务谈判的成功，还要认识到这两种谈判之间的区别，并进而有针对性采取有关措施，就显得更为重要了。

国际谈判是跨越国界的谈判，谈判的根本区别源于谈判者成长和生活的环境及谈判活动与谈判协议履行的环境的差异（如下图所示）。

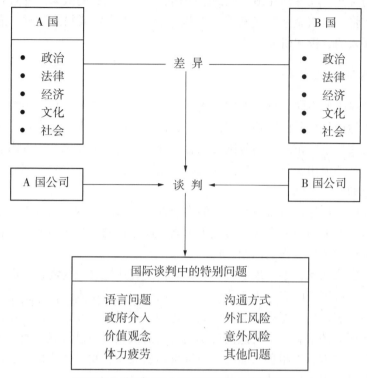

国际商务谈判与国内商务谈判的差异示意图

国内商务谈判双方通常拥有共同的文化背景，生活于共同的政治、法律、经济、文化和社会环境之中。在那里，谈判者主要应考虑的是双方公司及谈判者个人之间的某些差异。而在国际商务谈判中，谈判双方来自不同的国家，拥有不同的文化背景，生活于不同的政治、法律、经济、文化和社会背景之中，这种差异不仅形成了人们在谈判过程中的谈判行为的差异，而且还将会对未来谈判协议的履行产生十分重大的影响。比较而言，由于上述背景的差异，在国际谈判中，谈判者面临着若干在国内谈判中极少会出现的问题。

（一）语言差异

国内谈判中，谈判双方通常不存在语言差异（谈判者通常均认同并能使用共同的官方语言），从而也就不存在由于使用不同语言而可能导致的相互信息沟通上的障碍。

但在国际谈判中，语言问题及由此而引起的其他问题始终值得引起谈判者的注意。即便是在使用同样语言的国家，如使用英语的美国和英国，在某些表达上仍旧存在着一定的差异。语言差异，特别是在两种语言中都有类似的表达但含义却有很大差别时，以及某种表达只有在一种语言中存在时，极其容易引起沟通上的混淆。如在中国，政府管理企业的方法之一是根据企业经营管理状况及企业规模等评定企业的等级，如"国家一级企业"、"国家二级企业"等，在美国则没有这种概念。简单地将"一级企业"、"二级企业"解释为"fist class enterprise"和"second class enterprise"，很难让对方理解这种表达的含义，起不到在国内谈判中同样表达所能起到的效果，并且有可能使对方产生误解，如将"二级企业"理解为"二流企业"。在拟定谈判协议时，语言差异问题更值得予以深入的分析和研究。

（二）沟通方式差异

根据沟通风格的不同，世界上的文化可分成两大类：有些文化，绝大多数信息都可通过言辞来表达而且很明白清楚；而另一些文化则用词达意少，无声传播多，信息表达不明显。人类文化学家霍尔考察各国文化后，分别将这两类文化称为低内涵文化和高内涵文化。前一类如惯用明显语言交流的美国文化了，后一类如主要靠前后联系的动作表情来传达信息的日本文化等。

不同文化的人群有其所偏好和习惯的沟通方式。国际谈判中的双方经常属于不同的文化圈，有各自习惯的沟通方式。习惯于不同沟通方式的双方之间要进行较为深入的沟通，往往就会产生各种各样的问题。

在高内涵文化国家，如中国、日本等，人们的表达通常较为委婉、间接；而在低内涵文化国家，直截了当的表达则较为常见。高内涵文化的谈判者比较注重发现和理解对方没有通过口头表达出的意思，而低内涵文化的谈判者则偏爱较多地运用口头表达，直接发出或接收明确的信息。来自这两种不同文化的谈判者在进行谈判时，很容易想象的结果是一方认为对方过于粗鲁，而另一方则可能认为对方缺乏谈判的诚意，或将对方的沉默误解为对其所提条件的认可。

沟通的差异不仅表现为表达方式的直接或间接，还表现为不同国家或地区人们在表达过程中动作语言（人体语言）运用上的巨大差异。有些国家或地区的人们在进行口头表达的同时，伴随以大量的动作语言；而另一些国家或地区人们则不习惯在较为正式的场合运用过多，特别是身体动作幅度较大的动作语言。值得注意的是，与口头和书面语言一样，动作语言同样也表现出一定的地域性。同样的动作在不同的国家或地区可能出人意外地完全不同，甚至会有截然相反的含义。对动作语言认识和运用的差异，同样会给谈判中的沟通带来许多问题。

（三）时间和空间概念差异

大量研究表明，在不同国家或地区，人们的时间概念有着明显的差异。就谈判而言，有些国家和地区的谈判者时间概念很强，将严格遵守时间约定视为一种起码的行为准则，是尊重他人的表现。如在美国，人们将遵守时间约定看成是商业活动及日常生活中的基本准则之一。比预定时间更早到达经常被视为急于成交的表示，而迟到则会被看成是不尊重对方，至少也是不急于成交的表示。但在一些拉丁美洲和阿拉伯国家，如果这样去理解对方在谈判桌上的行为，则可能很难达成任何交易。那些地区或国家的谈判者有着完全不同的时间概念。

空间概念是与时间概念完全不同的问题。在不同的文化环境中，人们形成了不同的心理安全距离。在与一般人的交往中，如果对方突破这种距离，就会使自己产生心理不适。有关研究表明，在某些国家，如法国，在正常情况下人们相互之间的心理安全距离较短。而一般美国人的心理安全距离则较法国人长。如果谈判者对这一点缺乏足够的认识,就可能使双方都感到不适。

(四)决策结构差异

谈判的重要准则之一是要和拥有相当决策权限的人谈判,至少也必须是与能够积极影响有关决策的人员谈判。这就需要谈判者了解对方企业的决策结构,了解能够对对方决策产生影响的各种因素。由于不同国家的政治经济体制和法律制度等存在着很大的差异,企业的所有制形式存在着很大不同,商务活动中的决策结构也有着很大的不同。以在国内商务活动中习惯的眼光去评判对手,通常就可能会犯各种各样的错误。如在有些国家,企业本身对有关事务拥有最终决策权,而在有些国家,最终决策权则可能属于政府有关主管部门,对方企业的认可并不意味着合同一定能合法履行。而同样是在企业拥有决策权的情况下,企业内部的决策权限分布在不同的国家和地区也会有很大差异。

在注意到不同国家企业决策结构差异的同时,尤其值得注意的是政府介入国际商务活动的程度和方式。政府对国际商务活动的干预包括通过制定一定的政策,或通过政府部门的直接参与,来鼓励或限制某些商务活动的开展。在通常情况下,社会主义国家政府对国际和国内商务活动的介入程度较高,但这并不等于是说资本主义国家的政府不介入企业的国际和国内商务活动。当商务活动涉及国家的政治利益时,政府介入的程度就可能更高。在工业化程度较高的意大利、西班牙及法国,某些重要的经济部门就是为政府所有的。

例如,20 世纪 80 年代初跨越西伯利亚的输油管道的建设问题就充分说明了这一点。当时某一美国公司的欧洲附属公司与苏联签订了设备供应合同,但美国公司及其欧洲附属公司在美国和欧洲国家的政府分别介入的情况下,处于十分被动的局面。美国政府要求美国公司的附属公司不提供建设输油管道的设备和技术,而欧洲国家的政府则要求美国公司的欧洲附属公司尊重并履行供应合约。争议最终通过外交途径才得以解决。

由于国际商务活动中可能面临决策结构差异和不同程度的政府介入,因而国际商务谈判可行性研究中的对手分析远比国内商务谈判中的有关分析复杂。在某些情况下,谈判者不仅要有与对方企业谈判的安排,而且要有与对方政府谈判的打算。

(五)法律制度差异

基于不同的社会哲学和不同的社会发展轨迹等,不同国家的法律制度往往存在着很大差异。要能保证谈判活动的正常进行、保证谈判协议能够得以顺利实施,正确认识法律制度的差异是不可忽视的。与此同时,一个值得注意的现象是,不仅不同国家的法律制度存在着明显的不同,而且不同国家法律制度得以遵照执行的程度也有很大不同。美国联邦沟通委员会前主席牛顿·米诺的一段戏言颇能帮助人们理解这一状况。根据他的看法,在德国,在法律之下,所有的事都是禁止的,除非那些得到法律许可的;在法国,每件事都允许做,除非那些被禁止的;在苏联,所有的事都是被禁止的,包括那些被许可的东西;在意大利,所有的事都是可行的,包括那些被禁止的。表面看来,这段话显得有些混乱,但其所表明的一层意思却是很容易理解的,即不同国家的法律制度及法律执行情况有着很大的差异。在国际商务谈判中，谈判者需要遵守那些自己并不熟悉的法律制度，同时，还必须要充分理解有关的法律制度，了解其执行情况，否则就很难使自身的利益得到切实的保护。

（六）谈判认识差异

不同文化中人们对参与谈判的目的及所达成的合同的认识也有很大差异。如在美国，人们通常认为，谈判的首要目的也是最重要的目的是与对方达成协议。人们将双方达成协议视为一项交易的结束，至少是有关这一交易的磋商的结束。而在东方文化中，如在日本，人们则将与对方达成协议和签署合同视为正式开始了双方之间的合作关系。对达成协议的这种理解上的差异直接关系到人们对待未来合同履行过程中所出现的各种变化的态度。根据完成一项交易的解释，双方通常就不应修改合同条件。而若将签署协议视为开始合作关系，则随着条件的变化，对双方合作关系作某些调整是十分合理的。

（七）经营风险差异

在国内商务活动中，企业面临的风险主要是因国内政治、经济、社会、技术等因素变化而可能导致的国内市场条件的变化。在国际商务活动中，企业在继续面临这种风险的同时，还要面对远比这些风险复杂得多的国际经营风险，包括国际政治风险，如战争、国家之间的政治矛盾与外交纠纷、有关国家政局及政策的不稳定等；国际市场变化风险，如原材料市场和产品市场供求状况的急剧变化；汇率风险，如一国货币的升值或贬值等。国际商务活动中的这些风险一旦成为现实，就会对合作双方的实际利益产生巨大的影响，会对合同的顺利履行构成威胁。因此，谈判者在磋商有关的合同条件时，就应对可能存在的风险有足够的认识，并在订立合同条款时，即考虑采取某些预防性措施，如订立不可抗力条款，采用某种调整汇率和国际市场价格急剧变化风险的条款等。

（八）谈判地点差异

在面对面的国际商务磋商中，至少有一方必须在自己相对不熟悉的环境中进行谈判，由此必然会带来一系列的问题，如长途旅行所产生的疲劳、较高的费用、难以便捷地获得自己所需要的资料等。这种差异往往要求谈判者在参与国际谈判时，给予更多的时间投入和进行更充分的准备工作。

三、国际商务谈判的特点与基本要求

以上我们分析了国际商务谈判与国内商务谈判的异同。从这一分析中，很容易得出这样的结论，即国际商务谈判与国内商务谈判并不存在质的区别。但是，如果谈判者以对待国内谈判对手、对待国内商务活动同样的逻辑和思维去对待国际商务谈判对手、去处理国际商务谈判中的问题，则显然难以取得国际商务谈判的圆满成功。

在国际商务谈判中，除了要把握在前面几章中所阐述的谈判一般原理和方法外，谈判者还应注意以下方面。

（一）国际商务谈判的特点

1. 政治性强

国际商务谈判既是一种商务交易的谈判，也是一项国际交往活动，具有较强的政策性。由于谈判双方的商务关系是两国或两个地区之间整体经济关系的一部分，常常涉及两国之间的政治关系和外交关系，因此在谈判中两国或地区的政府常常会干预和影响商务谈判。因此，国际商务谈判必须贯彻执行国家的有关方针政策和外交政策，同时，还应注意国别政策，以及执行对外经济贸易的一系列法律和规章制度。

2. 以国际商法为准则

由于国际商务谈判的结果会导致资产的跨国转移，必然要涉及国际贸易、国际结算、国际保险、国际运输等一系列问题，因此，在国际商务谈判中要以国际商法为准则，并以国际惯例为基础。所以，谈判人员要熟悉各种国际惯例，熟悉对方所在国的法律条款，熟悉国际经济组织的各种规定和国际法。这些问题是一般国内商务谈判所无法涉及的，要引起特别重视。

3. 要坚持平等互利的原则

在国际商务谈判中，要坚持平等互利的原则，既不强加于人，也不接受不平等条件。我国是社会主义发展中国家，平等互利是我国对外政策的一项重要原则。所谓平等互利，是指国家不分大小，不论贫富强弱，在相互关系中，应当一律平等。在相互贸易中，应根据双方的需要和要求，按照公平合理的价格，互通有无，使双方都有利可得，以促进彼此经济发展。在进行国际商务谈判时，不论国家贫富，客户大小，只要对方有诚意，就要一视同仁，既不可强人所难，也不能接受对方无理的要求。对某些外商利用垄断地位抬价和压价，必须不卑不亢，据理力争。对某些发展中国家或经济落后地区，我们也不能以势压人，仗势欺人，应该体现平等互利的原则。

4. 谈判的难度大

由于国际商务谈判的谈判者代表了不同国家和地区的利益，有着不同的社会文化和经济政治背景，人们的价值观、思维方式、行为方式、语言及风俗习惯各不相同，从而使影响谈判的因素更加复杂，谈判的难度更加大。在实际谈判过程中，对手的情况千变万化，作风各异，有热情洋溢者，也有沉默寡言者；有果敢决断者，也有多疑多虑者；有善意合作者，也有故意寻衅者；有谦谦君子，也有傲慢自大盛气凌人的自命不凡者。凡此种种表现，都与一定的社会文化、经济政治有关。不同表现反映了不同谈判者有不同的价值观和不同的思维方式。因此，谈判者必须有广博的知识和高超的谈判技巧，不仅能在谈判桌上因人而异，运用自如，而且要在谈判前注意资料的准备、信息的收集，使谈判按预定的方案顺利地进行。

（二）国际商务谈判的基本要求

1. 要有更充分准备

国际商务谈判的复杂性要求谈判者在谈判之前做更为充分的准备。一是要充分地分析和了解潜在的谈判对手，明确对方企业和可能的谈判者个人的状况，分析政府介入

（有时是双方政府介入）的可能性，及其介入可能带来的问题。二是研究商务活动的环境，包括国际政治、经济、法律和社会环境等，评估各种潜在的风险及其可能产生的影响，拟定各种防范风险的措施。三是合理安排谈判计划，解决好谈判中可能出现的体力疲劳、难以获得必要的信息等问题。

2. 正确对待文化差异

谈判者对文化差异必须要有足够的敏感性，要尊重对方的文化习惯和风俗。西方社会有一句俗语："在罗马，就要做罗马人"（In Rome，Be Romans），其意思也就是中国的"入乡随俗"。在国际商务谈判中，"把自己的脚放在别人的鞋子里"是不够的。谈判者不仅要善于从对方的角度看问题，而且要善于理解对方看问题的思维方式和逻辑。任何一个国际商务活动中的谈判人员都必须要认识到，文化是没有优劣的。必须要尽量避免模式化地看待另一种文化的思维习惯。

3. 具备良好的外语技能

谈判者能够熟练运用对方语言，至少双方能够使用一种共同语言来进行磋商交流，对提高谈判过程中双方交流的效率，避免沟通中的障碍和误解，有着特别重要的意义。

第二节　世界主要国家谈判者的特点

一、美国人的谈判特点

（一）谈判关系的建立

美国人在经商过程中通常比较直接，不太重视谈判前个人间关系的建立。他们不会像日本人那样颇费心机地找熟人引荐、做大量公关工作以在谈判前与对方建立一种融洽的关系。有趣的是，如果在业务关系建立之前，谈判者竭力去同美国对手建立私人关系，反而可能引起他们的猜疑，认为或许是因为你的产品质量或技术水平不佳才有意拉拢他们，反而使他们在谈判时特别警惕和挑剔，结果是过分"热情"的谈判者备感委屈，甚至蒙受损失。由此看来，公事公办的原则更加符合美国人的脾气。在美国人眼中，是良好的商业关系带来彼此的友谊，而非个人之间的关系带来良好的商业关系。在美国人的心目中，个人交往和商业交往是明确分开的。即使同对方有私人友谊，也丝毫不会减少美国人在生意上的斤斤计较。

尽管这样，要是以为美国人刻板、不近人情，那就误会了，美国人强调个人主义和自由平等，生活态度较积极、开放，还是很愿意结交朋友的，而且容易结交。美国人以顾客为主甚于以产品为主，他们很努力地维护和老客户的长期关系，以求稳定的市场占有率。与日本人比较，美国人放在第一位的是商业关系。只有与对方业务关系稳定，在生意基础上彼此信任之后，生意伙伴之间才可以发展密切的个人关系。而且这种私人关系在经济利益面前是次要的，在商业决策中不起很大作用。

（二）决策程序

美国人比较自由自在，不太受权威与传统观念的支配。他们相信，一个人主要是凭借个人努力和竞争去获得理想的社会地位。在他们的眼中，这是一个允许失败，但不允许不创新的社会。所以，美国人对角色的等级和协调的要求较低，更尊重个人作用和个人在实际工作中的表现。

这种个人主义价值观表现在美国企业决策上是常常以个人（或少数人）决策为特点，自上而下地进行，在决策中强调个人责任。这种决策方式与日本企业的群体决策、模糊责任相比，决策迅速、反应灵敏、责任明确，但等级观念森严，缺少协调合作。

美国企业崇尚个人主义、能力主义的企业文化模式，使好胜而自我表现欲很强的美国谈判者乐意扮演"牛仔硬汉"或"英雄"形象，在谈判中表现出一种大权在握，能自我掌握命运的自信模样。在美国人的谈判队伍中，很少见到大规模的代表团，除非谈判非常复杂，而且对公司的未来至关重要，代表团人数一般不会超过七人，甚至单独一个人也不奇怪。即使是有小组成员在场，谈判的关键决策者通常也只有一二人，遇到问题，他们往往有权作出决定，"先斩后奏"之事时时发生。但不要以为美国人的集中决策过于简单、匆忙，实际上，为了能干脆、灵活地决策，美国谈判者通常都会在事先做充分、详细而规范的资料准备。在谈判中，他们的认真仔细绝不亚于他们的日本同行。

（三）时间观念

高度的时间观念是美国文化的又一特点。美国人的时间意识很强，准时是受人尊敬、赢得信任的基本条件。在美国办事要预约并且准时。约会迟到的人会感到歉疚、羞耻，所以一旦不能如期赴约，一定致电通知对方并为此道歉，否则，将被视为无诚意和不可信赖。

强调效率是美国人时间观念强的重要表现。在美国人的价值观中，时间是线性而且有限的，必须珍惜和有效地利用。他们以分钟为单位来安排工作，认为浪费时间是最大的浪费，在商务活动中奉行"时间就是金钱"的信条。美国谈判者总努力节约时间，他们不喜欢繁文缛节，希望省去礼节、闲聊，直接切入正题。美国人喜欢谈判紧凑，强调尽可能有效率地迅速做出决策，从不拖沓。他们往往也同样要求对手，遇到对手要打断谈判，回去请示、研究时，美国谈判者甚为苦恼甚至不耐烦。所以有时美国谈判者显得有些咄咄逼人。

对整个谈判过程，美国人也总有个进度安排，精打细算地规划谈判时间的利用，希望每一阶段逐项进行，并完成相应的阶段性谈判任务。对于某些谈判对手常常对前一阶段的谈判成果推倒重来的做法，美国谈判者万分头痛。他们那种一件事接一件事，一个问题接一个问题地讨论，直至最后完成整个协定的逐项议价方式被称为"美式谈判"。

谈判的时间成本如此受美国人重视，以至于他们常定有最后期限，从而增加了谈判压力。如果对手善于运用忍耐的技巧和优势，美国谈判者有时会作出让步，以便尽早结束谈判，转入其他商业活动。

（四）沟通方式

在美国低内涵的文化模式中，沟通比较容易和直接。直率坦诚、真挚热情正是美国谈判者的特点。他们谈锋甚健，不断发表自己的意见。美国商人注重实际，对"是"

与"非"有明确的、理性的定义。当他们无法接受对方提出的条件时,就明白地告诉对方自己不能接受,而且从不含糊其辞,使对方心存希望。无论介绍还是提出建议,美国谈判者都乐意简明扼要,尽量提供准确数据。而对手任何非直接、模棱两可的回答会被美国谈判者视作缺乏能力和自信,不真诚甚至虚伪的表现。美国人推崇人人平等,交往中不强调等级差别,彼此称呼时也不加官衔,甚至"叫我约翰吧!"显得一派轻松、舒适的样子。对谈判,他们认为是双方公平自由的协商,应该有双赢的结果,所以希望彼此尽量坦诚陈述观点和意见。有礼有理的争论都会受到欢迎。而且美国人十分欣赏能积极反应,立足事实,大方地讨价还价,为取得经济利益而精于施展策略的人。每当这时他们有种"棋逢对手"的兴奋;相反,过分谦虚,立场不鲜明,只会把事情弄糟。

美国人直截了当的表达方式表现着他们的自信、勇敢,但有时也会令对方为难,如他们常盯着对方眼睛说:"告诉我您对这个建议的真实想法是什么?"就显得多少有些冒犯而令人不快了。所以,当面对高内涵文化模式中的对手,如日本商人,美国谈判者往往无法通过谈话的上下文或对方身体语言来理解对方传递的微妙内容,往往感到茫然、烦躁。

(五) 对合同的态度

美国是商业文明高度发达的国家,人口不断流动,无法建立稳固持久关系。人们只能将不以人际关系为转移的契约作为保障生存和利益的有效手段,所以形成了重视契约的传统。作为一个高度法制的国家,人们习惯于诉诸法律解决矛盾纠纷。在商业活动中,保护自己利益最公平、妥善的办法便是依靠法律,通过合同来约束保证。

力求达成协议是美国谈判者的目的,在整个谈判过程中都向着这个目标努力,一步步促成协议的签订。美国人认为双方谈判的结果一定要达成书面的法律性文件,借之明确彼此的权利义务,将达成书面协议视为谈判成功的关键一步。美国人总是认真仔细地订立合同,力求完美。合同的条款从产品特色、运送环节、质量标准、支付计划、责任分配到违约处罚、法律适用等等无一不细致精确,以至显得冗长而烦琐,但他们认为正是包含了各方面的标准,合同才提供了约束力,带来安全感。

作为双方的承诺,合同一旦签订,在美国谈判者心中极富严肃性,被视为日后双方行动的依据和制约,不会轻易变更或放弃。严格履行合同中的条款成为谈判结束后最重要的工作。与中国人重视协议的"精神",认为合同的约束力与双方信任、友谊、感情和"合作精神"相联系不同,美国人更注重法律文件本身。

值得指出的是,美国文化中另一个鲜明特点对谈判者的影响也很巨大。那就是美国是个移民国家,社会人口构成非常复杂,几乎所有大洲都有移民及其后裔在美国社会中立足、发展,各民族的文化不断冲突,渐渐融合成美利坚文化的同时,又保留了一些各自的文化传统。正是这种丰富多彩和极富包容性、独立性的文化,使美国谈判者的文化背景亦多种多样,如果对他们的行为抱着一成不变的看法,便显得片面了。

二、日本人的谈判特点

日本人谈判的方式不仅与西方人大相径庭,即使与亚洲其他国家的人相比,也差异很大。由于历史上与外界长期隔离,日本人发展了一套独特的谈判方式。事实上,在许多国家,人们认为日本人是很难对付的谈判对象。但是,如果了解谈判风格中的文化因素,与日本人谈判中的困难将大大减少。

(一) 谈判关系的建立

在与日本人谈判之前,谈判者应了解与日本谈判代表建立良好的人际关系的重要性。一般而言,与日本人谈判最为关键的一点是信任。

日本人在谈判之际,会设法找一位与他们共事的人或有业务往来的公司来作为谈判初始的介绍人。日本人相信一定形式的介绍有助于双方尽快建立业务关系,相反,与完全陌生的人谈判则令人不自在。所以,在谈判开始之际,先认识谈判对象或至少由第三方牵线搭桥是较可取的方式。日本人往往将业务伙伴分为"自己人"与"外人"两类。因此成为谈判对方的"自己人",或在谈判之前与他们有过接触联系,是谈判的一大优势。

日本人常想方设法通过私人接触或其他形式建立起联系渠道。但若缺乏与对方接触的途径,他们则通过政府部门、文化机构或有关的组织来安排活动以建立联系。当然,在没有任何前期接触的前提下也可建立某种联系,只不过这种建立合作关系的方法不是最有效。

为了建立关系,日本人经常采用"私人交往"的方式,即便当相互间是由普通的第三方介绍认识时也是如此。对他们而言,了解将要谈判的对象是绝对必要的。日本人只有在与对方相处感觉和睦融洽时才会开始讨论谈判事项。因此,他们常邀请谈判对方去饭馆或其他场所以期进一步了解对方。由于日本人认为"信任"是最为关键的因素,所以他们会提问有关公司建立时间、年销售额、公司信誉及政策、整体管理等问题,他们甚而有可能在会议开始时提问诸如"您在贵公司任职多久?"、"您曾在哪个大学就读?"等私人问题。在西方人看来,这似乎有些冒昧,但在日本,这一步往往是十分重要的。

在与日本人建立起良好的关系之后,谈判者必须意识到,正如亚洲其他国家一样,日本是一个等级森严的社会。在封建社会时期,人们自上而下被划为几个等级,由此产生了极为刻板的社会阶层,而社会阶层决定了人的社会地位。即使在今天,日本人在很大程度上仍然根据自身的"社会地位"(由他们的年龄、头衔、所属机构的规模及威望而定)来决定自己的言行举止。外国人不受这些条条框框的限制,但了解高度等级化的日本社会如何运转,对促成谈判成功是十分有益的。

在日本人的商业圈里,对对方的感激之情往往借助于馈赠礼品或热情款待对方等方式来表达。尽管具体方式不同,全体致谢仍是很普遍的形式。日本人也常在岁末或其他节假日私人间馈赠礼品。

(二) 决策程序

一旦谈判双方建立起关系,实际谈判程序即变得容易。谈判人员所关心的问题从能否建立业务关系转向如何发展积极的业务关系。尽管价格、质量等都是极其重要的因素，但日本人更相信良好的人际关系所带来的长期业务往来。

日本人决策的步骤可概括为两大特性：自下而上、集体参与。西方的决策风格通常是"自上而下"，一般由高层管理人员作详细的计划方案，下属人员则执行计划。日本人倾向于自下而上的决策制度。一旦他们开始一项方案，项目经理本人并不一定担任要职，要请示其上司批准或征询修改意见。这一体系的优点在于易于执行决定，因为有关人员都已对方案了如指掌。但用于决定方案的时间过长却是日本谈判方式的一大缺点。许多外国谈判人员对迟迟不作决定的日方人员渐渐失去耐心。

谈判时，日本人总是分成几个小组，任何个人都不能对谈判全过程负责，也无权不征求组内他人意见单独同意或否决一项提议。这种全组成员连贯一致的态度主要是基于日本人的面子观念。任何提议决策只有在全组人员均认可后才能付诸实施。相对于美国谈判者，日本人在这一方面可谓占有明显的优势。在美国人的谈判组内，往往仅一人负责全组的工作，这人有权不征求组员意见即可接受或否决一项提议。无论最终决定如何，"自下而上"的决定方式和集体参与的风格令组员感觉到自身参与的重要性。最终决定由高层管理人员做出，但高层管理人员不会忽视属下的意见，并且，当属下的意见未被其他成员接纳时，高层管理人员也经常会做出解释。

（三）时间观念

如前所述，日本人做出决策的过程较为缓慢，因而招致许多外国谈判人员的批评。造成这种状况的缘由之一源自于一套称为认同在先的制度。按照这一制度，负责人与有关人员逐个进行讨论，以期得到各成员对方案或提议的认可。而与每个成员逐一讨论方案是相当花时间的。但这一制度也有优点，即在作最终决定时果断迅速，因为每个人在事先都已同意了该提议而无须再作解释。

日本人决策较慢的另一原因是日本社会是一个集体观念很强的社会。任何决定都须得到每位有关人员的首肯。若决定有变，则每人均须得到通知并再次加以确认。由于日本人这种集体参与的谈判风格，他们可能会对对方谈判人员所定的截止期限置若罔闻，在对方的压力之下仍可能心平气和、沉着冷静。由于外国谈判者，尤其是美国人喜欢限定截止日期，为了赶在规定时间之前达成协议，在与日本人谈判时，往往很容易形成满足预先设定的谈判时间要求而在交易条件上做出较多让步的情形。外国谈判者务必要认识到这一点并在为谈判限定截止期时慎重考虑。

此外，要让日本人在谈判时畅所欲言，需要花大量时间来发展与他们的私人交情以便他们能自在地与他人分享自己的感受。

（四）沟通方式

日本人喜欢采用委婉、间接的交谈风格。他们喜欢私下，而不是在公共场合讨论事务，他们经常"关起门"来讨论问题。他们尤其不喜欢在公共场合发生冲突，因为这样很"丢面子"。外国人应当了解这种特殊的方式。这是日本人为了不损害他们神圣的团体感而偏好的讨论方式。

一旦日本人同意了一项提议，他们往往会坚持自己的主张。有时即使有新的更有利于他们的主张出现，也很难改变他们的原有看法。另外，日本人总是坚持不懈地想说服对方同意他们的主张，做出让步。日本人这种"没商量"的态度正是出于前述的任一决定都应得到全体人员首肯的逻辑。这也增加了与日本人谈判的难度。外国谈判人员应认识到希望日本人改变决定是十分困难的，因为改变要获得日方每一人员的同意。

在谈判过程中，日方谈判代表通常用间接方式来询问和回答有关问题，如同他们对悬而未决的问题作决定时一样。这种间接的沟通方式（除非遇到紧急情况），有时候会误导外方人员。虽然表达方式大都清晰明了，但某些听似肯定的回复，应当理解为否定的回答。外国谈判代表应多加小心以免误解其意思。

（五）对合同的态度

许多日本人认为，明白无误地签订有关个人或业务往来细节无遗的合同是不必要的。在他们之间有一套自己的标准和原则。在大多数情况下，通过语言或非语言交流已足以建立起业务关系。大多数日本人认为，相互之间的信任在业务往来中是最重要的。一旦与对方建立起良好的关系，他们相信不再需要书面协议。即便有书面形式的合同，合同内容也是极其简短的。外国谈判人员常常难以理解日方这种只可意会的行为准则。但近年来，这种情形稍有变化，某些日本公司开始要求签订严谨的书面协议。与西方的合同文本相比，日本人的合同仍是短小简略的。大部分的工作仍赖于口头协议，书面协议仅在纷争产生时作为纠纷处理的参考文件。但是，由于国际社会及日本的商业环境都在不断变化，日本人也在商务活动中越来越多地采用书面合同。

三、俄罗斯人的谈判特点

（一）谈判关系的建立

俄罗斯是礼仪之邦，人民以热情好客闻名，他们非常看重个人关系，以至于认为新产品和技术可以不断涌入和淘汰，唯有人与人之间的关系才能留存并真正使生命富有价值。因此，大多数俄罗斯人愿意与熟识的人谈生意，依赖无所不在的关系网办事情。通常情况下，要与俄罗斯人做生意，需首先经人介绍与之相识，然后花一番功夫，培养彼此的信任感，越是接近他们，尤其是决策人员，才越有可能得到生意机会。反之，操之过急是得不到信任和谈不成生意的。可以这么说，俄罗斯人的商业关系是以个人关系为基础建立起来的，谈判者只有在建立起忠诚的个人友谊之后，才会衍生出商业关系，除非某家外国公司有足以骄傲的资本（先进的产品、服务，或市场上独特的地位），才能跨越个人关系这个步骤，直接加入商业活动。但没有个人关系，一家外国公司即使进入了俄罗斯市场，也很难维持其成果。俄罗斯人热衷于社会活动，拜访、生日晚会、参观、聊天等都是增进友谊的好机会，应注意的是在交往时，不可太随便，要注重礼节，尊重双方的民族习惯，对当地风土人情表示兴趣等行为方式尤其能得到俄罗斯人的好感，这样最终可以在谈判中取得信任和诚意。

（二）决策程序

俄罗斯有很长的中央集权的历史。以前在高度计划经济体制下，任何企业和个人都不可能自行出口或进口产品。所有的进出口计划都由专门部门讨论决定，并需经过一系列审批、检查、管理和监督程序。人们早已习惯于照章办事，上情下达，推崇集体成员的一致决策和决策过程等级化。

尽管如今根据总统令执行"自由贸易"，但思想观念的适应仍存在一个过程。在涉外谈判中，还带有明显的计划体制烙印，喜欢按计划办事，一旦对方的让步与他们的原定目标有差距，则难达成协议。俄罗斯谈判者通常权力有限，也非常谨慎，缺少敏锐性和创新意识，经常要向领导汇报，这必然延长谈判中决策与反馈的时间。

由于不重视个人才能发挥，俄罗斯人总采取小组谈判形式，一方面等级地位观念重，另一方面又一直不明确到底谁负责这种情况，很大程度上缘于庞大的机构引发的权限模糊。现在虽然有较大变革，但尚未形成合理的经营机制。处于从计划经济向市场经济过渡中的俄罗斯，由于进程较快，行为较激进，正经历剧烈的政治、经济和社会变革，与俄罗斯商人谈判还要注意并适应这个历史背景，有准备地面对其复杂性和动荡性。

（三）时间观念

准时同样是俄罗斯人奉行的原则，而且办事事先要预约。但在俄罗斯人观念中，时间是非线性的，没有必要把它分成一段段地严加规划。传统观念中，他们也不同意美国人关于"时间就是金钱"的说法。谈判时俄罗斯人不爱提出讨论提纲和详细过程安排，谈判节奏松弛、缓慢，期望他们快速解决问题不太现实。有时，当他们认为能获得更好的条件时，还会故意使用拖延的技巧。而谈判中多个权力部门的随意干涉也往往使谈判节奏无法紧凑。俄罗斯有一句古老谚语说，"如果你打算出门旅行一天，最好带上一星期的面包"，因为难以预料的不确定的事太多了。

（四）沟通方式

俄罗斯民族性格豪爽大方，不像东方人那样掩饰内心的感情。但在西方人眼里，俄罗斯人又不善于用手势，表情看上去冷淡、平板，故而显得不够灵活。与美国人公私分明、公开交往的习惯相反，俄罗斯人更喜欢非公开的交往和私人关系居前的沟通方式。当融洽的友谊和良好的商业关系渐渐建立后，俄罗斯人要健谈、灵活得多，他们对自己的艺术、建筑、文学、芭蕾、戏剧等文化成就都颇为自豪，乐于谈论。天性质朴、热情、乐于社交的俄罗斯人往往是非常大方的主人，晚宴丰富精美，并且长时间、不停地敬酒干杯，直率豪迈。他们比美国人有更近的人际距离，有大量的身体接触，如见面和离开时都要有力地握手。

俄罗斯人善用谈判技巧，堪称讨价还价的行家里手。与他们打过交道的各国商人谁也不否认俄罗斯人是强劲的谈判对手，他们总有办法让对方让步。他们的谈判一般分为两阶段：第一阶段先尽可能地获得许多竞争性报价，并要求提供详细的产品技术说明，以便不慌不忙地评估。其间他们会采用各种"离间"手段，促使对手之间竞相压价，自己从中得利。这种谈判技巧使得他们总能先从最弱的竞争者那里获得让步，再以此要挟其他对手作出妥协。第二阶段则是与选中的谈判对手，对合同中将要最后确定的各种条款仔细斟酌。

俄罗斯人十分固执，通常情况下都不愿接受对方的最初报价，千方百计地要挤出水分，达到他们理想的结果。所以，有专家建议与俄罗斯人成交的交易价格中应包含适当的溢价，并说明这样做的理由是为补偿在其不稳定的环境中做生意承担的额外费用和难以估量的风险。

俄罗斯人谈判的另一个常用的办法是与你共同确定一个你愿意接受的最终价格，然后在对方陶醉在满意中时，俄罗斯人开始提出一些附加条件，如免费培训技师或设备维护等特殊服务，这些都不包含在原先的最终定价中，假如对方不接受，要么达不成协议，要么推倒定价重来，这样都十分不利。所以有经验的公司会要求先讨论购买协议的其他条款，再确定最终价格。

（五）对合同的态度

俄罗斯人对合同较重视，在谈判中，他们对每个条款，尤其技术细节十分重视，并在合同中精确表示各条款。如果俄罗斯官员认为合同条款符合他们的利益而接受时，就把合同看成神圣的文件，并且会按其字面意义严格执行。此外，一旦达成协议，他们也很少接受对手变更合同条款的要求。

四、英国人的谈判特点

（一）谈判关系的建立

英国是世界上资本主义发展最早的国家，历史上有过非常强盛的时期。正是曾一度称霸世界的那一段辉煌历史，使英国人有很强民族自豪感和排外心理，总带着一种强国之民悠悠自得的样子。

英国人的性格既有过去大英帝国留下来的傲慢矜持，又有本民族谦和的一面。他们很传统，在生活习惯上保留了浓郁的"古风"。例如，讲究服饰，尤其在正式场合，穿戴上有许多规矩约束，社交活动中也一丝不苟地遵循正式交往中的传统礼节。而无论在干什么，下午时间一定要停下来喝茶。英国人生性内向而含蓄，沉默寡言，从不夸夸其谈。在社交中极少表现自己，偶尔发表意见，也总冠以"依我看，似乎是……"、"如果我没记错的话，应该是……"之类的开场白，谦逊中透着优越感。

言行持重的英国人不轻易与对方建立个人关系。即使本国人，个人之间的交往也较谨慎，很难一见如故。他们特别计较尊重"个人天地"，一般不在公共场合外露个人感情，也决不随便打听别人的事，未经介绍不轻易与陌生人交往。不轻易相信别人或依靠别人。所以，初与英国商人接触，开始总有一段距离。让人感到他们高傲、保守，但慢慢地接近，建立起友谊后，他们会十分珍惜，长期信任你。由此看来，英国人对个人关系的态度与美国人相似，习惯于将商业活动与自己个人生活严格分开，有一套关于商业活动交往的行为礼仪的明确准则。个人关系往往以完成某项工作、达成某个谈判为前提，是滞后于商业关系的。

（二）决策程序

英国人比较看重秩序、纪律和责任，组织中的权力自上而下流动，等级性很强，决策多来自于上层。他们的谈判者既不像俄罗斯人那样责权不明，也不像美国人那样"孤独"，但也较重视个人能力，而不喜欢分权和集体负责。

英国是老牌资本主义国家，人们的观念中等级制度依然根深蒂固。在社交场合，"平民"、"贵族"依然区分明显。在阅读习惯上也十分有趣，上层社会的人看《时报》、《金融时报》，中产阶层则看《每月电讯报》，下层人民多看《太阳报》和《每日镜报》。在对外商务交往中，英国人的等级观念使他们比较注重对方的身份、经历、业绩及背景，而不像美国那样更看重对手在谈判中的表现。所以，在必要的情况下，派较有身份地位的人参加与英国人的谈判，会有一定积极作用。

（三）时间观念

英国人对时间的看法非常严谨。崇尚守时准时，有按日程或计划办事的习惯和传统。在商务活动中，讲究效率，谈判大多进行得较紧凑，不拖拉。

（四）沟通方式

以绅士风度闻名的英国人有处变不惊、轻描淡写的谈话特点。他们决不像美国人那样容易激动兴奋，遇到很中意的东西不表示狂喜，遇到很生气的事也不勃然大怒，不过分指责别人，对不相信的事，只说："噢，是吗？"并不驳斥。对他人、他物，英国人所能给的最高赞赏是"像英国的"。他们喜欢谈论的话题是其丰富的文化遗产或他们的宠物，而避免谈论政治和宗教，尤其不可对皇家的事妄加评论。客人问及他们的私事或别人、别的公司的事是不受欢迎的。所以有人说与英国人初识，最安全的话题是天气。

英国谈判者的谈判风格不像美国人那样有很强的竞争性，他们的谈判稳健得多。他们不像德国人那样有详细周密的准备，但善于简明扼要地阐述立场、陈述观点，然后便是更多地表现沉默、平静、自信而谨慎。与英国人讨价还价的余地不大。在谈判中，有时英国商人采取非此即彼的缺乏灵活性的态度。在谈判关键时刻，他们往往表现得既固执又不肯花大力气争取，使对手颇为头疼。在他们看来，追求生活的秩序与舒适是最重要的，而勤奋与努力是第二位的。所以，对物质利益的追求不激烈也不直接表现，愿做风险小、利润少的买卖，但如果在谈判当中遇到纷争，英国商人也会毫不留情地争辩。除非对方有明显证据能说服他们，否则，他们不会轻易认错和道歉。

（五）对合同的态度

合同的订立很受英国人重视，他们喜欢仔细推敲，一旦认为有某个细节不妥，便不会签字，此时唯有耐心说服，并提供有力的证明材料才会成功，如果过于急躁，力图将自己意思强加给他，催他匆忙签约，英国人会十分反感，结果可能是前功尽弃。合同订立后，英国商人一般比较守信用，履约率较高。并且注意维护合同的严肃性。但国际上对英国商人几乎一致的抱怨是他们有不大关心交货日期的习惯，出口产品经常不能按期交货。这可能源于他们的优越感和历史上英国商品质量好，即使延迟交货，原殖民地广大的市场仍有余地。所以，与英国商人签订的合同中不可忘记写进延迟发货的惩罚条款以加强约束。

五、德国人的谈判特点

（一）谈判关系的建立

德意志民族是极有特点的民族。老一辈的德国人恪守着传统的道德规范，如秩序和纪律、服从上级、献身精神等；年轻人则更注重情感、独立个性和"自我实现"。但无论老年人、青年人，一般德国人都给人以沉稳、自信、好强、勤奋、严谨的印象，这些民族性格在他们的商务活动中都有很鲜明的表现。

德国商人对发展个人关系和商业关系都很严肃，不大重视在建立商务往来之前先融洽个人关系，对商业事务他们极其小心谨慎，对人际关系也正规刻板，拘于形式礼节。特别是在德国北部，商人极喜欢显示自己的身份，对有头衔的人一定要称呼头衔，在交谈中，避免用昵称、简称等不正式的称呼。对交往时的穿戴德国人也很重视，他们大多比较传统保守，不喜欢太艳的色彩和花哨的款式，他们认为穿衣不仅为了适应天气的寒暖变化，更为了"表现自以为属于的或实际上属于的社会集团，同时表现自己这个集团中的个性"。所以要想得到德国伙伴的尊重和信任，着装必须严肃得体，一般带背心的三件套西装比较合适。而且要注意的是，无论穿什么，都不可把手放在口袋里，这种举动在德国人眼中是十分无礼的表现。在交谈中，应避免提及个人隐私、政治及第二次世界大战等问题。在起初的几次会面中，德国人带拘谨和含蓄，甚至略显生硬，但不等于说他们没有人情味，他们实际上也亲切，容易接近，只是需要时间来熟悉对方。一旦建立商务关系且赢得他们信任后，便能有希望长期保持。因为德国商人求稳心理强，不喜欢"一锤子"买卖。

（二）决策程序

在商务谈判中，德国人强调个人才能。个人意见和个人行动对商业活动有重大影响。各公司各企业有严明的纪律，秩序性强。决策大多自上而下作出，不习惯分权或集体负责。

（三）时间观念

德国人时间观念很强，非常守时，公私事皆如此。所以迟到在商业谈判和交往中十分忌讳，对迟到者，德国人几乎毫不掩饰他们的不信任和厌恶。勤奋、敬业是德国企业主的美德。在德国有许多中小企业，企业主一般既是所有者又是管理者，工作积极，一心一意、执着投入。在欧洲，德国人工作时间较长，每天上午8点以前上班，有时要晚上8点下班。和他们的法国同行相比，德国商人似乎缺少浪漫，他们很少像法国人那样尽情享受假期，还常常为工作不惜牺牲闲暇时光，但也正因为这种勤勉刻苦、自强不息，德国经济才能在第二次世界大战后迅速恢复和崛起。

（四）沟通方式

德国商人虽谨慎保守，但办事雷厉风行，考虑事情周到细致，注重细枝末节，力争任何事都完美无缺。在谈判前，他们要搜集详细的资料，准备工作做得十分周密。不光包括产品性能、质量，还包括对方业务开展情况、银行资信及经营组织状况等都了解得很清楚，甚至还要在从国外客户那儿倾听对产品的使用及以前合作情况的意见。德国谈判者从不打没准备的仗。充分的准备使他们在谈判一开始便占据主动，谈判思维极有系统性、逻辑性。为此，对方也应有准备，尤其对产品技术等专业性问题能够随时应答德国商人详细的质询，假如遇到一个事前不充分准备、谈判时思维混乱的对手，德国商人会表示极大不满和反感。

德国商人谈判果断，极其注重计划性和节奏紧凑，他们不喜欢漫无边际地闲谈，而是一开始就一本正经地谈正题。谈判中语气严肃，无论是对问题的陈述还是报价都非常清楚明白，谈判建议则具体而切实，以一种清晰、有序和有权威的方式加以表述。诸如"研究研究"、"过段时间再说"之类的拖拉作风和模棱两可的回答常令德国谈判者不快。他们认为，一个国际谈判者是否有能力，只要看一看他经手的事是否很快而有效地处理就知道了。

德国人重视全民教育，民族素质较高。他们工业极其发达，企业标准十分精确具体，产品质量堪称一流，德国人也以此为自豪。对于购买的产品质量也自觉不自觉地以本国产品为标准，强调自己的报价或方案可行，不大会向对方让步，即使让步，幅度一般也在20%以内，余地比较小。但德国人自己却很善于讨价还价，一旦决定购买某件商品，就千方百计地迫使对方让步，而且极有耐性，常在合同签订前的最后时刻还在争取对手让步。假如是卖方，在谈判一开始，他们便可能严肃认真地提出：我们的价格是高于其他公司的，那是因为我们可以保证，我们的产品质量也是非常高的，我们不愿降低价格；如果是买方，德国人则经常提及潜在竞争，利用其他的竞争力量来逼迫对方压低价格。德国人强硬的谈判风格给人以固执己见、缺乏灵活性的印象。

（五）对合同的态度

因为宗教的影响，德国人极尊重契约，有"契约之民"的雅称。在签订合同之前，他们往往将每个细节都谈判到，明确双方权利、义务后才签字。这种100%的作风与法国人只谈个大概、有50%的把握便签字的风格大相径庭。也正因为如此，德国商人的履约率是欧洲最高的，他们一丝不苟地依合同办事，诚实可信的形象令人敬佩。同时，他们也严格要求对方，除非有特殊情况，绝不理会其贸易伙伴在交货和支付的方式及日期等方面提出的宽限请求或事后解释。在商务活动中，德国商人非常重视商权。在他们的法律条文中，有严格而明确的商权规定。比如，如果要取消代理契约的时候，必须付给五年期间中平均交易额的所得利润，否则不能取消代理契约等。

六、法国人的谈判特点

（一）谈判关系的建立

法兰西民族天性乐观、开朗、热情、幽默，极富爱国热情和浪漫情怀。和作风严谨的德国人相比，法国人更注重生活情趣，他们有浓郁的人情味，非常重视互相信任的朋友关系，并以此影响生意。在商务交往上，法国人往往凭着信赖和人际关系去进行，在未成为朋友之前，他们不会同你进行大宗交易，而且习惯于先用小生意试探，建立信誉和友谊后，大生意便接踵而至。

（二）决策程序

法国公司以家族公司起家的较多，因此讲究产品特色，但不大重视以大量生产的方式来降低产品成本。法国人天生随意，抱有"凡事不勉强"的原则，故而不轻易逾越自己的财力范围，也不像日本人那样努力地做成大笔生意。法国公司组织结构单纯，自上而下的层次区别不多，重视个人力量，很少集体决策。从事谈判也大多数由个人承担决策责任，迅速决策。法国商人大多专业性强，熟悉产品而且知识面较广。即使是专业性很强的商业谈判，他们也能一个人独当"几"面。

（三）时间观念

法国人生活节奏感十分鲜明，工作时态度认真而投入，讲究效率，休闲时总是痛痛快快地玩一场。他们很会享受生活，十分珍惜假期，会毫不吝惜地把一年辛苦工作积存下来的钱在度假中花光，决不愿像德国人那样因为业务需要而放弃一次度假。通常每年8月是法国人的假期，南部的海滩在此时热闹非凡，不仅8月到法国开展不了什么业务，甚至7月末的生意也可能被搁置。对美酒佳肴，法国人也十分看重。和其他国家不同的是，热情的法国人将家庭宴会作为最隆重的款待。但是，决不能将家庭宴会上的交往视为交易谈判的延伸。一旦将谈判桌上的话题带到餐桌上来，法国人会极为不满。

对别人要求严格，对自己比较随便是法国人时间观的一大特点。比如迟到，你不论出于何种原因都会受到冷遇，但他们自己却会很自然地找个借口了事。甚至在法国社交场合，有个非正式的习惯，主宾越重要越到得迟，假如你邀请的是重要人物，就耐心等待吧。

（四）沟通方式

法国商人大多十分健谈并富有感情，话题广泛，而且一谈起来口若悬河，出口成章。和一本正经的德国同行相比，恰恰相反的是法国人不喜欢谈判自始至终只谈生意，他们乐于在开始时，聊一些社会新闻及文化方面的话题，以创造一种轻松友好的气氛。否则将被视为"枯燥无味的谈判者"。法国人总是先聊着聊着再慢慢地转入正题，到最后作决定阶段，才一丝不苟地谈生意，并且十分机智灵活、精力充沛。虽然起初的谈判风格较松弛，但法国商人比较顽强，因此陶醉于谈判之初的闲聊和轻松气氛是危险的。

法国人十分热爱自己的语言和传统文化，在商务洽谈中多用法语，即使英语说得很好，他们也坚持用母语，并以此为爱国表现。假如对手能讲几句法语，是很好的交往手段。法国人甚至有专门的立法保护法语不受外来语的侵入，例如，规定在商业广告中使用的词汇，凡在正式出版的法语词典中查得到的就必须用法语，否则予以处罚。在处理合同时，法国人也会坚持用法语起草合同文本。有时对手不得不坚持用两种文字，并且商定两种文字的合同具有同等效力。

（五）对合同的态度

法国人偏爱横向谈判，谈判的重点在于整个交易是否可行，而不重视细节部分。对契约的签订，法国人似乎过于"潇洒"。在谈妥主要问题后便急于签约，他们认为，具体问题可以以后再商讨或是日后发现问题时再修改也无关紧要。所以，常发生昨天才签的合同，到明天就可能修改的事便不足为奇了。法国人这种"边跑边想"的做法总让对手头疼，也影响了合同的履行。所以即使是老客户，和法国人谈判最好尽量将各条款及其细节反复确认，否则难免有误会或改约、废约等不愉快的事发生。法国人不喜欢给谈判制定严格的日程安排，但喜欢看到成果，故而在各个谈判阶段，都有"备忘录"、"协议书"之类的文件，为后面的正式签约奠定基础。这样一来，也可拉住伙伴，促成交易。总的说来，法国商人还比较注重信用，一旦合同建立，会很好地执行，在合同条款中，法国人特别重视交货期和质量条款，他们不大乐意在仲裁上多费时间。但事实上这对保证合同的执行是十分重要的。

七、阿拉伯人的谈判特点

阿拉伯人涉及国家较广，也不好一一列举。只能从与我国交易较密切的地中海、中东地区来探索。虽然这些地区和民族受欧美文化的影响很深，但仍然强烈地保持了穆斯林的特征和非洲人的特征：以宗教划派，以部落为群，富有地区的人较好客（也具有一定文化），喜欢用手势和其他动作表达思想，缺乏时间观念，好讨价还价，追求小团体或个人利益。

如能以我国回族或信奉伊斯兰教教义又会说阿拉伯语的人和他们做生意，必然比汉族人要方便。特别是阿拉伯人重信誉，同宗同族自然在信任上占便宜，有利于创造谈判气氛，了解谈判意图，对对方进行摸底。反过来说，要取得好感和信任，必须尊重对方的教义和习俗，否则要维持谈判将很困难。

对其松散的时间观念应予以理解。一方面要防止对方随意中断谈判，另一方面又要善于恢复中断的谈判气氛和失去的成功机会。不要注重某个中断多次的几乎成功的机会，因为你注重也没用，反而会造成对方的优势，把自己的内心弱点暴露无遗。犹如做一场长时间的游戏，我方应耐心捕捉一个又一个机会去"积分"，不谋求一下子成功。要想早成功，可以把谈判准备、人员关系建立、谈判气氛融洽和摸底工作做得尽可能充分些，使正式会谈直指要害。

阿拉伯人有个习惯是做生意要讨价还价，没有讨价还价就不是一场"严肃的谈判"，无论地摊、小店、大店均可以讨价还价。标牌价仅是卖主的"报价"。不还价即买走东西的人，还不如讨价还价后什么也未买的人受卖主的尊重。其逻辑是：前者小看他，后者尊重他。如摆地摊卖皮革的商人对与他讨价还价的人会认真对待，价格与说明像连珠炮似的甩出，即使未成交也仅一耸肩、双手一摊表示无力做到即罢。面对浏览而不睬他的顾客，他会在对方转身后做个怪相以示不屑的态度。对一递钱就走的顾客，会以若有所失的眼光送走对方。不过，对待阿拉伯人的讨价还价要注意两类不同做法：漫天要价与追求利润。前者喜欢高叫一声，你可以就地还价，大刀阔斧。后者虽有余地，但其态度主要是追求利润，应适度还价，仅在还价立场上做文章。

追求小团体和个人利益，有人喜欢用"行贿受贿"的说法，其实不尽然。有的地区虽流行"受贿"，但也决不是简单从事的。名以"回扣"、"佣金"记账，有的进入某行政部门、军方或王室，均涉及会计和税务问题。那里的会计工作中亦受本国政府某些"预付金"、"佣金"的法律限制。对于索要"佣金"的个人，也要通过当地中间代理去干，而对自己的账目仍是合法的。有的地区很鄙视"行贿"，他会说出："我为国家工作，怎么可以个人要钱。即便要，可以作为我们部门的费用。"所以，我国的谈判人不可在阿拉伯人面前简单使用这种手法。在大宗交易中，适当选用当地代理人是有益的。但馈赠有中国特色的纪念品或礼品，只要适合馈赠对象的习俗和爱好也可获同样良好的效果。

八、非洲人的谈判特点

非洲有50多个国家，面积仅次于亚洲而成为世界上第二大陆。非洲大陆绝大多数国家，政治上已独立，但内部冲突和外部战争连年不断，经济不发达，严重依赖大国，教育水平落后，人民卫生状况较差。非洲可分为北非、东非、西非、中非和南非五个部分，不同地区、不同国家的人民由于在种族、历史、文化等方面存在着极大的差异，因此，他们的国情、生活、习俗方面也各具特色。

如果要同非洲人做生意，就需要了解上面各个方面。非洲大陆各民族有不同的语言、习惯和文化，在国内，存在着许多部落，各部落之间对立意识强。国家在感情上所占的地位比不上部落。非洲人有一些禁忌：同非洲人握手时，不能伸左手，因为他们认为左手是不洁的；在妇女的面前，不能提"针"这个字；他们崇尚丰盈，鄙视柳腰。

与非洲人进行生意洽谈是非常艰难的，这主要是由于存在以下几方面的原因。

（一）在非洲各部落的内部，具有浓厚的大家庭色彩

他们认为，有钱的人帮助无钱的人是天经地义的。因此，只要他们拿到工资，他们的亲戚会一拥而上，分个精光。这种风俗造成极少有人积极谋职，也造成了工作中效率不高，办事拖拖拉拉、无时间观念。在谈判中，他们很少能准时到会，即使到了，首先是天南地北地乱说一通，全没有日本人之间的情感沟通，也没有法国人之间的文化交流。

（二）非洲人的权力意识是非常强烈的

每一个拥有权力的人，哪怕是极小，都会利用这种权力索取财物。在验证护照时，

如果不夹点钞票，便无法顺利通行；在预订房间时，如果给服务员一些好处便会订到窗外景色秀美的房间；否则只会得到临近电梯的房间。在去餐厅吃饭时，如果忘了给领班一些好处、便有可能被领到靠近厕所的桌子。因此，同非洲人洽谈生意时，为了避免行贿之嫌，可以根据他们的喜好，准备一些礼物。例如，某外销员到非洲某国推销丝绸产品，在与此国一位采购员洽谈中，他了解到此采购员需要钱，于是在谈判中，同采购员秘密商量，以全价向他的公司提供丝绸产品，同时以销售额的一定比例作为采购员的回扣，交易很快就达成了。之后，双方都认为对方有诚意，于是生意越做越大。

（三）在非洲有很多生意假象

许多非洲商人很积极地找你洽谈生意，在谈判中，他们会接受你的建议和条件，但他们的目的只是为了能够搞到必要的许可证，然后转手卖出去，或者能拿到你提供的样品。因为非洲国家法制不健全，你很难依靠法律追究他们的责任。所以在同非洲人洽谈生意时，一定当心做假生意的商人，否则只能是枉费一番心血，还落个自认倒霉的结果。

第三节　中国人的谈判特点

一、关系的建立

中国有句俗话："在家靠父母，出门靠朋友。"商业活动自然归于"出门"这一类。"出门"之后，与"朋友"的关系对于中国人来说至关重要。因此，了解关系的重要性及其建立的基本方法对理解中国人谈判的特点有着特别的价值。

（一）关系的重要性

"关系"在东方社会和西方社会中都很重要，因为作为社会中的个体，人人都自然而然地具有归属感和被他人承认的要求。然而，在东方社会，特别是在中国，关系显得尤为重要。这一点既有它的历史渊源，又有它的现实原因。

1. 历史渊源

中国人在几千年前就认识到了关系的重要性，并建立了相应的理论逻辑、社会伦理体系。从"打虎亲兄弟，上阵父子兵"这种单纯的血亲关系发展到"在家靠父母，出门靠朋友"更广泛的社会关系，是数千年来中国社会伦理观念和国家秩序得以建立的基础。

中国的文化是以儒家伦理为基础发展起来的，同时它又是以宗法血缘关系为根基的宗法制度文化。历朝历代的中国统治者都把国家视同个人的私有财产而"家天下"，所谓"普天之下，莫非王土，率土之滨，莫非王臣"。所以国家秩序无非是家庭秩序的延伸，而家庭秩序则完全取决于"长幼有序"的儒家逻辑，在各层社会集合之中，"家"无疑是最重要最基本的一环，"国"与"天下"也都是以"家"为范本的。所以有"国家"、"天下一家"、"四海之内皆兄弟"之类的观念。这里的亲情疏密比客观的价值观念要重要得多。这一点，决定了关系，特别是亲朋关系在一切社会活动中将起到举足轻重的作用。

2. 现实原因

历史上，偌大的中国由于法律体系不是很完善，所以传统社会中人的角色行为以"权威"为本位。在法制建设日益进步的今天，中国人是如何建立起人际间的相互信任关系的呢？中国的一句古话说明了最初也是最基本的一种看法，即"君子一言，驷马难追"。人们注重"人言为信"、"一诺千金"。这也是中国人所看重的"君子风范"。随着社会进步和人际关系的复杂化，又发展到"口说无凭，立字为据"的方式。

在中国，建立关系也是寻求信任和安全感的一种表现。"关系"不仅仅在商业往来中扮演着重要的角色，其实，它也渗透到中国社会的各个环节中。"关系"成为人们所依赖的与他人、与社会进行沟通联系的一个重要渠道。若要与中国各企业进行业务往来和商务谈判，首先应该通过建立良好的关系来打开局面。

（二）建立关系

"关系"这个词的内涵绝不仅仅只是一个静态的概念。在中国，人们强调的是如何建立关系。它是动态的，需要人们采取特定的行动来不断改善或改进。

那么，对于初次建立业务关系的人来说，应与哪一级人员建立联系呢？一般情况下，应该借助于一定的中介，试图找到具有决策权的主管人员。这对于业务的拓展和谈判的进行都将起到积极的推动作用。

选定了建立关系的对象之后，接下来就是如何进行一些社交商务活动来达到互相的沟通和理解。这些看似与业务无关的社交活动对于中国人建立关系至关重要。社交商务活动可以轻松一下紧张的神经，也可以增进彼此的信赖和友谊，中国人很注重"情"，不希望处处表现得"急功近利"。对于一向注重效率的西方人来说，需要了解：除个别情况以外，一般说来，关系的建立不是朝夕之间的事情。

西方人往往认为中国人所谓的"关系"就是宴请和馈赠礼品，以为这样就算有了良好的关系，这是极大的误解。真正良好的关系必须建立在共同的利益和兴趣基础上，通过长期的合作交流，达到互相的沟通和理解，这种关系的建立需要大量时间的投入，其效果也会持续较长时间。

与中国商业伙伴建立关系常采用的商务活动形式是宴请、观光和购物。利用这些活动来达到对对方人品、性格的了解也是中国人试探合作伙伴常用的做法。对于"用餐"，东、西方人有迥然不同的理解。中国人是一个好客的民族，奉行"民以食为天"。因此，对远方来客表示欢迎的最重要的方式就是安排宴请，这包括接风、洗尘、饯行等。这与西方人习以为常的简单的工作餐有根本的不同。很多人常为长达两三个小时的宴请感到头疼。然而，这正是双方增进友谊、互相了解的最佳时机。"入乡随俗"，注意利用这种机会，营造融洽和谐的气氛，是谈判者应当采取的理性选择。除此之外，适当的回请也是一个促进双方关系的有效途径。

(三)"面子"问题

"面子"不单单在中国,在东南亚其他国家同样非常重要,它在关系的建立中更起着微妙的作用。

"面子"的含义有多重层次。其中一个重要指标是一个人对奢侈品的拥有程度,也就是所谓的"身价"。另一方面的含义涉及对他人的感觉的理解。在儒家文化里,"面子"在社会生活中扮演着极为重要的角色。其基本原则是不能使人处于尴尬或难堪的境地。如在谈判中,若双方都清楚其中一方占有优势(或已胜出),双方仍须保持沉默而不必去强调,以便给对方留下"面子"、留有余地。与美国人相比,中国人通常比较间接。但是,不直接并不意味着中国人对谈判结果很满意。如果觉得被冒犯了,中国人有时会继续保持微笑,在这种情况下,只注意表面现象往往容易得出错误的判断。正如说"是"并不代表"赞成"一样,微笑往往也不说明他们真的很开心。

总之,在不同情况下,对"面子"会有不同的理解和表达方式,这一点也只有通过一段时间的实践以后才能有比较全面的体会。

二、决策结构

建立了良好的关系之后,后续的谈判过程就容易得多。但了解企业的决策结构特点仍十分重要。

决策结构和关系一样,人的因素始终是决定性的。从某种程度上来说,中国企业的决策系统比较复杂,改革过程中企业的类型很多,情况差异很大。一个明智的举措是:涉及重要内容的谈判尽可能要有高层领导的参与,以明确彼此所需承担的义务。如果不能肯定谈判对手是否拥有最终决策权时,即使双方已经达成了某项协议,你仍需不时去追踪了解事情的进展,以避免意料之外的变化给你带来的损失。

三、合同的严肃性

就合同的严肃性这一点来说,在传统的中国文化中,法律经常被置于次要的地位,立约双方的关系重于合同的约束。近年来,中国法制建设进展迅速,人们的法制观念不断增强,合同意识也随之不断增强。但是,中国是一个快速发展中的国家,政府对经济活动仍起着较强的调节作用。快速的发展,包括城市建设、技术改造等可能引起很多出乎意料的变化。在大量条件发生变化后,为在新的条件下寻求更好的效果,企业行为和政府行为都可能需要作适当调整,从而使原定的某些合约的履行受到影响。例如,大城市的安居工程就使人口的分布格局产生了很大的变化。城区内的危旧房拆迁和在距市中心较远地区的众多新居民区的开发,不但改变了人口的分布格局,而且随之为商业销售、邮电通讯等行业提供了新的发展业务的机会。当然,这种社会演变的地理条件也为保护合同的严谨性和合同的执行设置了障碍。

四、沟通的方式

交流方式是文化的一种表现形式。从总体上来说,中国文化是一种高内涵文化,它追求广泛意义上的和谐与平衡。中国人不欣赏直接、强硬的方式。正如中国人一般对对方提出的要求不会直截了当地说"不",他们会用"让我再考虑一下"、"以后再说",或"应当是可以的"等含蓄的语句来回答,这样既保住了对方的面子,又间接委婉地表达了"不"的含义。因此,在面临棘手的问题时,中国人常采取含糊其辞、模棱两可的方法作答,或利用反问把重点转移。这样既避开了提问者的锋芒,又给自己留下了一定的余地,实为一箭双雕之举。

中国人喜欢采用间接的方式体现在很多方面。比如,尽管中国人较注重级别,但很少有人会主动告诉对方"我是这个公司的总经理"之类表明自己职位的"唐突"的话。因此,"名片"在商业往来中担当了重要的桥梁作用。比较聪明的做法是永远随身携带好自己的名片。通过名片的互换,可以了解到双方各自的等级地位,以便注意相应的礼仪。

在沟通过程中,某些被西方社会视为私人问题的话题往往是很好的开场白,如家庭状况、身体状况等。但应当注意的是,无论谈什么话题,都要表现得谦虚有礼,谦虚是儒家思想提倡的美德。

五、时间观念

中国是一个具有几千年历史的文明古国,对于时间概念有自己独特的理解,如"沧海桑田,弹指一挥间"。相对于注重高效率、高速度的西方人来说,在传统社会中,中国人经常追求一种恬淡悠远的感觉,对时间的流逝并不十分敏感。他们欣赏的是"有条不紊,按部就班"。本着"欲速则不达"的传统信念,中国人认为时机不成熟时采取的行动是"拔苗助长、急躁妄为"。因此,时机不成熟时,宁可按兵不动,也不草率行事。这些固然有历史文化的影响,不过,某些企业和部门工作效率不高也是导致时间花费较多的重要原因。

本章小结

国际商务谈判是指跨越国界的分属于不同国家的商务活动主体为实现各自的目的相互之间所进行的磋商。国际商务谈判可以视为国内商务谈判的延伸和发展。国内商务谈判双方通常拥有共同的文化背景,生活于共同的政治、法律、经济、文化和社会环境之中。而在国际商务谈判中,谈判双方面临着语言差异、沟通方式差异、时间和空间概念的差异、决策结构差异、法律制度差异、谈判认识差异、经营风险差异、谈判地点差异,这就要求谈判者在进行国际商务谈判时要有更充分的准备、正确对待文化差异、具备良好的外语技能。

本章从谈判关系的建立、决策程序、时间观念、沟通方式、对合同的态度几个方面对美国人、日本人、俄罗斯人、英国人、德国人、法国人、阿拉伯人、非洲人、中国人等世界主要国家谈判者的谈判特点进行了介绍。

思考与实训

思考

(1) 请论述国际商务谈判与国内商务谈判的区别。
(2) 国际商务谈判成功的基本要求有哪些？
(3) 请分别论述美国人、日本人、德国人、英国人、俄罗斯人的谈判特点？
(4) 中国人与阿拉伯人谈判时应注意哪些问题？
(5) 请对比分析中国人与欧美人的谈判特点。

实训

到什么山唱什么歌

1995年6月28日日内瓦时间18时整，日内瓦最著名的国际饭店内挤满了新闻记者，大家等待着一个贸易谈判最终结果的公布。18时30分，美国贸易代表坎特和日本通产大臣桥本龙太郎来到会场，举行联合记者招待会，宣布美日达成了"汽车及汽车零配件协议"，从而结束了两国之间22个月的艰苦谈判，同时也标志着一场贸易战最终得以避免，旷日持久的美日汽车贸易争端终于暂时得以缓和。

美日汽车贸易争端可以说由来已久。在过去的25年，美国在对日汽车贸易中存在着巨大的逆差。据美国公布的数字，过去25年间美国共向日本出口汽车40万辆，与此同时日本向美国出口的汽车却多达4000万辆，1994年美国对日本贸易逆差为660亿美元，其中汽车贸易逆差占的比例多达60%，达370亿美元，占美国全年外贸逆差的1/4。汽车工业是美国最大的支柱产业，在过去的30年间，汽车工业的产值占其国内生产总值的5%，汽车业直接、间接就业人数达250万，尤其让美国人感到恼火而又无从下手的是日本汽车市场，这个由日本财界、厂家、经纪人等组成的排他性系统，外人针插不进，水泼不进。美国一直在琢磨和努力，欲打破日本这铁桶般的流通体制。正是由于美日汽车贸易中存在着严重的不平衡和这种不平衡的后面存在着的深刻的背景和动因，双方在汽车贸易领域的争执和摩擦不断，新一轮汽车贸易谈判就在这样的背景下发生了。

1993年克林顿当选美国总统不久，就将日本输往美国的汽车配额由230万辆减至160万辆。但美国汽车界并不就此罢休。不久又要求美国政府制定新的进口日本汽车限额，同年7月，双方开始谈判。到1994年，日本宣布调整美国汽车零部件的采购政策，在美国动辄用301条款相威胁后，双方再次谈判。谈判至9月底即处于僵局之中，美国于是便扬言要对日本进行贸易报复。1995年1月，美日重开汽车贸易谈判。日本拒不接受美国提出的市场开放的数字目标，并提出5年的过渡期，受到美国强烈的抨击。5月5日，谈判彻底破裂。5月16日，华盛顿单方面宣布将对日本13种豪华汽车及其零部件征收100%的进口税，原来只征收2.5%的进口关税，一下子提高了40倍，并将6月28日定为最后期限。28日一过，上述制裁清单即自动生效并付诸实施。日本不服，翌日即上诉世界贸易组织，指责美国推行新的贸易保护主义。6月12日，双方在日内瓦举行磋商，但很快就不欢而散。6月22日，为避免爆发贸易战，双方4位副部级官员走马上任，再次展开谈判，仍无进展，于是决定提高谈判级别，由美国贸易代表坎特和日本通产大臣桥本龙太郎直接会谈，做最后努力。坎特和桥本龙太郎的会谈于26日晚间开始，二人唇枪舌剑，各不相让。次日上午和下午双方均举行了会谈。据美方谈判人员透露，双方提出了一些新东西，但未触及实质问题。27日晚23时再谈，谈至28日16时30分，坎特才向记者透露，谈判取得了一点进展，同时又表示，如谈判不能取得实质性进展，美国的制裁将付诸实施，但到17时30分会谈结束，于是有了开头的一幕。

根据美日双方达成的协议，美国取消对日本的贸易制裁，与此同时，日本收回其向世界贸易组织递交的指责美国制裁行为的起诉书。日方同意美国1996年可以在日本增开200家汽车及零部件经营店，今后5年增加1000个。协议规定，日本在今后3年里购买美国产的汽车增加90亿美元，比现在增加近50%；日本政府还将开始取消它对汽车修理部件的严格控制等。

这次谈判，历时22个月，谈判主将几番走马换将，一直到美方规定实施制裁前的几个小时，谈判才出现转机，这是美日间以往谈判未曾有过的现象，以至于美国贸易代表坎特在达成协议后的联合记者招待会上，说的第一句话就是：我们是从悲观情绪跳过乐观情绪而直接达成协议的。由此可见此次谈判的艰难程度。

谈判协议达成后，美国总统克林顿在华盛顿发表讲话："这项协议既是美国人民的胜利，也是日本人民的胜利，两国都取得了胜利。"而桥本龙太郎强调"日本坚持了基本原则"，即日本反对美国的"数值指标"，改由日本汽车生产商提出"自愿计划"，认购美国汽车零部件。即使是这方面，美国的立场在最后一刻才软化。据称这是美国所做的唯一让步。

美国之所以能迫使日本做出如此大的让步，最重要的原因在于日本尚不具备与美国展开全方位抗衡的实力，尤其在汽车贸易方面，更是日本的薄弱之处。由于日本汽车的出口市场对美国有较大的依赖性，相反，日本市场在美国的汽车出口市场中分量无足轻重。由于日本有求于人，因而受制于人也是预料之中的。同时日本当时国内经济疲软，出口不振。

如果谈判失败，美国实施制裁，对日本汽车业无疑是雪上加霜；再加上谁也承担不了让日美经济贸易关系全面破裂、两国长期存在的战略伙伴和安全盟友的关系受到损害的政治责任。因此，尽管日方进行了顽强抵抗，但最后也不得不妥协，再次形成"美国施压，日本让步"的争端解决模式。

但是，如果仔细研究美、日双方在此轮谈判中的表现及其策略，可以说在谈判达成协议那天前的所有日子里，双方的态度均是毫不松口，毫不让步，只是到了6月28日那天，日方代表终于承受不住压力而妥协；而美方咄咄逼人的攻势则得以贯彻始终并最终得手。尽管这次谈判以日本妥协而告终的主要原因是双方实力的差距，但在谈判的策略及其表现上，日方也较美方逊色不少。美国从这次谈判一开始，就大打心理战、宣传战，大有不撬开日本市场不罢休的气势。其一，官民一致，形成了同仇敌忾，志在必得的局面。美国政府与国会一致，厂方与工人一致，全国上下形成了少有的一致局面。据调查，全国70%的人支持对日制裁。其二，再度使用超级301条款这个"神器"，对日本施加巨大压力。由于美国过去曾多次启用301条款，屡试不爽，因此，美国一旦动用301条款，就必定不达目的不罢休。如果301条款这件"神器"失效，美国就失去了贸易争端中最后也是最厉害的一件武器，这是美国绝对不愿意看到的。其三，从美日双方在日内瓦的谈判情况看，美国明显气盛，日本则消极被动，尽管表面上还以死相拼。美国贸易代表处还印发了厚厚一本背景材料，不但数字丰富翔实，而且还采用了"时事问答"的方式，说明美国如何有理，日本如何不对。在日内瓦的谈判过程中，日方也频频举行记者招待会，但讲的都是些"双方立场差距甚远"的话，毫无新意。日本不惜花费巨资争取亚洲和欧洲的国家发表反对美国要求的观点；花钱做广告，鼓动美国的利益集团批判本国政府的立场；特别是以桥本龙太郎为代表的新一代比较年轻和更有冲劲的官僚们，想改变过去"一压就服"的局面，不想再屈服于美国的压力。事实上，在谈判到了最后的关键时刻，日本是因实力的差距而不得不屈服的。

链接思考
（1）美国人在谈判中抓住了日本人的什么要害？
（2）日本人为什么说他们也取得了成功？
（3）美国人为什么能取得谈判的成功？
（4）日本人采取策略的效果怎样？

第二编　推销理论与实务

第六章　推销基本理论

本章学习目标

学完本章以后，应掌握以下内容：①了解推销的含义、特点、原则、过程和形式；②掌握推销的三角理论、系统理论、方格理论；③掌握推销模式（爱达模式、迪伯达模式、埃德伯模式和费比模式）。

案例导读：女大学生推销男士内裤

一个女大学生萧珍在一家男士内衣专卖店的老板极力鼓动下帮他搞销售。想到连日来的阴雨天，让校园里很多人抱怨内衣裤难干的情景，这位女大学生便答应在学院里推销男士内裤。

结果，第一次到男生宿舍推销，当男生问她有什么事时，她羞得满脸通红，不知道该如何开口。不甘"失败"的萧珍随后在一个周末拉上好友小宋壮胆，闯进了一间男生宿舍。这一次"开局"良好，一位男同学大方地掏出32元钱，买了一盒内裤。虽然第一次销售只赚了4元钱，但让萧珍在销售中大方自然多了。几天后，第一次拿回来的一大箱内裤就推销了出去。

"我男朋友明天生日，真不知道该送什么礼物。"一天，室友小余为其男朋友生日选送礼物而发愁。"干脆你就在萧珍这买条内裤送给他算了。"舍友小陈笑着为小余出了个歪主意。萧珍突然来了灵感："我为什么不去女生宿舍推销男生内裤呢？"这一招摸对了脉，销量一时猛增。

生意火起来后，萧珍又有了新想法，她在学院里找到认识的人，组成一个销售团队，由她统一发货，让团队自由销售。自从做起了"经理"，萧珍有了固定收入，每个月400元左右的生活费，基本都自己解决了。

分析：推销员要上门推销自己的商品或服务，就意味着必须闯进一个陌生人的领地，而顾客也会把你当作一位陌生人。人们虽然害怕孤独寂寞，渴望更多的朋友和更多的理解，但是面对陌生人又有一种本能的戒备心理和抵触情绪。因此对于一位推销员来说，顾客在考虑是否购买商品之前，往往将你当作一位陌生人，不假思索地采取疏远态度，甚至拒之门外。

据权威部门统计，世界上90%以上的巨富，是从推销员干起的。很多大公司的高层管理人员也都曾有过做推销员的经历。李嘉诚是华人当中名副其实的首富，其创业初期有过一段不寻常的推销经历：出生于广东潮安县一个书香门第之家的李嘉诚，11岁时在读完两年小学后便辍学，在他舅舅的南洋钟表公司做杂工。后来，他到一家五金厂做推销员时，挑着铁桶沿街推销，靠着一双铁脚板，走遍了香港的角角落落，从不放弃每一笔可做的生意。李嘉诚凭着坚韧不拔的毅力，建立了销售网络，赢得顾客的信誉，也深受老板器重。后来，因为塑胶业的蒸蒸日上，李嘉诚开始推销塑胶产品，由于他肯动脑筋，又很勤奋，在塑胶产品推销过程中大显身手，业绩突出，20岁便被提升为业务经理，而且也使李嘉诚淘得了第一桶"金"，同时也练就了企业家的才能，为日后进军塑胶业和构建其庞大的企业帝国打下了坚实的基础。

第一节　推销概述

推销学是市场营销学理论体系中的一门分支学科，它运用市场营销学、心理学、谈判学、商品学等多学科的知识，研究分析推销人员向顾客推销商品的理论、方法和技巧。

一、推销学的产生与发展

（一）推销学的产生

推销学是在资本主义经济迅速发展和市场问题日益尖锐化的过程中所形成和发展起来的。19世纪末，各主要资本主义国家经过工业革命，生产迅速增长，商品需求量急剧增加，产品销路就不成问题，因而企业没有必要研究推销的方法和技巧。20世纪20年代初，泰罗"科学管理"理论和方法在美国许多大企业的推广和应用，使生产效率大为提高，生产能力的增长速度超过市场需求。于是少数有远见的企业主在经营管理上，开始重视商品推销和刺激需求，注意研究推销术和广告术。与此同时，一些经济学家根据企业销售实践活动需要，着手从理论上研究商品销售问题。美国哈佛大学的赫杰特齐（J·EHegertg）走访了大企业主，了解他们如何进行市场销售活动，于1912年写出了第一本以"销售学"命名的教科书。这本书的问世，被视为销售学作为一门独立学科出现的里程碑。但是，它的内容与现代营销学、推销学的原理、概念都不相同，实际上只是分配学和广告学。这个时期，美国密执安大学、宾夕法尼亚大学、威斯康星大学等高等院校，先后开设了销售学课程，并且形成了若干研究销售学的中心。

1929—1933年的世界性经济危机，震撼了各主要资本主义国家。由于生产过剩，商品销售困难，企业纷纷倒闭，这时企业面临的已经是供过于求的买方市场，此时与企业休戚相关的首要问题是如何把产品卖出去。因而，销售学的研究逐步受到美国企业界的重视。1931年美国销售学协会成立，专门设立了为企业管理人员讲授销售学的讲习班。但在这个时期，企业重视的是如何在更大的规模上推销已经生产出来的产品，销售学的研究仍然局限于商品推销术和广告术以及推销商品的组织机构和推销策略等，还没有超越商品流通的范围。

第二次世界大战以后,随着第三次科技革命的深入,劳动生产率大幅度提高,社会产品的数量急剧增加,花色品种日新月异;同时,资本主义国家吸取20世纪30年代经济危机的教训,推行所谓高工资、高福利、高消费以及缩短工作时间的政策,刺激人们的购买力,使市场需求在量和质的方面都发生了重大变化。这时市场的基本趋势是产品进一步供过于求,消费者的需求和欲望不断变化,竞争范围更加广阔。原有的销售学愈来愈不能适应新形势的要求。为此,美国销售学家奥尔德逊(W·Aldegson)和科克斯(K·Cox)在《销售学原理》一书中提出了新的销售学概念。他们认为,市场应是生产过程的起点,销售职能首先必须调查、分析和判断消费者的需求和欲望,将信息传递到生产部门,据以提供能满足消费者需求的产品和劳务。这样一来,销售学自然突破了流通领域,而参与了企业的生产经营管理。销售学这一基本概念的变革,被西方称为"销售革命",从此,原有的销售学便发展成现代市场营销学。在此期间,越来越多的学者和企业家参与到对产品推销活动的研究,欧美很多发达国家纷纷成立了推销培训中心,各种关于推销的书籍相继增加。其中,最具代表性的推销学专著是世界著名的欧洲推销专家海因兹·姆·戈德曼(Heinz·M·Goldmann)所著的《推销技巧——怎样赢得顾客》。许多学者认为,这本书的问世是现代推销学产生的重要标志。因为这本书是作者30多年推销经验的总结,它自1958年出版以来,已被译成18种文字,受到学者和企业家的普遍欢迎,经过多次修订再版,使得推销学的理论体系和方法技巧日臻完善,为推销学从营销学中独立出来奠定了理论基础。

(二)推销学的发展

第二次世界大战后,一方面,由于消费需求的多样化、丰富化以及市场竞争的日益激烈,客观上要求发展和完善传统的推销术;另一方面,系统科学、心理学、管理学等学科的研究成果又为发展和丰富推销学理论体系和内容提供了理论和方法上的可能性。推销学的发展可以概括为以下六个特点。

1. 推销学的导向发生了根本性的变化

20世纪40年代以前,相继在西方企业占主导地位的经营观念是生产观念、产品观念和推销观念。尽管受这三种不同经营观念所支配的推销活动在推销的方式、方法和技巧方面有较大区别,但这一时期推销活动的导向是相同的,即企业推销活动的起点是企业现有的产品,而不是顾客需求。到了20世纪40年代末,资本主义企业逐渐用"营销观念"(Marketing Concept)取代推销观念(Selling Concept)。这种观念强调"顾客需求什么,就卖什么"或者"能卖什么,就生产什么"。这就使得顾客导向推销学取代了产品导向推销术,从而保证了一切推销策略的应用,旨在满足顾客的需要、欲望,解决顾客问题,以达到企业的获利目标。

2. 推销学研究的重点由物转向人

在产品、推销等观念支配下,推销术研究的重点是现有产品的性能和特点以及有利于这些产品销售的推销工具,并没有研究顾客的需要个性等特点,更没有研究推销员的个性心理特征。而以顾客为导向的现代推销观念,在推销活动过程中重点研究人的特点,即通过对人的特点的研究推动或确保产品的销售。推销学研究重点的转变反映了人们对推销活动本质的认识,只有抓住了人,才算抓住了推销活动的关键环节;只有抓住了人,才能把握住各种推销方法和技巧运用的时机。

3. 由零散的推销术发展为一门较为完善的知识体系

早期推销术主要是一些推销方法和技巧,这些方法和技巧之间缺少内在的联系,而且很零碎,缺少活动中心,因而对推销实践的指导作用很有限。现代推销学以满足顾客需要为核心,以对人的研究为重点,以说服为推销工作的重点,成为由现代推销观念、推销理论、推销公式、推销方法和技巧等要素组成的,活动目标明确,理论、方法和手段协调、统一的,能够有效指导推销实践活动的理论知识体系。

4. 推销学研究的内容不断丰富

传统推销活动的起点是从企业现有的产品出发,以推销员与客户接触促进交易为终结。因而,推销员工作的重点是怎样实现本次成交,他们不重视调查、了解顾客的需求,一般很少考虑本次成交对今后活动的影响。现代推销活动则以了解顾客需要、分析环境为活动起点,以为用户提供售后服务,使其获得最终的满足为活动终点,每次推销活动之间有很强的连续性,彼此间有较密切的联系和影响,是一个周而复始的不断循环过程。

5. 推销工作的重要性和复杂性受到企业界的高度重视

传统观念认为推销是一项对知识、技能和素质要求很低的、任何人都可以承担的工作。随着市场竞争的加剧,企业家们逐渐认识到现代推销活动的艰巨性和复杂性,认为一位成功的推销员必须具备以下条件:在资格、学识、贡献等方面有严格的要求,如在资格方面要求推销员有科学家的才智,能循序渐进,推陈出新;有宗教家的精神,能乐观进取,奋斗不懈;有社会改良家的抱负,能大公无私,服务人群;有哲学家的思想,能择善固执,求知求真;有运动员的体魄,能不畏艰难,任劳任怨;有雄辩家的口才,能说服顾客,促成交易。现代社会的推销员是一种令人羡慕的职业,有着很高的社会地位和丰厚的经济收入。据美国民意测验有关资料显示,在 54 种职业中,推销员的政治地位排在第 11 位,和教师、医生、企业家等前后排列。经济地位可以排在前 6 名。推销员的年均收入超过 25 万美元,经过训练的优秀推销员要超过这个平均数的一倍,高于美国总统的年薪。

6. 关系营销将现代推销学进一步引向深入

关系营销产生于 20 世纪 80 年代,强调在产品或服务的整个生命期间,销售应该集中在买卖双方之间的关系上。传统的营销是交易性的,强调获得销售订单,忽视销售以后的时间,其销售方法是确保产品在保质期内不会损坏。尽管传统营销会有某些售后服务,但决不能与关系营销同日而语。关系营销比以往任何时候都能把买卖双方紧紧地捆绑在一起。在关系营销中,买卖双方的销售人员与顾客不再是对立的,而是合作伙伴关系。

二、推销的含义与特点

"推销"作为一种实践活动,和人类社会几乎是同时产生的,有着悠久的历史。作为"产品(包括商品和劳务)推销",它随着商品生产的产生而产生,随着商品生产的发展而发展,它与每个人的现实生活密切相关,难以分割。

(一)推销的含义

1. 推销的定义

从广义的角度讲,推销不限于商品交换,泛指一切说服活动,使别人接受我们的物品或者某种观点。广义的推销在我们的生活中无时不在、无所不在。比如,各种性质的谈判、同学毕业求职面试、以人为本管理思想下计划的贯彻执行、政治家的游说演讲、青年男女的求爱,甚至婴儿的啼哭与微笑,等等。

从狭义的角度讲,推销是推销人员在变化的推销环境中,在一定的科学理论、方法和程序指导下,旨在满足顾客需要,激发顾客购买欲望,不断促成购买行为的一项系统活动。现代推销学正是从狭义的角度研究推销活动过程及其一般规律。

2. 推销的要素

推销人员、顾客、推销品是推销的三个基本要素。它们在推销活动中互相联系、相互制约、相互作用。推销主体运用各种理论、方法和技巧吸引、说服并引导推销客体。推销客体通过自己的购买体验和搜集到的信息来感知、理解、辨认主体的说服和引导。主体活动的效果或影响力大小不仅受其主观因素影响,还在较大程度上受制于推销标的物的质量好坏。在不同推销环境影响下,推销主体将采用不同的推销策略与技巧,竞争环境的变化是影响推销主体活动效果的重要因素。

3. 推销是三种过程的统一

这是指推销是买卖过程、信息传递过程和心理活动过程的统一体。

商品交换过程的直接目的就是把商品卖出去,获得利润。在这个过程中除了要遵循价值规律、供求规律等商品经济规律外,还必须认识这个过程的双重目的性,即推销主体要卖出产品的目的和推销客体购买产品的目的,这两种目的既对立又统一。现代推销学要求改变以往把买与卖对立起来的做法,认为推销不仅是"卖"的过程,而且还是帮助、引导顾客购买、最大限度满足顾客需要的过程,这样做的目的是使推销主体和客体的目的、需要相吻合,为有效地达成交易创造条件。

把推销看作信息传递过程,是从传播学角度来考虑的。即把推销员和客户之间的关系看作信息传递关系,这是一个信息双向运动的过程。在这个运动过程中推销主体和客户借助语言、文字或非语言文字方式,直接和间接地进行信息、思想和感情的交流,并在此基础上形成买卖双方的特定关系。

推销是心理活动过程是指推销员要更好地满足顾客需要,必须了解和把握顾客心理活动的结果,即购买行为是购买心理的外在表现,购买心理是购买行为的内在反映。顾客产生购买行为的心理活动过程是:受到刺激,产生需要,形成购买动机,进一步搜集信息或受到外来刺激,对已掌握的信息进行分析、比较和评价,购买动机得到强化,最后产生购买行为。

（二）推销的特点

1. 特定性

推销是企业在特定的市场环境中为特定的产品寻找买主的商业活动，必须先确定谁是需要特定产品的潜在顾客，然后再有针对性地向推销对象传递信息并进行说服。因此，推销总是有特定对象的。任何一位推销员的任何一次推销活动，都具有这种特定性。他们不可能漫无边际或毫无目的地寻找顾客，也不可能随意地向毫不相干的人推销商品，否则，推销就成为毫无意义的活动。

2. 双向性

推销并非只是由推销员向推销对象传递信息的过程，而是信息传递与反馈的双向沟通过程。推销人员一方面向顾客提供有关产品、企业及售后服务等方面的信息，另一方面必须观察顾客的反应，调查了解顾客对企业产品的意见与要求，并及时反馈给企业，为企业领导做出正确的经营决策提供依据。因此，推销是一个信息双向沟通的过程。

3. 互利性

现代推销是一种互惠互利的双赢活动，必须同时满足推销主体与推销对象双方的不同要求。成功的推销需要买与卖双方都有积极性，其结果是"双赢"，不仅推销的一方卖出商品，实现赢利，而且推销对象也感到满足了需求，给自己带来了多方面的利益。这样，既达成了今天的交易，也为将来的交易奠定了基础。

4. 灵活性

虽然推销具有特定性，但影响市场环境和推销对象需求的不确定性因素很多，环境与需求都是千变万化的。推销活动必须适应这种变化，灵活运用推销原理和技巧，恰当地调整推销策略和方法。可以说，灵活机动的战略战术，是推销活动的一个重要特征。

5. 说服性

推销的中心是人不是物，说服是推销的重要手段，也是推销的核心。为了争取顾客的信任，让顾客接受企业的产品，采取购买行动，推销人员必须将商品的特点和优点，耐心地向顾客宣传、介绍，促使顾客接受推销人员的观点、商品或劳务。

三、推销的原则与作用

（一）推销的原则

1. 需求第一原则

只向有需求的顾客推销，不搞强力推销，不让不需要我们产品的顾客购买我们的产品，这不仅是市场营销观念的体现，更是企业谋求长远利益，培养忠诚顾客，改变推销职业形象的要求。

2. 互惠互利原则

推销说到底是一项互惠双赢的事业，交易双方都取得了彼此需要的东西。作为推销人员不仅要树立这样的理念，建立推销职业信心，更要坚持这样的原则，培养长期客户，不做一锤子买卖。

3. 诚信为本原则

市场经济不仅是法制经济,同时更是信用经济。一个推销人员如果丧失了诚信,不仅会损害企业形象和顾客利益,而且也意味他推销职业生涯的终结。

4. 说服诱导原则

说服诱导是推销工作最基本的方式,也是推销工作最重要的特征,从这个意义上讲推销工作也是思想工作。对推销人员而言,强买强卖不仅违法,而且事实上也不可能得逞。

(二) 推销的作用

推销大师乔·吉拉德说:"每一个推销人员都应以自己的职业为傲。推销人员推动了整个世界。如果我们不把货物从货架上与仓库里运出来,美国整个社会体系就要停摆了。"这段话足以说明推销的重要性。

1. 对经济的作用

从宏观经济角度来看,推销是社会经济发展的一个重要推动力,是实现社会再生产良性循环的重要环节。只有借助推销,产品才能有流动的可能,进而实现价值和使用价值的统一。此外,推销还有引导与影响消费、促进社会进步、经济繁荣、提升社会文明等作用。

2. 对企业的作用

从微观经济角度来看,推销是企业输入系统转化为输出系统、企业的生产经营活动得到社会承认的重要途径。同时,有效的推销活动有助于企业推出适销对路的产品,提高企业经济效益,并建立、维护、发展良好的顾客关系。

3. 对推销员的作用

就推销员个人而言,推销活动是一种具有挑战性、刺激性、创造性的职业,它有利于提高推销人员素质和社交能力,磨炼意志,陶冶情操,发挥个人潜能,获得较高收入,实现个人美好的理想。

四、推销的过程与形式

推销过程是指推销工作所涉及的一般流程和步骤。推销过程大致分为八个步骤。这八个过程既是对每次推销活动全过程的描述,也构成了教材和本课程学习内容的框架。

(一) 推销的过程

1. 寻找准顾客

推销是一种沟通协调活动,目的在于说服潜在顾客购买某项产品或劳务,在满足顾客需求的同时,实现自身的推销目标。因此,寻找有可能成为推销员所推销产品的潜在顾客就成为每个推销人员面临的首要问题。

2. 访问顾客前的准备

第一次与准顾客面对面接触,很可能是一个极为短暂的时间,许多推销员的成功或失败往往都在接触准顾客的最初几秒钟,因此,要想使接近成为推销访问的良好开始,使准顾客对你及你的产品产生注意，给准顾客留下一个良好的印象，必须做好充分的准备工作。采用巧妙的约见技巧、注意自己的形象、精心设计开场白、训练自己的言谈举止等，都是这一阶段应该着重注意的问题。

3. 约见和接近顾客

约见是指推销人员事先征得顾客同意接见的行动过程。作为接近的先奏，约见本身就是接近过程的开始。接近是指推销人员正式接触推销对象的一个步骤，是推销面谈的前奏，是推销过程的必要环节。成功的接近是成功推销的第二步，接近不了推销对象，便无法开展推销。在接近推销对象的时候，推销人员的主要任务是简要介绍自己和有关企业的背景、概况以及推销产品的特点和利益，引起顾客的注意和兴趣。接近是一种双向沟通过程，推销人员在输出推销信息的同时，也在输入购买信息，成功的交易往往需要成功的接近作为前奏。

4. 介绍和示范产品

明确了准顾客的需求及问题后就可以有针对性地进行介绍说明，以引起顾客的购买兴趣。这时可以采取适当的方法、技巧开展介绍，要向顾客说明所推销的产品能给顾客带来的效用或利益，并要尽可能地使顾客相信你，减少或避免顾客对购买你的产品所担心的风险。介绍说明的根本目的在于推销人员能够向顾客证明他有满足其需求和解决其问题的能力和方法。

5. 推销洽谈

推销洽谈是买卖双方为达成交易，以维护各自的利益、满足各自的需要，就共同关心的问题进行沟通与磋商的活动。现代推销洽谈既可以是当面洽谈，也可以利用现代通讯工具跨越时空的阻隔进行磋商。洽谈是一种艺术，需要高超的技巧与良好的素养。因此，推销人员在与顾客洽谈中，要特别注意运用合适的技术和手段，以期达到良好的效果。

6. 处理顾客异议

异议是准顾客对推销人员提出的各种怀疑、反驳和拒绝的意见。在推销过程中，几乎每一位推销人员在与顾客进行洽谈时都可能会遇到异议，这无疑给推销洽谈蒙上了一层阴影，如果推销人员不能正确对待、处理顾客的异议，势必会被顾客打败。

7. 促成订约

促成订约是推销人员在合适的时候采用有效的技巧使顾客作出购买的决定，并与顾客签订交易协议。这是推销人员与顾客推销洽谈的最后一步，也是推销的最终目的。在大多数情况下，推销人员要主动地促成交易。要正确识别顾客所发出的购买信号，把握成交的时机，运用一定的技巧促成交易。

8. 售后服务

协议签订后，推销员还需要严格地履行合同，为顾客提供各种售后服务，如安装、调试、培训、维修、零配件的供给等，使顾客满意，以培养顾客的忠诚感，只有做到这一步，人员推销才算真正的成功。

(二) 推销的形式

1. 上门推销
上门推销是指推销人员主动到顾客所在地进行推销，是最基本的推销方式。

2. 店堂推销
店堂推销是指超市、百货商店、专卖店等零售企业在顾客来店主动求购的情况下进行的推销。

3. 直复营销
直复营销是指买卖双方不见面，通过网络、电视、电话等媒体进行推销和达成交易的推销方式。

4. 会议推销
会议推销是指企业举办或参加展销会、洽谈会、交易会、订货会等会议，由推销人员在会议现场向参会来客进行的推销。

第二节 推销三角理论

推销三角理论，是指阐述推销员推销活动的三个因素：推销员、推销的产品或服务、推销员所在的企业之间的关系的理论，它是为推销员奠定推销心理基础，激发推销员的积极性，提高其推销技术的基础理论。

推销三角理论要求推销员在推销活动中必须做到三个相信：① 相信自己所推销的产品或服务；② 相信自己所代表的企业；③ 相信自己的推销能力。

该理论认为推销员只有同时具备了这三个条件，才能充分发挥自己的推销才能，运用各种推销策略和技巧，取得较好的推销业绩。这就好比三角形的三条边，合起来就构成了稳定的三角形结构。其中，企业的产品用英文表示为 Goods（产品），推销员所代表的企业用英文表示为 Enterprise（企业），而推销员个人用英文表示为 Myself，这 3 个英文单词的第 1 字母合起来便构成了 GEM，故西方国家也称推销三角理论为 GEM 公式，汉语译为"吉姆公式"，如图 6-1 所示。

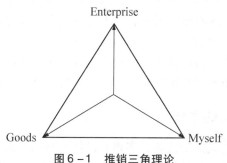

图 6-1 推销三角理论

一、推销员对企业的信任

在推销活动中，推销员对外代表着企业，推销员的一举一动都会影响顾客对其所代表企业的看法和印象，他们是企业形象的代言人。推销员的工作态度、服务质量和推销业绩直接影响到企业的经济效益、社会效益和发展前景。因此，只有使推销员充分相信自己所代表的企业，才能使其具备从事推销工作应有的向心力、荣誉感和责任感；才能使其具备主人翁的工作热情，并在推销事业中发挥创造精神。连自己企业都不相信的推销员是不可能长期对企业和顾客有所作为的。推销员对企业的相信，包括相信企业经营行为的合法性、合理性，相信企业的决策、管理能力，相信企业改革和发展的前景等。

当然，企业的优势和劣势是相对的，推销员对本企业的信任也不应是盲目的。推销员对企业的优劣、长短要用辩证的眼光看，认识到在推销员和企业其他人员的努力下，企业的劣势可以变成优势，落后可以变为先进。企业无论大、小、新、旧，都有自己的特色，这种特色是推销员信任的基点，也是推销技术运用的基础。

二、推销员对产品的信任

推销员对自己所推销的产品应当充分相信，因为产品是推销员推销的客体。它给顾客提供使用价值，给顾客带来需求上的满足。推销员要相信推销的产品货真价实，相信自己的产品可以成功地推销出去。现代产品的概念不仅是一个具有使用价值的实体产品，它包括了以下 3 个层次的内容：

（1）核心产品。指产品能给顾客带来的效用和利益，这是满足顾客需求的核心，是顾客真正想购买的东西。

（2）形式产品。指产品的形式结构和外貌，包括产品的质量、形状、外观、颜色、商标、包装等，它是核心产品的表现形式。

（3）延伸产品。也称为附加产品，是指顾客购买产品能获得的附加利益和服务，包括信贷、送货、安装、培训、维修等销售服务。推销员相信自己的产品，要求推销员对其产品 3 个层次的概念必须十分清楚，并对竞争产品有较清晰的了解，从而对自己推销的产品的效用、质量、价格等建立起自信。在向顾客作推销介绍时，便能根据顾客的不同需求有目的地作出有理有据的阐述；才能更加主动有效地处理顾客的各种异议，包括质量异议、价格异议、功能异议、效用异议、外观异议、包装异议等。当然，推销员对自己推销的产品也不应盲目地自信。这种自信应源于对产品的充分了解，源于对产品知识、功能效用和与其他产品相比的相对特征、优势及其合理使用的方法的充分了解。

三、推销员对自己的信任

推销员的自信心是完成推销任务，实现自己的目标的前提。

推销员对自己的相信，包括相信：①自己从事的推销事业伟大的意义；②自己从事推销事业的智慧和能力；③自己充满前途的美好明天。

推销员的事业总是沿着从无到有、从小到大、从缺乏经验到经验丰富的方向发展的。如果有人遇到了几次失败或挫折，就气馁，就失去信心，是不可能干好推销员事业的。

推销员对自己缺乏信心的表现为三个方面：①认为自己天生就不是干推销的"料"；②害怕被顾客拒绝，觉得被拒绝很没面子；③担心从事推销工作会做"蚀本生意"，因为有些推销事业是要自己投入一定本钱的。事实上，成功的推销员没有一个是一帆风顺的。

美国一位名叫乔·吉拉德的推销员曾欠债6万美元，但凭着自己顽强的拼搏精神和自信，逆境中求生存，求发展，终于成为美国的汽车推销大王。

第三节　推销系统理论

市场竞争的日趋激烈和顾客需求的多变性、复杂性，使得推销工作的难度进一步增大，这种推销环境对推销员提出了更高的要求。从系统的观点看，现代推销理论和实务是社会系统、技术系统、知识系统、思维系统和人－机系统的复合体。如果推销人员不能用系统的观点来看待自己的企业、看待顾客和推销系统活动，他很可能在工作中顾此失彼、不能正确处理局部和整体的利益或不能处理好眼前和长远的利益等其他关系。因此，用系统的观点来武装推销人员，把系统理论作为现代推销学的方法论，是建立现代推销学理论体系首先要考虑的问题。

一、系统的概念

系统是指由相互联系、相互作用、相互依赖的若干组成部分或子系统结合成的、具有特定功能或目的的有机整体，而这个有机整体又从属于一个更大系统的组成部分，"总体"和"若干组成部分"的"相互联系"，正是系统论的基本观点。

系统按其性质不同大致可分为五类：①自然系统。即自然界本来存在的系统。如太阳系统、生态系统等。②社会系统。即社会领域存在的系统。如一个国家、一个集团等。③思维系统。即人类思维领域存在的系统，如一门学科、一种理论体系等。④人工系统。即为达到人类某种目的而建立起来的系统，如交通运输、经济、文化、教育等。⑤复合系统。即人工系统和自然系统组合而成的系统，如人－机系统、城市系统等。推销学是人类思维系统下属的一个子系统，它反映了作为人工系统子系统的推销活动理论体系。推销学的研究既要受思维系统内其他相关子系统的影响和制约，又要受制于其他系统的现状和变迁。

二、推销系统

推销系统是由相互联系、相互作用、相互依赖的各种推销思维活动和推销实践活动结合而成的，旨在促进和实现企业产品销售的有机整体，它是市场营销组合系统的一个子系统。因此，一个企业产品的推销效果不仅取决于推销系统各构成要素的状况、水平和协调程度，而且还在很大程度上受制于营销组合系统的其他要素。而营销组合系统又是市场营销系统的一个子系统，它的状况又受市场营销系统其他构成要素的影响和制约。

作为优秀的推销员,除了能够正确把握推销系统内的诸要素对推销效果的影响,还应该了解比推销系统高的若干层次系统对推销活动的影响作用特点,并以满足顾客需求适应竞争需要为出发点,向企业各级有关领导和部门提出合理的建议、反馈市场信息,为实现企业营销系统效果的整体优化贡献力量。所以,推销员很有必要了解市场营销系统、市场营销组合系统和推销系统的构成要素及其联系特点。

(一) 市场营销系统

由于市场营销活动涉及诸多方面的活动、要素、参与者及影响因素,因而,它不是一个单一系统而是一个有若干层次系统的复合系统(见图6-2)。

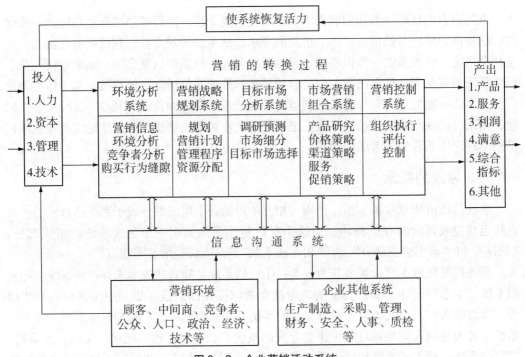

图6-2　企业营销活动系统

图6-2清晰地显示营销系统作为企业系统的一个重要组成部分,它的基本功能及其与企业其他子系统营销环境的联系作用关系。此图表明营销系统由五个子系统所组成,这五个子系统之间相互联系和制约,它们又各自同企业其他子系统及营销环境中的各要素发生联系。而推销系统的目标及功能基本上同促销策略子系统的作用相吻合。促销系统是营销组合系统的子系统,推销系统是促销系统的一个子系统。

市场营销系统与营销组合系统的关系是:营销组合系统是营销系统的一个子系统,营销组合系统要按照营销系统在一定时期内规定的活动目标、要求、范围和程序来确定系统内的营销组合策略及活动安排。

（二）市场营销组合系统

市场营销组合系统是连接企业营销规划、战略、计划和企业具体营销活动的纽带，通过制定营销组合策略和具体的产品、价格、渠道、促销策略，就把抽象、概括的营销战略规划转化为具体的营销行动。

市场营销组合系统由产品策略系统、价格策略系统、渠道策略系统、促销策略系统及服务策略系统五个子系统所组成。这些相关子系统的状况和水平对促销系统的活动效果有着直接的、重要的和实质性的影响，在某些特殊情况下甚至有着决定性的影响作用。因此，推销员要注意观察、分析营销组合系统各子系统的活动对推销活动的影响特点，采用前馈控制方式，把不利于推销的各种因素减少到最低限度。

（三）推销系统

推销系统作为市场营销组合系统及其下属促销系统的子系统，有自己特定的活动目标、独立的活动方式、活动内容和活动体系。推销系统既是一个信息传递系统，又可以被理解为推销活动系统，还可将它视为一个完整的思维系统，它是这三类系统的统一体。但是，推销过程中信息传递的特点和基本思维方式往往通过推销活动系统得到充分的体现或反映，所以我们只要重点研究推销活动系统的特征，就能较为完整地认识这三类系统的联系特点。

推销系统包括以下六个相互联系、相互制约的子系统或构成体。

1. 推销情报系统

当企业的营销战略和营销组合策略确定后，推销员要在企业所确定的目标市场范围内，结合自己所销售产品的特点，了解、分析推销环境对推销活动的影响，调查顾客的具体需求特点和购买力状况，寻找潜在客户并明确主要竞争对手，以取得市场销售的主动性。但推销情报系统所要调查和储存的信息远不如营销情报系统那样全面和广泛。

2. 顾客购买行为及竞争对手状况分析系统

推销员在搜集必要的信息基础上，开始分析目标顾客以及竞争对手的状况，以进一步有效地吸引、说服和诱导顾客确定优于竞争对手的推销计划和策略。

3. 推销活动计划系统

商场好比战场，推销活动也如同上战场一样，必须建立牢靠的作战方针。该方针包括：推销路线的开拓计划，拟定与特定客户要求相适应的、可行的推销计划，考虑损失最少、效果最好的拜访计划，选择相对合理的拜访路线，等等。

4. 推销必备的知识系统

推销人员获得成功的关键是对人的认识及对商品知识的了解，而其根本是先培养自身的品德个性和礼仪修养。因为推销首先是推销自己本身；其次，推销员知识的准备是将商品知识、推销技巧牢记在心；最后是对于客户的需求、价值观、喜好等必须有深刻的认识。

5. 有关物品的准备

客户的资料、样品、价格表、示范器材、幻灯片、录像带、契约、印鉴等在推销活动中所需要的物品，都应在活动进行前准备完善。

6. 推销计划的实施与完善

推销员在做了上述准备工作后，开始运用一定的推销方法和技巧与客户发生联系，对客户施加一定的影响力，从而进一步加深主顾双方的了解和理解，检验推销计划的合理性，为新一轮的推销系统活动以及推销计划的制定提供依据。推销员应牢记推销系统的这些构成要素，这些构成要素是推销成功的必备要素；同时要了解他们彼此间的相互联系和制约关系及其对整个推销活动效果的影响特点。

第四节 推销方格理论

推销方格理论是美国管理学家布莱克和蒙顿的管理方格理论在推销领域中的运用。推销方格理论分为推销人员方格和顾客方格两部分。推销人员方格是研究推销活动中推销人员心理活动状态，顾客方格则是研究顾客在推销活动中的心理活动状态。大量工作实践表明，要做好推销工作，必须了解买卖双方对推销活动的态度。学习推销方格理论，一方面可以直接帮助推销人员更清楚地认识自己推销态度的状况，看到自己在推销工作中所存在的问题，进一步提高自己的推销能力；另一方面，推销方格理论还可以帮助推销人员更深入地了解顾客，掌握顾客的心理活动，以便于有的放矢地开展推销活动。

下面我们分别介绍推销人员方格和顾客方格。

一、推销人员方格

推销人员在推销活动中有两个目标：一是尽力说服顾客，完成交易；二是尽力迎合顾客的心理活动，与顾客建立良好的人际关系。在第一个目标中，推销人员关心的是销售；在第二个目标中，推销人员关心的是顾客。不同的推销人员对待这两个目标的态度是不同的，把它们表示在方格图上，就是推销人员方格（见图6-3）。

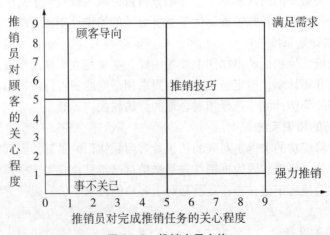

图6-3 推销人员方格

(一) 事不关己型

即推销人员方格中的 (1, 1) 型。这种推销人员既不关心自己的推销任务能否完成，也不关心顾客的需求和利益能否实现。这种类型的推销人员对工作缺乏必要的责任心和成就感，也没有明确的奋斗目标。他们对顾客缺乏热情，顾客是否购买商品与己无关。他们对待工作的态度极差，回答顾客所提的问题极不耐心，甚至在推销商品过程中与顾客发生争吵，在顾客当中的形象很坏。产生这种心态的原因：一是推销人员缺乏敬业精神，不思进取；二是企业缺乏有效的激励机制。因此，要改变这种态度，首先要求推销人员树立正确的推销观念，正确对待顾客，正确对待推销工作，严格要求自己，树立积极向上的人生观；其次，企业要建立明确的奖惩制度，奖勤罚懒。

(二) 顾客导向型

即推销人员方格中的 (1, 9) 型。处于这种推销心态的推销人员非常重视与顾客的关系，而不关心销售的完成情况，即推销人员刻意强调在顾客中树立自己良好的形象，处处为顾客着想，甚至放弃原则来迎合顾客，迁就顾客，尽量满足顾客的要求，达到与顾客建立良好关系的目的。这类推销员只重视建立与顾客之间的良好关系，而忽视了推销任务的完成，他们不会成为好的推销人员。产生这种心态的主要原因：一是推销人员片面扩大了人际关系在推销过程中的作用；二是推销人员对以顾客为中心的现代推销观念的实质认识不清。因此，成功的推销人员必须明确：一方面，承认人际关系对增加订单、完成推销任务有积极作用，但这种关系如果不能使销售额增加，那这种关系对于促进交易的作用就不明显了，推销人员需要改变推销策略；另一方面推销人员要坚持为顾客服务的思想，同时又必须善于对顾客进行教育，对顾客明显的偏见、误解等表明自己的态度和立场，这样既能满足顾客需要，又有利于推销目的的实现。

(三) 强力推销型

即推销人员方格中的 (9, 1) 型。处于这种推销心态的推销人员具有强烈的成就感与事业心。这种推销人员的心态与顾客导向型正好相反，只重视推销是否成功，而不考虑顾客的需要和利益。他们千方百计地说服顾客购买，甚至不择手段地采取强行推销的方法，将商品推销出去，而不考虑顾客是否真正需要所推销的商品。这类推销人员在推销商品时一般只考虑其个人的推销成果，而忽略了与顾客之间的关系，更不会去考虑其行为给企业形象带来的不良影响。他们有很强的推销意识，就是想尽一切办法将商品推销出去。产生这种态度的原因，是推销人员对"达成交易"是推销工作的中心任务这一观点产生了片面性理解，以至于急于求成。推销人员应充分认识到，达成交易作为推销工作的中心任务，是针对推销工作的长期性而言的，推销人员决不能要求每一次业务拜访都能达成交易，不能把它推广到每一次具体的推销活动中去。俗话说，"欲速则不达"。如果推销人员只顾完成销售任务，而不尊重顾客，不考虑顾客的实际需要，强行推销，则会断送企业的长远利益。所以，推销人员必须按现代推销理念的要求，诚心诚意地进行推销，才能有所成就。

（四）推销技巧型

即推销人员方格中的（5，5）型。处于这种推销心态的推销人员既关心推销成果，也关心与顾客之间的关系。他们热爱推销工作，十分重视对顾客心理和购买动机的研究，善于运用推销技巧。若在推销中与顾客意见不一致，一般都能采取折中的办法，使双方相互妥协，避免矛盾冲突。他们能够非常巧妙地说服一些顾客购买实际上并不需要的商品，从表面现象来看，这种推销人员是较理想的推销员，但应引起我们注意的是，他们只重视对顾客心理和行为及推销技巧的研究，而对顾客的需求和利益考虑得很少，这实际上损害了顾客的利益。这种类型的推销人员从某种程度上看，有一定的推销能力，但实际上这种推销人员很难适应现代推销观念的要求，在激烈竞争的现代市场中是很难取得成功的。虽然这类推销人员踏实肯干、经验丰富、老练成熟，往往也具有较好的推销业绩，但他们不能成为推销专家。因为他们在推销中只注意推销技巧，注意顾客的心理状态，注重说服顾客的艺术，而不十分关心顾客的真正需求，不十分关心自己的销售额。他们对销售额和顾客的关心仅限于中等的水平上，而且其推销技巧也尚未达到娴熟的程度。他们可能会说服顾客购买不需要的产品。所以，从长远讲，既损害了顾客利益，也不利于企业的长远利益。

（五）满足需求型

即推销人员方格中的（9，9）型。处于这种推销心态的推销人员是一种较理想的推销员，他们的推销心态也是极佳的。他们对自己的推销工作及效果非常重视，并且十分关心顾客的需要。他们注意研究整个推销过程，总是把推销的成功建立在满足推销主体双方需求的基础上，针对顾客的问题提出解决办法，并在此基础上完成自己的推销任务。这种推销人员能够最大限度地满足顾客的各种需求，同时取得最佳的推销效果。这类推销人员可以说是理想的推销人员。满足需求型的推销人员具备了现代推销人员的基本素质和能力的要求，所以他们能够适应现代市场经济的发展要求，能够成为最理想、最优秀的推销员。

有关研究成果表明，在推销业绩方面，（9，9）型心态的推销人员是（1，1）型心态推销人员的75～300倍，是（1，9）型推销人员的9倍，是（5，5）型推销人员的3倍。不难看出，不同心态类型的推销人员所创造的业绩大不相同，企业要赢得广阔的市场，就应积极培养（9，9）型心态的推销人员。

二、顾客方格

推销活动不仅要受推销人员态度的影响，而且也要受顾客态度的影响。交易能否实现，最后还是要取决于顾客的态度。顾客在与推销人员接触过程中，会产生对推销人员与推销活动、自身购买活动两方面的看法。这就使他们在购买商品时，头脑中都装有两个具体、明确的目标：一是与推销人员谈判，力争以尽可能小的投入，获取尽可能大的收益，完成其购买任务；另一个目标是争取与推销人员建立良好的关系，为今后的合作打好基础。每个顾客对这两个目标的追求程度和态度是不一样的，将其表现在方格图上就称为顾客方格（见图6-4）。

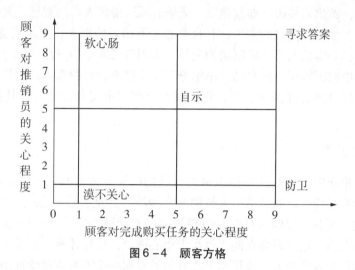

图6-4 顾客方格

（一）漠不关心型

即顾客方格图中的（1，1）型顾客。这类顾客对上述两个目标的关注程度非常低，既不关心自己与推销人员的关系，也不关心自己的购买行为及结果。他们当中有人的购买活动有时是被动和不情愿的，购买决策权并不在自己手中，他们往往要服从于长辈或上级领导；也有些人的购买是受人之托，自己做决策有风险。具体表现为尽量避免做出购买决策，回避推销人员，认为购买决策与自己无关。他们对推销人员和自己的购买活动既缺乏热心，又不负责任。向这类顾客推销商品是非常困难的，推销成功率是相当低的。对待这类顾客，推销人员的首要任务是尽力使推销工作能继续进行，并主动了解顾客的情况，搞好与顾客的关系，消除其戒备心理；其次是向顾客说明自己的推销是为了满足顾客的需要，并为其提供优质服务，绝不会为顾客增添烦恼的，并强调自己是讲信用的，以提高顾客的信心，促其做出购买决策。

（二）软心肠型

即顾客方格图中的（1，9）型顾客。这类顾客对推销人员以及对与推销人员建立良好关系极为关注，而对自己的购买行为和目的却不大关心。这类顾客非常注重情感，当推销与购买发生冲突时，为了能与推销人员保持良好的关系，或者为了避免不必要的麻烦，他们很可能向推销人员做出让步，吃亏地买下自己不需要或不合算的推销品。许多老年人和性格柔弱、羞怯的顾客都属于此类顾客。对待这类顾客虽然容易成交，但推销人员同样必须以自己的理智调动顾客的理智，要善于保护顾客的感情，绝不能愚弄顾客，更不能欺骗顾客，以确保与顾客的长期合作。

（三）自示型

即顾客方格图中的（5，5）型顾客。这类顾客对推销人员及自己的购买活动都十分关心,购买时头脑冷静,既理智又重感情,考虑问题周到。他们都具有一定的商品知识和购买经验,做出购买决策非常慎重,既乐意听取推销人员的意见,又倾向于自主地做出购买决策。他们有自己的主见,有自尊心,不愿轻信别人,更不会受别人的左右。这类顾客有时会与推销人员达成圆满的交易,买到自己满意的商品,但有时也会为了自尊、身份及其他原因购买一些自己并不十分需要或很不合算的商品。对待这类顾客最好的方法就是要尽量满足其消费心理,推销员充分摆明事实和证据,让其自己做出购买决策。

(四) 防卫型

即顾客方格图中的 (9,1) 型顾客对自己的购买行为极其关心,只考虑如何更好地完成自己的购买任务,而对推销人员则非常冷淡,甚至有敌对态度。在他们心目中,推销人员都欺骗顾客,推销人员都是只想把商品卖给顾客,从而本能地采取防卫的态度,担心受骗上当,这类顾客在购买过程中小心谨慎,斤斤计较,总希望获得更多的利益。这类顾客只是对推销人员或推销工作有偏见,而不是不愿意接受推销品。所以,推销人员必须首先推销自己,取得顾客的理解和信任,才能使推销工作顺利进行。随着市场经济的发展,推销工作越来越受到社会各界的重视,也会有更多的社会公众理解推销工作的。但推销自己的形象、信誉、人格,永远是确保推销活动顺利进行不可缺少的内容。

(五) 寻求答案型

即顾客方格图中的 (9,9) 型顾客被认为是最成熟的顾客。他们不仅关心自己的购买行为,而且高度重视推销人员。他们在考虑购买商品之前,能够非常理智地对商品进行广泛的调查分析,既了解商品质量、规格、性能,又熟知商品的行情,对自己所要购买商品的意图十分明确;他们对商品采购有自己的独特见解,不会轻易受别人左右,但他们也十分愿意听取推销人员提供的观点和建议,对这些观点和建议进行分析判断;他们充分考虑推销人员的利益,尊重和理解他们的工作,不给推销人员出难题或提出无理要求;他们把推销人员看成自己的合作伙伴,最终买卖双方都满意。对待这类顾客,推销人员应积极参谋,主动为顾客提供有效服务,及时向顾客提供真实、有效的信息,诚心诚意帮助顾客解决问题。

三、推销人员方格与顾客方格的关系

推销过程是推销人员与顾客的双向心理作用过程,在推销活动中,推销人员的推销心态和顾客的购买心态都会对对方的心理活动产生一定的影响,从而影响交易行为。

从推销人员方格和顾客方格可知,推销人员与顾客的心态多种多样,在实际推销活动中,任何一种心态的推销人员都可能接触到各种不同心态的顾客。在错综复杂、千变万化的推销活动中,没有哪一种推销心态对所有顾客都是有效的,同样,不同的购买心态对推销人员也有不同的要求。因此,成功推销的关键取决于推销心态与购买心态是否吻合。比如顾客导向型推销人员向防卫型顾客进行推销很难取得推销效果,而对软心肠型的顾客进行推销就容易推销成功。这就要求企业在选拔和培训推销人员时不能只用一个标准，应根据推销人员自身的特点有针对性地训练，培养各具特色的推销人员，以适应各种不同购买心态顾客的要求。

推销人员方格与顾客方格的关系可以用推销有效性搭配表（见下表）来表示，这个搭配表反映了推销人员方格图与顾客方格图之间的内在联系。表中"＋"表示推销成功，"－"表示推销失败，"0"表示推销成败的概率相等。

推销有效性搭配表

推销人员方格 \ 顾客方格	1，1	1，9	5，5	9，1	9，9
9，9	＋	＋	＋	＋	＋
9，1	0	＋	＋	0	0
5，5	0	＋	＋	—	0
1，9	—	＋	0	0	0
1，1	—	—	—	—	—

从搭配表中可以看出，（9，9）型心态的推销人员无论与哪种心态类型的顾客相遇，都会取得推销成功；而（1，1）型心态的推销人员几乎遇到什么心态类型的顾客都不可能取得推销的成功；其他心态类型的推销人员遇到不同心态类型的顾客则有可能取得成功，也可能一无所获。

在现实的推销过程中，存有各种心态的推销员都会遇到具有各种心态的顾客。推销过程中推销员与顾客双方心态的有效组合是推销工作顺利进行的重要条件。值得注意的是，由于外界与内部多种条件的影响，推销员与顾客的心态是十分复杂的，并没有绝对精确的划分。我们可以认为，世界上有多少个推销员，就有多少种推销心态，相反地有多少个顾客，就会有多少种购买心态。推销与购买心态也绝非是简单地受关心对方与关心商品两方面因素的影响，故推销方格理论只是大致上概括出两种心理的组合，仅供我们分析时参考，还应该结合实践经验的积累，不断加以充实和完善。但千百次推销实践反复证明着这样的理论：推销员的心态越好，推销效果相对越好。

第五节 推 销 模 式

在推销实践中，推销环境的复杂多变要求推销人员不必拘泥于各种束缚，应突破框框，但要掌握推销活动的规律性。推销模式是推销专家根据长期对顾客购买心理活动特点的分析和研究，归纳总结出的旨在提高推销活动效果的一整套科学和标准的推销程序。

一、爱达（AIDA）模式

爱达模式是欧洲著名推销专家海因兹·姆·戈德曼于1958年在其著作《推销技巧——怎样赢得顾客》一书中概括出来的。"爱达"是由四个英文单词的开头字母构成，将人员推销过程分成了四个阶段，这四个英文单词的含义以及所代表的四个阶段分别是：

Attention——注意，即吸引准顾客的注意；
Interest——兴趣，即唤起准顾客的兴趣；
Desire——欲望，即激发准顾客享受产品或服务的欲望；
Action——行动，即促使准顾客采取购买行为。

爱达模式告诉推销人员要根据准顾客的购买心理活动的变化规律去思考问题，强调一个成功的推销员必须把顾客的注意力吸引或者转移到所推销的产品上，使顾客对所推销的产品产生兴趣，随着顾客购买欲望的产生，进而促使顾客做出购买行动。

爱达模式四个发展阶段的完成时间是不固定的，可长可短，四个阶段的先后次序也不是一成不变的。

（一）引起顾客注意

顾客的购买行为通常由注意开始。因此，推销人员的第一个步骤就是要引起目标顾客对推销的注意。当推销人员和目标顾客互相陌生时更是如此。能否引起顾客注意，是决定推销能否成功的重要前提。

心理学研究表明，人们在最初接触的30秒内获得的刺激信息，比在此后的10分钟里获得的要深刻得多。所以如何在第一时间吸引顾客注意就至关重要。

所谓吸引注意是指推销人员通过推销活动刺激准顾客的感觉器官，使准顾客对其所推销的产品有一个良好的感觉，促使准顾客对推销活动及产品有一个正确的认识，并产生有利于推销的正确态度，至少是不排斥的态度。

从心理学角度看，注意可分为有意注意和无意注意。有意注意是一种自觉的、有目的、在必要时有一定意志努力的注意。无意注意是事先没有预定的目的，也不需要作意志努力的注意。它表现在某些刺激物的直接影响下，心理不由自主地把自己的感官指向这些刺激物。引起无意注意的因素，除了产品的特点外，还有传播信息的特点，如信息的刺激强度、多变性、对比度、情感性等。具有高水准的推销人员在推销时，十分注重利用这些因素来提高传播效果。

通常推销员所面临的往往是被动甚至是有抵触情绪的顾客，推销员在接近准顾客之前，准顾客大多是处于对推销员和其产品的麻木状态，他们的注意力只放在与自己相关的事物上，也只注意自己感兴趣的事情。如果推销员拜访了准顾客，却不曾给对方留下任何印象，这种拜访则是徒劳无益的。所以，推销员必须尽其所能，想方设法吸引准顾客的注意力，以便不被拒绝。在现实生活中，人们每天都会接触到大量的产品信息。产品信息能否在市场竞争中引起消费者的注意，是决定推销能否成功的重要前提。如果消费者注意到了推销人员提供的产品信息，则说明该推销活动有可能进行下去；反之就说明这次推销已经失败了。

引起顾客注意的方法包括说好第一句话、为顾客着想、运用特色推销、用肯定的语气提问、巧妙地处理"干扰"、目视顾客等。

(二) 唤起顾客兴趣

兴趣是人的个性心理特征之一，通常是在注意的基础上发展起来的。人们不可能对没有注意到的事情发生兴趣，对不感兴趣的事情也不可能保持长期稳定的注意。在推销活动中，使准顾客对产品产生各种好奇、期待、偏爱和喜好等情绪，均可使准顾客对推销员及其产品感兴趣而使其注意力更加集中。

唤起兴趣在整个推销过程中起着承前启后的作用，兴趣是注意进一步发展的结果，兴趣又是欲望的基础。在推销过程中，如果推销员不能设法使准顾客对产品产生浓厚的兴趣，不仅不会激发准顾客的购买欲望，甚至会使其注意力转移，使推销工作前功尽弃。

准顾客的兴趣主要来源于产品的特性，即产品给顾客带来的好处和利益。产品的好处和利益，又来自于产品与众不同的技术特性，正是产品的这些优点及利益吸引着准顾客，使他们对产品感兴趣。因此，推销员在此阶段，要善于介绍产品的功能、特点以及能给准顾客带来的利益，以唤起其兴趣。

唤起顾客兴趣的方法是示范。推销人员可以通过示范的形式，向顾客证实推销的产品确实具有某些优点。熟练地示范推销的产品，能够吸引顾客的注意力，使顾客对产品产生直接兴趣。推销员要尽可能快地让顾客亲自检验产品的质量，让顾客亲眼看一看、亲手摸一摸，这比其他任何一种方法都更具有说服力。例如，让顾客把千斤顶举起来，用力摔在坚硬的路面上，看他是否能把千斤顶摔坏，这种方法比任何口头宣传都更有说服力。如果所推销的油漆没有什么味道，不妨让顾客亲自闻一闻；为了向顾客说明某种小汽车加速器的性能特点，推销员只需邀请他和自己一起外出试车，并且让他拿着秒表，就足以使顾客信服了，而不必让顾客看那些密密麻麻的数据；如果推销员想说服顾客安装空调设备，只需让顾客体验一下安装了空调设备的房间与没有安装空调设备的房间就足够了。

(三) 激起顾客欲望

欲望是人们对拥有能满足需要的某个具体事物的愿望，是一种期望占有的心理活动。准顾客对你的产品感兴趣，只是进一步对其进行说服的基础和引起其购买欲望的一个因素，它并不一定能引起购买欲望和形成购买行为，只有激发起购买欲望，才有可能导致需求，从而促成交易。如果一位推销员已成功地利用示范等方法引起了准顾客的兴趣，但最终未能与其达成交易，其主要原因往往就是因为没能激发起准顾客的购买欲望。

需要是引起购买欲望的基础，没有需要，就不会有欲望，然而需要不一定都会导致欲望。因此推销人员必须了解顾客需要，倾听顾客意见，弄清楚顾客主要关心的问题，从而采取恰当的方法激发顾客的购买欲望。

准顾客对产品的预期利益,是产生购买欲望的又一个决定因素。了解了准顾客的需要之后,推销人员还要进行利益推销,应着重向准顾客指明他们可以从该产品中获得的利益。当准顾客从产品的特性中悟出可能带来的利益时,就会产生购买欲望,直至达成购买行为。

在现实生活中,人们由于购买能力有限,所以只有将有限的支付能力投到需要最迫切、欲望最强烈、兴趣最浓厚的产品上面。因此在此阶段,推销人员应努力使准顾客对推销物的需要与欲望排在首要的位置上,并产生积极肯定的心理定势与强烈的拥有愿望。

激起顾客欲望的方法包括向顾客介绍情况以刺激他们的购买欲望、提出一些有吸引力的建议、以理服人、将购买欲望与说服工作结合起来等。

(四)促成顾客行为

促成顾客行为是指推销人员在准顾客产生购买欲望的基础上,进一步运用说服和洽谈的技巧,诱导顾客做出具体的购买行动。这是推销过程关键的一步。即使推销员在推销过程前几个阶段的工作完成得很出色,成功地吸引了准顾客的注意力,引起了准顾客对自己产品的兴趣,激发起了准顾客的购买欲望,但是,倘若此时推销员不及时地促使准顾客采取购买行动,终将前功尽弃,功亏一篑。因此在这关键时刻,推销员必须以极大的耐心、高度集中的注意力、敏锐的观察力,正确识别准顾客的购买信号,并迅速抓住这些信号,采用恰当的方法、技巧促使准顾客采取购买行动。

二、迪伯达(DIPADA)模式

迪伯达模式是推销专家海因兹·姆·戈德曼根据自身推销经验总结出来的新推销模式。它被认为是一种创造性的推销模式,是现代市场营销在推销实践活动中的突破与发展,是以需求为核心的现代推销学在实践中的应用,被誉为现代推销法则。

"迪伯达"是六个英文单词的第一个字母 DIPADA 的译音,这六个单词概述了迪伯达模式的六个推销步骤,即准确发现(Definition)顾客有哪些需要和愿望;把推销品与顾客的需要与愿望结合(Identification)起来;证实(Proof)推销的产品符合顾客的需要与愿望;促使顾客接受(Acceptance)所推销的产品;刺激顾客的购买欲望(Desire);促成顾客的购买行为(Action)。

迪伯达模式的特点是紧紧抓住了顾客需要这个关键性环节,充分体现说服劝导的原则。虽然模式比爱达模式复杂、步骤多,但针对性强,推销效果较好,因而受到推销人员的重视。就产品类型而言,迪伯达模式更适用于生产资料推销产品和咨询、信息、劳务与人才中介、保险等无形产品;就顾客类型而言,迪伯达模式更适用于有组织购买即单位购买者。

(一)准确地发现顾客的需求与愿望

需要是顾客购买行为的动力源,顾客只有产生需要才会产生购买动机并导致购买行为。因此,推销人员要善于了解顾客需求变化的信息,利用多种方法寻找与发现顾客现实和潜在的需要与愿望，明确指出顾客的需要，并通过说服启发，刺激与引导顾客认识需求，为推销创造成功的机会。

（二）把推销的产品与顾客的需要结合起来

这一步骤是由探讨需求的过程向开展实质性推销过程的转移，是迪伯达模式的关键环节。它要求推销人员在探讨顾客需要后，及时对顾客的主要需要和愿望进行总结和提示，取得顾客好感，进而向顾客简明扼要地介绍推销品的主要优点、性能和作用，把话题自然转向推销品和顾客需要与愿望的结合点上。由于结合是一个转折的过程，因此，推销人员一定注意结合，必须从顾客的利益出发，用事实说明二者之间存在的内在联系。否则，牵强附会的结合必然使顾客反感，最终葬送推销。

（三）证实所推销的产品符合顾客需求

当推销人员把推销品和顾客的需要与愿望结合起来后，顾客虽然认识了推销品，但尚不能足够相信符合他的需要，还需要推销人员拿出强有力的证据向顾客证明他的购买选择是正确的，推销品正是他所需要的。证实不是简单的重复，而是推销人员为顾客寻找与提供能使其相信购买是可以达到其购买目标的理由与证据，使顾客认识到推销品是符合他的需要的过程。而要达到这个目的，推销人员事先必须做好证据理由的收集和应用等准备工作，熟练掌握展示证据和证实推销的各种技巧。事实上，推销员仅仅告诉顾客，其所推销的产品正是顾客所需要的是远远不够的，他还必须拿出充分的证据向顾客证明。另外，在继续业务洽谈以前，推销员必须问一下顾客是否认为所提供的证据真实可信，必须从顾客的角度，而不是从推销员的角度来判断这些证据是否真实可信。

（四）促进顾客接受所推销的产品

顾客接受推销品是指顾客完成了对推销品认识的心理过程后，在心理上同意与认识推销品，以至达到肯定与欣赏推销品的程度。由于顾客只有接受了推销品才有可能采取购买行为，因此推销的主要目的是促使顾客接受推销品。在推销活动中，推销人员虽然证实了推销品符合顾客的需要与愿望，正是顾客所需要的，但这并不意味着顾客已经接受推销品。因为推销员的证实和顾客的接受之间还存在着不可忽视的沟壑，此时还必须通过推销人员的积极努力促使顾客对推销品产生积极的心理定势，使二者融为一体。这一步骤是对前段推销进展的总结，常与第三步骤的证实有机合成一体，形成迪伯达模式的创造力。在这一步骤需注意：强调和突出顾客的主角地位，避免采取强力推销，耐心等待，继续努力工作。

（五）激起顾客的购买欲望

当顾客接受了推销品后，推销人员应及时激发顾客的购买欲望，利用各种诱因和外界刺激使顾客对推销品产生强烈的满足个人需要的愿望和情感，为顾客的购买行动铺平道路。这一步骤与爱达模式的第三步相同。

（六）促成顾客的购买行为

这一步与爱达模式的第四步相同。它要求推销人员要在前面工作的基础上，不失时机地巧妙劝说顾客做出购买决定，圆满地结束推销。推销人员要主动提出成交请示。许多推销人员失败的原因仅仅是因为没有开口请求顾客订货。根据调查，有71%的推销人员未能适时地提出成交要求。美国施乐公司前董事长彼得·麦克说：推销员失败的主要原因是不要签单，不向顾客提出成交要求，就好像瞄准了目标却没有扣动扳机一样。

三、埃德伯（IDEPA）模式

"埃德伯"是五个英文单词的第一个字母IDEPA的译音，五个单词概括了埃德伯模式的五个阶段：即把推销品与顾客的愿望结合起来（Identification）；向顾客示范推销品（Demonstration）；淘汰不宜推销的产品（Elimination）；证实顾客所选择的产品是正确的（Proof）；促使顾客接受推销品（Acceptance）。埃德伯模式是海因兹·姆·戈德曼根据自己的推销经验总结出来的迪伯达模式的简化形式和具体应用。无论是中间商的小批量进货、批发商的大批量进货，还是厂矿企业的进货，也无论是采购人员亲自上门求购，还是通过电话、电报等通讯工具询问报价，只要是顾客主动与推销人员接洽，都是带有明确的需求目的的。在这种情况下，可使用埃德伯模式，其推销步骤如下。

（一）把推销品与顾客的愿望结合起来

主动上门购买的顾客都是带有明确需求而来的，因此推销人员在热情接待的同时应按照顾客提供的需求标准，不厌其烦地尽量提供可供顾客选择的推销品，并注意发现顾客的潜在需要和愿望，揣摩顾客的心理，把推销品与顾客的这些愿望结合起来。

（二）向顾客示范推销品

除非顾客表示不需要，推销员一般都应根据顾客具体需求和生产经营中存在的问题进行产品的介绍、说明和演示。有以下几种情况：

顾客的需求单一，只要某种型号的产品就能满足其需要或解决其问题，推销员应有的放矢地进行有针对性的介绍。

顾客带来进货清单，推销员应根据清单的内容进行介绍。

顾客的需求不确定，采购者对其业务可能不太熟悉，推销员应以顾客参谋的身份提出供顾客参考的意见，并尽可能扩大交易量，此时有可能需要大量的推销演示和说明。

总之，尽可能多地示范产品，不断展示企业重点促销的商品，坚持示范，把示范与顾客的需求结合起来。

（三）淘汰不宜推销的产品

推销员对顾客进行的推销演示和说明有可能向顾客提供了较多的产品，其中一些可能是顾客并不需要的，这时应该把不适合顾客需求的产品筛选掉，使顾客买到真正需要、满意的产品，避免向顾客强行推销不合适的产品。在决定是否要淘汰某种推销品之前，推销人员应根据目标市场消费者的特点，认真了解和分析顾客淘汰推销品的真实原因，有把握地进行选择。对新顾客应注意了解其进货的档次和数量，对老顾客应熟悉其进货额。把握的原则是不要轻易淘汰产品，鼓励顾客多选产品。

（四）证实顾客所选择的产品正确

这里的证实与迪伯达模式中的证实大致相同，所不同的是迪伯达模式中的是推销员对自己的介绍说明进行证实，而在此主要是证实顾客的选择是正确的。证实有助于坚定顾客的购买信心，因此推销人员应注意针对顾客的不同类型，用具有说服力的例证证明其选择的正确性，并及时予以赞扬。上门客户一般都有一定的主见，经过推销员的介绍和筛选，顾客会有一个大概的购货选择，若是中间商，对产品的盈利性会十分关心，此时采用实例证实就显得非常重要了。

（五）促使顾客接受产品

与迪伯达模式中的 Acceptance 不同，这里不仅包括了顾客在心理上对你所推销产品的接受，而且要促使顾客从行动上接受你的产品。所以此阶段包括了促进交易所应开展的推销活动，如推销谈判、合同的签订、运输的安排和其他售后服务的提供等。推销人员若能对上述问题予以尽力解决，就会坚定顾客的购买信心，使其迅速做出购买决定。

四、费比（FABE）模式

费比模式是由美国奥克拉荷大学企业管理博士、中国台湾中兴大学商学院院长郭昆漠教授总结出来的。费比是英文 FABE 的中文译音。该模式并不是对人员推销全过程的说明，而是对推销过程中的介绍说明（Presentation）或推销演示（Demonstration）进行更具体的总结、说明。该模式认为，推销员在进行介绍说明或推销演示时应采取以下四个步骤。

（一）把所推销产品的特征介绍给顾客

不同的产品具有不同的性质、特征。这些特征来自于产品的功能、技术指标、结构、材料、外观形状、包装、作用、使用的简易性及方便程度、耐久性、经济性、外观优点及价格等，如果是新产品则应更详细地介绍。推销员应该善于发现和总结这些特征，并能将这些特征详细地介绍给顾客。

（二）充分分析产品的优点

产品的优点是根据产品的特征与其他同类产品相比较而得出的，推销员要学会找出由产品特征所带来的优点，并把这些优点详细地介绍给顾客。如果是新产品则务必说明该产品的开发背景、目的、设计时的主导思想、开发的必要性以及相对于老产品的差别优势等。若面对的是具有较高专业知识的顾客时，则应以专业术语进行介绍，并力求用词准确，言简意赅。

(三) 尽数产品能给顾客带来的利益

这是费比模式中最重要的一个步骤。顾客购买产品时感兴趣的不只是产品的特征和优点，更关心的是产品能给其带来的利益或好处。推销员应在了解顾客需求的基础上，把产品能给顾客带来的利益尽可能多地列举给顾客。通常，利益是由产品的优点产生而来的，推销员不仅要介绍产品外在的、实体的利益，更要介绍产品给顾客带来的内在的、实质的利益，包括经济利益、社会利益等。

(四) 利用证据来说服顾客

推销员在推销介绍过程中要使顾客相信自己的话，尤其是相信产品能给顾客带来的利益或好处，需依赖于推销员介绍产品时的证据。证据包括技术报告、顾客来信、照片、报刊文章报道等。因此，推销员应以真实的数字、案例、实物等证据，处理顾客的各种异议与顾虑，促成顾客购买。推销中要避免用"最便宜"、"最合算"、"最耐用"等这些令顾客反感而没有说服力的字眼。

在费比模式的实际运用中，推销员常把产品的特征和优点合起来作为产品的特性来考察，重点是要把产品能给顾客带来的利益或好处找出来，清晰明确地告诉顾客，所以，推销员事前的推销准备尤为重要。如果能将一种产品的特性总结出几条，所对应的顾客利益也能用恰到好处的语言归纳出来，并牢记在心，再加上一定的证据来证实你的介绍，推销的成功率定会大大提高。

本章小结

推销学是由销售技术发展而成的一门独立的学科，作为一种社会经济活动是人类社会发展到一定历史阶段的产物，经历了一个逐步发展与完善的过程。1958 年欧洲著名推销专家海因兹·姆·戈德曼所著《推销技巧》一书的问世，标志着现代推销学的诞生。

推销是一种范围广泛的社会和经济现象，其定义可以从广义和狭义两个角度进行理解。

推销学研究的核心是需求的满足，推销的手段是说服。推销学以具体顾客、推销人员和企业的推销活动为主要研究对象。

推销的特点包括特定性、双向性、互利性、灵活性和说服性。

推销过程中应遵循的原则是需求第一、互惠互利、诚信为本、说服诱导。

推销的作用体现在对经济的作用、对企业的作用和对推销员的作用。

推销的过程包括寻找准顾客、访问顾客前的准备、约见和接近顾客、介绍和示范产品、推销洽谈、处理顾客异议、促成订约和售后服务。

推销的形式有上门推销、店堂推销、直复营销和会议推销。

推销三角理论要求推销员在推销活动中必须做到三个相信：相信自己所推销的产品或服务、相信自己所代表的企业和相信自己的推销能力。

推销系统理论要求把握市场营销系统、市场营销组合系统和推销系统。

推销方格理论着重研究和剖析推销人员与顾客之间的人际关系和买卖心态。推销人员方格和顾客方格的关系反映了推销人员方格与顾客方格的内在联系与规律性。

推销模式是推销专家根据长期对顾客购买心理活动特点的分析和研究，而归纳总结出的旨在提高推销活动效果的一整套科学和标准的推销程序。主要包括爱达（AIDA）模式、迪伯达（DIPADA）模式、埃德伯（IDEPA）模式和费比（FABE）模式。

思考与实训

思考

（1）如何全面理解推销的含义？
（2）推销特点有哪些？
（3）推销工作应坚持什么原则？
（4）推销一般要经过哪几个过程？
（5）推销三角理论包含哪些内容？
（6）简述营销系统、营销组合系统与推销系统之间的相互联系和影响特点。
（7）分析五种典型推销心态的优缺点以及顾客的反应。
（8）顾客有哪几种典型的购买心态？推销员应怎样引导不同购买心态的顾客？
（9）爱达模式有哪几个步骤？
（10）迪伯达模式有哪几个步骤？
（11）埃德伯模式有哪几个步骤？
（12）费比模式有哪几个步骤？

实训

苏秦始将连横

苏秦起先主张连横，劝秦惠王说："大王您的国家，在西部，占有巴、蜀、汉中物产丰饶的好处，北部有胡地产的貉（皮毛很珍贵）和代地产的良马这些可用之物，南面有巫山、黔中作为阻隔，东面有崤山、函谷关的坚固（指易守难攻）。耕田肥美，百姓富足，战车（一车四马为一乘）万辆，武士百万，千里沃野上，聚集、储藏的物资很多，地势形胜有利，这就是所谓上天的粮仓，天下强有力的国家啊。凭着大王的贤明，士民的众多，战车骑兵的作用，兵法的练习，可以兼并诸侯，独吞天下，称帝而加以治理。希望大王能对此稍许注意，我请求来陈述此事的功效（指秦国统一天下的功效）。"

秦王回答说："我（寡人：意为寡德之人）听说，羽毛不丰满的不能高飞上天，国家的法度不完备的不能惩治犯人，道德不重大（这里指广泛地施恩于百姓）的不能使用百姓出战，政治、教化不顺应人心的不能烦劳大臣（这里指让大臣带兵出战）。现在您郑重地从很远的地方跑来在朝廷上教导我，希望改日（再接受教导）。"

苏秦说："我本来就怀疑秦王不能采用连横之策。过去神农讨伐补遂，黄帝讨伐涿鹿而捉拿蚩尤，尧讨伐欢兜，舜讨伐三苗（古代少数民族部落），禹讨伐共工，商汤讨伐夏桀，周文王讨伐崇国，周武王讨伐纣王，齐桓公用战争的手段而称霸天下。由此看来，哪里有不打仗的呢？古时候使车轮相碰，往来奔驰（指各诸侯国的使臣频繁往来），用言语互相结纳（指结成联盟），天下合而为一（指要统一天下），有连横约从的情况，战争就不可避免（以上五句说明自古以来就有战争）。文士争相以巧饰的言辞游说诸侯，诸侯混乱疑惑（指不知该怎样做）；各种各样的情况都出现了，无法全部治理。法令条文已经完备，百姓多虚假的行为（指百姓不堪法律条文之扰，故虚加敷衍）；政令、税册繁多而混乱，百姓穷困。君臣忧愁（指为上述这种情况忧愁），百姓无所依靠；道理说得清清楚楚，战乱更加频繁；游说之士使其言雄辩，使其服华美（意为加繁活动），战争不能停止。旁征博引，使言辞华丽，天下不太平。游说之士把舌头都说破了，听其游说的人耳朵都听聋了，不见成功；诸侯国表面上实行道义，并以诚信相约束，天下人不亲近。于是放弃华丽的言辞而使用武力，以优厚的待遇供养敢于以死相从的人，缝制盔甲，磨利兵器，在战场争取胜利。什么也不做地待着而获得好处，安然兀坐得到扩大疆土，即使上古五帝（黄帝、颛顼、帝喾、唐尧、虞舜）、三王（夏禹、商汤、周武王）、五霸（其说不一，一般指齐桓公、晋文公、秦穆公、楚庄王、宋襄公），贤明的君主，常想安坐而达到，那种形势（指上文列举的种种情况）使他们不能这样做。所以用战争的方式继续上述的种种努力。（两军）相距较远的就两支队伍相互进攻，迫近的持着武器相互冲击，然后方可建立大功。因此在对外战争中取得胜利，在国内道义就可以加强；权力建立在上，人民驯服在下。如今想要想并吞天下，凌驾于大国之上，使敌国屈服，控制天下，使百姓成为子女，使诸侯成为臣子，非发动战争不可！现在继位之君，忽视最重要的道理，都是对于教化不明了，在治理国家上混乱；被动听的言论迷惑，沉溺于巧辩的言辞中。据以上情况判定，大王您一定不会实行（用战争手段统一天下的谋略）。"

劝说秦王的奏折多次呈上而陈述主张不被采纳。苏秦的黑貂皮衣穿破了，100斤黄金也用完了，钱财耗尽，离开秦国返回。苏秦缠着裹腿、穿着草鞋，背着书，扛着口袋，体态憔悴，面目黑黄，神情带有惭愧脸色。苏秦回到家里，妻子不从织机上下来，嫂子不为他做饭，父母不与他说话。苏秦叹气道："妻子不把我当丈夫，嫂子不把我当小叔子，父母不把我当儿子，这些都是我的过错啊！"苏秦晚上拿出所藏的书，摆出几十只书箱，找到了姜太公的《阴符》的谋略，埋头诵读，选择《阴符》中适用的东西，用来揣摩世事和人主的心理。苏秦读书到想要坐着打瞌睡时，就拿起锥子刺自己的大腿，鲜血一直流到脚跟。苏秦说："哪里有游说君主而不能说服他，让他拿出金玉锦绣来赏赐，并使自己取得卿相之类高官的呢？"满一年，研究成功，苏秦说："这下确实可以用来游说当今的国君了！"于是就走向燕乌集（宫殿名）宫殿前面两边的楼台（也指宫殿），在华丽的屋宇之下求见并游说赵王，高兴得拍起手来交谈（形容谈得融洽、投机），赵王很高兴，封苏秦为武安（赵地，今河北武安市）君，授予相印，兵车100辆、锦绣1000束（相当于段或匹）、白璧100对、黄金一万镒（20两为一镒）跟在他的后面，用来联合六国，使约从离散，抑制强秦。所以苏秦在赵国为相而函谷关不通（指秦在六国合纵的压力下不敢出函谷关）。

在这个时候，那么大的天下，那么多的百姓，王侯的威望，谋臣的权术，都取决于苏秦的计谋。不费一斗粮，不劳烦一个兵，未出战一个士兵，没拉断一根弓弦，未折断一支箭，诸侯相互亲及，胜过兄弟。贤人在位而天下驯服，一人被用而天下顺从，所以说："用力于政事，不用力于军事；应用于朝廷之内，不应用于国土之外。"在苏秦全盛的时候，黄金万镒给他使用，车轮滚滚，骑从相连，炫耀辉煌，崤山以东（指楚燕韩魏等国），顺着风势而服从（比喻服从迅速），使赵国大大提高了地位。再说苏秦不过是个出身寒微的人，伏身在车前横木上，走遍天下（这两句写苏秦富贵后出入时的盛大场面），在朝廷上劝说诸侯王，堵塞侯王身边臣子的嘴巴，天下没有哪一个能同他抗衡。

苏秦将去游说楚威王，路过洛阳，父母听到消息，打扫屋子，修整道路，张罗音乐，准备酒宴，到郊外离城30里之处迎接。妻子斜着眼睛，不敢正视，侧着耳朵（指注意听）；嫂子像蛇一样爬行趴在地上，四次跪拜谢罪。苏秦问："嫂子，为什么过去那么傲慢无礼，而现在又如此卑躬屈节呢？"嫂子回答说："因为您现在的地位高，而且钱财多！"苏秦叹道："哎呀！贫穷的时候父母不把我当儿子，富贵的时候则父母兄弟等家人也畏惧。人活在世上，权势地位、荣华富贵，难道是可以忽视的吗？"

链接思考

（1）从苏秦的案例中，你认为广义推销与狭义推销在本质上是否相同？

（2）寻找一次参加实际推销活动的机会，总结感受。

（3）选择你比较熟悉的企业进行调查，了解推销员在这些企业的形象和地位，并谈谈应该如何改进他们的地位。

第七章 寻找顾客和访问顾客前的准备

本章学习目标

学完本章以后，应掌握以下内容：①了解寻找顾客的方法；②了解访问顾客前应做的准备工作；③熟悉顾客资格审查的主要内容；④学会拟定推销计划。

案例导读：唐飚如何寻找他的准顾客

唐飚是某工商管理学院的三年级学生，他刚刚接受了一份山水岛度假村俱乐部的暑期工作。这是唐飚第一次参加销售会议，女经理谭平正在阐述她对推销人员的希望。

谭平：我知道当你们被聘时就已经知道需要做什么，但是，我还想再次就有关事项作进一步说明。现在你们的第一项工作是推销山水岛会员卡。每一张会员卡价值为3000元人民币。如果你们有什么问题，可直接提问。

唐飚：请问每一笔买卖我们可以提取多少佣金？

谭平：每推销一张会员卡，你可以拿到其会员卡价值的10%，也就是300元。会员卡赋予会员很多权利，包括每年可以到山水岛度假村免费住2天，届时可以享受度假村的桑拿浴与健身，可以获得两份免费早餐。若会员平时到度假村度假的话，住宿、餐饮、娱乐、健身等都可以享受50%的优惠折扣。而且，作为推销人员你还可以从会员的所有费用中取得更多的佣金报酬。

唐飚：那么，我可以获得双份的报酬了。

谭平：不错。你推销得越多，提取的佣金就越高。

唐飚：我到哪里去寻找山水岛度假村的会员呢？

谭平：你完全可以自己决定如何做。但是，寻找准顾客是你成功的关键。根据我们以往的经验发现，每10个你找到的准顾客中，你将会与其中的3个顾客面谈，最后与一个顾客成交。还有问题吗？

链接思考

(1) 唐飚应集中于哪些目标市场？
(2) 唐飚应该怎样寻找准顾客？
(3) 唐飚如何制定访问计划？

推销是一种沟通协调活动，目的在于说服潜在顾客购买某项产品或劳务，在满足顾客需求的同时，实现自身的推销目标。一个完整的推销程序包括以下几个阶段：寻找准顾客→访问顾客前的准备→接触顾客→介绍产品→推销洽谈→处理异议→促成订约→售后工作。上述推销程序是针对一般产品的推销而言的，并没有考虑各种具体产品在推销过程中的个性差异，实际上各种产品的推销过程并不完全一样，每个阶段也不是截然分开的，各个阶段之间必然存在相互的联系与交叉重叠。按照推销程序开展活动，可以提高工作的成功率，提高工作效益和避免失误。

本章主要阐述推销过程前两个阶段的内容，第八章、第九章、第十章将分析推销过程的后几个阶段。

第一节 寻找准顾客

准顾客也叫潜在顾客，是指既能因购买某种推销商品而获得价值，又有支付能力购买这种商品的个人或组织。准顾客是我们的推销对象。引子是指有可能成为准顾客的个人或组织。找准顾客是推销过程的第一步，而准顾客的寻找是从搜寻引子开始的。通过对引子的分析和筛选，确定准顾客，即确定推销对象。

企业的推销人员，只有用恰当的方法，在人海茫茫的顾客群和数以万计的企业中，找到最好的销售机会和选择最有成交希望的推销对象，才能开展一系列的推销活动，最终达成交易，满足顾客的需要，实现本企业的利益。同时，随着老顾客的需求在一定时期的满足以及激烈的市场竞争，客户数量有减少的趋势，为了进一步促进企业生产的发展，提高企业的竞争力，必须在确保原有顾客数量的基础上不断了解潜在客户的要求。这两方面的情况使得寻找推销对象成为一件十分有意义的工作。

一、寻找推销线索

（一）在本企业内寻找推销线索

1. 顾客名册

一般企业在派员推销之前，总有一些基本的顾客名单在手，可供推销人员拜访。各册中所列的顾客，虽然未必都能顺利地促成交易，但推销人员却不可忽视，因为这些顾客与企业关系较密切，或有业务往来，或是老顾客，或有购买的启示，成交希望较大。

2. 财务部门

运用财务部门所保存的会计账目，仔细研究本企业与顾客间的往来账目，即可发现潜在顾客。推销人员可以将他们重新加以整理、分析，进行推销访问。

3. 服务部门

主要指企业的售后服务部门，如修理部，对寻找潜在顾客是十分有帮助的。推销人员可以与服务人员建立良好的关系，以便获得可靠的有关潜在顾客的信息。

（二）在顾客中寻找推销线索

推销员把搜寻顾客的目光从企业内转向社会时，应首先把注意力放在那些消费需求得到满足或与本企业有良好业务关系的顾客身上。在已往的推销工作中，企业如能以优质的产品、良好的服务满足客户的需要，那么，客户会对本企业的产品产生某种程度的信赖和好感，在这个前提下，推销人员可以利用适当的机会直截了当地请求老顾客推荐潜在顾客，请求的态度要恳切，语气要委婉，并做好遭拒绝的心理准备。因为任何现实顾客都没有推荐新顾客的义务,拒绝是正常的。推销人员还可以采取请老顾客写推荐信的形式,将推销人员、厂商、产品和售后服务的情况,简略地向潜在顾客介绍,然后,推销人员持信进行推销访问。有时因时间关系及行文不便,可请推荐人在推销人员的名片上聊表数语,以示推荐。在多数情况下,请求那些与本企业存在经常业务往来的企业或已达成过交易的顾客推荐潜在顾客较为合理。但有时一些未成交的新顾客,也可能是理想的推荐人,对方由于买卖未成,心理上有一种下意识的歉意,推销人员只要言行得当,诚恳委婉地提出请求,对方一般是愿意推荐潜在客户的。

(三) 从市场调查中寻找推销线索

市场调查是在更广阔的区域内寻找推销对象的过程。通过市场调查可更全面、更准确地了解潜在顾客的数量、分布状况、购买力水平等情况。无论是对推销人员,还是企业的销售主管部门,通过市场调查寻找推销对象都是十分重要的。如果说从企业内部和顾客中寻找推销对象是用鱼竿钓鱼的话,那么,市场调查则如同用渔网打鱼,面广集中,效果较好。

二、寻找推销对象的方法

发现和寻找潜在推销对象线索的渠道很多,可从亲戚、朋友那里获得,也可从老客户、助销员那里获得;还可从报纸、杂志、书刊、名册及展销会上获得。下面介绍几种寻找推销对象的方法。

(一) 普访法

普访法是推销人员在任务范围内或特定地区内,用上门探访的形式,对预定的可能成为潜在顾客的单位、组织、家庭乃至个人无一遗漏地进行寻找并确定潜在顾客的方法,所以也叫"地毯式"访问法。普访法所依据的原理是"平均法则",即认为在被访问的所有对象中,必定有推销人员所要寻找的潜在顾客,而且分布均匀;潜在顾客的数量与被访问的对象的数量成正比例关系,即推销人员拜访的人越多,可能找到的潜在的顾客也会越多。因此,只要对范围内的可能对象无一遗漏地寻找查访,就一定可以找到期望的潜在顾客。

普访法古老但比较可靠,它可以使推销员在寻访客户的同时,了解市场和客户。采用"地毯式"访问法寻找顾客。首先要挑选好一条比例合适的"地毯"。也就是说推销员应该根据自己所推销商品的各种特性和用途,进行必要的推销工作可行性研究,确定一个比较可行的推销地区或推销对象范围。如果推销员毫无目标,胡冲乱撞,则犹如大海捞针,难得找到几位顾客。如果推销员有所选择,例如到大学校园推销大学生用的教材或其他文化用具,或者到医院推销医药品,或者向家庭主妇推销肥皂,则可能找到更多的新顾客。因此,在开始地毯式访问之前,推销员应该先确定理想的推销范围,做好必要的访问计划。

（二）介绍法

著名的营销专家 Joe Girard 曾写过《如何将任何东西卖给任何人》一书，他说：你所遇到的每一个人都有可能为你带来至少 250 个潜在的顾客。不过，根据 Joe Girard 的理论，从反面来看，当一个顾客由于不满意而离你而去时，你失去的就不仅仅是一个顾客而已，你将切断与至少 250 个潜在顾客和客户的联系。

介绍法是推销人员通过他人的直接介绍或者提供的信息进行顾客寻找，可以通过业务员的熟人、朋友等社会关系，也可以通过企业的合作伙伴、客户等进行介绍，主要方式有电话介绍、口头介绍、信函介绍、名片介绍等。介绍法在西方被称为是最有效的寻找顾客的方法之一，被称为黄金客户开发法。

利用这个方法的关键是业务员必须注意培养和积累各种关系，为现有客户提供满意的服务和可能的帮助，并且要虚心地请求他人的帮助。口碑好、业务印象好、乐于助人、与客户关系好、被人信任的业务员一般都能取得有效的突破。

（三）中心人物法

中心人物法是指推销员在某一特定推销范围内发展一些有影响力的中心人物，并在这些中心人物的协助下把该范围内的组织或个人变成准顾客的方法，是连锁介绍法的特殊形式。

该方法遵循的是"光辉效应法则"，即中心人物的购买与消费行为，就可能在他的崇拜者心目中形成示范作用与先导效应，从而引发崇拜者的购买与消费行为。在许多产品的销售领域，影响者或中心人物是客观存在的。特别是对于时尚性产品的销售，只要确定中心人物，使之成为现实的客户，就很有可能引出一批潜在客户。一般来说，中心人物包括在某些行业里具有一定的影响力的声誉良好的权威人士；具有对行业里的技术和市场深刻认识的专业人士；具有行业里的广泛人脉关系的信息灵通人士；等等。

（四）个人观察法

个人观察法是指推销人员依靠个人的知识、经验，通过对周围环境的直接观察和判断，寻找准顾客的方法。个人观察法主要是依据推销人员个人的职业素质和观察能力，通过察言观色，运用逻辑判断和推理来确定准顾客，是一种古老且基本的方法。

对推销员来说，观察法是寻找顾客的一种简便、易行、可靠的方法。绝大部分推销员在许多情况下都要使用个人观察方法。不管是在何处与何人交谈，都要随时保持警觉，留意搜集可能买主的线索。

（五）委托助手法

委托助手法是推销人员雇佣他人寻找准顾客的一种方法。一些推销员常雇佣有关人士来寻找准顾客，自己则集中精力从事具体的推销访问工作。这些受雇人员一旦发现准顾客，便立即通知推销员，安排推销访问。

委托一些有关行业与外单位的人充当助手，在特定的销售地区与行业内寻找客户及收集情况，传递信息，然后由推销员去接见与洽谈，这样花费的费用与时间肯定比推销员亲自外出收集情况更合算些。越是高级的推销员就越应该委托助手进行销售，推销员只是接近那些影响大的关键客户，这样可以获得最大的经济效益。此外，行业间与企业间都存在着关联性，某一行业或企业生产经营情况的变化，首先会引起与其关系最密切的行业或企业的注意，然后运用委托推销助手来发掘新客户、拓展市场，是一个行之有效的方法。

（六）资料检阅法

这是通过情报收集、资料查阅找到顾客引子的方法。推销人员可以查阅一些情报资料来获得基本线索，从中寻找顾客引子。推销人员可查阅的资料有：①工商企业名录。②产品目录。③商标公告。④银行账户。⑤专业团体会员名册。⑥信息书报杂志。⑦电话号码簿、地图册、时刻表等。

（七）广告开拓法

广告开拓法是指推销人员利用各种广告媒介寻找准顾客的方法。即利用广告的宣传攻势，把有关产品的信息传递给广大的消费者，刺激或诱导消费者的购买动机和行为，然后推销人员再向被广告宣传所吸引的顾客进行一系列的推销活动。

（八）市场咨询法

市场咨询法，是指推销人员利用社会上各种专门的行业组织、市场信息咨询服务等部门所提供的信息来寻找准顾客的办法。一些组织，特别是行业组织、技术服务组织、咨询单位等，他们手中往往集中了大量的客户资料和资源以及相关行业和市场信息，通过咨询的方式寻找准顾客是一个行之有效的方法。

（九）展示寻找法

这是推销人员利用一个可以展示产品与服务项目的场所，对前来观看展示产品和前来询问、观光、游览的所有人，尽可能地做记录，填写表格，作为潜在顾客的"引子"，以备查用的寻找顾客的方法。

（十）有奖游戏搜集法

此法指有关部门设计一个与本企业推销产品有联系的娱乐性游戏，如推销产品的有奖问卷、有奖电话、有奖猜谜语或者赞助的其他形式等，然后把参加游戏的人的名单与问卷上的内容全部登记在册，从中发现潜在顾客的方法。这种方式既有趣又真实。游戏在电视、报纸、文化娱乐场所及百货商店、闹市区都可以进行。只要准备工作做好，可以获得大量的甚至数以万计的潜在顾客"引子"。

（十一）喜庆填单法

喜庆填单寻找法是指在一些喜庆日子里，让前来庆贺的人，在签名的同时填写一份资料单或者收集名片,作为潜在顾客的线索。因为参加某个喜庆活动的人,总是有一个特定的共同条件,这正是以这个特定条件为细分标准的潜在顾客群。喜庆活动包括子女的毕业典礼、同一年龄家长的聚会、某个有名学校的校庆会、某种高层次人士的社交聚会、某个机构的庆典活动、某项工程的开工典礼、奠基仪式、某一产品获奖的新闻发布会等。

(十二)市场调查法

这是指企业及推销人员通过科学的有计划有目的的市场调查活动,全面系统地收集所需资料,从而寻找潜在顾客的方法。

总之,寻找顾客的方法层出不穷,但其中最基本而有效的方法还是普访法和介绍法。

三、寻找推销对象的要求

(一)训练敏锐的观察力与正确的判断力

观察是挖掘潜在客户的基础。推销人员运用自己的视觉和听觉,多看、多听;利用人们喜欢表现的欲望,多请教、多问,然后把自己所听到、看到的加以分析,从中发现潜在的顾客,并记录下来,以备访问时用。

(二)养成随时发掘潜在顾客的习惯

在商品经济的社会里,任何一个人、一个企业、一个单位,都可能是某种商品的购买者。对推销人员来说,他们所推销的商品的顾客不仅出现在推销人员的市场调查、推销访问等工作时间内,而且更多的是出现在推销人员的非工作时间内。一个好的推销人员应当随时随地、连续不断地发掘潜在顾客,并将其养成习惯,才能确保顾客来源不断增加。

(三)记录每日新增的潜在顾客

随身准备一本记事本,只要听到或看到一个可能的顾客,立刻记下来,然后,加以整理、分析、分类。因为客户是随时被发现的,因此要随时记录下来,建立顾客档案,妥善保管。

第二节 访问顾客前的准备

推销的成败,与事前准备的功夫成正比。访问前的准备过程,就是进一步了解推销对象的过程。通过访问前的准备,进一步鉴定准顾客的资格,设计接近准顾客的最佳方案,制定推销面谈计划,避免推销工作中的严重失误,增强推销人员的信心。推销访问前的准备工作要具体、全面、充分,可应从以下几方面准备。

一、搜集顾客资料

乔·吉拉德说："不论你推销的是什么东西，最有效的办法就是让顾客相信——真心相信你喜欢他（她）、关心他（她）。"如果顾客对你抱有好感，你成交的希望就增加了。要使顾客相信你喜欢他、关心他，那你就必须了解顾客，搜集顾客的各种有关资料。最后，吉拉德中肯地指出："如果你想要把东西卖给某人，你就应该尽自己的力量去收集他（她）与你生意有关的情报……不论你推销的是什么东西。"

为了提高推销效率，能在接近面谈中取得主动地位，必须了解顾客的详细情况，充实丰富准顾客的资料。客户的基本情况是拟定推销计划、使推销活动更好地满足顾客需要的前提和依据。

（一）个体准顾客访问前的准备

1. 基本情况

推销人员在与个体准顾客见面之前，一定要把对方的学历、经历、籍贯、年龄、个性、收入、兴趣、专长、子女、家庭状况、交友关系、家庭背景、别人对他的评语、他本人的事迹、最佳访问时间等调查清楚。

2. 对个体准顾客所在企业的调查

应调查以下资料：企业的资产、营业状况、财务状况；在同行业中的地位；主要的往来客户与其销售地区；采购和结算的方式；从业人员状况如工作态度、员工素质；等等。

（二）团体准顾客访问前的准备

1. 经营状况

包括生产、技术、销售各方面情况。产品质量、价格、生产量和工艺、使用的机器设备、耗用原材料数量及价格、季节性变化等。

2. 采购惯例

包括采购的方法、时间数量、原料供应厂商、关系远近、满足程度、采购的可能性、收益性等。

3. 采购主管人员的情况

权限、学历、经历、籍贯、年龄、个性、兴趣、专长、爱好、收入、交友、家庭、同事的评价等。

4. 企业负责人的情况

即包括企业负责人的人品、工作风格、家庭状况、社会关系、兴趣喜好等，以及企业名称、性质、规模及内部人事关系等。同时，还要了解有关企业产品的种类与历史、产品的制造过程、产品的特点、产品所能带给顾客的利益、交货期限与产品价格、售后服务、与竞争产品优缺点的比较等。

访问前的准备除了要收集准顾客上述资料之外，还要根据不同顾客的主要特点来收集资料。对于所掌握的有关顾客的资料，必须加以周密规划，以备在洽谈时，适时提出说明和应用。例如，对于集体企业或乡镇企业的顾客，应集中强调销售服务之周到；对于经销商品的零售商和批发商，应集中强调价格合理或广泛的潜在市场；对于使用产品的工业用户顾客，应集中强调产品的使用价值。所以，要想与顾客接洽成功，推销人员就必须对搜集到的顾客资料精心规划，设想出恰当而有效的接近方式。

二、鉴定顾客资格

鉴定顾客资格工作要始终贯穿在寻找顾客的全过程中，一般来说，对顾客资格的鉴定，应考虑以下一些因素。

（一）购买需要

鉴定顾客的购买需要的目的是确定推销对象是否真正需要推销人员所推销的商品，即寻找真正的准顾客，提高推销工作效率。事实上，人们的购买需求是多种多样的，也是千变万化的。因此，要想准确可靠地把握推销对象的购买需求，并不是一件轻而易举的事情，必须进行大量的调查研究工作。

人类的需求可以概括为三类，即生存消费需求、享受消费需求和发展消费需求。推销人员要充分认识到顾客的需求内容与具体形式，将顾客需求与推销工作紧密联系起来，奉行以顾客需求为中心的指导原则，对顾客现实的、潜在的需求进行审查。顾客购买的主要目的和要求是因为推销品能够给购买它、拥有它、消费它的顾客带来某种益处和需求的满足（如表7-1所示）。正如 IBM 公司前营销副总裁巴克·罗杰斯所说："人们购买某种产品是因为产品能够解决问题，而不是产品本身。IBM 不出售产品，它只出售解决问题的办法。"

表7-1　产品形式与产品益处

产品具体形式	产品益处
海飞丝洗发水	头屑去无踪，秀发理出众
潘婷洗发水	使头发更加健康亮泽
飘柔洗发水	使头发更加柔顺光滑、飘逸

在考虑顾客的购买需要时，还要考虑其购买的可能性。如果某一顾客刚买了这种产品，虽然推销人员推销的产品在各方面都优于顾客所买的产品，顾客也不可能再次购买；顾客购买的可能性是推销人员应注意的重点。在推销对象的确不需要所推销的产品情况下，尽管推销人员可以施用各种高超的推销术，也不会取得理想的推销效果。这只能损害推销人员的人格，破坏推销信用。因此，推销人员必须了解顾客的需求，判断推销品是否符合顾客的需要，特别是买主是否已经意识到购买某种产品的必要性，同时还要了解买主对推销品的品牌所持有的态度，以及买主为满足自身需要能够接受的价格水平。

（二）购买量

如果一个潜在顾客确实存在着尚未满足的需要，那么，推销人员还必须对他的需求量有所了解。如果一个潜在顾客的购买量不大，而且购买又是一次性的，推销人员应从时间和推销费用上进行权衡，如果得不偿失，应审慎考虑。对那些需求量大、可长期购买的顾客应优先安排登门拜访的时间。

（三）购买能力

推销人员应谨慎对待那些具有强烈购买欲望，购买量也较大，但缺乏足够资金的潜在顾客。特别是在交易批量大、价格高的产品时，推销人员应事先对顾客的资金情况有所掌握。

潜在市场的需求不等于现实的需求，需要与需求不能画等号，即需求＝需要＋购买力。有很多企业内部的财务资料对外是保密的，针对这种情况推销人员就要作多方面的调查，从各方面的资料中对企业的支付能力作推算，只有确认推销对象既有需要又有支付能力时，才能将其列入准顾客名单。此外还需要对购买者的潜在购买能力进行审查，即使不具有现实支付能力，并不意味着将来不具备支付能力，如果购买者或组织只是暂时缺乏资金，则推销人员可以在一段时期之后再行拜访，鼓励顾客接受产品。

审查个人或家庭支付能力，主要从影响个人或家庭的各种因素，如实际收入、消费支出、消费储蓄与信贷等几个方面进行审查。审查企业的支付能力，主要调查企业的生产状况、经营状况、资金状况、财务状况、信用状况等方面的内容。推销人员可以通过企业的财务报表的短期偿债能力和营运能力部分进行分析，借以评价其财务状况和经营成果，预测未来的经营报酬和风险，为推销人员审查购买力提供帮助。

（四）购买权

在鉴定顾客资格时，推销人员必须审查推销对象是否具有决策权。对推销人员来说，善于识别购买决策人，是十分重要的本领。从家庭来看，现代家庭购买决策状况日趋复杂，主要购买决策权力逐渐分散，每个家庭成员都有一定范围的购买决策权限。日用生活用品多为个人做主，高档商品的购买决策权比较集中，由民主协商，共同决策。这就给判别家庭购买决策人带来了困难，推销人员必须正确了解推销对象家庭里的各种微妙关系，认真进行购买决策权的鉴定。美国社会学家按家庭权威中心的不同，把家庭分为四类：丈夫决定型、妻子决定型、共同决定型、各自做主型。根据消费品在家庭中的购买决策重心不同，可将其分为三类：丈夫较大影响力的商品，如汽车、摩托车、烟酒等；妻子有较大影响力的商品，如服饰、洗衣机、吸尘器、餐具等；夫妻共同决定的商品，如住房、旅游等。美国研究人员的一项调查结果证实，丈夫和妻子对购买决策的影响作用随所购买商品的特性不同而不同（如表7-2所示）。

表7-2　丈夫和妻子对购买因素的影响

购买因素	汽车	衬衫	电视机	洗衣机
牌号（产地）	H	—	H	W
功能	H	W	H	W
式样	W	H	W	W
规格	H	H	H	W
维修保证	—	—	H	W
价格	H	W	H	H
商店	H	—	W	H
服务	H	—	H	H

注："H"为丈夫影响大，"W"为妻子影响大；"—"为没有意义。

对企业或其他各种社会团体和组织来说，现代社会团体组织决策系统错综复杂，千变万化，推销人员必须先弄清这个企业或组织里哪些部门负责购买，负责购买的具体部门的购买决策人，向具有决策权或对购买决策具有一定影响的有关人员进行推销，以提高推销效率。一般来说，企业购买决策者的购买权限是按不同层次和级别来划分的，购买决策者只能在其购买权限范围内购买产品。越权购买的，则必须向上级报请审批，有些项目的购买甚至要高层领导集体讨论后才能做出决策。作为推销人员，仅掌握一定的推销知识和推销技巧是远远不够的，还需要熟悉现代科学管理知识，了解企业或组织的组织结构、人事关系、决策运行机制、规章制度等，以便准确地评价客户的购买权力。

除了鉴定以上四个方面外，还应通过顾客的特别要求、顾客所在地、继续进行交易的可能性来鉴定顾客资格。

总之，推销人员要善于进行全面的顾客资格鉴定，一旦发现问题，就要及时设法解决。对不合格者，立即停止推销；对合格的准顾客，要尽力推销，想方设法帮助顾客解决实际问题，消除推销障碍，促成交易。

三、准备充足的访问理由

不管推销人员准备拜访的是位新顾客还是老顾客，有一点非常重要，就是拜访顾客的理由要非常充分。换句话说，在与顾客接洽时，推销人员准备提出的具有启发性的问题，能使顾客认识到推销人员对他的拜访是很重视的，以引起顾客对面谈的兴趣。

不同的顾客有着不同的需求特点和购买特点，拜访顾客的理由，必须与其特点相结合。但是，推销人员要想使所拜访的顾客对洽谈表示出极大的兴趣，的确不是一件容易的事情。但可以从两个方面考虑：首先，设身处地地为顾客去考虑，从顾客的角度出发，去思考顾客感兴趣的事；其次，从推销失败的事例中去思考顾客没有购买的理由及顾客提出了哪些问题和要求。通过不断地分析总结，对成功的经验加以总结，从中找出充足的理由去访问顾客。

四、拟定推销计划

(一) 拟定访问计划

1. 确定访问目的

一般说来,访问的目的有取得约见、礼貌性拜访、调查准顾客、估价、介绍产品、订约、交货、收款、处理怨言、售后服务、要求介绍其他顾客等。推销人员在访问之前明确目的,不但可以有的放矢,突出重点,还可以使推销访问井然有序,事半功倍。

2. 确定访问对象

确定访问的目的之后,针对其目的确立访问的对象,或是拜访决策者(总经理、经理、采购部门负责人等),或是拜访影响决策者(副总经理、秘书等),或是财务单位,或是使用单位,一切尽量做到条理清楚。

3. 选择访问时间

访问时间不合适,对推销会造成不好的影响。推销人员可以根据顾客工作特点来选择时间,尽量不要在顾客休息过后的第一天去访问,因为这一天工作很忙;在顾客心情不好时不要访问;原则上以顾客较空闲的时间最妥当,针对访问对象的不同来选定,如访问的是家庭主妇,最好放在下午三四点较合适;访问的是公司经理,访问时间放在上午十点至十一点半、下午两点半至五点较妥当;访问的是商店老板,下午两点至五点或晚上九点以后生意清淡的时候去访问;千万不要在月底或快吃午饭、正吃午饭、快下班时去访问顾客。当然,如果对方主动约定某一时间,那就尊重对方了。

4. 选择访问地点

选择访问地点的原则是:要选择不易受外界干扰的地点;尊重客户的意见,方便客户。推销访问的场所不应仅限于客户的办公室或会客室,客户的住所也是推销的好地点,而有些交易则很可能是在某些公开社交场所如咖啡厅、饭厅达成的。

5. 妥善安排访问行程表

根据《美国推销员杂志》的统计,推销人员平均每天工作 9.5 个小时,其中面谈 3 个小时 42 分(39%),交通时间 3 个小时 2 分(32%)。要提高推销绩效,应减少交通时间,增加面谈的时间,这有赖妥善安排访问行程表,尽量把附近准顾客安排在同一拜访的时段。

(二) 制定面谈议程

一个完整周密的面谈议程,能够使顾客较快地步入面谈正轨,并能较快地促成顾客做出购买决定。可以说,为与顾客的接洽作议程准备,是促使推销成功的较为有效的一项措施。以下是要制定有关面谈议程的 10 个问题提示:

(1) 即将拜访的顾客会不会提出拒绝?如果可能的话,将采取哪些方法使顾客转变其态度?

(2) 在面谈中,为促使顾客透露出他的需求情况和购买计划,准备向顾客提出哪些具有刺激性的问题?

(3) 准备在什么时候与顾客谈及价格问题，谈及价格问题的原则是什么？

(4) 准备强调哪些问题，使顾客认识到所推销的产品正是他迫切需要的？

(5) 如果顾客提出有碍交易达成的反对意见，应准备采取哪些转化方法以促使顾客放弃所持的观念？

(6) 准备使用哪些方法充分体现出你所推销的产品或劳务的优点，又能提供令人信服的资料和实例，使顾客对该产品或劳务产生信赖感？

(7) 面谈中有没有最敏感、最有争议的问题？

(8) 准备采取哪几个步骤，使顾客做出购买决定？

(9) 顾客可能会提出哪些要求，对顾客的要求是否可以让步，在什么情况下按何种标准对顾客让步？

(10) 假设与顾客面谈没有达成交易，是否还有第二个目标，这第二个目标是什么？

如果推销员对以上10个问题提示都有所考虑，并对每个问题提示都寻求一个妥善的答案，那么把这10个答案都排列在一起，就是一个极好的面谈议程。

五、做好充分的物质和精神准备

（一）物质准备

推销访问前一般要准备的物品有：①一些必需的用具，如做记录用的笔记本、笔等；②一些介绍产品用的样品、产品说明书等；③介绍自己身份的介绍信、工作证、身份证、名片等；④企业的产品目录、估价单、计算机、访问行程表；⑤准顾客名单（地址、姓名、电话号码）、准备给客户的小礼物，以及其他顾客写的推荐信等。

推销人员要注意，决不可以丢三落四，不该带的带了一大堆，该带的还没有带上，等用到的时候干着急不说，还会给顾客留下不好的印象，影响访问效果。另外，还要根据约见的场合准备好自己的穿衣打扮，力求大方、得体、适宜。

（二）精神准备

推销人员要想在与顾客的接洽中，赢得顾客，顺利地与其达成交易，必须对洽谈中所遇到的一切情况，做好充分的思想准备。

不管推销员获得的信息多么准确可靠，对洽谈考虑得多么细致周到，在与顾客实际接洽中，总会不可避免地遇到一些预想不到的问题。例如，顾客给推销人员吃闭门羹，拒而不见；在洽谈中因一件小事，与推销人员争得面红耳赤，不欢而散；对产品抱有极大的兴趣，却又说没有购买计划；等等。在这种情况下，推销人员必须做到：遇到任何困难都不灰心，不气馁，保持旺盛的精力；在外表上给人以风度翩翩、信心十足、笑容满面、干净利落的感觉，能够迎着困难上，具有百折不挠的决心和毅力；随机应变，动用自己敏锐的观察能力，果断地行动，确保推销活动的顺利进行。

总之，推销员要时刻牢记一句话："推销是信心的传递，要想使你的顾客相信，你必须对你自己及你所推销的产品表现出十足的信心。"同时，必须克服畏难情绪和逃避心理，推销过程中要敢于正视顾客的拒绝，时刻保持一种高昂的精神状态，沉着冷静地去排除遇到的种种障碍。

本章小结

寻找有可能成为企业潜在购买者的顾客是整个推销过程的第一步，推销员要打开推销局面并使推销工作不断向前推进，就必须努力寻找准顾客。寻找推销对象要遵循一定的原则和程序，并运用合适的寻找方法。寻找推销对象的方法包括普访法、介绍寻找法、中心开花寻找顾客法、个人观察寻找顾客法、委托助手寻找顾客法、资料检阅法、广告开拓法、市场咨询法及其他寻找顾客的方法等。

鉴定顾客资格除考虑购买需要、购买量、购买能力、购买权四项因素外，还应考虑顾客的特别要求，如对顾客所在地、继续进行交易的可能性来鉴定顾客资格。

访问前需做一些具体的准备工作，如搜集顾客资料、拟定推销计划、做好充分的物质和精神准备等

思考与实训

思考

(1) 简述寻找推销对象的方法。
(2) 从哪几个方面鉴定顾客资格？其意义何在？
(3) 拟定访问计划着重要解决哪些问题？
(4) 为什么拜访顾客前要做好充分的物质和精神准备？
(5) 自己设定一个产品，利用互联网，设计一份网上寻找顾客的方案。
(6) 请举例说明推销前做好准备工作的重要性。
(7) 拟定一个访问计划。
(8) 结合自己的亲身经历，讲述如何进行面谈。

实训

原一平将业务打入三菱

1936年，原一平的推销业绩已经名列公司第一，但他仍然狂热工作，并不因此满足。他构想了一个大胆而又破格的推销计划，找保险公司的董事长串田万藏，要一份介绍日本大企业高层次人员的"推荐函"，大幅度、高层次地推销保险业务。因为串田万藏先生不仅是明治保险公司的董事长，还是三菱银行的总裁、三菱总公司的理事长，是整个三菱财团名副其实的最高首脑。通过他，原一平经手的保险业务不仅可以打入三菱的所有组织，而且还能打入与三菱相关的最具代表性的所有大企业。

但原一平不知道保险公司早有被严格遵守的约定：凡从三菱来明治工作的高级人员，绝对不介绍保险客户，这理所当然地包括董事长串田万藏。

原一平为突破性的构想而坐立不安，他咬紧牙关，发誓要实现自己的推销计划。他信心十足地推开了公司主管推销业务的常务董事阿部先生的门，请求他代向串田万藏董

事长要一份"推荐函"。阿部听完了原一平的计划，默默地瞪着原一平，不说话，过了很久，阿部才缓缓地说出了公司的约定，回绝了原一平的请求。原一平却不肯打退堂鼓，问道："常务董事，能不能自己去找董事长，当面提出请求？"阿部的眼睛瞪得更大了，更长时间的沉默之后，说了5个字："姑且一试吧。"说罢，用挤出的难以言状的笑容，打发了原一平出门。

等了几天，终于接到了约见通知，原一平兴奋不已地来到三菱财团总部，层层关卡，漫长的等待，把原一平的兴奋劲耗去大半。他疲乏地倒在沙发里，迷迷糊糊地睡着了。不知过了多长时间，原一平的肩头被戳了几下，他愕然醒来，狼狈不堪地面对着董事长。串田万藏大喝一声："找我什么事？"还未清醒过来的原一平当即被吓得差点说不出话来，想了一会儿才结结巴巴地讲了自己的推销计划，刚说："我想请您介绍……"就被串田万藏截断："什么？你以为我会介绍保险这玩意？"

原一平来前曾想到过请求被拒绝，还准备了一套辩驳的话，但万万没有料到串田万藏会轻蔑地把保险业务说成"这玩意"。他被激怒了，大声吼道："你这混账的家伙。"接着又向前跨了一步，串田万藏连忙后退一步。"你刚才说保险这玩意，对不对？公司不是一向教育我们说：'保险是正当事'吗？你还是公司的董事长吗？我这就回我的公司去，向全体同事传播你说的话。"原一平说完转身就走。

一个无名的小职员竟敢顶撞、痛斥高高在上的董事长，使串田万藏非常气愤，但对小职员话中"等着瞧"的潜台词又不能不认真思索。

原一平走出三菱大厦，心里很不平静，他为自己的计划被拒绝又是气恼又是失望。当他无可奈何地回到保险公司，向阿部说了事情的经过，刚要提出辞职，电话铃响了，是串田万藏打来的，他告诉阿部刚才原一平对自己恶语相加，他非常生气，但原一平走后他再三深思。串田万藏接着说："保险公司以前的约定确实有偏差，原一平的计划是对的，我们也是保险公司的高级职员，理应为公司贡献一分力量帮助扩展业务。我们还是参加保险吧。"

放下电话，串田万藏立即召开临时董事会。会上决定："凡三菱的有关企业必须把全部退休金投入明治公司，作为保险金。"原一平的顶撞痛斥，不仅赢得了董事长的敬服，还获得了董事长日后充满善意的全面支援，他逐步实现了自己的宏伟计划：3年内创下了全日本第一的推销纪录，到43岁后连续保持15年全国推销冠军，连续17年推销额达百万美元。

1962年，原一平被日本政府特别授予"四等旭日小绶勋章"。获得这种荣誉在日本是少有的，连当时的日本总理大臣福田赳夫也羡慕不止，当众慨叹道："身为总理大臣的我，只得过五等旭日小绶勋章。"1964年，世界权威机构美国国际协会为表彰原一平在推销业做出的成就，颁发了全球推销员最高荣誉——学院奖。原一平是明治保险的终身理事，业内的最高顾问。真正是功成名就了！

链接思考

原一平凭什么能将业务打入三菱？

第八章 接触顾客、介绍产品和推销洽谈

本章学习目标

学完本章以后,应掌握以下内容:①了解约见和接近顾客的方法;②掌握介绍产品和示范产品的技巧;③掌握推销洽谈的内容、程序;④了解推销洽谈的一般策略。

案例导读:以"赞美"对方开始访谈

每一个人,包括我们的准客户,都渴望别人真诚的赞美。有人说:"赞美是畅销全球的通行证。"因此,懂得赞美的人,肯定是会推销自己的人。

原一平有一次去拜访一家商店的老板。

"先生,你好!"

"你是谁呀?"

"我是明治保险公司的原一平,今天我刚到贵地,有几件事想请教你这位远近出名的老板。"

"什么?远近出名的老板?"

"是啊,根据我调查的结果,大家都说这个问题最好请教你。"

"哦!大家都在说我啊?真不敢当,到底什么问题呢?"

"实不相瞒,是……"

"站着谈不方便,请进来吧!"

原一平就这样轻而易举地过了第一关,也取得准客户的信任和好感。

赞美几乎是百试不爽,没有人会因此而拒绝你的。

第一节 接触顾客

接触顾客是推销人员与顾客取得联系和见面这两个过程,即约见顾客和接近顾客。

一、约见顾客

在访问准备工作之后,推销人员就要正面地与顾客接触了。以往推销人员大多采取挨门挨户的推销方式,随时随地登门造访,直接接近顾客。但是,在现代社会里,推销环境、推销工具和推销对象都发生了巨大的变化,推销方式也必然要不断改进。现代人生活节奏快,办公大楼门禁森严,有些顾客很难接近,为了成功地接近顾客,推销人员要事先进行约见。

约见是指推销人员事先征得顾客同意接见的行动过程。作为接近的先奏,约见本身

就是接近过程的开始。

(一) 约见的意义

约见是现代推销活动和现代推销方式的重要特征之一。在实际推销工作中，尤其是在接近某些比较忙碌或难以接近的顾客之前，推销人员应该采取适当方式进行约见，这也是推销人员应重视的必要环节。约见的主要目的在于成功接近顾客，顺利地开展推销面谈，提高推销工作效率。

1. 约见有助于推销人员成功地接近顾客

一般情况下，推销人员很少能受到顾客的欢迎，顾客对推销人员的态度常常是冷淡、反感、厌恶，甚至干脆拒之门外不予理睬。另外，每一个人都有自己的日常工作，不希望外人任意加以干扰，尤其是具有购买决策权的要人，更为忙碌，而且很少有人在自己的日程表上安排有接近推销人员的项目，为此，约见工作就显得尤为重要。从实际推销工作的要求来看，事先约见顾客，求得顾客的允许，既可以表示尊重顾客，又可以赢得顾客的信任和支持，从而取得顾客的合作，争取推销的机会。作为访问准备工作的继续和接近过程的前奏，约见有助于推销人员进一步直接了解顾客，科学地预测推销，成功地接近顾客。

2. 约见有助于推销人员顺利地开展推销面谈

约见有助于制定科学的面谈计划，推动面谈过程顺利进行。事先约见，可以使顾客就约会的时间和地点做出适当的安排，既有利于接近顾客，又显得郑重其事，引起顾客足够的重视和注意，为进一步的推销面谈铺平道路。推销人员应该是传播新产品、新服务和新观念的天使，应该成为消费者的顾问和后勤人员，应该牢固树立为顾客服务的思想，处处替顾客着想；事先约见顾客，让顾客做好充分的思想准备和物质准备，有利于顾客本人积极参与推销会谈，既可以真正帮助顾客解决问题，又可以使顾客感到推销人员的确是为消费者服务；事先约见顾客，让顾客积极参与推销谈判，可以形成双向沟通，有助于双方的相互了解，增强说服力，提高准顾客购买决策的认可程度。总之，约见有助于推销人员和顾客认真进行面谈准备，有助于顾客积极主动地参与推销过程，加强双方的相互了解和合作，推动面谈过程顺利进行，有效地达成交易。

3. 约见有助于推销人员客观地进行推销预测

客观地预测推销，就是要根据客观事实，根据顾客的初步反应，来预测未来推销活动中可能发生的各种情况，即充分听取顾客的意见，按照顾客的本来面目去看待顾客，认识顾客，帮助顾客，服务顾客，做出客观的推销预测。人的内心世界与外部表情具有一定的联系，推销人员的一举一动，一言一行，都会影响顾客的看法，而顾客的音容笑貌，也不能完全掩盖其内心世界的秘密。事先约见顾客，可以客观预测顾客的各种异议，并制订相应的推销方案，消除异议，促成交易。约见有助于推销人员直接了解顾客，客观地预测推销，制定可靠的行动方案，为即将开始的推销活动做好各方面的准备。

4. 约见有助于推销人员合理地利用推销时间，以提高推销效率

推销活动是一个有机的整体，每一项推销计划和推销行动都必须考虑推销人员、推销对象、推销环境及其他有关要素的影响。推销人员事先约见顾客，根据与各位顾客约定的会见时间、地点等制定推销访问计划。这样的计划既是访问者的计划，也是被访问者的计划，有了这样的推销访问日程表，则可以合理安排推销时间，紧紧抓住每一个推销机会，尽量避免浪费时间，大大提高推销工作的效率。此外，利用各种现代化手段进行大规模和长时间约见，有助于推销人员广泛搜集情报，听取顾客意见，及时反馈信息，选择重点顾客进行重点推销。

（二）约见的方法

1. 电话约见

电话约见是最常见、最经济和方便的方法。但由于顾客对推销人员事前缺乏了解和认识，也最容易引起顾客的猜疑，而予以拒绝，因此，推销人员要恰当地使用此方法。原则上，要求推销人员与顾客在电话中，谈话时间要短，语调要平稳，出言要从容，口齿要清晰，用字要恰当，理由要充分。切忌心绪浮躁、语气逼人，尤其在顾客不愿接见时，更要平心静气，好言相待。电话约见的方法有：①问题解决法；②信函预寄法；③心怀感激法；④社交应付法。

2. 书信约见

书信是我们传递信息和表达感情的重要工具，也是推销人员求得顾客接见的主要方法之一。约见的书信，要以强调顾客的受益性为中心，投顾客之所好，供顾客之所需，以顾客的利益性为中心，劝说其接见。在文句的运用上，要做到能感动顾客，引起共鸣，给顾客较深刻的印象；文字要简易明畅，同时用文字委婉地表达出恳切之情，以希望的语气，请求顾客应许接见，并对占用顾客时间，使其耗费精力赐见一事，心怀抱歉和感激，以博得顾客好感而改变初衷。

3. 他人推荐

推销人员若能通过顾客的知己好友推荐和介绍，进行约见则可以排除顾客心理上的疑虑，而使约见顺利。顾客的知己好友与顾客有着亲密关系，对顾客有相当的影响力，往往基于感情和理智因素的作用，使得推销人员与顾客的接洽格外顺利。必要时，经由知己好友的鼓励和劝导，还可以加速交易促成。

（三）约见顾客应注意的事项

使用什么方法约见顾客能使顾客赴约，是推销人员遇到的比较棘手的问题，因此，在策划约见时应注意以下问题：

1. 紧扣主题

任何吸引顾客注意力的方式都应与推销有关，约见顾客是为了推销。而每次约见都有新的吸引顾客的目的。约见的内容、方式都应该为约见的目的服务，不能本末倒置，亦不能喧宾夺主。

2. 注意形象

任何吸引顾客注意力的方式与内容，都应该衬托出推销人员为顾客着想的推销宗旨，衬托出推销人员的敬业精神，衬托出推销人员高尚的人品与良好的修养。

3. 用肯定的语气说话

如果推销人员用试探的口吻去征询关于约见的意见，肯定会被顾客拒绝。因此，应使用肯定的语气向顾客表明：约见是肯定的，不存在约见与不约见的问题，讨论的只是什么地点、在什么时间见面更好的问题。

4. 排除干扰

推销人员要排除干扰与目标顾客约见。在约见过程中，会有各类人等企业约见，有可能会遇到各种阻挠约见的情况。因此，约见内容的确定、需要的诉求、注意力的吸引，都要以主要准顾客为目标。

二、接近顾客

接近顾客是指推销人员与顾客展开推销与洽谈的开局阶段，是推销面谈的前奏，是推销过程的必要环节，是刚一见面的一个短暂过程。成功的接近是成功推销的第一步，接近不了推销对象，便无法开展推销。在接近推销对象的时候，推销人员的主要任务是简要介绍自己和有关企业的背景、概况以及推销产品的特点和利益，引起顾客的注意和兴趣。同时，在接近过程中，推销人员还要了解顾客的需求，帮助顾客确定其真实的购买动机，提出适当的购买建议，以满足其需要，解决其问题。可见，接近是一种双向沟通过程，推销人员在输出推销信息的同时，也在输入购买信息，成功的交易往往需要成功的接近作为前奏。

（一）接近顾客的目的

推销客体不同，推销环境不同，接近的意义也就不尽相同。接近的最终目的是要说服顾客，促成交易。接近的特定目的在于引起顾客的注意和兴趣，顺利地转入推销面谈阶段。

1. 接近在于引起顾客的注意

在实际推销工作中，只有使顾客的注意力完全集中于推销人员的身上，推销工作才能正式开始。人们总是把自己的注意力集中于自认为最重要的或最紧急的事情上，注意受人的个性特征所制约，不同的人可能有各自不同的兴趣爱好和人生观，所注意的事物也就有所不同。注意在推销活动中起着十分重要的作用，在接近过程中，推销人员应采用适当方法引起顾客的注意，包括有意注意和无意注意。接近是一场十分微妙的心理战，推销人员应该培养职业灵感，学会观察和判断顾客的心理状态。接近的第一个目标是引起顾客的注意，并设法稳住顾客的注意力。

2. 接近在于引起顾客的兴趣

在接近过程中，推销人员必须设法引起顾客的购买兴趣，接近就是要投顾客所好，告诉顾客可以解决的问题、满足的需求，使顾客感到有必要继续听取推销人员的意见。兴趣是指一个人积极探究某种事物的认识倾向，人们的兴趣是在社会实践中形成和发展起来的，并且具有鲜明的个性特征。人们的兴趣不仅是千差万别的，而且是千变万化的，在进行接近准备时，推销人员应详细了解顾客的有关情况，分析顾客的兴趣爱好，引起顾客的兴趣，稳住顾客的注意力。人们的兴趣爱好与其需要动机密切相关，推销人员可以从顾客的需要和动机入手，诱发顾客的购买兴趣。接近的第二个目标是引起顾客的兴趣，让顾客产生一种希望继续听下去的强烈愿望，同时给顾客留下一个良好的印象。

3. 接近在于顺利转入面谈

接近的最终目标是要引导顾客自然而然地转入面谈阶段，促成交易。接近和面谈是同一过程的不同阶段，接近是面谈的准备阶段，也是面谈阶段的前奏，接近本身也离不开面谈，面谈是接近的继续，进入面谈阶段后，推销人员还要进一步接近顾客，始终保持顾客的注意和兴趣。明确接近与面谈的区别和联系，轻松自如地由接近转入面谈，这是现代推销人员必须具备的基本技巧之一。总之，接近的最终目标是要自然而然地转入面谈阶段，为实质性的推销面谈铺平道路。

（二）接近顾客的方法

熟悉地掌握各种接近顾客的方法，并在实践中根据具体情况灵活地配合、应用，才能保证初次推销访问获得成功。接近顾客的方法主要有以下方面：

（1）介绍接近法。即利用有力人士或合适媒介的介绍，以接近顾客的方法，通常包括自我介绍（自我口头介绍，用身份证、名片来达到自己的目的）、他人介绍（利用与顾客十分熟悉的第三者，通过写信、打电话或当面介绍的方法来接近顾客）、产品介绍（直接将产品摆在顾客面前，使顾客对产品产生极大的兴趣，从而让产品作了无声的介绍）。

（2）构想式接近法。针对顾客面临的难题与急迫的需要，提供一个解决的构想与方法，以取得接近机会的方法。通常顾客关心的问题包括节约能源、消除污染、降低成本、提高利润等。即从能使顾客省钱、赚钱这一角度构想。

（3）调查接近法。采用此法比较容易消除顾客的戒心，成功率比较高。推销人员可以依据事先编好的问卷，征询顾客的意见，再从问卷转为推销。注意在从调查转为推销时，手法要高明，不要让顾客有被欺骗的感觉。

（4）赞美接近法。即利用人们追求虚荣的心理来达到接近的目的。卡耐基曾说：人性的弱点之一，就是喜欢别人赞美。每个人都会觉得自己有可夸耀的地方，推销人员如果能抓住顾客的这个心理规律，很好地利用，就能成功地接近顾客。赞美要符合顾客心理，用真诚、得体的话语去打动顾客的心。

（5）好奇接近法。此法主要是利用顾客的好奇心理来接近顾客。这种方法是在掌握人们的心理规律的基础上，采用了有效的措施，达到接近的目的。好奇心是一种原始性动机，人们在日常生活中的各种行为有时多受好奇心的驱使。因此，推销人员利用好奇心来接近顾客是一种行之有效的好办法。

（6）利益接近法。这种方法是推销人员着重把商品给顾客带来的利益放在第一位，首先告诉顾客，从而使顾客产生兴趣。这种方法符合顾客消费中的获利心理，把顾客购买商品时能获得的利益直接摆出来，有助于顾客正确认识他自身的利益，从而增强购买信心。

另外，接近顾客的方法还有送礼接近法、表演接近法、问题接近法、求教接近法、震惊接近法、马戏接近法、连续接近法等，在此就不一一列述。接近的方法没有固定的模式，必须不断创新。总之，要掌握接近的方法，就要正确认识顾客心理活动的规律，学会以不同的方法去接近不同类型的顾客，具有接近顾客的勇气和信心，在接近中，尽快减轻顾客的心理压力，避免强行推销，讲究必要的推销礼仪，文明接近顾客，并善于控制接近时间，不失时机地转入正式面谈。商谈是推销人员运用各种方式、方法和手段说服顾客购买的过程，是推销人员向顾客传递推销信息的过程，即讲解与示范的过程。

（三）接近顾客的要求

"要想成功推销产品，首先成功推销自己。"通常情况下，顾客都不会愿意把时间浪费在一个自己不喜欢的人身上，那么他又怎么会愿意买你推销的产品呢？据心理学方面的有关研究表明，人们对其他人或事物在7秒钟之内的第一印象可以保持7年。给他人留下的第一印象一旦形成，就很难改变，所以说，是否给顾客留下良好的第一印象对于接下来的相互沟通很重要。据相关资料统计，销售人员的失败，80%的原因是因为留给顾客的第一印象不好。也就是说，很多时候，在你还没开口介绍产品之前，顾客就已经决定不与你进行进一步的沟通了。既然推销员接近顾客时给顾客留下的第一印象如此重要，那么，对销售人员接近顾客的要求应做到以下方面。

1. 充分发挥个性的重要作用

一个个性开朗、笑口常开的推销员，即使面对素昧平生的顾客，也能够使彼此在不知不觉中产生融洽的气氛，这与推销人员所具有的良好个性及对推销技巧的熟悉把握是分不开的。因此作为一名推销人员，要不断地训练自己的性格，做到随和亲切，善于与各种人特别是陌生人打交道，并想方设法给对方留下良好的印象。

2. 保持最佳的精神状态

接近能否成功，推销人员的精神状态在此起到重要的作用；推销人员精力充沛，竞技状态良好，就能极大地增加推销成功的可能性。要保持良好的精神状态，需做到：体魄健康、精力充沛；热爱自己的工作，对工作具有高度的热忱；热爱客户，尊重客户的利益；充分认识自己的优点，保持自信心。

3. 对顾客表示感激

推销人员对于能够与顾客会面商谈，应抱有一种感激的态度，并以不卑不亢的言辞表示谢意。

4. 时刻面带微笑

微笑是人际关系中最佳的润滑剂，它表示了友善、亲切、礼貌、关怀，不仅能使自己从内心产生快乐的情绪，鼓舞自己，而且能够改变气氛，缩短人与人之间的距离，开发出一个快乐的园地。推销人员必须明确：迷人的微笑是长期苦练出来的；微笑必须出自内心才会吸引人；婴儿般天真无邪的笑容最具魅力，使人无法抗拒。

5. 衣着打扮得体

俗话说，佛靠金装，人靠衣装。从某种程度上说，得体的衣着打扮对销售人员的作用就相当于一个赏心悦目的标签对于商品的作用。如果你在第一次约见顾客时就穿着随便甚至脏乱邋遢，那么你此前通过电话或者电子邮件、信件等建立的良好顾客关系可能就会在顾客看见你的一刹那全部化为乌有。你要想令顾客对你的恶劣印象发生转变,那就要在今后的沟通过程中付出加倍的努力,更何况,有时候不论你付出的努力有多少,顾客都会受第一印象的左右而忽视你的努力。

所谓得体的衣着打扮,并非是要求所有的推销人员都穿着华丽。事实上,华丽的服饰不一定适合所有的人、所有的场合,而且也不见得会得到顾客的认同。作为一名专业的销售人员,必须根据本行业的特点选择合适的衣着。在选择服饰时,销售人员应该注意一点,那就是不论任何一种服饰,都必须是整洁、明快的,而且服饰的搭配必须和谐,千万不要为了追求新奇而把自己打扮得不伦不类。为此,销售人员实在有必要经常留心身边气质不凡的上司或同事,以及比较专业的杂志或电视节目等。

6. 举止大方,态度沉稳

如果说得体的衣着打扮体现了推销员的外在美,那么大方的举止和沉稳的态度体现出的应该就是推销员的内在素质了。推销员的内在素质实际上就相当于商品的质地和档次。推销人员的一举一动都会在顾客心目中形成一个印象,这种印象最终会影响顾客对公司产品以及对公司整体形象的看法。

7. 保持自信,不卑不亢

推销的过程有时候就像是买卖双方某些方面的较量,无论是推销人员还是顾客,其实时时都能感受到这种较量。所以,很多推销人员经常把这一过程看作困难或者伤脑筋的事情,于是就会在潜意识里形成一种恐惧,甚至有些推销人员说他们"在去见顾客的路上就有了打退堂鼓的想法"。如果恐惧能够将产品成功销售出去的话,那么问题就会变得简单得多了。可事实是,恐惧除了能够加剧与顾客沟通时的阻碍之外,实在是没有任何好处。其实,心存恐惧的销售人员从内心深处就没有形成一种正确的思想,他们实际上自身就对要推销的产品以及自己的沟通技巧不够自信。在他们看来,推销活动本身可能就是一厢情愿的"赴汤蹈火"。也许只有那些业绩优秀的推销员才知道,与顾客沟通的过程实际上完全可以成为一种享受,而且推销活动本身不仅可以为你的公司带来厚利、为推销员增加业绩,同时更可以令顾客的需求得到满足。当意识到这些之后,身为推销人员还有什么理由在顾客面前表现得畏畏缩缩呢?

8. 设计一个吸引人的开场白

一段精彩的开场白,不仅可以引起顾客对自己的重视,而且还能引起顾客对你接下来言谈举止的强烈兴趣。所以,有人说:"一个吸引人的开场白,就已经使一次销售成功地实现了一半。"对于销售人员来说,在与顾客沟通的过程中,一段好的开场白能够起到的作用不仅仅是成功地向顾客介绍自己以及自己要推销的产品,而且还为后来的良好沟通奠定了坚实的基础。为此,销售人员不妨在见到顾客之前就针对自己的销售目标和顾客的实际需求对开场白进行一番精心设计。

米尔顿·马文是汤姆·詹姆士服装公司的董事长,当他还是该公司一名普通的销售人员的时候,他曾经运用精彩的开场白给顾客们留下了非常深刻的印象。米尔顿在见到顾客时从来不会像其他销售人员那样拘谨地说上一句:"您好,我是××公司的销售人员。"他经常这样与自己的顾客开始谈话:"××先生(女士),我来这里的原因是因为我要成为您的私人服装商。我知道您在我这儿买衣服,是因为您对我、我们的公司或者对我们公司的产品有信心。而我所做的事情就是要使您的这种信心得到不断增强，我相信自己能够做到这一点。您一定希望对我有所了解，那么，请允许我做一个简单的介绍：我从事这项工作已经很多年了，我对服装的式样和质地以及它们分别适合哪种类型的人都有着深入的研究。所以，我一定可以帮您挑选出一套最合适您的衣服，而且这项服务是完全免费的。"

9. 清晰地表达自己的观点

在与顾客进行初次见面时，由于心情紧张等原因，可能销售人员会因为急于表达自己的销售意图而忽视自己的表达方式。很多销售人员身上都有过这样的体验：越是慌慌张张地表达自己的意图，语言组织得就越是错误百出，结果与顾客沟通起来就越吃力。因此，这些忙中出错的销售人员给顾客留下的印象常常是非常糟糕的，顾客常常认为，一个无法清晰地表明自己观点的人是无法弄清顾客的真实需求的，他所代表的企业恐怕也缺少科学的组织性和系统性。所以，销售人员在了解和掌握足够的产品信息的同时，也十分有必要培养和锻炼自身的语言组织和表达能力，尽可能地用最清晰、简明的语言使顾客获得其想要知道的相关信息。

第二节　介绍与示范产品

一、介绍产品的方法

（一）客观准确地介绍产品特点

对自己产品特点非常熟悉，同时了解竞争对手的产品特点，是对一个销售人员必不可少的要求。销售人员只有对自己产品和竞争对手产品的优点和不足有全面、客观的认识和评估，才能在给顾客介绍自己产品优点的时候讲得头头是道，讲到一些自己产品的不足（当然是顾客不是非常关心的方面）的时候客观自然，就会让顾客更加认可销售人员的产品介绍，就会对销售人员产生信任。

涉及和竞争对手的产品比较的时候，就更加需要用客观的态度和语言进行介绍，突出自己产品的优点（这个优点是顾客最关心的问题），同时也要讲竞争对手产品的某些优点（当然，这些优点是顾客不怎么关心和在乎的）。千万不要光讲自己产品的好处，同时光讲竞争对手产品的坏处，这样顾客就觉得你不实在，不客观了。总的来说就是要做到扬长避短，突出自己产品的优点，同时在介绍竞争对手产品无关紧要的优点的同时点出竞争对手产品的不足。

（二）对顾客最关心的问题讲深、讲透

只有对顾客最关心的问题讲深、讲透，才能取得顾客的信任，获取成交的可能性。如果顾客关心的问题不止一个，也要在对顾客最关心的问题讲深、讲透的基础上，对其他问题稍微点一下。这样就避免了销售人员把所有顾客关心的问题都加以介绍和说明，因为内容太多，顾客反而会觉得印象不深刻，从而影响整体的产品优点介绍效果。

（三）介绍过程要简单明了，思路清晰

可以采用带段落标识性的语言进行介绍，比如介绍产品特点的时候可以这么讲：我们的产品特点主要从四个方面得以体现，第一点是什么，第二点是什么，第三点是什么，第四点是什么。每一点用尽量简短的几句话进行概括性的说明，这样顾客就非常容易跟着销售人员的思路去听和记忆，销售人员讲完了，顾客能记住的内容就相对比较多。

（四）通过案例向顾客介绍产品设计理念

事实胜于雄辩。通过解决一个问题的案例，让顾客了解我们公司对于产品的设计理念，会取得非常好的效果。销售人员最终要让顾客明白：我们公司就是用这种理念去设计我们所有的产品，我现在只是举例介绍了我们产品的其中一个优点，我们产品其他方面也同样做得不错。这样介绍产品特点的整体效果就非常理想了。

二、示范产品的方法

唤起顾客兴趣的主要方法是示范。推销人员可以通过示范的形式，向顾客证实推销的产品确实具有某些优点。熟练地示范推销的产品，能够吸引顾客的注意力，使顾客对产品产生直接兴趣。推销员要尽可能快地让顾客亲自检验产品的质量，让顾客亲眼看一看、亲手摸一摸、试一试，这比其他任何一种方法都更具有说服力。即使是对于不能随身携带的产品，推销员可以借助产品的宣传资料、数据、模型、照片和图片作示范。推销员应该把数据写在纸上或者让顾客把数据记下来。推销员可以用简单的图表，如方形和圆圈，使顾客清楚地看到两组数据之间的区别。推销员画的图表有助于使顾客产生具体的形象概念。产品在尺寸、重量或耐久性方面的差异也可以用简单的几何图形表示出来。例如，推销员要说明本产品的使用寿命是竞争产品的两倍，可以画两个长方形并加以简单说明，其中一个长方形为另一个长方形的两倍。推销员只要充分发挥自己的聪明才智和丰富的想象力，用图表几乎可以说明推销员推销的所有产品，给顾客留下一个栩栩如生的感观印象。

（一）在使用产品中作示范

在条件允许的情况下，推销员应该向顾客介绍怎样使用所推销的产品，让消费者了解产品有哪些实际功能和特点。有些推销员往往由于惰性而只让顾客看一看产品的实物样品，不向顾客示范怎样使用产品。实践证明，仅仅向顾客介绍产品的外观形态是远远不够的。

（二）给示范动作增添戏剧性

有时为了使所推销的产品更具有吸引力，作示范时要适当安排一些小插曲。例如，一个油污清洗剂推销员过去采用的示范方法是用他推销的清洗剂把一块脏布洗净，用以说明他的产品效果好。后来，他改变了示范方法，把穿在身上的衬衣袖子弄脏，然后用他推销的油污清洗剂洗净。这样的示范就更加贴近生活了，其效果明显好于前者。因此

经过充分准备，再加上富有戏剧性的示范动作，会使顾客产生一种新奇感，可以吸引顾客的注意力，示范所产生的效果是任何语言所不能及的。

（三）让顾客参加示范

如果条件允许，应让顾客亲自作示范，因为顾客对产品特别是对一些机械产品和小型电动机械，总想亲自试一试。

让顾客参加作示范要比推销员自己单独作示范更能引起顾客的兴趣，推销员应当自己先示范所推销的产品，边示范边指导，然后让顾客自己操作。顾客对学会怎样使用某种机器产品的兴趣越浓厚，他就越乐于把自己当作这种机器产品的主人，这样推销员就有可能早一点得到顾客的订单。许多办公室的电话系统、微型电子计算机、汽车、家用电器和其他一些产品都是通过这种方法销售出去的。另外推销员在示范中所引用的数据要尽可能让顾客记录在册，并让顾客亲自运算，以求准确可靠。

（四）示范要有重点

示范时间不要太长，不要过于全面。不要对产品的每种使用价值都进行示范。全面、过长的示范会使顾客不耐烦。特别是在示范一种顾客不熟悉、结构复杂的产品，或者工序不易掌握的产品时，更是如此。例如，当顾客拜访某制造公司时，主人往往领着顾客参观工厂。参观回来，顾客已疲惫不堪，这时推销员如果想用一些具体细节引起顾客的兴趣，从而达到成交的目的是不可能的。相反，如果将带领顾客参观工厂也当作一种示范，并以此去影响顾客的看法，那么这就是一种很好的示范方法了。

（五）帮助顾客从示范中得出正确的结论

每次示范都应该有具体的目的，示范前需明确示范要证明什么，示范成功与否取决于顾客对推销员的信服程度以及示范对顾客所产生的影响。

对任何推销示范，推销员都应认真准备、熟练操作，不要临时决定在没有任何准备的情况下去做示范。示范技术与推销技术是同等重要的，推销员应该经常考虑怎样改进自己的示范方法，然后进行反复的练习和排练。只有这样，推销示范才能有助于产品销售的实现。

三、介绍与示范产品应注意的问题

（一）对自己的产品特点不熟悉而贸然介绍与示范

不熟悉产品就贸然上阵介绍与示范是销售人员的一个大忌，效果自然好不了。这种情况比较容易出现在新的销售人员身上。一个人刚刚做销售或者刚刚进入了一个新的行业，这时候他自己对产品的特点和优势还没有非常熟悉，只是了解了一个皮毛，在给顾客介绍的时候发现只能讲出一两句话就没有内容可讲了，而且越往下讲越觉得没有信心，越觉得自己说的话没有吸引力和说服力。因此，对推销人员的产品培训是推销人员培训非常重要和必不可少的内容。

（二）不根据顾客最关心的问题有针对性地介绍与示范

顾客最关心的问题是产品的这方面特点，而销售人员却向顾客大讲特讲产品的其他特点，在没有确定顾客最关心的产品特点之前，就开始根据自己的想法介绍产品，就容易出现牛头不对马嘴的情况，顾客会对你的介绍毫无兴趣，甚至会认为你是一个不懂事的销售人员，后果可想而知。

（三）介绍示范产品特点和优点过多

原则上说，产品的优点越多，顾客对产品的认可程度就会越高，但是销售人员在给顾客介绍的时候，因为时间的限制（如果介绍的时间太长，顾客不一定有空），不可能全部介绍给顾客听。有些销售人员希望把自己产品的所有特点和优势，统统讲给顾客听，生怕漏掉了一个细节，认为自己介绍的产品优点越多效果越好，越容易获得顾客的认可。结果恰恰相反，等销售人员把产品介绍完了，顾客也就把之前的内容全部忘掉了。因为销售人员讲的内容太多，太杂，顾客是无法抓住重点的，所以也不可能记下销售人员介绍的任何一个产品优点。

（四）讲竞争对手的坏话

销售人员经常会碰到顾客问你的产品和某个竞争对手产品的比较，为了突出自己产品比竞争对手的产品要好，在没有对竞争对手产品做调查了解的情况下就讲竞争对手产品这也不好，那也不好，甚至是在了解竞争对手产品的情况下，还故意直接讲竞争对手的坏话。这样只会给顾客留下一个销售人员行业知识不丰富，或者不能客观评估自己产品和竞争对手产品的优势和不足，甚至没有职业道德的印象。

（五）运用太多顾客可能听不懂的专业术语

相对于顾客而言，推销人员自然对产品知识更专业，掌握更多的专业术语。在进行产品介绍时完全不用专业术语则显得不专业，用得过多则顾客听不懂，达不到与顾客沟通的效果。产品介绍的目的是为了让顾客了解我们的产品，进而购买我们的产品，因此使用多少专业术语要掌握好一个度，一般情况下要注意不要使用太多。

（六）夸大产品的功效和优势

这是很多推销人员经常出现的问题。有些推销人员甚至有些企业为了尽快达成交易，有意夸大甚至是无中生有一些产品的功效和优势，这既不符合现代市场营销观念，也不符合职业道德，其实也不符合推销人员和企业的长远利益。因此，推销人员在介绍产品时一定要有一说一，实事求是。

（七）介绍示范产品时只顾自己说话

好的产品介绍应该是一个推销员和顾客的互动过程。很多没有经验和不自信的推销员在介绍产品时容易只顾自己说话，不观察顾客的反应，当然介绍效果不好。在推销员介绍过程中,如果发现顾客对某些介绍不感兴趣,应该马上停止。

(八) 刻意隐瞒产品缺点

当顾客指出产品确实存在的缺点时,正确的做法是应该做出积极的回应。故意隐瞒,置之不理,对推销员而言无异于掩耳盗铃,于事无补。比如当顾客提出产品的功能不如××品牌齐全时,你不妨先肯定顾客的意见,再指出产品的其他优势:"是的,不过它的其他功能正好可以因此而更充分地发挥作用,而且该产品的价格比其他同类产品的价格要低20%。"

第三节 推销洽谈

推销洽谈是买卖双方为达成交易,以维护各自的利益、满足各自的需要,就共同关心的问题进行沟通与磋商的活动。现代推销洽谈既可以是当面洽谈,也可以利用现代通讯工具跨越时空的阻隔进行磋商。洽谈是一种艺术,需要高超的技巧与良好的素养。日本能率协会的研究指出,人与人之间的谈话,只能表达20%而已。换言之,在全部的谈话内容中,只有20%为对方所了解,其余的80%,不是被忽视,就是被误解了。因此,推销人员在与顾客洽谈中,要特别注意运用合适的技术和手段,以期达到良好的效果。

一、推销洽谈的内容

(一) 产品条件洽谈

推销的主角是产品,因此,推销洽谈的内容首先是对产品相关条件的洽谈。产品条件洽谈有的复杂,有的简单,主要决定于顾客类型和购买的数量。如果购买者是个人消费者,则购买的产品数量少、品种单一,洽谈会比较简单;如果购买者是中间商和集团用户,购买的产品数量多,品种型号也多,洽谈也就较为复杂。一般来说,产品条件洽谈的内容包括产品品种、型号、规格、数量、商标、外型、款式、色彩、质量标准、包装等。

(二) 价格条件洽谈

价格条件洽谈是推销洽谈的中心内容,是洽谈双方最为关心的问题。通常,双方会进行反复的讨价还价,最后才能敲定成交价格。价格条件洽谈也包括数量折扣、退货损失、市场价格波动风险、商品保险费用、售后服务费用、技术培训费用、安装费用等条件的洽谈。

(三) 其他条件洽谈

除了产品条件洽谈和价格条件洽谈之外,还有交货时间、付款、违约的界定、违约的处罚和仲裁以及其他一些条件的洽谈。

二、推销洽谈的原则

为达到推销的目的，实现洽谈的目标，推销人员可灵活采用多种方法和技巧说服顾客。但是，无论采取何种方法或技巧，在洽谈中推销员均应遵循以下基本原则。

（一）针对性原则

推销洽谈要服从推销目标，使洽谈具有明确的针对性。

1. 针对顾客的购买动机开展洽谈

顾客的购买目的在于追求推销品的使用价值，其购买动机多种多样，有的求名，有的求美，等等。在洽谈中推销人员应就推销品的使用价值和针对顾客的具体购买动机进行推销。

2. 针对顾客的个性心理进行洽谈

顾客的个性心理差别很大，而个性心理对推销洽谈的影响很大，不容忽视。只有针对不同个性的顾客采取不同方法，才能达到洽谈的目标。

3. 针对推销品的特点展开洽谈

推销人员应根据推销品的特点设计洽谈方案，突出产品特色，增强洽谈说服力。

（二）参与性原则

推销人员应设法鼓励和引导顾客积极参与推销洽谈，促进信息的双向沟通，增强洽谈的说服力。

1. 坚持参与性原则，要求推销人员尽量与顾客同化，以消除其心理防线

在实际推销活动中推销人员要与顾客打成一片，急顾客所急，想顾客所想。表现出与顾客同样的兴趣和爱好、同样的习惯和背景等都是与顾客同化的方法，其作用在于取得顾客的认同感，消除推销阻力，提高洽谈效率。

2. 坚持参与性原则，要求推销人员主动引导顾客参与洽谈沟通，以提高洽谈的质量

现代信息论和决策论的研究表明，参与活动直接影响参与者接受信息、处理信息、反馈信息和制定决策的水平。在实际推销活动中，引导顾客发表意见，请顾客回答问题或者让顾客试用推销品等都可有效地使顾客参与洽谈。

3. 坚持参与性原则，要求推销员让顾客发表意见，认真倾听顾客讲话

认真聆听，既是尊重顾客的起码要求，也是成功洽谈的基本技能。认真倾听，能使顾客产生心理上的一种满足感，有利于顾客的积极参与，又能让推销员了解推销障碍是什么，也才能谋划消除障碍，促使顾客作出购买决策。

（三）辩证性原则

推销人员应运用唯物辩证的方法论指导洽谈，应当以全面、发展、联系的眼光看待顾客和推销品。推销员应该辩证地看待顾客的个体差异，不能因为自己某些不愉快的经历而对某些种类的顾客抱有成见。事实上，世界上没有十全十美的顾客，也没有完全不讲理的顾客，问题的关键在于推销员是否找准了洽谈的切入点与洽谈方法。推销员不但应辩证地看待推销品，而且也应该让顾客辩证地看待推销品。任何产品既不可能优越无比，也不可能一无是处，推销员应能突出推销品的优点，也能客观地承认推销品的缺点。"一分钱，一分货"就是突出产品质量优良而回答顾客因推销品价格高而提出异议的最佳解决方法之一。

（四）鼓动性原则

推销人员要在洽谈中用自己的信心、热情和知识去感染、激励顾客，促使顾客采取购买行动。推销洽谈既是说服的艺术，也是鼓动的艺术，洽谈成功与否，关键在于推销人员能否有效说服和鼓动顾客。推销员必须对自己及其推销品充满信心，必须热爱自己的推销事业，热爱顾客，充分利用各种推销工具，造成作出购买决策的环境氛围，调动和激发起顾客的信心和热情，促使顾客采取购买行动。

（五）灵活性原则

推销人员应根据不同的具体情况作出具体分析，随机应变，相机行事。推销洽谈并没有什么固定不变的模式。坚持灵活性原则，要求推销人员能根据不同情况，采用各种方式、方法开展洽谈，尤其是当洽谈中出现意料之外的情况时，能灵活处理，才能达到预期的推销目标。

三、推销洽谈的方法与策略

（一）推销洽谈的方法

推销洽谈的方法有多种，主要介绍提示法和演示法两类。

1. 提示法

（1）直接提示法。直接提示法是指即推销人员直接劝说顾客购买推销品的洽谈方法。这是一种适应现代快节奏生活，提高推销洽谈效率的方法。推销人员接近顾客后，立即向顾客介绍推销品，陈述产品的优点与特征，并建议顾客购买。这种方法简单明快，在具体应用时，应注意：首先，提示必须抓住重点。推销人员可以直接提示顾客的主要需求与困难，直接提出解决的途径与方法，直接提示产品的主要优点与特征，直接提示顾客的购买动机与利益。其次，提示内容要易于被顾客了解，产品的优点与特征应是显而易见的。最后，提示的内容应尊重顾客的个性。不同的顾客有不同的需求，有不同的购买动机与购买行为，直接提示不得冒犯顾客。例如，对一位爱便宜货又有虚荣心的顾客，就不能当众直接提示推销品是处理品或便宜货。

（2）间接提示法。间接提示法是指推销人员运用间接的方法劝说顾客购买推销品的洽谈方法。这是一种有效的心理减压法，可以排除面谈障碍，制造有利的面谈气氛。顾客也容易接受推销员的购买建议。案例"推销数量"，就是一位推销人员利用这一方法扩大销售业绩的事例。应用间接提示法，要注意应虚构或泛指一个购买者，不要直接针对面前的顾客进行提示，从而减轻顾客的心理压力；使用委婉温和的语气与语言，间接地诉诸购买动机与需求；控制洽谈内容与过程，避免偏离推销主题。

（3）自我提示法。自我提示法又称自我暗示法，是指推销人员利用各种提示刺激物来引起顾客自我暗示，从而采取购买行动的洽谈方法。根据推销心理学原理，暗示往往比明示更具说服力和感染力。更容易引起顾客的购买联想。例如，雪花牌冰箱、娃哈哈酸奶、黑又亮鞋油、百灵乐器等，这些品牌均对顾客有产品效用的提示，使顾客自己发生联想。使用这一方法应注意：选择的刺激物应是可信的、适宜的，有足够冲击力的。例如，某人寿保险推销员对一中年男子推销对象说：“据官方最近公布的人口统计资料，目前有一件值得人们关切的事实，大约有90%的夫妇，都是丈夫先妻子而去世的。作为家庭的顶梁柱，是否应该就这一事实早作适当安排呢？”这段说辞有真实数据，用于已婚中年男子，足以引起推销对象的关注。此时，推销人员抓住顾客对自己的联想，提出解决方案，应当会收到良好的效果。

（4）明星提示法。明星提示法是指推销人员借助一些有名望的人来说服与动员顾客购买推销品的洽谈方法。这种方法迎合了顾客求名、求荣等情感购买动机，并通过名人、名家的声望来消除顾客的疑虑，使推销人员与推销品在顾客心目中产生明星效应，有力地促进顾客的购买欲望。例如，广告"伊利牛奶，中国航天员专用牛奶"。再如，"参加奥运的运动员穿的就是我们厂的鞋"。使用这一方法应注意：提示中的明星应是顾客熟知的崇拜对象，应与推销品有必然的内在联系，所提及的事实是真实的。

（5）激将提示法。激将提示法又称相反提示法，是指推销人员利用反暗示原理来说服顾客购买推销品的洽谈方法。反暗示是一种相反的心理暗示，可以引起顾客作出与暗示内容相反的反应。所谓"请将不如激将"，就是这个道理。例如："IBM电脑是价格最高的，我看还是选一台便宜一点的。"其实是反暗示顾客要买最贵的，也是质量最好。使用这一方法应注意，要针对顾客的主要购买动机，用反暗示增强提示震撼力，但不能冒犯顾客，语言失当没有使顾客产生相反的行为，而与自己的初衷相悖。

（6）动议提示法。动议提示法又称鼓动提示法，是指推销人员建议顾客立即采取购买行为的洽谈方法。动议提示法可以直接传递推销信息，刺激顾客的购买欲望，并适时地鼓动顾客立即采取购买行动。只要提示得合理、及时，往往可以收到良好的效果。例如："只有这么一件，错过机会就没了。"再如："今天是优惠期的最后一天，明天来就不是这个价了。"使用这一方法应注意：要在分析不同顾客的主要购买动机与主要需求的基础上，有针对性地鼓动顾客，诱发顾客的购买欲望；语言要简练明确，能打动顾客的心。鼓动顾客的购买意念，使顾客产生紧迫感；应考虑不同顾客的个性，不宜随便采用。

（7）积极提示法。积极提示法是指推销人员使用积极的语言或其他积极的方式劝说顾客购买推销品的洽谈方法。通过正面提示、肯定提示、热情的语言、赞美的语言等等都能产生正效应的积极提示。可以先采用讨论的方式，然后再根据顾客的问题，给予正面的、肯定的答复，产生积极的正效应提示。如"风度尽显金利来"、"出手不凡钻石表"等，正面提示了"风度尽显"及"出手不凡"的特点，使顾客产生愉快的联想和积极的心理效应，易采取购买行动。使用这一方法应注意，坚持正面提示和真实性原则。

（8）逻辑提示法。逻辑提示法是指推销人员利用逻辑推理劝说顾客购买推销品的洽谈方法。逻辑提示法符合顾客的理智购买动机。它通过逻辑思维的方式，使顾客进行理智的思考，从而明确购买的利益与好处。特别适合于生产资料的推销洽谈。例如："所有企业都希望降低生产成本，这种材料可以帮助贵厂降低生产成本，提高经济效益。所以，贵厂应该采用这种新型材料。"这是一个比较典型的三段论述推理模式，包含大前提、小前提和结论三个命题。使用这一方法应注意：要选择具有理智购买动机的顾客；要了解产品所依据的科学原理，再加以严密的逻辑推理，做到以理服人；要根据逻辑推理原理总结出简单可行的说理方式，如对比法、概括选择法等；要做到情理并重。对顾客既晓之以理，又动之以情，才能使顾客的购买行为合理化。

2. 演示法

（1）产品演示法。在现代推销环境里，推销品越来越多，推销信息越来越复杂，推销人员无法完全利用口头语言来传递全部推销信息，与其费尽千言万语，不如拿出推销品让顾客亲自看一看、摸一摸、闻一闻、尝一尝。根据现代推销学原理，推销品本身就是一位沉默的推销员，是一个最准确可靠的购买信息源，是一个最有效的刺激物，可以制造一种真实可信的推销情景。使用这一方法应注意：要根据推销品和顾客的性质和特点，选择理想的演示方式、内容和地点；要善于控制洽谈气氛，掌握洽谈进度，抓住适当时机，开展产品演示。当顾客对推销品发生兴趣时，就是产品演示法的最佳时机。当顾客还完全不了解推销品，还一点不感兴趣的时候，不要急于演示产品；要注意演示的步骤与艺术效果，最好边演示边讲解。渲染演示的气氛与情景效应，做到生动形象有趣，干净利落；要请顾客参与演示活动，使顾客能亲身体验到推销品的优点。从而产生认同感和占有欲望，提高推销洽谈的成功率。

（2）文字、图片演示法。文字、图片演示法是指推销人员通过演示有关推销品的文字、图片资料来劝说顾客购买推销品的洽谈方法。特别适用于不能或不便直接演示的推销品，如家具、商品房、成套设备等。还适用于用语言不便简要说明或难以说明的产品相关信息，如一些产品的设计原理、工作原理、统计数据、价目表等，采用文字、图片演示法既准确可靠又方便省力、生动形象，可以使推销对象理解容易、印象深刻。使用这一方法应注意：①要收集具有系统性、准确性、权威性较高的推销品相关资料，演示材料的设计创作上要力求与推销主题思想一致。②遵循既能充分展示推销品的特点，又能针对顾客的主要购买动机的原则，提前做好资料的选择、整理与展示的准备工作，力求突出推销品的特点，给顾客以强烈的刺激。如文字的放大特写、图片的色调结构，做到大反差衬托的效果。③坚持资料的可靠、真实、新颖性，随时修正、补充、更新有关的演示资料。④要注意目标市场顾客的特点和不同的洽谈环境，选择准备不同的演示资料系列。

（3）证明演示法。证明演示法是指推销人员通过演示有关证明资料劝说顾客购买推销品的方法。为了有效地说服顾客，推销人员必须出示有关的证明材料，这是现代推销洽谈中经常使用的方法。生产许可证、质量鉴定书、营业执照、身份证、购销合同书等都是可以令顾客信服的证明演示资料。如"这个价格已经是成本价，不能再降，你看这是我们的进货发票"。推销人员针对顾客的从众心理，及时演示推销证明，增强推销的说服力,具有良好的推销效果。使用这一方法应注意:证明资料要真实可靠,具有权威性和针对性。注意演示技巧,意在证明而非炫耀,令顾客心悦诚服。

(4) 影视演示法。影视演示法是指推销人员通过录音、录像、电影、音响等现代影视工具,生动形象地传递大量的推销信息,制造真实可信的推销气氛,充分调动顾客的情感,增强推销说服力和感染力方法。在许多生产资料推销、批发推销和国际贸易中已经广泛采用这些先进的影视演示方法,进行贸易洽谈。它具有很强的说服力和感染力,是一种新颖而有效的演示方法。使用这一方法应注意:要根据推销洽谈的实际需要,搜集、制作、整理有关的影视资料;要掌握有关音像设备的操作和维修保养技术,能熟练地演示推销资料;要辅之以广告宣传等促销手段,实施综合性的推销策略。

(二) 推销洽谈的策略

推销洽谈的策略较多,下面是几个在实践中卓有成效的策略。

1. 自我发难策略

自我发难策略是在洽谈中针对对方可能提出的问题,先自行摆出,再加以解释、阐明立场的洽谈策略。例如,由于己方的报价比其他企业同类产品高20%,估计对方一定会对这一问题心存疑惑,并且会怀疑己方洽谈的诚意,进而影响到他们对洽谈的态度和信心。因此,在洽谈的一开始就应予以介绍:与同类产品的报价相比,本企业的价格要高20%,看起来似乎价格过高,但是实际并不高。第一,企业采用的是进口优质原料,其成本高,质量绝对可靠,而其他企业产品则采用的是国产原料。第二,本企业的产品合格率比其他同类产品高30%,并且采用的是国际ISO 9000标准,产品获得国家专利,有独特的性能。第三,在一年之内,对不合格的产品一律给予退换。第四,本企业是该行业最大的供应商,货源充足,能够保证长期稳定的供应。通过这种自我发难,解释疑难,能使对方认为己方是以诚相见,从而解除疑虑,使洽谈达到目的。但是,这种策略必须建立在深入调查、知己知彼的基础上,问题必须选得恰当,理由必须令人信服。否则,不但达不到预定的目的,还会使自己处于被动的局面。

2. 扬长避短策略

扬长避短策略指在洽谈中尽量突出己方优点和长处,避免谈及缺点和不足的策略。这种策略的目的是要以优遮丑,弥补在洽谈中所处的不利地位。例如,本企业产品在合格率及技术先进性方面落后于同类产品,但是价格便宜、大量供应、提供不合格产品的退换货制度、提供零配件供应和厂家售后维修的支持等是己方的长处。因此,就可以在这些方面下工夫,突出推销品的优势,说服对方,签订合约。扬长避短绝不意味着弄虚作假,欺骗对方,而是突出优势,弥补不足。在某些条件上己方不如别人,但在另外一些条件上己方占有一定的优势,甚至是绝对的优势,在综合考虑下,己方并不比别人差。

3. 曲线求利策略

在洽谈中双方都必须作出一些让步,这是正常的情况。因此,要想为己方谋取满意的利益必须从全局考虑问题,而不能只是在某些条件上面坚持己见、钻牛角尖。曲线求利策略就是从这一策略思想出发,在某些条件上己方向对方作了让步,损失了部分利益,我们可以通过在其他方面提出条件要求对方让步来弥补这部分利益的损失。例如,由于产品降价的损失,可以通过提高技术转让费和易损零配件的价格等来弥补;卖方坚持产品不降价,则可以要求对方提供免费人员培训、免费运货和安装等来弥补。

4. 先发制人策略

先发制人策略是指在洽谈中由己方先提出有关条件和合同草本的策略。例如,预先提出了产品价格、供应数量、各种规格产品的构成比例、付款方式等的一个洽谈框架。在这种情况下对方很难另起炉灶,再提出自己的一个方案,只能在已提出的这一方案基础上提出自己的意见。先发制人要求知己知彼,熟悉行情及双方的力量对比,提出的条件要适度,过高容易吓跑对方,过低则失去一定的利润。这种策略在卖方来说,多用在大企业对小买主;在买方来说,多用在供过于求,许多卖主对一个或少数几个买主的情况。先发制人并不意味着就是一口说死,不可改变;所以,提出方案的一方还要准备应变方案,即哪些条件是可以让步的?哪些条件是不能让步的?让步可以让到什么程度?等等。如果对方采取这种策略,己方不应为其所动,不能被对方牵着鼻子走,应该坚信,任何条件都是可以通过洽谈改变的,所以要按照己方原定的洽谈方针进行洽谈,不能被对方方案束缚住自己的手脚,而不敢提出自己的方案或条件。

5. 步步为营策略

步步为营策略是指在洽谈中不是一次就提出总目标,而是先从每一具体目标洽谈入手,最后完成整个目标的洽谈策略。例如,先就订货数量、产品规格、型号、质量标准等进行洽谈,待达成一致意见后再就产品价格进行洽谈,然后,再就付款方式、交货时间等进行洽谈;等等,在每个具体问题上都取得了成果,也就完成了总的洽谈任务。

6. 折中调和策略

折中调和策略是指在洽谈处于僵持局面时,由一方提出折中调和方案,即双方都作出一些让步以达成协议的策略。例如,我同意降价10%,但你也得同意将订货数量增加30%;我愿意以优惠价供应给你这条生产线,但你必须再订购1000套散件;等等。折中调和貌似公平,但实际上并不一定;所以,对付这种策略必须权衡得失,要经过仔细的计算,用数字说明问题。而不能认为对方让步一半,我方也让步一半,这是对等的,谁也不吃亏。这种想法有时会使己方受到较大的损失,而对方得到利益。折中调和本身就意味着双方都有让步的余地,所以,坚持自己的原则立场,在关键问题上不作让步,有时是可以使对方妥协,达成交易的。

本章小结

接触顾客是推销人员与顾客取得联系和见面这两个过程,即约见顾客和接近顾客。约见工作包括确定约见对象、约见时间、约见地点和约见内容,并选择合适的约见方式成功约见顾客。接近是指推销人员正式接触推销对象的一个步骤,是推销面谈的前奏,是推销过程的必要环节。需明确接近的目的、掌握接近的技巧、把握接近的方法,同时还应了解接近顾客时的注意事项。

产品介绍是推销过程中必不可少的环节。产品介绍应掌握正确的程序和方法,注意防范经常出现的一些问题。

推销洽谈是买卖双方为达成交易，以维护各自的利益、满足各自的需要，就共同关心的问题进行沟通与磋商的活动。

推销洽谈的内容主要涉及产品条件、价格条件和其他条件。

推销洽谈应遵循的原则有针对性、参与性、辩证性、鼓动性和灵活性。

推销洽谈的方法主要有提示法和演示法两类。

卓有成效的推销洽谈策略主要有自我发难策略、扬长避短策略、曲线求利策略、先发制人策略、步步为营策略、折中调和策略和价格洽谈策略。

思考与实训

思考

（1）接近顾客前为什么要先约见顾客？约见顾客的方法有哪些？

（2）接近顾客应注意哪些问题？

（3）接近顾客的技巧和方法各包括哪些方面？

（4）产品介绍有哪些要求？

（5）产品介绍要注意哪些问题？

（6）推销洽谈有哪些原则？

（7）在推销实践中，常用的推销洽谈技巧有哪些？

（8）推销洽谈常用的方法有哪些？

（9）常用的推销洽谈策略有哪些？

实训

一、"好，就这件！"

美国谈判和推销专家麦科马克在《哈佛学不到》这本畅销书中，给我们讲了这样一则故事。麦科马克有一个朋友，担任一家大公司销售部门的经理。这位销售经理在私下场合，经常穿一件很滑稽的绿颜色的西装。麦科马克问他原因，他就讲了这件西装的来历。

一次他逛街，随便进了一家服装专卖店。销售员是一位热情、大方的年轻小伙。小伙为他挑选衣服，一件一件试穿，并逐一讲解，语言很有感染力。在试穿一件绿颜色的西装（也就是现在穿在身上的这件）时，销售经理照例由他摆布，并拿眼睛仔细观察这位推销员。只见小伙非常自信，围着销售经理转了一圈，然后语气坚定地说："好，就这件！"

好一个"好，就这件"！身为大公司销售部门的经理，在销售领域见多识广，尽管对衣服本身并不看好，但被眼前的这位年轻人深深地折服了，毅然购买了这件具有纪念意义的、滑稽的、绿颜色的西装。好用来告诫自己和自己的部下，自信以及其他的推销技巧是何等的重要。

"没问题吧，我给您开票啦。"我们经常听到商场的销售员如是说。

链接思考

该案例采用了什么成交方法？给我们带来了什么样的启示？

二、笑话：爱的提示

在一个村庄，一位小伙和一位姑娘从小一起长大，青梅竹马，彼此互生爱慕之情。男的太腼腆，机会很多，就是不懂得去表白。一天傍晚，他们干完农活，在回家的路上碰到了，一起往回走。小伙子背着一只大桶，左手提着一只掉队了不知归家的鸭子，右手拿着一把锄头，还牵着一头牛。

天越来越黑，姑娘对小伙说："我有些害怕。"

"怕什么？"

"怕你趁天黑欺负我，吻我。"

"这怎么可能呢？我带着这么多东西。"

"那可难说。如果你把锄头插在田地里，再把牛拴在锄头上面，然后把桶放在地上，再把鸭子放进桶里呢？"

在实际生活中，女孩子是需要男孩儿去追的，去主动表白的。否则，就会错失良机。

链接思考

该案例给我们推销工作的启示是什么？

第九章 处理异议、促成订约和售后工作

本章学习目标

学完本章以后，应掌握以下内容：①了解顾客异议的类型及产生的根源；②掌握顾客异议处理的方法；③掌握促成订约的技巧和策略；④正确理解顾客的诉怨，把握处理诉怨的技巧和方法；⑤了解售后服务的内容。

案例导读：如何面对顾客的抱怨

一位刚刚接任做某电脑公司华南地区销售经理的李女士，在上任的第一天，就去走访公司的老顾客。因为她知道老顾客是公司的生命线，于是她首先去拜访一个很重要的顾客。没想到她刚走进顾客公司的会议室，立即进来了几个年轻人对李女士抱怨起来：有的说他们公司的产品质量不好，有的说产品与说明书不符，有的说他们骗人，原先答应的售后服务根本没有那么一回事，有的干脆要求退货等。听了这些抱怨，李女士不但没有生气，反而对未来的工作有了信心。你知道她是怎么想的吗？为什么她会这样想呢？这位李女士后来成为该跨国公司的总经理。您认为，这与她对待顾客抱怨的态度有联系吗？为什么？

第一节 处理顾客异议

顾客异议，是指顾客对推销人员推销活动表现出怀疑、否定的一种反应。美国《百科全书》对推销的调查表明：推销员中得到顾客允许访问和被顾客拒绝的比例是1∶10；得到顾客允许后，能顺利完成推销介绍的可能性是2/3；结论是推销员平均每做成一笔生意，要受到179次拒绝。戈德曼博士说："推销是从顾客拒绝开始的。处理顾客异议是推销程序中重要的组成部分，正确对待和妥善处理顾客异议，是现代推销人员必需具备的基本功。"

一、正确认识顾客异议

任何一笔交易的达成都不是一帆风顺的，顾客肯定会提出这样或那样的意见，没有百依百顺的顾客。在一般情况下，正是由于顾客已对推销的产品产生了兴趣才会提各种问题，因此，推销人员要正确认识顾客异议。

（一）顾客异议是对产品感兴趣的显示器

没有任何异议的顾客往往是没有购买欲望的顾客，顾客异议对推销人员来说是一种

帮助，如果顾客对推销建议无动于衷，他是不会提出任何异议的。事实上，顾客所提出的第一条异议，只要不是无条件的拒绝，那就是他对所提供的产品开始发生兴趣的第一个迹象。从这个意义上讲，顾客的异议是表明他对产品是否感兴趣的显示器。

（二）褒贬是买主，喝彩是闲人

褒贬是指顾客对商品的挑剔。褒贬作为顾客的一种心理活动，实际上就是购买的前提条件。褒贬和购买不仅不是对立的，而且褒贬里面就含有购买的因素。顾客的褒贬有时是因为商品本身的缺点，有时是对商品质量有怀疑，有时是需要作出比较。有经验的推销员认为，喜欢挑剔的顾客，八成是诚心要买，如果他根本不想买，也不会下那么大工夫去挑选，因为谁都希望买到称心如意的商品。

（三）顾客异议是不求报酬的投资，是创造新产品的最佳催化剂

顾客对推销活动，对产品提出的异议，帮助推销人员发现自己的工作和产品存在的问题，使其得以改善和创新，等于是对推销活动进行了不求报酬的投资。创意往往是在处境艰难时，想打开困境而产生的，危机越大，所产生的创意越坚决，越能成功。顾客异议可以激发推销人员的创意热情，促使推销人员走向成功。

（四）顾客异议可提高企业决策的质量，使决策更加正确有效

正常的决策往往是从多种不同的甚至是互相冲突的意见中产生，顾客异议常常是考验决策正确与否、促进决策更符合实际的重要因素。顾客异议可以使决策人有多方思考和比较的余地，能保证决策者看清问题的每一面，以便从各个角度去了解决策的真正含义。因此，推销人员有责任把顾客的异议传递到企业决策者那里。

二、顾客异议的类型

（一）按异议的客观性划分

1. 真实的意见

顾客有意接受推销，出于自己的利益考虑对推销品或推销条件提出质疑和探讨。如对商品功能、商品价格的看法，等等。这类顾客并非说说而已，他们期待并十分注意推销人员做出的反应。如果回避这种意见无疑是断送了成交的希望。

2. 借口

在商谈过程中，或是在讨价还价过程中，或是在讨论产品时，顾客可能由于资金不足，或个人不能做主，或还想考虑比较一下等原因不能购买，但顾客出于面子，不好意思直接讲不想买了，而以提出异议为借口，达到根本不想买的目的。对于借口，由于不是真正的异议，没必要回答。随着业务商谈的发展，顾客就有可能不再坚持借口了。有些借口可以用一两句话对付过去或作些让步，也不会影响推销。

3. 偏见和成见

偏见是片面看问题，抓住一点不计其余；成见则是先入为主，形成的一种固定看

法。偏见和成见都是一些不合逻辑和带有强烈感情色彩的反对意见。持有这两种意见的顾客是很难说服的，通常应客气的指出顾客的意见是不符合实际的，然后才能解答他的问题。要注意不能和顾客辩论，不与顾客顶牛，要各抒己见，不强加于人；也可以采取转变话题的办法，明知说服不了，就不要强行说服。

4. 没讲出来的异议

有些顾客有时对产品有异议，但没有说出来，其原因一是顾客拿不准主意，一是推销人员没给顾客发表意见的机会。在这种情况下，推销人员应及时让顾客把意见讲出来，只有知道了顾客异议，才好解释、答复。有异议不讲出来的顾客，都是比较谦虚谨慎的顾客，推销人员对他们一定要有耐心、有礼貌，动员他们讲出来，并要热情、诚恳地给予答复，以使顾客满意。

5. 恶意反对

在推销过程中，有时会遇上一些品质不好、脾气不好的顾客，有意挑衅，出难题，而恶意反对，常常是语言粗鲁、态度恶劣。遇到这种顾客，推销人员要沉着冷静，耐着性子避开他，嗤之以鼻，他自觉没意思，便会收场。而推销人员的宽厚、容忍，会受到大多数顾客的理解。

6. 了解情况

有时顾客很想知道某一方面的情况，他不好直接发问，而可能以提出异议的面目出现。通常要求了解情况的异议是以提问的方式出现的，表明了顾客对产品已经产生了兴趣。推销人员应热情、诚恳地用事实、数据等加以解释、说明，让顾客知道他所要了解的情况，促使顾客由怀疑、动摇向想要购买转化。

7. 自我表现

有的顾客不甘心接受推销人员的宣传，而且也想让别人知道自己的看法，表明他不会受人影响，而且能提出各种异议。这种自我表现的异议，往往受逆反心理的影响。因此推销人员在商谈中，不要采取趾高气扬的态度，不要教训顾客，而应当向顾客请教。

（二）按异议的形式划分

1. 直陈式

顾客将心中的疑虑坦率地表露出来，例如说："我觉得买这种型号的产品，不如等新款式问世再定"、"这个产品价位可能高了点"。

2. 隐形式

当潜在顾客不愿说出异议时，或是不说，或是说出来的也并非是真正的原因，而是一种搪塞性的异议。例如一位顾客对一辆轿车很喜爱，但又嫌太贵。他可能会说："我不喜欢这种颜色"或"我现在还不想买车"这类的话。事实上，这并非是他不想买的真正理由，只不过希图以此赢得随后还价的机会。也有潜在顾客为掩饰自己因支付能力有限而不考虑中高档品牌的情况，只好说"我需要考虑一下"或"我真的还不打算买"，以此搪塞了事。

(三) 按异议的原因划分

1. 需求异议

顾客对商品的使用价值在满足自己需求的方面与满足程度上产生异议，提出自己不需要推销品。例如，"这东西有什么用？""我们的存货已经够多了！"需求异议是对推销的一种拒绝。可能是顾客确实不需要推销品，也可能是顾客对推销品给自己带来的利益缺乏认识。

2. 产品异议

产品异议是指顾客出自与其他产品的比较，或是以往采用的经历，对推销品的内在质量、花色品种、功能、配件、包装情况等提出的异议。生产者可能说："这种原材料质量不好。"经销商可能说："这种商品我卖不出去。"

3. 货源异议

货源异议是指顾客对推销品来自哪个地区、何种品牌、什么厂家，甚至推销员的来源提出的异议。货源异议可分为两种情况，一种是顾客对货源来路的真实性提出疑问，另一种是顾客表示不愿意接受信不过的厂家或品牌的推销品。

4. 支付手段异议

支付手段异议是指在商业信用和消费信用不断发展的情况下，顾客对推销者所提出的贷款支付方式、方法的异议。诸如提出分期付款、先提货后付款、先试用再付款、使用信用卡购物等要求。

5. 价格异议

价格异议是指顾客在对商品价格水平与其品质比较后提出的异议。价格过高的商品顾客会觉得不划算，而对价格过低的商品也会产生质量是否可靠的怀疑。

6. 购买时空异议

购买时空异议是指顾客对推销者提出的交易时间和地点的异议。例如："如果你现在有可供挑选的货物我就选购，如没有就算了"；或是"现在不想买，等我多了解几处比较后再说"。

7. 服务异议

服务异议是指对推销品交易附带承诺的售前、售中、售后服务的异议。这些异议包括了对服务方式方法、服务延续时间、服务范围大小、服务延伸度（如家用电器是否带保险）、服务实现的保证程度等多方面产生的问题。

8. 人员异议

顾客由于某种原因拒绝接待某一特定销售人员和他所推销的商品，顾客的人员异议往往使推销人员感到尴尬。在许多情况下，潜在顾客提出异议的起因可能来自于推销人员本人，如客户可能认为销售人员没有经验，或是推销员工作的过失引起了顾客的反感。

三、顾客异议产生的原因

推销追求的是顾客的购买，但顾客总是处于自身有限的支付能力与无限的消费欲望的矛盾之中，他在购买时必然会做出评价并考虑由此将承受的风险。从这个意义上讲，顾客生来就是推销的异议持有者。为了更科学地预测、控制和处理各种顾客异议，推销人员应该了解产生顾客异议的主要原因。总的来说，顾客异议产生原因主要有以下五个方面。

（一）顾客心理的原因

顾客的异议最主要根源来自于顾客心理方面。因此，对顾客的心理障碍进行分析，将有助于推销人员施展推销技巧，采用正确有效的方法来转化顾客异议。在实际推销活动中，最使推销人员感到棘手的问题就是顾客的对抗心理，主要由四种心理障碍引起的。

1. 认识障碍

认识障碍，主要表现为推销人员的推销建议与顾客所持的观点相距太远，明显对立，因而使说服遭到拒绝。

从接受心理上分析，当一个人接触他人的观点时，如果觉得与原来认识结构不一致，就会在心理上引起各种不同的反应。如拒绝接受他人观点；歪曲他人观点使之符合自己的观点；促成认知结构改变而顺应地接受他人的观点等。至于顾客对推销人员的建议作出何种反应，除了受制于双方所涉及的问题的性质外，还取决于两者观点之间的差距，取决于顾客在思想和感情上，是否经受住原来认知结构的变更。无法接受，便产生认识障碍。

2. 情绪障碍

情绪障碍，通常是由于人们的特定态度所形成的动力定型所造成的。动力定型可理解为人们对客观现实的认识系统，它的形成、发展和改变，受过去的经验及当前的刺激的影响。人的情绪与需要紧密相连，需要得到满足，便引起积极情感，得不到满足，便引起消极情感。在业务洽谈中，推销人员的推销建议要尽量能引起顾客的满足或愉快的情绪，否则，引起对抗情绪，就会造成推销障碍。

情绪障碍还可能是由于人的自尊心而引起的一种自卫反应。有些人自尊心很强，不愿在某种压力下接受说服而故意坚持自己的观点，只有在感到没有压力或强制的情况下，才可能欣然接受。因此，推销人员要说服顾客购买产品，切不可侵犯顾客的自尊心，而给推销造成情绪性推销障碍。

3. 行为障碍

有时顾客做出一种错误表示之后，出于自尊心，他要使自己的表示合理化，总想找出种种理由为这一错误的表示辩护。当推销人员的推销建议与顾客的不一致时，他又不愿改变这一错误的表示就拒绝推销人员的说服，错误的表示就成为对抗说服时的行为障碍。

有的顾客对其原有的旧产品有了一种适应感，当推销人员向他推荐新产品，并说服他购买时，在他的内心就会形成不舒畅、压迫感，他便寻找借口拒绝新产品，形成行为障碍。如果顾客没有类似新产品的旧产品，就不会形成这种行为障碍。推销人员要排除这一障碍，就要对顾客的情况进行全面了解。

4. 群体障碍

顾客的对抗心理，不仅产生于他本人，而且会产生于他所属的单位的影响。有时从顾客个人来说，他完全可以接受推销人员的推销建议，但由于推销建议与顾客所在单位的规范相冲突，顾客怕受到所属单位的反对或排斥，而拒绝接受推销人员提供的产品。因此，在业务商谈中，推销人员必须注意顾客受其工作单位规范的影响而表现出来的各种推销障碍。推销人员要利用单位规范促使顾客做出购买决定。推销人员在向顾客介绍产品或要求顾客订货时，顾客几乎都会有抵触情绪，他们的抵触情绪来自于心理上和逻辑上两方面。心理上的抵触包括抗拒外来干涉、喜欢自己早已形成的习惯，对产品不感兴趣、不愿放弃某些想法、对推销员不愉快的联想、反抗受推销员支配、对推销员的先入为主反感、不喜欢做出决定、对金钱的神经过敏态度等。逻辑上的抵触因素包括对价格、交货时间、对某些产品及某个企业的特点存在异议等。因此顾客对推销品、推销条件或推销者行为的异议不只是一个购买态度问题，顾客对推销的消极反应往往有着深层次的原因。

（二）顾客客观的原因

1. 顾客的自我保护

人有本能的自我保护意识，在没弄清楚事情之前，会对陌生人心存恐惧，自然会心存警戒，摆出排斥的态度，以自我保护。

2. 顾客不了解自己的需要

由于顾客没有发现自己存在的问题，没有意识到需要改变现状，而固守原来的消费方式，对于购买对象、购买内容和购买方式墨守成规、不思改变，缺乏对新产品、新服务、新供应商的需求与购买动机。

3. 顾客缺乏产品知识

随着现代科技的发展，产品的生命周期日趋缩短而新产品更是层出不穷。有些新产品，尤其是高科技产品的特点与优势并不能一目了然，需要有一定的有关高科技产品的基础知识才能够了解，因此会造成一些顾客的认知障碍，从而造成顾客异议。

4. 顾客的情绪不好

人的行为有时会受到情绪的影响。推销人员和顾客约好见面，但是顾客临时遇到不开心的事情时，就很可能提出各种异议，甚至恶意反对，借题大发牢骚，肆意埋怨。

5. 顾客的决策权有限

在实际的推销洽谈过程中，推销人员会遇到顾客说："对不起，这个我说了不算"、"等我家里人回来再说吧"、"我们再商量一下"等托词，这可能说明顾客确实决策权力不足，或顾客有权但不想承担责任，或者是找借口。

6. 顾客缺乏足够的购买力

顾客的购买力是指在一定的时期内，顾客具有购买商品的货币支付能力。它是顾客满足需求、实现购买的物质基础。如果顾客缺乏购买力，就会拒绝购买，或者希望得到一定的优惠。有时顾客也会以此作为借口来拒绝推销人员，有时也会利用其他异议来掩饰缺乏购买力的真正原因。

7. 顾客的购买经验与成见

偏见与成见往往不符合逻辑,其内容十分复杂并带有强烈的感情色彩,不是靠讲道理就可以轻易消除的,由此也可以产生异议。在不影响推销的前提下,推销员应尽可能避免讨论偏见、成见或习惯问题。

8. 顾客有比较固定的采购渠道

大多数工商企业在长期的生产经营活动中,往往与某些推销人员及其所代表的企业形成了比较固定的购销合作关系,双方相互了解和信任。当新的推销人员及其企业不能使顾客确信可以得到更多的利益和更可靠的合作时,顾客是不敢冒险丢掉以往的供货关系的,因而对陌生的推销员和推销品怀有疑惑、排斥的心理。

另外,从顾客方面看,还有顾客喜欢自我表现、顾客在以往接受推销方面的不愉快经历,以及在社会不良风气的影响下有的顾客想借采购谋求私利等都可能是产生推销异议的根源。

(三) 推销品的原因

1. 推销品的质量

推销品的质量包括推销品的性能(适用性、有效性、可靠性、方便性等)、规格、颜色、型号、外观包装等。如果顾客对推销品的上述某一方面存在疑虑、不满,便会产生异议。当然,有些异议确实是推销品本身有质量问题,有的却是顾客对推销品的质量存在认识上的误区或成见,有的是顾客想获得价格或其他方面优惠的借口。

2. 推销品的价格

美国的一项调查显示:有75.1%的推销人员在推销过程中遇到有价格异议的顾客。顾客产生价格异议的原因主要有:顾客主观上认为推销品价格太高,物非所值;顾客希望通过价格异议达到其他目的;顾客无购买能力;等等。

3. 推销品的品牌

商品的品牌一定程度上可以代表商品的质量和特色。在市场中,同类同质的商品就因为品牌不同,售价、销售量、美誉度都不同。一般来说,顾客为了保险起见,也就是顾客为了获得的心理安全度高些,通常在购买商品时都会挑选名牌产品。

4. 推销品的销售服务

在日益激烈的市场竞争中,顾客对销售服务的要求越来越高。销售服务的好坏直接影响到顾客的购买行为。

(四) 推销人员的原因

顾客的异议可能是由于推销人员素质低、能力差造成的。例如,推销人员的推销礼仪不当;不注重自己的仪表;对推销品的知识一知半解,缺乏信心;推销技巧不熟练等。因此,推销人员能力、素质的高低,直接关系到推销洽谈的成功与否,推销人员一定要重视自身修养,提高业务能力及水平。

(五) 企业的原因

在推销洽谈中,顾客的异议有时还会来源于企业。例如,企业经营管理水平低,不守信用，企业知名度不高等。这些都会影响到顾客的购买行为，顾客对企业没有好的印象，自然对企业所生产的商品就不会有好的评价，也就不会去购买。

四、处理顾客异议时机

选择合适的时间答复顾客的异议是很重要的，其重要性常常和答案本身一样。

（一）在顾客提出反对意见之前先提出问题

如果你觉察到顾客马上就会提出某种异议，最好是抢在他前面把问题首先提出来。这样你就可以争取主动，先发制人。你可以按照自己的意思措辞，在最合适的时间把顾客可能要提出的异议首先提出来，其结果会使顾客认识到你没有隐瞒自己的观点。你可以把所推销的产品的优缺点统统讲出来，从商谈一开始就为赢得顾客的信任奠定了基础。同时，还会使顾客认识到你是非常了解他的，把他想说还没说出来的异议都说出来了，这样，他就觉得再也没有必要提出异议了。

（二）对顾客提出的异议当即予以答复

对比较明显、比较简单也容易回答的问题，在顾客提出后，应立即回答，以表示对顾客意见的重视和尊重；在答复过程中随时让顾客讲话，形成双向沟通。推销人员应做到对顾客所提出的异议能立即回答就立即回答。

（三）晚些时间再答复顾客提出的反对意见

对顾客提出的反对意见有时不需要马上答复，可以拖一段时间，晚些时候再回答。在以下六种情况下，可以推迟答复：

（1）如果你不能立即给顾客一个满意的答复，就应当暂时搁下，不予答复。找一个恰当的时间再答复。

（2）如果当即答复顾客异议，会对阐明推销论点产生不利影响，或者影响整个推销计划，就不要当即答复。推销人员一定要根据推销计划的需要，掌握好答复的时间。

（3）有时顾客提出的异议无关大局，你可以不马上回答，寻找一个合适的机会再答复。

（4）如果顾客提出的异议有可能随着业务商谈的进行而逐渐减少或消失，你可以不马上给予答复。

（5）顾客提出的一些异议，往往是有理有据，切合实际的。而你需考虑周全后才可回答的，就应暂时不答。

（6）如果顾客的异议离题太远，或者是同你后面将要说明的问题有关，也可以不马上回答，待业务洽谈接触到此问题时再顺便回答。

（四）对顾客的反对意见不予回答

顾客由于心情不佳，就会提出一些借口和反对意见，对这些借口和反对意见，最好不予理睬。

五、处理顾客异议的方法

每一个推销员都有自己独特的处理异议的技巧和方法,而每种方法只适用于一定的顾客、产品和场合。同时推销人员在运用技巧与方法解决问题时,要讲究一定的艺术。如任何情况下,要保持心情愉快,面带微笑;要尊重顾客的意见;不与顾客争论,不以赢得争论来对付拒绝;尽量回答顾客的所有真实异议;将顾客异议看作路标;将对异议的回答作为交易的尝试。

顾客异议和谈判中所讲的抗拒本质上完全相同,我们在谈判部分已经论述了一些处理的方法,下面再介绍几种处理顾客异议的方法。

(一) 以防为主

业务商谈要准备充分,构思严谨。如果业务商谈内容使顾客无机可乘,他也就提不出什么意见。把推销要点分成许多部分,用提问的方法提出,就可大大减少顾客提出的反对意见。要根据顾客的具体情况掌握好提出推销要点的进度,以便对方能够接受。许多推销人员认为实际上是显而易见的东西,而顾客却认为是难以理解的。遇到这种情况,要谨慎引导顾客按照推销人员的方法看待问题,根据顾客的理解能力进行一些必要的解释。

(二) 反问探测

顾客不愿意被他人说服,或者是双方各执己见,无法取得一致;也可能是销售时机不成熟,或者是洽谈气氛不融洽,在这几种情况下,推销人员可以向顾客提问题,以便进一步弄清楚顾客的心理活动。在回答了顾客提出的反对意见以后,应马上把话题岔开,讨论其他问题,不要总在一个问题上纠缠,那样只会使顾客提出更多的意见。排除推销障碍后,应争取尽快达成交易。

(三) 直截反驳

当异议来自潜在顾客对产品的理解时,销售人员可以运用直截了当的技巧告诉潜在顾客他们的认识可能是错误的。绝大多数的潜在顾客不会轻易承认自己错了,因而销售人员务必小心谨慎,措辞尽可能委婉。首先可以肯定潜在顾客的异议是必要的,如"这个问题看起来对你很重要"、"我非常高兴你提出这么专业化的问题"。但是,一定要明确地告知他们错了,也可以提供一些证据如测试报告、证明文件以及成功案例,同时伴随着微笑,适度地正视潜在顾客,语气可以坚定一些,适当地降低语速,以表明你的坚定与坦诚。

(四) 绕道迂回

销售人员也可以采用间接的处理方法。销售人员可能一开始赞同潜在顾客的异议,但随后又委婉地说出不。即借助于绕道迂回的方式,销售人员不直接表明潜在顾客错了,相反,销售人员与潜在顾客保持观点一致,以使对方不仅不会关闭心扉,反而会降低自我防卫的程度，有利于销售人员积极化解异议。例如：

潜在顾客："你们公司从来不投放电视广告！"

销售人员："是啊，你的想法我非常理解。但是，我们的研究表明，POP 广告、产品陈列与独特的包装可能更为有效。"

（五）相同感受

这种处理异议的方法适用于情感化与敏感性的潜在顾客。销售人员通过讲述其他人使用该产品或服务而获得满足的办法来劝导顾客，就像是一种推荐。例如：

潜在顾客："你知道，你们这套 ERP 软件系统非常昂贵。如果超出预算的话，我将无法向董事会交代。"

销售人员："我理解你的感受，事实上达卡公司的冯经理也这么认为，但他们一旦启用了这套系统，他们就发现不仅管理效率提高了，而且降低了二次开发费用，并且操作方便；事实上公司董事会对冯经理引进这套系统相当满意。"

（六）因势利导

销售人员利用潜在顾客的异议因势利导地转变为购买的原因，这种方法也用来对付部分正确的异议。但运用因势利导的方法时，销售人员需要避免过于圆滑，过度圆滑可能让人感觉像一个程式化的销售人员，所以，销售人员需要注意运用非语言的沟通技巧，同时避免出现委曲求全的心理暗示。例如：

潜在顾客："你们公司印刷的产品样本的纸张不如你的竞争者。"

销售人员："啊，那你可是错怪我们了，那是我们特意选择 200 克的纸印刷的，如果你采用 400 克纸印刷的话，成本就提高了许多。再说，作为投放量巨大的 DM（直邮广告）也不需要那么高的品质。"

（七）捷足先登

当销售人员一而再，再而三听地到顾客的异议时，他们就会预先准备好如何回答。一旦销售人员感觉到潜在顾客可能会提出异议时，销售人员已经捷足先登地作出回答了。有人认为由于潜在顾客总会心存疑惑，一旦潜在顾客提出异议，没有什么绝妙的回答会令人满意。加之时间因素，抢先提出异议也有一系列优点。如果销售人员对异议反应迟钝的话，也可能就会失去潜在顾客的信任与信心，与其"守株待兔"，不如捷足先登。抢先一步的做法使销售人员在异议提出之前就解释清楚。这样他们就可能减少潜在顾客的疑惑。例如，销售人员："我们推出的首家音乐森林住宅小区，大量玻璃取代了钢筋水泥，阳光可以在房子中间自由穿梭。由于采用德国产的维卡窗，光稳定性和热稳定性、保温隔音效果都趋于一流，我们从未接到过业主有关噪音太大的抱怨。"

第二节 促成订约

一、促成订约的原则

（一）主动原则

一项调查结果显示：有71%的推销员未能及时地向顾客提出成交要求。推销员没有向顾客提出成交要求的原因，是认为如果顾客需要商品，他们会主动提出来。这是一种错觉，也是一种严重的成交心理障碍，在实际推销工作中，有些推销人员错误地认为顾客在商谈结束时会自动购买推销品，但事实上，绝大多数顾客都采取被动态度，需要推销人员首先提出成交要求。因此，为了消除这种成交心理障碍，推销人员应纠正上述错觉，主动提出成交要求，适当施加成交压力，积极促成交易。美国施乐公司董事长曾经说过："推销员提出成交要求，与射击中的扣动扳机一样。如果你瞄准了目标，最终没有扣动扳机，目标瞄得再准，也是毫无意义的。"一位推销专家曾经这样风趣地说过：推销员等待顾客提出成交要求，就像等待一群在外吃草的牛自动回家一样。例如，某个推销员推销工业用产品，与某个工厂的供应部门连续联系了几个月，不停地跑，最后终于获得了客户的订单。生意谈成之后，他跟客户聊天，问客户："为什么你们拖了这么久才下订单？"客户不经意的回答着实令他吃了一惊："今天，是你第一次提出来要我们订货呀。"

（二）自信原则

很多推销人员面对顾客尤其是在成交阶段显得不自信，其原因主要有两个方面：

（1）很多推销人员具有职业自卑感。产生这种心理障碍的主要原因在于社会成见，推销人员本身的思想认识水平也会导致不同程度的自卑感。推销员从事的工作，不是求人办事，求人买商品的工作，而是满足顾客需求的工作。一位推销专家说：如果推销员树立了为顾客服务的思想，将推销商品与为顾客解决时机问题结合起来，那么推销员向顾客提出成交要求，就是非常自然的事儿了，不再会犹犹豫豫、支支吾吾。所以，一个人只有真正认识到自己工作的实际意义，才能为自己的工作感到自豪和骄傲，才会激发出巨大的勇气和力量。因此，为了克服职业自卑感，为了消除成交心理障碍，推销人员应当认真学习现代推销学基本理论和基本技术，提高职业思想认识水平，加强职业修养，培养职业自豪感和自信心。

（2）推销人员担心成交失败。有些推销员工作很卖力，一次次登门拜访顾客，一次次有礼貌地与顾客告别，就是不敢把自己的真实想法告诉顾客，让顾客下订单。把成交要求一直憋在自己心里边。他们害怕被顾客拒绝。要是提出成交要求，被顾客拒绝了，怎么办？这是一种最大的成交心理障碍。产生这种心理障碍的主要原因在于社会偏见的深刻影响，有些推销人员缺少成交经验，没有足够的心理准备，产生成交恐惧症。大量的推销实践证明，并非每一次推销商谈都会导致最后的成交，恰恰相反，真正达成最后交易的只是少数，只有充分地认识到这一点，推销人员才会鼓起勇气，不怕失败，习惯于听"不"字。信心和勇气是成交的心理条件，没有成交信心和成交勇气，就无法促成交易。所以，推销员要以大胆、自信的口吻向顾客提出成交要求，不可支支吾吾、犹犹豫豫、吞吞吐吐。自信是具有传染力的，当推销员自信时，顾客也会坚定购买信心。正如美国十大推销高手之一的谢菲洛说："成交的最后关头，自信是绝对必要的成分。"

例如，有一个从事设备推销的推销员，他上星期刚拜访了一个单位的老总，双方洽谈的效果还算可以。这天上午，他在办公室准备材料，打算下午再去拜访那位老总，心里盘算这次要不要提出成交要求。想提出来，又有点不敢。要是遭到对方拒绝，一笔大生意就这么泡汤，很不甘心。一个人就在那里犹豫不决。这个时候，他接到他正在上小学二年级的儿子打给他的电话："爸爸，中午给我买一支铅笔回来。"说完就把电话挂了，容不得你和他商量，照办！儿子这么干脆的要求，深深地感染了他，也使他明白了办事要果断的道理。下午，他信心十足，与老总进行了实质性的谈判，并提出成交请求，终于如愿以偿。

（三）坚持原则

有很多推销员在向顾客提出成交要求，遭到顾客拒绝后就放弃了。他们拜访了有些顾客，向顾客提出成交要求后，有的顾客说"我现在不想买"，也有的顾客说"你们的东西太贵了，我没钱"、"你们的产品不好，我不喜欢"。

推销员听到这类顾客拒绝的话之后，就收拾东西走人。他们想象中的顾客都是那种直爽、理智的人，认为只提出一次成交要求就够了，不需要啰啰嗦嗦、浪费口舌。持这种观点的推销员还很多。据统计，有64%的推销员没有多次向顾客提出成交要求。很显然，他们的观点是错误的。美国有研究表明，推销员在获得顾客订单之前，平均要出现6次的否定。也就是说，推销员没有6次的坚持，也就不会有第7次的成功。而1次提出成交要求，就能成交的比例只有10%。所以，胜利往往就在再坚持一下的努力中。当然，坚持不懈，不是死缠烂打、揪住不放，要讲究策略。

二、明确达成交易的条件

（1）顾客必须有内在的需求。即顾客确确实实需要某种产品，而且产品在品种、花色、规格、款式、价格等方面适合顾客的要求，交货期限、售后服务项目都符合顾客的要求。推销人员必须是在顾客存在需求的基础上，去激发顾客的购买欲望。

（2）顾客必须完全了解产品的价值和使用价值。如果顾客没有充分了解产品的所有优点，就不可能激发他的购买欲望，进而采取购买行动，成交也就成为一句空话。

（3）顾客必须信赖推销人员以及推销人员所代表的企业。顾客对推销员及其所代表的企业没有足够的信赖，不管你的产品多么吸引人，不管你的讲解和示范多么精彩，顾客也会在采取行动前犹豫、猜疑，以致使你前功尽弃。

（4）顾客确有购买能力。顾客的经济状况良好，资金充裕，交易信用度高，这是达成交易的必要条件。

三、准确把握成交时机

顾客的购买决策是一个情绪过程，是在兴奋、冲动的心理条件下作出的。今天，我们费了很大的劲，好不容易使顾客兴奋起来；到了明天，顾客心情冷却下来，他可以找出很多的理由来拒绝购买我们的产品。这样，不仅我们今天的努力会全部付诸东流，顾客有了这样的经历，下次的劝说难度会更大。因此，推销员要明白：明天是一张期票，昨天是一张借据，只有今天才是现金；今天订单就在眼前，明天订单远在天边。

优秀的推销员都是具有强烈自信和强烈成功欲望的人。他们在与顾客见面握手的时候，心里就这样想着："我今天一定让你签单。"

成交要求提出的时机非常重要。推销员爱犯的两个错误：一是过早地提出成交要求，很多推销员与顾客见面的第一句话就问："您买不买？"；二是对于顾客表现出的购买信号视而不见，以致错失良机。

推销活动中，存在三个最佳的成交时机。

（一）公司对顾客提供了产品的重大利益时

这种重大利益有价格的大幅度打折、良好的售后服务、优越的付款条件、礼品赠送，等等。当推销员向顾客介绍了在这种重大利益时，应该抓住时机，大胆向顾客提出成交要求。在这种重大利益的刺激下，成交的可能性会大幅度提高。

（二）顾客异议得到了圆满处理时

当推销员对于顾客所有异议尤其是重要异议给予了一个圆满的处理时，顾客会对推销员及其推销品产生一个较为信服的心理，这时，推销员应该抓住时机，大胆向顾客提出成交要求。

（三）顾客表现出成交信号时

顾客对商品的认可，在推销洽谈过程中，是通过一系列或明或暗的购买信号表现出来的。购买信号是指顾客言行所表现出来的打算购买的一切暗示或提示，包括语言、动作、表情等各个方面。当顾客有意无意发出购买信号时，就是促成订约的良好时机。这个机会稍纵即逝，推销人员必须好好把握。顾客的购买信号多种多样，且因人而异，推销人员需要细心识别。

美国一个心理学家经过研究得出一个等式：一个人表达自己的全部意思 = 7%的措辞 + 38%的语音语调 + 55%的动作和表情。

以下是推销中常见的由顾客发出的购买信号。

1. 语言信号

顾客提出并开始议论关于最快交货时间及限制条件，顾客讨论关于产品的运输、储存、保管与拆装，关于产品的使用与保养注意事项，零配件供应；顾客询问最迟答复购买的日期，用假定的口吻与语句谈及购买，谈及有关购买要求等问题，开始讨价还价等；顾客要求继续试用及观察，对产品的一些小问题如包装、颜色、规格等提出很具体的修改意见与要求；如果顾客的语言从提出异议、提出反面问题等转为谈论以上内容时，可以认为顾客在发出购买信号。

有时，顾客的购买信号会采取反对意见的形式表现出来。推销人员应该注意：顾客以反对意见形式表现的购买信号，往往预示着成交很快就要到来。例如："真有很多人购买这种型号的产品吗？""这种材料真的经久耐用吗？""你能确保产品质量吗？"

我们中国人喜欢正话反说。例如，老夫妻之间，男的骂女的"黄脸婆"，女的骂男的"老不死"，这是他们的本意吗？显然，是反话。

对于顾客提出的问题，推销人员最好的应对策略可能是反问。通过反问，推销员可以进一步、更为准确地探测顾客的需求和想法（如表9－1所示）。

表9－1　以反问方式回答顾客提出的包含购买信号的问题

顾客提问	推销员回答（反问）
价格是多少？	你要买多少？
你提供哪些交易条件？	你想要哪种交易条件？
什么时候能交货？	你想要什么时候交货？
我要订购多少才能获得优惠呢？	你有意买多少？
你们有8、12、36及54英寸的管子吗？	你们常用这些型号的管子吗？

2. 表情信号

（1）目光在产品逗留的时间增长，眼睛发光，神采奕奕。俗话说，眼睛是心灵的窗户。观察顾客眼睛、目光的微妙变化可以洞察先机。

（2）顾客由咬牙沉腮变成表情明朗、放松、活泼、友好。

（3）表情由冷漠、怀疑、拒绝变为热情、亲切、轻松自然，等等。

3. 动作信号

（1）由静变动。在动作上由抄手、抱胸等静态的戒备性动作，转向"东摸摸、西看看"的动态动作。

（2）由紧张到放松。顾客在决定购买前，心理大都比较紧张，弦绷得比较紧，有一种购买前很难决策的焦虑和不安。一旦顾客确定下来，心理一般就如释重负，自然在行为动作上会表现出放松的状态。如坐着的顾客动作由原来的前倾变成后仰。

（3）动作增加。顾客动作由单方面动作转为多方面动作，如由远到近，由一个角度到多个角度观察产品，再次翻看说明书等。

（4）有成交动作。如果顾客有找笔、摸口袋甚至是靠近订货单，有拿起订货单反复查看的动作等，可以认为顾客有签合同倾向，属于很明显的购买信号。

4. 进程信号

（1）转变洽谈环境，主动要求进入洽谈室或在推销员要求进入时，非常痛快地答应，或推销员在订单上书写内容做成交付款动作时，顾客没有明显的拒绝和异议。

（2）向推销员介绍自己同行的有关人员，特别是购买的决策人员，神态轻松，态度友好。

四、促成订约的技巧与方法

(一) 促成订约的技巧

为了促成订约，达到销售的目的，应根据不同顾客、不同情况、不同环境，采取不同的推销策略，以掌握主动权，尽快达成交易。

1. 假定顾客已经同意购买

当顾客一再出现购买信号，却又犹豫不决，拿不定主意时，可采用此技巧，运用"二选一"的问话方式，帮助顾客拿主意，下决心购买。

2. 帮助顾客挑选

许多顾客即使有意购买，也不喜欢迅速地签下订单，他总要东挑西选，在产品颜色、尺寸、式样、交货日期上不停地打转。此时，推销人员就要改变策略，暂时不谈订单的问题，转而热情地帮助顾客挑选，一旦顾客选定了某一产品，你也就获得了订单。

3. 利用"怕买不到"的心理

人类对愈是得不到、买不到的东西，愈想得到它，买到它。这是人性的弱点。推销人员可利用这种心理，实事求是地推销，以促成订约。

4. 使顾客不断说"是"

当商谈中，重大的问题得到解决，产品的重要利益被顾客认可之时，可用此法。推销人员一连串的问题，顾客都以"是"给予回答，等推销人员要求签约时，对方也就自然同意了。

5. 写出正反两方面的意见

这是利用书面比较优缺点促使顾客下决心购买的方法。推销人员准备纸笔，在纸上画一个"T"形状的表格，左面写出正面即该买的理由，右面写出负面即不该买的理由，在推销人员的设计下，必定正面理由多于负面理由，这样，就可趁机说服顾客下决心做出购买决定，交易即可成功（如表9-2所示）。

表9-2 T型表

正面	负面
该买的理由	不该买的理由
1. ……	1. ……
2. ……	2. ……
3. ……	
4. ……	
5. ……	

6. 先买一点试用

顾客想要买你的产品，可又对产品没有信心时，可建议顾客买一点试用。只要你对产品有信心，虽然刚开始订单数量很少，然而在对方试用满意之后，就可能给你大订单了。

7. 欲擒故纵

有些顾客天生优柔寡断,他虽然对产品有兴趣,可是拖拖拉拉,迟迟不做决定;这时,你不妨故意收拾东西,做出要离开的样子,这种假装告辞的举动,有时会促使对方下决心购买。

8. 拜师学艺

在你费尽口舌,使出各种方法都无效,眼看这笔生意做不成时,不妨转移话题,不再向顾客推销,而是请教他自己在推销中存在的问题。这样,可满足对方的虚荣心,解除彼此对抗的态度,有可能获得订单。

(二) 促成订约的方法

在促成订约阶段,运用不同的方法和技巧会得到不同的效果,由于推销人员所推销的产品不同,所面对的对象不同,所处的社会环境及条件不同,因而采取的方法也就各不相同。方法运用得当,即可促成订约。

1. 直接请求法

直接请求法是指推销人员直接要求顾客购买推销品的一种成交技巧,也是最常用的成交方法。这种方法的基本点是建立在推销人员自信心的基础上,也就是推销的说服工作已到了成交时刻。只要推销人员提出成交要求,顾客便会自然答应。运用此法,推销人员要十分注意自己的言辞和态度。语言适当,表达简练明确,宜于顾客接受,态度从容,恳切,加深顾客对你的信任,双方产生共鸣,达成交易。

2. 缩小选择法

在成交阶段,如品种过多,款式完备,往往使顾客在众多品种中无所适从,迟迟不能做出购买决定,甚至会使成交失败。缩小选择法就是引导顾客在成交阶段只在一两个品种中进行选择,只要根据顾客需求情况尽可能缩减到最低程度,促使顾客在极自然的状态中进行有限的选择,从而促成订约。

3. 防患未然法

推销人员在促成订约前,预先将一切可能导致成交的障碍完全排除,然后再做成交的试探。即推销人员对顾客异议事先加以防范,先发制人,使顾客异议无从发生,促成交易。同时,推销人员采用阐述产品优点和采用该产品后所获得的效益的方法也属防患未然法。详尽说明伴以图表和准确数字把产品的效益突出展现在顾客面前,让顾客自己做出评价,若顾客根据推销人员提供的资料、数据所作的评价与所得到的效益相符,那么成交也就有望了。

4. 异议成交法

异议成交法是指在成交阶段,顾客异议已经发生,在这种情况下,针对顾客异议设法予以转化解决,促使推销成功的一种方法。这种方法针对顾客在成交时所提出的一些虚假异议,是一种有突破性的方法。

5. 损益对比法

此法立足于顾客正常的购买心理及合乎逻辑的推理为前提,只要推销人员明确列举商品或劳务的特征、优点与效益，并保证满足顾客的需求，让顾客自己来衡量其中的利弊得失而做出适当选择。顾客在权衡之后，所得利益大，便会答应成交。

6. 引导购买法

顾客在购买商品时，常有模仿他人购买心理和习惯的现象。凡是未经前人试用的新产品，顾客一般都持有怀疑态度，不敢轻易使用。但对于有人使用或已有相当成效的物品，顾客是比较信任和偏好的。所以，推销人员可以利用这一心理状态，将知名人士、他人、前人或使用厂家的实例和经验，应用到成交阶段顾客身上，以提高顾客对商品的信任和购买兴趣。

7. 小点成交法

小点成交法是指推销人员利益交易活动中的次要方面来间接促成交易的成交方法。如果推销员一开始向对方提出一个大的要求，会把对方吓跑。推销员的策略就是，从小处着眼，小点成交。通常，在重大的成交问题面前，顾客往往比较慎重，比较敏感，比较缺乏购买信心，一般不轻易做出明确的决策，甚至故意拖延成交时间，迟迟不表态。而在较小的成交问题面前，顾客往往比较具有购买信心，比较马虎，比较果断，比较容易做出明确的决策。小点成交法正是利用了顾客的成交心理活动规律，避免直接提示顾客比较敏感的成交问题，直接提示较小的成交问题，直接提示顾客不太敏感的成交问题，先小点成交，后大点成交，先就成交活动的具体条件和具体内容与顾客达成协议，再就成交活动本身与顾客达成协议，最后达成交易。

典型的例子就是谈恋爱。男追女，不能一开口就说："你嫁给我，做我的老婆吧。"那非把对方吓跑不可。你只能一步一步慢慢诱导：今天，我们去看场电影吧？明天，我们去逛逛商场，想买件衣服送给你。后天，我们去唱唱歌、跳跳舞？三个月后，男方再提出"你嫁给我吧"，女方才会答应。

8. 机会成交法

机会成交法是推销人员直接向顾客提示最后成交机会而促使顾客立即购买推销产品的一种成交技术。推销人员可以利用顾客害怕错过购买机会的心理动机，向顾客提示成交机会，限制顾客的购买选择权和成交条件，施加一定的机会成交压力，促使顾客立即购买推销品，达成交易。

促成订约的方法除上面我们介绍的八种外，还有如假定成交法、选择成交法、从众成交法、优惠成交法、保证成交法、连续肯定法、疑虑消除法、故事叙述法等。总之，在促成订约过程中，推销人员要讲究一定的策略，要密切注意顾客的成交信号，灵活机动，随时准备成交。推销人员要培养正确的态度，消除各种心理障碍，利用一切可以利用的机会，有效地促成交易。

五、促成订约应该注意的问题

（一）不能提一些使顾客反感的问题

推销员要实现成交，引导顾客购买产品，不要向顾客发布最后通牒令。人都是有自尊心的，在业务商谈中，要用肯定的口气说话，以满足对方的自尊为前提。采取命令式的提问，对方得不到人格的尊重，就会招致对方的反感。比如："您买不买？""您还不能作出购买决定吗？""难道您不买啦？"

（二）成交阶段说话太多

成交要求提出后，推销员应闭上嘴巴，保持沉默。沉默的时间越长，顾客购买的可能性越大，因为这意味着顾客想不出一个不买的理由。不要试图打破沉默。咬住你的舌头，直到出血为止。推销员不要妨碍顾客独立思考。顾客作出购买决定是关系到他切实利益的一项重大决定。推销员不停地劝说、鼓动，最后的购买决定得由顾客来作出。

（三）不出示产品证明

推销员不出示能够证明自己产品的优越性的图表、资料、数据、总结、报表、样品、顾客来信等。

（四）言谈举止失当

在成交阶段，有些推销员在语言和行为上都表现得急不可耐，甚至是乞求顾客，这只会让顾客心生反感，甚至瞧不起推销员。比如："帮帮我的忙吧。想想我们做了这么多年的交易。""你的订货对于我是至关重要。我上次帮了你的忙。"

第三节　售后工作

推销人员要确保顾客满意并有下次交易，售后工作是必要的。促成订约之后，推销人员应立即着手准备好有关履约的交货时间、购买条款和其他事项等具体工作。推销人员在接到第一笔订单后，就要制定续后工作的访问日程表，以便确保有关安装、指导和维修等事项均得到妥当安排。通过访问发现问题，同时使顾客确信推销人员对此项交易极为关切，并尽量减少可能出现的彼此之间认识上的不一致。

大部分推销人员认为完成"促成订约"之后，推销过程就会全部结束了；事实上还有两项极其重要的工作需要推销人员去做，一项是处理诉怨，另一项就是售后服务。

一、处理诉怨

所谓诉怨，就是顾客的诉苦和抱怨。推销人员必须正确对待顾客的诉怨并很好地给予处理，才可保证顾客对推销人员及所推销的产品满意，才能确保回头客。

（一）处理诉怨的必要性

（1）推销人员应明确，顾客如果不向你诉怨，也会向别人诉怨。如果你对诉怨不理睬的话，顾客不可能三缄其口，必定四处向亲友投诉，导致不利的社会舆论影响企业及推销人员的声誉。

（2）老顾客是帮助寻找新顾客的极重要的来源，敷衍老顾客的诉怨，不仅会因此失掉一个老顾客，更重要的是会丧失许多新顾客，老顾客不可能向你提供潜在顾客的线索。

(3) 要正确地看待处理诉怨，它不一定是恼人的事，认真地处理诉怨，顾客得到了满意的答复，即可赢得顾客的心，有时他还会介绍许多新顾客给你。

(4) 推销人员每天所遇到的顾客是非常复杂的，特别是那些难缠的、无理取闹的顾客，对他们的诉怨，更要妥善地处理，要想方设法地去赢得每一个顾客的心。

(二) 诉怨发生的原因

(1) 产品的缘故。产品破损、品质不好、种类寄错、数量不符。缺少零配件、材料不同、送货延迟、送货另索费用等原因，都会导致顾客从产品方面提出诉怨。

(2) 服务的缘故。维修缓慢、技术不佳、态度不好、电话应对口气不良、修理费用太高、与推销人员的许诺不符等是顾客从服务方面所提出的诉怨。

(3) 使用的缘故。顾客看不懂产品使用说明书，不知如何使用或操作产品。不具备一些基本常识（如电器插座的安接），导致产品不能正常使用等，是顾客从使用方面所提出的诉怨。

(三) 预防诉怨的方法

(1) 签约时不要流露出兴奋的表情。顾客最后决定下订单，推销人员内心当然非常高兴，但这种兴奋的心情最好不要流于表面，一旦被顾客察觉，顾客内心就会形成一种被欺骗上当的感觉，为日后种下诉怨的后果。通常签约后，从礼貌上讲要向顾客表示感谢，并让顾客觉得他的决定是明智的抉择。然后想办法礼貌地向顾客告辞，给顾客留下深刻的印象。做到告辞时要和上门推销时一样，谦虚而礼貌，关门时，要再次向顾客行礼，表示谢意，注意千万不要出现背着手关门的举止。

(2) 契约的内容要一清二楚。双方在签约时，一定要把契约的内容弄得清清楚楚，明确双方的权利和义务，并逐条写明，这样就可避免日后因为契约的模糊不清而引起不必要的纷争并出现不必要的诉怨。

(3) 与顾客建立良好关系。对推销人员来说，想办法取悦于顾客，与顾客建立良好关系是他最重要的武器。推销人员要做到任何情况下都坚持顾客第一，让他高兴，使他愉快。签约后，要经常拜访、问候顾客，彼此间建立起深厚的友谊，千万不可成交后顾客便找不到推销人员的踪迹，这也是顾客对推销人员不满的关键所在。通过情感的沟通，与顾客之间建立起友谊，即使发生诉怨问题，常能大事化小，小事化无。若双方关系不佳，往往小问题被渲染、扩大，闹得不可收拾。推销人员应牢牢记住这句商场金言：世事通达皆买卖，人情世故即生意。

(四) 处理诉怨的技巧

1. 感谢顾客的诉怨

美国一项研究指出：顾客对产品或服务如不满意，96%不会直接向店方抱怨，68%的人会从此再也不会踏进这个商店、不再购买该产品或接受该企业的服务，而且这位顾客还会告诉10位以上的亲友，这家商店或企业及推销人员是多么的差劲。

顾客向你诉怨，使你有机会知道他的不满，并设法解决，消除对方的不满。这样，不但可挽回一个顾客，还可避免他向亲友投诉，造成不利的舆论，损害企业及推销人员的形象及信誉。因此，对顾客的诉怨决不能抱有困扰、厌烦、恐惧的感觉，要欢迎顾客投诉，感谢顾客的诉怨，并创造条件积极支持顾客投诉，想方设法给予解决，保证顾客满意。

2. 仔细倾听，找出诉怨所在

面对诉怨的顾客，必须笑脸相待，这是一种冷处理的方法。通常顾客在诉怨之前，内心忿忿不平，誓言讨回公道，必定视你为仇敌。见面后，发现你笑脸相迎，感谢诉言，诚心诚意要解决问题，他的气就消了一半，接下来就要仔细地倾听，千万不要打断顾客的谈话，尽量让他畅所欲言。这样，一方面可发泄他心中的怨气；另一方面可从他的谈话中，找出不满的主要原因。一旦知道症结所在，对症下药，问题就比较好解决。

3. 表示同情，绝不争辩

要对顾客表示同情，真诚地关心他的利益，从他的观点去看问题，了解他的感受，倾听他满腔的怨气。特别是面对顾客的满腹牢骚或雷霆之怨，必须控制好自己的情绪，就算顾客拿你当出气筒，臭骂你，你也得忍下来，顾客骂得愈凶，气消得愈快，问题就愈好解决。即使你发现顾客的说辞有不实或不当之处，暂时不要拆穿或驳斥他，因为一旦引起争辩，必定成为意气之争，只会使情况更恶化。就算你把他驳倒，赢得了争辩，可是你必将永远失掉一个顾客。

4. 搜集资料，找出事实

推销人员处理诉怨的原则是：站在客观的立场上，找出事实真相，公平处理。即处理问题要兼顾企业和顾客双方面的利益。顾客的诉怨可能有夸大或不实之处，因此在听完对方的倾诉之后，你必须再搜集其他有关的资料，过滤一下他的怨言，设法找出事实真相，才能下正确的判断。

5. 征求顾客的意见

推销人员在做了一系列的工作，如感谢诉怨、仔细倾听、表示同情、搜集资料等工作之后，就可以向顾客询问他对处理问题的意见。一般来说，顾客的诉怨大都属于情绪上的不满，由于你的重视、同情与了解，其怒气就会减轻，加之你给他时间，让他把不满充分地宣泄，使其精神获得慰藉之后，怨气自然会消失。其所求所剩无几，出于面子，可能象征性地要点补偿，使一项棘手的诉怨得到圆满的解决。

6. 迅速采取补偿行动

如果顾客的诉怨是来自卖方明显的疏失，如产品瑕疵、品质不良、数量短缺、假冒伪劣等，推销人员要马上认错道歉，并立即采取补救措施。至于顾客所提出的象征性的补偿，推销人员的行动也一定要快，行动迅速会使顾客认为你公正，重视他，在乎他的诉怨，这样，不但解决了诉怨，顾客还会感激你，彼此间还能建立起良好的关系。

7. 给顾客留点面子、下台阶

如果推销人员碰到故意找碴、无理取闹的顾客，千万不要当众拆穿他的谎言，这样会使他恼羞成怒，使你永远失去一个顾客。你应该给他留点面子，采取婉转的手法，让他内心感到不安，问题就好解决了，而且还能留住一个顾客，况且这类顾客通常都是比较讲情义的。

总之，推销人员把产品推销给顾客，顾客有可能抱怨并提出索赔要求，这是正常的，不必大惊小怪或掉以轻心，应该对顾客的这些抱怨和索赔要求正确地加以处理。

（五）处理顾客诉怨需遵循的 18 条原则

（1）顾客并不总是正确的。但是让顾客正确往往是有必要的，也是值得的。

（2）对顾客提出的抱怨采取宽宏大量的态度。这也是大有好处的，这样做，你才能继续得到顾客的订单，而且还可以把支付索赔的费用追补回来。

（3）在一定范围内，顾客的诉怨是难以避免的。因此，推销人员不应该把顾客的抱怨看作是对自己的指责。

（4）为了正确判断顾客的诉怨，推销人员必须站在顾客的立场上来看待顾客提出的诉怨，而顾客诉怨的原因肯定是微不足道的。

（5）顾客在发怒时，他的感情一般是激动的。而且顾客对推销人员流露出来的不信任或轻率态度特别敏感。这时，你应当极力避免刺激顾客，以免进一步激怒他，导致撤销订货合同。

（6）在处理顾客为了维护个人声誉或突出自己而提出的诉怨时要格外谨慎小心。

（7）顾客不仅会因为产品的质量问题和数量问题提出诉怨，还会因为产品不适合他的需要而提出抱怨。不同的诉怨要用不同的方式加以解决。

（8）在你未证实顾客说的话不真实之前，不要轻易下结论，不要责备顾客，因为即使顾客是错的，他也可能确认自己是正确的，即顾客不是无理取闹，存心找事。

（9）在处理顾客的无理诉怨时，不管他的诉怨是否有道理，你都要保持赤诚合作的态度。这样做并不意味着你接受了顾客的抱怨，而是表示下不为例。假使顾客张口骂人，你最好不要理睬他，并友好地待他，在争执即将发生时，只要你能自我抑制，争执就可以避免。

（10）有些时候，你对顾客的索赔只进行部分赔偿，顾客就感到满意了。推销人员应当及时提醒自己，不要不加分析地拒绝顾客的索赔，也不要不假思索地甚至武断地怀疑顾客提出的索赔金额的准确性。

（11）在决定补偿顾客的索赔以前，最好先了解一下索赔金额。通过了解，你就会大吃一惊，赔偿金额通常比想象的小得多。所以对顾客的索赔要求过分担心是没有必要的。

（12）如果你拒绝接受索赔，你要婉转、充分地说明你的理由。要顾客接受你的意见就像你向顾客推销产品一样，要耐心，决不可简单粗暴地拒绝。

（13）不要轻易地向顾客许诺一些不能或者难以兑现的保证，以免引起纠纷。

（14）要记住：时间是愤怒的最大敌人。你是不可能向一个发怒的顾客讲道理的，把顾客的诉怨和索赔想法延迟一天，等顾客冷静下来再谈。

（15）任何时候你都应该让顾客有一种感觉：你认真对待他提出的诉怨，并且对这些诉怨进行事实调查。要尽快把调查结果告诉顾客，不要拖延。

（16）不要局限于向顾客写信，要同顾客进行面对面的接触。面对面的交谈比写信更容易了解顾客提出的诉怨的原因,你处理这种诉怨也更容易、更省时间。

(17)要向顾客提供方便,要做到只要顾客有意见,就让他提出来,要善于发现顾客没有表现出来的意见。

(18)处理顾客提出的合理诉怨,不必遵循任何特殊规定,要尽快处理,并担负由你造成的一切损失。

总之,着眼于将来的推销工作,就必须正确地分析诉怨的原因。而正确对待和处理顾客提出的诉怨有利于搞好推销工作,增加销售量。

二、售后服务

随着商品经济的发展,多种经济形式的出现,企业之间的竞争日益激烈,经营者逐渐认识到,在质量、价格基本相当的商品销售中,谁为顾客服务得好,谁就卖得快、卖得多,谁就占领市场。因此,要想赢得"回头客",使生意越做越兴隆,必须搞好各项售后服务,这是关系到企业生死存亡的大事。售后服务是指营销者在商品出售以后为实现其使用价值而向消费者提供各项服务和利益的总称。

(一)售后服务的价值导向

1. 售后服务是市场经济的必然要求

一个企业要确保生产并不断发展,必须使生产出来的产品尽快销售出去,实现从商品到货币的这一"惊险的跳跃"。但怎样才能实现呢?一是靠较高的产品质量和合理的价格,二是靠售后服务。这两方面的措施是相辅相成的,二者相配合,就能使消费者在心理上产生购买商品的"优越"感,促使消费者把购买欲望转化为购买行为。每一个企业都这样做,就可以在不增加投资、不扩大生产规模的情况下走内涵扩大再生产的路子,加速流动资金的周转,促进企业的发展。

市场经济是竞争经济,在质量、价格大体相同的情况下,竞争的关键在于企业为消费者提供的售后服务的多少、质量的高低,以及心理影响程度的大小。工商企业搞好售后服务,变"货物出门,概不负责"为"货物出门,负责到底"。就可以消除消费者购买商品时的后顾之忧,促使消费者做出有利于本企业的购买决策。售后服务还可以弥补产品质量的不足和售前及售中服务的不足,使消费者最终满意。由于售后服务心理影响的作用,消费者就会再度购买,并到处为该企业做口头广告,带动他人购买。搞好售后服务工作,充分发挥售后服务的心理作用,可以赢得消费者的信赖,提高企业的声誉,增强企业的竞争力。

2. 售后服务是社会物质文明和精神文明建设的重要内容

企业生产经营的产品是一个社会文明程度、知识水平、消费水平、科技水平的综合体现,售后服务是这种"综合体现"的一个窗口。通过这个窗口,既能观察到社会物质文明程度,又能显示出一个社会精神文明的风貌。售后服务作为一种经济组织行为,体现着生产经营者与消费者之间的一种经济关系。对消费者来说,用一定量的货币买到的商品使用功能得以全面保证实现,在一定程度上提高了人们的消费水平。对生产厂家来说,通过长期的售后服务,则可获取到本企业产品在消费领域里不同条件下所出现的一些质量信息、款式信息、花色信息等。并用这些信息与同类企业的有关信息相比较，即可以在下一步作产品更新换代构想时参考。因此，售后服务的好坏，不仅直接关系到商品使用功能能否全部实现，而且也直接关系到产品在消费领域的适用程度，不失为社会物质文明建设的重要内容之一。

3. 售后服务是进行国际贸易的重要保证

我国扩大对外贸易，国内市场必然要与国际市场连为一体。工商企业要参与国际流通，进入国际市场，做好产品的售后服务，发挥售后服务的心理作用，是进入国际市场的一个必不可少的条件，没有售后服务工作做保证，就不能在国际上打开销路，站稳脚跟。

（二）售后服务的内容

售后服务和售前服务一样，既不限于行业，也不拘于一种形式，它有着广泛的内容和未被开拓的领域，具体包括以下几个方面。

1. 送货服务

对购买较为笨重及体积庞大的商品，或一次购买量过多，自行携带不便时，以及对某些有特殊困难的顾客等，均有必要提供送货服务。其形式包括自营送货（由工商企业用自有设备送货）和代营送货（由企业代客委托固定联系的运输单位统一送货）。

2. "三包"服务

"三包"服务是指包修、包换、包退的服务。包修指对顾客购买本企业的商品，在保修期为实行免费维修，超过保修期限则收取维修费用，对大件商品提供上门维修服务。包换是指顾客购买了不合适商品可以调换。包退是指在顾客对购买的商品感到不需要时，能保证退换。发达国家的零售企业把商品退换作为建立企业声誉，促进销售的竞争手段，是一项重要的经营策略。作为我们社会主义国家的企业，更应当既对国家财产负责，又要对广大消费者负责，保证商品使用价值的实现。所以，每个企业应根据不同商品的特点和不同的条件，制定具体的商品"三包"办法，正确处理购销矛盾，为顾客提供方便。

3. 安装服务

顾客购买的商品，有的在使用以前需要在使用地点进行安装，由企业派人上门服务，免费安装，还可当场试用，以保证出售商品的质量，这是售后服务的一种主要形式。

4. 商品包装服务

商品包装是为顾客服务中不可缺少的项目，商品包装的形式多种多样，如单独商品包装、组合商品包装、散装商品包装、礼品包装等。目前，各企业都开始重视商品的包装，注重讲究包装的精美，特别是一些大中型和有声望的企业，更应该重视配备一些印有企业名称、地址的包装物，运用这项重要的广告宣传方式宣传企业。

5. 提供知识性指导及产品咨询服务

顾客在购买后对商品的使用中，经常会遇到各种各样的问题，企业要负责解决、指导使用，以保证商品的使用寿命。

总之，售后服务是一个可以广泛开拓的领域，它能给企业带来利润，在社会主义市场经济条件下，市场营销观念的转变，客观要求我国各企业必须加强售后服务工作。

本章小结

顾客异议既是成交的障碍也是成交的信号，必须认真处理。顾客异议的类型可做多种划分，一类是按发出异议的客观性划分，另一类是按发出异议的形式划分，还有一类是按异议产生的原因划分的。顾客异议的根源最主要来自于顾客心理方面。具体而言来自两方面，一方面是来自推销方面的异议，另一方面是来自顾客方面的异议。处理顾客异议的方法多种多样，推销人员要针对异议产生的原因和顾客的具体情况灵活地采用适当的方法，以消除异议，实现成交。

促成订约即成交是整个推销进程中最重要的步骤之一，促成订约要坚持主动、自信、坚持三条原则。

要促成订约，必须在先明确成交条件的基础上，准确把握成交时机，成交时机主要有推销员向顾客介绍了重大的产品利益时、圆满处理了顾客异议时、当顾客流露出各种成交信号时。最后推销员还要利用各种促成订约的技巧与方法促成订约。

签约后，推销过程看起来已经结束，事实上为了确保顾客满意并有下次交易，还有两项极其重要的工作需要推销人员去做，一项是处理诉怨，另一项就是售后服务。

思考与实训

思考

（1）顾客异议的产生有哪些原因？
（2）推销员处理顾客异议有哪些方法？
（3）促成订约有哪些原则？
（4）在什么情况下推销员应该向顾客提出成交要求？
（5）顾客表现出来的成交信号有哪些？
（6）处理顾客诉怨有什么重要意义？

实训

推销之神原一平的六个成功方法

1. 接受别人的批评

我们有勇气和原一平一样，接受别人的批评吗？原一平从27岁巧遇高僧吉田胜逞后，真心地接受了别人批评，反省了自己，战胜了自己的缺点，改变了自己。

2. 勤跑

原一平在一次演讲会上被问到推销成功秘诀时，他当场脱掉鞋子、袜子，说道：请摸摸我的脚板！脚底老茧非常厚。他说道：因为我走的路比人多，跑得比人勤，所以脚上的茧特别厚。

3. 以"赞美"对方开始访谈

每一个人,包括我们的准客户,都渴望别人真诚的赞美。有人说:"赞美是畅销全球的通行证。"因此,懂得赞美的人,肯定是会推销自己的人。

原一平有一次去拜访一家商店的老板。

"先生,你好!"

"你是谁呀?"

"我是明治保险公司的原一平,今天我刚到贵地,有几件事想请教你这位远近出名的老板。"

"什么?远近出名的老板?"

"是啊,根据我调查的结果,大家都说这个问题最好请教你。"

"哦!大家都在说我啊?真不敢当,到底什么问题呢?"

"实不相瞒,是……"

"站着谈不方便,请进来吧!"

就这样轻而易举地过了第一关,也取得准客户的信任和好感。赞美几乎是百试爽,没有人会因此而拒绝你的。原一平认为,这种以赞美对方开始访谈的方法尤其适用于商店铺面。记住,下次见到准客户,以赞美对方开始访谈。

4. 逗趣方式销售

在拜访的过程中,设法打开沉闷的局面,逗准客户笑是一个很好的接近方法。

原一平曾以"切腹"来逗准客户笑。有一天,原一平拜访一位准客户。

"你好,我是明治保险公司的原一平。"对方端详着名片,过了一会儿,才慢条斯理抬头说:"几天前曾来过某保险公司的业务员,他还没讲完,我就打发他走了。我是不会投保的,为了不浪费你的时间,我看你还是找其他人吧。""真谢谢你的关心,你听完后,如果不满意的话,我当场切腹。无论如何,请你拨点时间给我吧!"原一平一脸正气地说,对方听了忍不住哈哈大笑起来,说:"你真的要切腹吗?""不错,就这样一刀刺下去……"原一平边回答,边用手比划着。"你等着瞧,我非要你切腹不可。""来啊,我也害怕切腹,看来我非要用心介绍不可啦。"讲到这里,原一平的表情突然由"正经"变为"鬼脸",于是,准客户和原一平一起大笑起来。无论如何,总要想方法逗准客户笑,这样,也可提升自己的工作热情。当两个人同时开怀大笑时,陌生感消失了,成交的机会就会来临。

原一平拜访顾客的对话:

"你好,我是明治保险公司的原一平。"

"噢,明治保险公司,你们公司的业务员昨天才来过,我最讨厌保险,所以他昨天被我拒绝了。"

"是吗,不过,我总比昨天那位同事英俊潇洒吧?"

"什么,昨天那个业务员比你好看多了。"

"哈哈……"

善于创造拜访的气氛,是优秀的推销员必备的。只有在一个和平欢愉的气氛中,准客户才会好好地听你说保险。

5. 讲究说话技巧

如何提高说话技巧是推销员的首要任务。

第一，要相信自己说话的声音。

第二，每天不断地练习。

原一平之所以会成为销售之神，他把成功归功于他高超的说话技巧。

原一平认为说话有八个诀窍：①语调要低沉明朗。明朗、低沉和愉快的语调最吸引人，所以语调偏高的人，应设法练习变为低调，才能说出迷人的感性声音。②发音清晰，段落分明。发音要标准，字句之间要层次分明。改正咬字不清的缺点，最好的方法就是大声地朗诵，久而久之就会有效果。③说话的语速要时快时慢，恰如其分。遇到感性的场面，当然语速可以加快，如果碰上理性的场面，则相应语速要放慢。④懂得在某些时候停顿。不要太长，也不要太短，停顿有时会引起对方的好奇和逼对方早下决定。⑤音量的大小要适中。音量太大，会造成太大的压迫感，使人反感，音量太小，则显得你信心不足，说服力不强。⑥配合脸部表情。每一个字、每一句话都有它的意义。懂得在什么时候，配上恰当的面部表情。⑦措辞高雅，发音要正确。学习正确的发音方法，多加练习。⑧愉快的笑声。说话是推销员每天要做的工作，说话技巧的好与坏，将会直接影响你的推销生涯。

最重要的是：不断地练习、练习、再练习是成功的关键。

6. 永不服输

"我不服输，永远不服输！"

"原一平是举世无双，独一无二的！"

记着：永不服输、永不放弃，你是全世界的第一名！是举世无双，独一无二的！

链接思考

至少给出一种办法解决下列顾客的拒绝：

（1）在你推销后，预期顾客说："产品很好，谢谢你向我们介绍。如果我们决定要买，就跟你电话联系。"

（2）在你推销后，预期顾客说："你的产品看起来好像不错，但我们现在不需要。"

（3）在你推销后，预期顾客说："很遗憾我们现在买不起，六个月以后再来吧。"

（4）在你推销后，预期顾客说："你的产品虽然不错，但我更喜欢你的竞争者的产品。"

第十章 推销管理

本章学习目标

学完本章以后,应掌握以下内容:①了解推销人员应具备的基本素质和应履行的基本职责;②了解推销人员的选拔与培训;③了解自我管理、时间管理、行动管理对推销活动的重要性;④了解关系推销的理念和做法;⑤掌握关系管理的原则与策略。

案例导读

本杰明·富兰克林的推销术

本杰明·富兰克林是美国历史上最有影响力的伟人之一,他博学多才,被称为爱国者、科学家、作家、外交家、发明家、画家、哲学家。他自修法文、西班牙文、意大利文、拉丁文,并引导美国走上独立之路。但富兰克林也有不好的习惯,他为自己制定了一个戒除恶习的妙方。他首先列出获得成功必不可少的节制、沉默、秩序、果断、节俭、勤奋、诚恳、公正、中庸、清洁、平静、纯洁、谦逊等13个条件。在自传中,他提及了使用这个妙方的方法:"我打算获得这13种美德并养成习惯。为了不至于分散精力,我不指望一下子全做到,而要逐一进行,直到我能拥有全部美德为止。"他的秘方中,有一点借鉴了毕达哥拉斯的忠告,每个人应该每日反省。他设计了第一套成功记录表:"我制作了一个小册子,每一个美德占去一页,画好格子,在反省时若发现有当天未达到的地方,就用笔作个记号。"妙方对这位伟人起了什么样的作用呢?富兰克·贝格在《从失败到成功的推销术》一书中写道:"当富兰克林79岁时,写了整整15页纸,特别记叙了他的这一项伟大发明,因为他认为自己一切成功与幸福受益于此。"富兰克林在自传中写道:"我希望我的子孙后代能效仿这种方式,有所收益。"富兰克·贝格效仿富兰克林的妙方,从一个平庸的推销员成为美国人寿保险事业的创始人。

推销是联结企业和消费者的纽带和桥梁,推销工作是企业经营的命根子。实践证明,没有一支高素质、整体水平高的推销队伍,企业将无法在日趋激烈的市场竞争中获胜。为此,企业需要培养一批掌握管理推销的知识的推销人员。

第一节 推销人力资源开发

推销人员既是企业生产经营活动的先行者、市场信息的侦察员、引进技术的"二传手",也是企业改革的实干家。因此,一个好的推销人员应该具备多方面的知识和修养,具有良好的政治思想、文化业务、生理心理素质及特殊能力。

一、推销人员的职责

推销是社会经济效益发展的一个重要推动力,是社会繁荣的重要手段,是实现社会再生产目的的主要形式。推销人员是社会经济发展必不可少的力量,他们对企业的生存和发展起着重要的作用,肩负着重大的职责。

（一）搜集情报,传递产品信息

推销人员是企业和顾客之间的桥梁和纽带,通过与顾客的广泛联系,搜集情报,如搜集本企业目标市场的供求情况、市场上同类产品的竞争情况、顾客的购买愿望、动机和偏好、市场购买力投放和发展趋势等,为正确制定企业的营销决策和产品策略提供可靠的依据。

现代推销不仅要满足顾客对产品的需要,还要满足顾客对产品信息的需要,因此,通过口头宣传、产品展示、使用示范、散发资料等手段及时地向顾客传递产品真实和可靠的信息非常重要。产品的信息包括产品的性能、功效等一般信息、产品的特点及优势、产品的发展动态、产品的经营信息等。

（二）协调关系,开发潜在顾客

推销人员的基本职责是保持老顾客,吸收新顾客,广泛保持与顾客的关系,为企业产品及劳动创造销售机会。在推销过程中,推销人员要在互利互惠的基础上处理好与顾客的关系,消除各种不良影响和误会。在巩固与老顾客的关系上要做到尽善尽美地提供售后服务,定期访问,节日问候,保持牢固的产销渠道,借助老顾客帮助发展新关系,吸收、说服新顾客购买本企业的产品,不断开拓新市场。

推销人员要对销售过程中的有关情况作详细记录,对顾客的基本情况、购买产品的情况、顾客的意见、顾客未来的需要、竞争对手的新产品等资料进行认真的加工和整理,为企业领导进行决策提供客观依据。同时要关注顾客由于搬迁、升职、疾病、退休、更换岗位等原因,由于客户公司破产、合并,或原采购代理人的替代等原因造成所联系的客户的流失。据美国统计,美国客户流失率每年为15%～20%,因此不断开发潜在顾客以替代流失顾客,无论对企业还是对推销人员都是至关重要的。

（三）提供服务,促进产品成交

推销人员不仅为客户提供满意的产品,而且更重要的是利用与顾客直接接触的机会向顾客提供各种服务,如售前的咨询与指导、售中的演示、操作介绍、售后的安装、维修、保养、更新等。服务是延伸产品的主要内容,提供服务越周到、细致和全面,越能获得顾客的好感。服务的方式和质量决定着推销任务的完成情况,并为以后的销售奠定基础。

推销人员的任务,就是唤起顾客的购买兴趣、欲望并尽快促成交易。因此,通过接近顾客、推销洽谈、排除异议,运用恰当的推销技术和手段,灵活地采取各种推销技巧，仔细说明商品的构造、特性、功能、使用及维修方法，尽快消除顾客的疑虑，促进成交。

（四）建立联系，树立企业形象

推销不仅仅是推销产品及劳务，而且是通过自身的推销、商品的推销和企业的推销，为企业在市场中树立美好的形象。推销人员的行为活动，完全代表着企业的行为，推销人员形象的好坏，直接关系到顾客的购买行为，一个企业及产品缺少良好的形象，推销也就失去了基础。因此，良好的形象不仅是推销成功的关键，而且更是企业成功的关键。

二、推销人员应具备的素质

（一）政治思想素质

（1）良好的政治素养。推销人员联系面广，面对市场的情况复杂，往往是"孤军作战"，既要面对困难和挫折，又要面对冷酷的回绝，还要面对金钱的诱惑。这就要求推销人员必须具有正确的政治方向，具有刻苦勤劳、坚韧不拔、任劳任怨的精神。同时，应具有良好的道德修养，拒腐蚀、永不沾。只有这样，才能顺利地完成本职工作。

（2）高度的工作责任感。推销工作平凡而艰苦，繁杂又琐碎，因此推销人员应具备正确的经营思想、良好的职业道德、高度的责任心和事业心、全心全意为人民服务的高度责任感及百折不挠的进取精神，切实做好推销活动各个环节的服务。

（二）文化业务素质

（1）丰富的专业知识。这些知识包括企业知识、推销学的知识、产品知识、市场情况、顾客知识、政策和法规知识等。

（2）正确的推销观念。推销观念是指推销人员在推销实践中遵循的指导思想，推销观念决定着推销人员的推销目的、推销态度，影响着推销人员运用各种推销技巧和方法，也最终影响着企业和消费者的利益。正确的推销观念是以顾客的需求为中心，把企业利益和顾客利益结合起来的推销观念，即顾客的需求是企业生产和销售的根本出发点和最终目的。只有需求得到满足，才能实现企业的利益。

（3）熟练的推销技巧。要掌握推销艺术，懂得推销的基本知识、基本策略和基本技巧，并针对不同的推销对象加以灵活运用。推销人员要善于接近顾客，说服顾客，与顾客建立经常往来的关系，在顾客中创立可靠的信誉；掌握和运用供求规律、定价方法、采购技术，适应新的需求变化，树立新的推销经营思想，克服各种阻碍推销的因素，扩大和加速商品推销。同时，还要善于收集、倾听和利用顾客的意见，从中发现顾客的现实需求和潜在需求，创造推销机会，力争把各种消极因素消化，巧妙地把更多的商品售给用户和消费者。

（三）心理素质

（1）健全的性格。作为最佳的推销员性格，一般表现为待人热情、诚实可信、态度和蔼、性格外向、言辞流利、举止适度、文明礼貌等。一个优秀的推销人员，要注意对自己性格的培养，使自己达到适合于推销工作的性格。

（2）坚强的意志。推销员在推销过程中，总是会碰上这样或那样的困难，因此如果没有克服困难的坚强意志，就很难完成推销工作。在推销工作中最可怕的敌人不是竞争对手，而是自己。意志消沉、缺乏信心，才是自己看不见的敌人。推销失败并不可怕，可怕的是失败面前垂头丧气、怨天尤人。企业界流传着这样一种说法：赚1000元的成功经验，不能等于赚1亿元的成功经验；亏1000元的失败教训，往往会转化为赚1亿元的途径。有志者事竟成，无志者事无成。

（四）生理素质

推销是说尽千言万语、吃尽千辛万苦、走遍千山万水的艰辛工作，一个推销员没有健康的体魄是很难胜任的。因此，推销员平时要关注身体健康，增强自身体质。

三、推销人员应具备的能力

（一）敏锐的观察能力

市场和顾客情况是非常复杂的，不仅差别大，而且受多种因素制约，容易多变。为此，一个好的推销人员，要有较高的观察和分析能力，观察不同的消费者和不断变化的市场，采取不同的推销策略和推销技巧，促使不同的顾客实现购买行为。

（二）较强的社交能力

社交即社会交往、社会交际。在推销活动中，推销人员必须具有广泛的社交能力，才会有利于整个推销活动的开展。好的交往，易于推心置腹，易于互守信用。如果将此推及推销活动，将会大大促进推销，加快销售。因此，推销人员要不断地培养自己良好的社交能力，学会察言观色，学会与各种顾客打交道，广泛地与顾客交往，与之建立起良好的关系。在社交中，最能打动人心的力量是情感，推销员要养成富有情感与人相处，似一团火一样感染着周围的人，以真情打动别人的心；只有把自己的情感建立在对别人的理解之上，你推销产品时才能获得别人对自己的理解。在推销活动中，友谊是与顾客建立的一种稳固、定向、长久的情感关系。推销员只有与顾客建立起这种情感关系，才会使自己拥有一批稳定的顾客群。

（三）良好的语言表达能力

推销人员每天要接洽不同的顾客，并向他们准确传递推销产品的信息，介绍推销产品给顾客带来的利益，激发顾客的购买欲望，并最终达到交易。这些都离不开推销人员的文化素质及语言表达能力。如果推销人员语言表达词不达意、前言不搭后语、思路不清、语言贫乏、拙嘴笨舌，难以引起顾客对推销产品的兴趣，更不用说打动顾客购买产品了。优秀的推销人员应具有良好的文化修养和语言表达能力，说话要清晰、准确、条理井然、重点突出，能起到说服顾客的作用。与顾客说话交流要富于情感，使顾客感觉到亲切、温暖、信任，就能起到感染顾客的作用；文明礼貌、热情友善，能引起顾客的好感，并起到增进友谊的作用。

（四）灵活的应变能力

推销员在遇到意外情况时，应能够沉着冷静、灵活机智、审时度势地应付变化处置。推销员每天与顾客打交道，复杂的环境和不同的顾客要求推销员应有灵活的应变能力，思维敏捷、清晰，能够迅速地分析和判断问题，能够及时察觉顾客需求的变化，并针对具体情况，及时调整推销对策。

四、推销人员的选用

推销人员的选用应该程序化、制度化，把笔试、面试、试用结合起来，选用的推销人员应具备下列条件：

（1）品质可靠。推销人员的工作多数是在单独一人的情况下进行的，与客户洽谈中所涉及的很多购销条件，在一定程度上由推销人员自己掌握。因此，选用的推销人员必须忠诚可靠，才能既对企业负责又能赢得客户信任。

（2）具有独立工作能力。推销人员依靠自身的力量、发掘自身的潜力去推销产品和拓展市场，这是一件艰苦工作，因此要求推销员具有积极主动、自发拼搏的精神，在工作中要充满自信，并且能独当一面。

（3）具有相当的智力和谈判水平。推销人员的知识范围、智力水平和谈判能力是一项必不可少的重要条件。推销人员应具备相当程度的记忆力，要有相当广泛的知识面；必须对企业的每项产品或服务有深入的认识；对各种可能的客户有深切的了解；与客户的交往中必须谈吐自如、举止适度。

（4）愿去各地出差。很多人都知道推销工作是件美差，却不一定知道他的辛苦和有多少时间长期出差在外。虽然不同的产品或企业需要不同的推销时间，但总体上，推销人员还是经常往外跑，因此，推销人员是否能经常出差的条件很重要。

五、推销人员的培训

企业应该对选拔出来的推销队伍进行系统培训。很多企业往往以没钱或没必要为借口而不太重视推销人员的培训工作。其实，"磨刀不误砍柴工"，企业用于推销人员培训方面的支出，往往会以更大的回报在推销活动中收回来。

（一）培训的目的

（1）了解消费者的需求。人们购物是为了满足自己的某种需要，买卖行为只是达到这一目的的方式。因此，推销人员的最高思想应立足于满足对方的需要，而不是单纯地推销产品。

（2）了解所推销的产品。推销员要了解产品，不仅要知道产品的性能、价格和成本，而且要知道产品的功用。不充分了解产品，就不能准确地将满足对方需要的功能介绍给对方。

（3）了解面对的顾客。了解可能惠顾的顾客的背景与动机，往往可以使推销人员准确说出推销方式以及推销哪种产品。可以说，在推销过程中，你越了解你的对手，成功的机会就越大。

（4）了解竞争对手。不仅要知道竞争对手的产品管理、设备和销售的详细资料，还要知道他的价格及成本等情况。对这些内容的掌握，有助于推销人员增强信心和消除对涉及竞争对手的有关问题的恐惧，推销人员会欢迎顾客提出有关产品的比较问题，因为这是他向顾客说明自家产品优点的最好时机。

（5）了解自己的企业。推销人员不了解自己的企业，往往会被一些无法回答的问题所困扰。聪明的推销人员可以在日常的工作和业务往来中，在同事、老顾客、社区及同行那里获得详细的资料。诸如企业的成长历史、资产规模、财务状况、销售情况、广告政策、顾客关系、销售方式、产品项目等。

（二）培训的方法

（1）观察法。此方法是把新来的推销人员派到有经验的推销人员那里去传、帮、带，通过仔细的观察，从而了解有经验的推销人员的推销技巧和方法。

（2）讲课。在课堂讲授推销学知识，为保证培训质量，在整个讲课过程中要不断提问并配合一定的小测验，使学员参与进来，从而考察授课效果。

（3）演示。此法是解释如何操作一台机器、如何填写一个报告或如何进行一次推销访谈。为确保较好的演示质量也必须依照"讲解→示范→操作→回顾"培训步骤进行。演示前要准备好所有的备用工具，若要演示一台机器，必须事先检查一遍该机器各项功能是否正常。

（4）练习。此法是采用案例或测验法。在练习中，学习效果来源于有关答案的讨论中。这一方法适合于小组学习，彼此交流关于答案的意见和观点，可以使每个人对所讨论问题的思路更加开阔。若是较小的工作讨论，可用测验法设计问题，并给出多种选择答案，让学员从中选择，这样可较好地达到思想交流的效果。

（5）实际工作训练。此法是最费时却是最好的培训方式，把讲解、演示、学员操作三者合在一起，首先就是进行充分的准备，然后请学员到实际工作中去，要求学员在工作中严格遵循培训步骤，并耐心地给予指点，推销洽谈结束后，给予积极的鼓励，使学员增强信心，尽快进入角色，适应工作环境。

（6）个别谈话。谈话的目的主要是解决推销人员在一次访谈或一段时期推销工作中所存在的问题，由于这些问题往往阻碍了推销人员的推销业绩，因此个别谈话必须尽快解决。

（三）培训的内容

（1）产品知识。通过对产品知识的介绍，使推销员能够了解企业的关键产品及其特性以及每一特性能给顾客带来的益处。通过使用企业产品手册，使推销员能够很方便地对其所推销的所有产品进行介绍，并能够回答有关产品的基本问题，如费用、规格、交货期等。对推销员讲授的是工作中用得着的产品知识，即了解那些影响顾客做出购买决策的产品知识，也就是可以表明产品功能或优点的信息。

（2）推销技巧。推销技巧培训的内容就是要提高推销成功的概率，特别是对一个新入行的推销员是十分必要的。

（3）推销介绍。推销介绍是推销人员为了达到期望的目标而采取的一些行为或手段，是推销人员和客户或潜在客户所采用的语言交流形式，一个好的课堂推销介绍应该是模拟两人之间的一次友好会谈。

（4）良好的工作习惯。良好的工作习惯，是有效的推销助手。作为推销员来说，良好工作习惯主要包括做推销计划、日程安排、推销记录和编写推销汇报等。

第二节 推销人员管理

推销员的工作多半是单枪匹马去找客户洽谈业务，孤军奋战，推销员工作的特殊性容易使其生活陷于放纵、自由散漫等。因此，推销员在以下方面的自我管理是十分重要的。

一、目标管理

1. 集中全力做事

做任何事情都要集中全力，特别是推销这项极富挑战性的工作。对推销人员来说，要做到集中全力，关键是要搞好家庭管理，最好把私生活缩小到最小限度，私生活处理不好，就会造成家庭纠葛，引起家庭矛盾，使你无法专心工作。俗话说家和万事兴，有一个和睦的家庭，才能使你恪尽职守，全力以赴地去工作，家庭才会成为你消除疲劳的休息场所，你才可养精蓄锐，以备来日再战。同样，单身者也应实行自我管理，如果生活糜烂，就会使你精神萎靡，意志薄弱，无法圆满完成任务。

2. 定下适当目标

拼命工作而缺乏目标，一定浪费不少精力。激励推销员奋发的原动力是制定适当的目标。所谓适当的目标，就是根据自己的实际情况，对自己进行全面的估量后，确定一个切实可行的目标。目标确定下来之后，就要制定一个精密的计划，计划的内容越周到细致越好，以避免在行动上浪费时间。拟一个完善的健全计划，美国钢铁大王卡耐基曾提出七个步骤：第一步，确立一个具体目标。第二步，测定本身应付出的努力。第三步，预定成功的期限。第四步，立刻着手执行。第五步，遇挫折而不废弃，贯彻初衷。第六步，写成誓文，早晚朗诵默记，坚持不渝。第七步，培养持久的毅力，运用高度的智慧，沉着应付一切意外的变化。卡耐基的做法可供推销员学习借鉴。

3. 不断进取

进取，就是刷新纪录。当一个推销员不断刷新自己的纪录，创造新的纪录，不断向着真善美的人生前进时，就是进取。定下目标后，就要抛弃贪图享受或偷懒的心理，向目标猛进。一个推销员要想使自己的工作有所成效，使自己的魅力得到充分的发挥，就要不断地充实自己，有获得多方面知识的愿望，勤奋吃苦，好学上进，兴趣广泛，认识问题全面，不断地进取。事实上，只有不断地进取，才会使自己的潜力得到充分发挥，才可使工作、事业达到最佳，使自己获得真正的成功。

4. 坚忍

坚忍，就是拼命支撑，不达目的决不罢休。推销人员必须具有不屈不挠的精神、远大的目标，才可应付推销工作中所遇到的巨大的心理压力。从事推销工作的人，可以说是与拒绝打交道的人。战胜拒绝的人，便是推销成功的人。大家都知道，在战场上有两种人是必败无疑的，一种是幼稚的乐观主义者即愚勇，另一种是胆小怕死的懦夫即怯懦。推销人员如果也像战场上的愚勇和怯懦者，那他的推销工作必将失败。

5. 自信

拥有自信是推销人员必须具备的心理素质，它体现着一个人的意志和力量，牵制着人的思维和言谈举止；若想应付自如，就要有不可动摇的自信。推销人员的自信心可从两方面来运用：一是在心理上应付推销工作中遇到的各种挫折及诱惑；二是在接触客户时，取得客户的信任。对自我的确切了解及完全接受是培养自信的方法之一；学习并掌握知识是培养自信的方法之二，只有具有全面的知识，能够灵活地应付各种突然而至的偶然事件，使推销获得成功，才可树立起自信；把自己的理想、抱负写在一张便条上，经常看看读读，尤其是遇到意外的成功和失败时，更应拿出来反复诵读，时时反复思考，默记在心，是培养自信方法之三。

二、时间管理

"时间就是生命。"这句话是千真万确的。时间就其本身来说是无穷无尽的，前无起始，后无终止，但对于我们每一个人来说却是十分有限的。生命是人生最可宝贵的，时间当然也是最可宝贵的，珍惜生命就必须珍惜时间。因此要进行时间管理。特别是推销人员，自我控制的时间较多，如何安排好时间，运用有效的时间获得最大的效果，这是推销人员值得考虑的问题。

在很多情况下，做许多事情往往在时间上发生冲突，可见，真正安排好自己的时间，的确不是件容易的事情。因此，必须学会恰当而有效地安排时间，并使之更有价值。

（一）个人时间管理

时间对任何人而言都是重要资源，对负责推销工作的推销人员来说更是珍贵。然而在环境的压力下，一般人常会放弃自己职业上应做的事，而去解决一些突发事件或干扰最大的事，结果把生活步调弄得很乱，无形中牺牲了个人许多生活及工作上的乐趣和享受。

（1）有效的个人时间管理必须对生活的目标加以确定。不同的标准会产生不同的先后次序，并会造成利益之间的冲突。我们确定事情重要程度的标准，必须是看它对于我们实现生命的价值的重要程度如何。我们生命的价值并不在于我们活着，而是在于我们活着的时候，能够不断地成长，不断地发展和展现自我，并不断地进行创造，为社会作出贡献。因此，我们应当把那些最能促进我们自身成长的、最能展现自我能力的、最能使我们发挥创造力的事情放在首位，并尽最大的努力去完成它。只有最富创造性的计划，才能使你在最小的时间投资中，获得最大的效益。

（2）在自己的一生中要有个规划。即自己终生奋斗的目标是什么？怎样渡过自己的一生？明确终生奋斗目标具有重要意义，它可以帮助你发现自己真正要做的事情，并激励你努力去做，使你所花费的时间具有意义；它可以为你指明人生的努力方向，帮你认识到命运就掌握在自己的手上，并且在可选择的范围内，为你提供评价的标准；它可以帮助你平衡生活的各个方面，以适当地利用时间来减少不必要的矛盾。

（3）做好日常生活的时间安排。在日常生活的时间管理上可遵循下列一些简单的原则：①设定工作及生活目标，并分出其优先次序；②每天把要做的事情列出一张清单；③执行工作应照已订的优先次序来做；④自思"现在做什么事最能有效地利用时间"，然后立即去做；⑤把不必要的事丢开；⑥每次只做一件事；⑦做事力求完成；⑧立即行动，不可等待、拖延。

（4）做好提示记录。要善于用一些手册、日记本、桌历、日历或其他记事簿、电话地址簿等记录提示自己何时、何地要做什么事，协助自己做好时间管理。能有效掌握时间的推销人员必然是一个常胜的推销员。

（二）推销时间管理

要做的事太多，时间太少。这是大多数人的共同的烦恼。推销人员更常有时间不够分配或期限已到、业绩却无法如期达成的问题。推销成果的好与坏常和时间能否有效利用有很大关系。有些能力和专业知识都很不错的业务人员，常把事务弄得杂乱无章或自己忙得焦头烂额，这是对时间及做事的程序没能把握要领所致。

经调查了解，推销人员真正用到推销的时间极为有限。据许多从事多年推销工作者的经验，每天花在跟客户实际谈生意的时间很少超过3小时，这也许是推销人员业绩不高的原因之一。请记住，推销人员上班不是常待在自己的办公室内，而是常到有客户的地方去；要把自己的推销时间完全投资在客户身上，拜访客户的时间愈多，收获必愈多；对推销时间管理得越好，业绩也会更好。

推销员在推销时间管理上应做到以下方面：

（1）设定推销目标，这样可使工作具有方向感，使所有的努力都朝同一目标迈进，减少彷徨或犹豫。

（2）做好工作计划，这样可在紧张有序、有条不紊的情况下按计划行事。

（3）对客户的拜访及事务的处理要设定优先次序，为可能突发事件预留时间，通常每天抽出10%的时间以处理突发事务。

（4）对期限内的工作分段完成，要有安排，以分段完成工作的时间；要用记录，养成随时记下工作要点的习惯。

（5）开业务会要简短高效，避免多把时间泡在会议上，每天都要安排时间，冷静地思考推销业务中的一些问题。

三、行动管理

要把成功的愿望变为成功的现实，必须具备一定的条件，这些条件包括外在条件和内在条件。外在条件是客观存在的，它固然重要，但内在条件在人的成功之路上却起着主要作用。对推销员进行行动管理，重在提高推销员的修养上，应注意考虑以下几方面。

（1）对推销目标要有必胜信心。虽说不以成败论英雄，可领导和同事还是要以你推销的成绩来评价你，所以成绩是评价推销员优劣的重要标准。推销员在工作中，目标是行动的方向，是对自己的鞭策。每个月要做多少生意，先做预计，定到自己努力就可以达到的数字，逐日提高，日积月累，成绩一定可观。要努力使每桩推销都获成功，不能以"我已经尽力了"来安慰自己，要不断地向自己挑战，同时要有必胜心，不怕失败，坚信经过自己的努力，定会获得可心的成果。现在的一切对策和措施，都是为取得将来成果的前提投资。因此，要从一点一滴做起，严格要求自己，只要有必胜心就会有必胜的结果。

（2）做事要有责任感。做事没有责任感，一定会受到周围人的指责和不信任。只有踏踏实实、勤勤恳恳地去从事工作，才可能获得成功。有没有责任感，也是衡量一个人对待生活、工作的态度问题，只有脚踏实地、实事求是，才能赢得顾客的信任。因为要想获得推销的成功，首先要有担当，要学会把自己推销出去。

（3）做事要讲礼貌、守信用。中国有句俗话：礼多人不怪。不论你所遇到的是否是你的客户，对你所见到的任何人都要以礼相待，这是做人应具备的最起码的礼貌。信用是人与人之间合作的基础，如果推销人员对产品的说明和承诺与实际情况不一致，便是对顾客的欺诈。在与顾客约会的时间上一定要守信，这是你赢得和失去顾客的关键环节。

（4）遵守所在企业的规定。企业的所有规定都是为了企业的集体利益而制定的。推销人员选择了就职这个企业，就要遵守其各项规定。同时又肩负着企业的重托，并代表企业向外推销商品，因此推销人员热爱自己所在的企业是最起码的准则。顾客往往是从推销人员的人格、学识、一举一动、一言一行来判断这位推销人员所属的企业，因此，推销人员可以说是代表企业的形象。推销人员肩负着企业发展的命运，推销人员必须对自己的工作充满热爱，按照企业的规定，以一种充实感和幸福感去为企业做好产品推销工作。

（5）采用监督与激励的方法。对推销员采用常见的监督方法有：①通过现场直接接触的监督；②通讯监督；③定期业绩会议；④推销人员的工作报告；⑤自动监督工具，如报酬计划、费用控制；⑥出版物，如年报和销售公报。

对推销人员的激励，主要通过内在报酬和外在报酬来实现。内在报酬是指精神方面的报酬，可以从推销活动中得到满足，也可以从领导的肯定中得到满足；外在报酬是指物质形式的奖金或实物等。

四、推销员业绩评价

企业对推销员工作的考查和评价属于对推销效果的反馈控制过程。通过评价有利于肯定推销员的成绩，发现问题，纠正偏差，提高下一轮的推销活动水平。

反映推销员工作业绩的考核指标可分为两类：

（1）销售效果指标。这一指标主要包括当月销售额、利润率、货款回收率等。

（2）工作行为指标。这一指标主要包括推销员每天的平均访问次数、一定时期内增加的新客户数、数据登记、对顾客的服务、信守合同程度、对顾客抱怨意见的处理、工作中的协作精神，等等。

第三节 推销关系管理

在推销活动中，关系是提高推销的利益与效率的依据。首先，关系是企业产品的销售渠道与推广网络，关系网有多大，市场就有多大，朋友有多少，推销额就有多少；其次，关系可为企业带来可利用的资源，老关系户的购买行为构成了企业产品稳定的市场份额；最后，关系可以提高推销效率和降低成本。经过调查与测算，推销人员维护一个老顾客的费用，只是开发一个新顾客的三分之一，推销人员如果不注意关系的维护与发展，只注意开展新市场、新业务，则费用将增加两倍，还将造成推销人员在时间、精力及财力等方面的巨大浪费，总成本将增加五倍至六倍。

一、推销关系与关系推销

推销关系是指经过推销活动建立起来的人与人、人与单位、单位与单位之间的关系。

关系推销（Relationship Selling）是指一种推销的思维方式，强调在推销过程中销售人员向每位顾客提供个性化、定制化的客户问题解决方案，由此而培育长期的战略合作伙伴关系。

从20世纪90年代以来，关系推销成为一种销售新思维，重视顾客关系的建立、培育、维护及发展，以建立长期合作作为基础。在关系推销观念的指导下，认为顾客购买的不是产品而是关系，认为推销人员要放弃短期思维，重点是投入时间和精力来建立与顾客之间的友好合作关系，通过稳固的长期关系获取回报。关系推销可以阻止竞争者的"插入"，获得重复的业务订单，实现交叉销售；由于顾客信任而购买企业的新产品，从顾客那里取得终身价值，为企业建立良好的口碑等。

在一般情况下，可将推销关系与关系推销视为一回事。

二、推销关系的类型

推销关系有交易推销与关系推销。

交易推销关注的是某一时间的一次性交易，不注重建立长期关系；关系推销重点是与客户建立协作关系，发生持续的、长期的一系列关联交易，任何一次现实的交易都是以前交易沉淀的结果，也影响到未来的交易。二者的区别见下表。

交易推销与关系推销的区别一览表

因　　素	交易推销	关系推销
时间	短期交易	长期交易
质量	产品质量	双方协调工作的质量
价格	敏感	不敏感
责任	由法律规范	承诺自律＋法律与惯例
合作	没有（除非面临失败）	以信任和共同努力协调利益
人员交往	很少	个人及非经济目的交往突出
合作行为	缺乏协调努力	存在协调努力动机与机制
经营计划	几乎没有事前的相互参与	对未来交易进行详细的计划
交易评价	产品正常时不评价	详尽规划，限定和评价交易的所有方面
强制性	尽可能实施	无此行为，相互依赖
权利义务	明确界定	注重长期利益共享
交易过程重点	达成协议	解决问题
参与人员	销售人员和采购人员	许多部门的人员
内部营销	意义不大	有关键意义

资料来源：改编自罗纳德·B. 马克斯：人员推销. 郭毅等译. 北京：中国人民大学出版社，2002.

三、关系管理的原则与策略

（一）关系管理的原则

1. 长期协作

在关系管理中，要重视与顾客之间建立长期的协作关系，而不是只看重眼前的利益；在买卖关系中，双方的需求扩大，表现在相互磋商的意愿增强，交流沟通增加，甚至开始协商交易中的具体条件，作为推销人员应设计出一些不同于简单报价的服务，以吸引长期客户。通过与客户建立和维持互利关系，以创造长期的业绩；要重视人员、技术、运营管理和其他非营销功能方面的影响。实施关系管理要求全员协作，而不仅是推销人员满足客户对产品和服务的需求。

2. 内部营销

实施关系推销战略的企业，必须综合协调生产、销售、人事及其他各个职能部门，内部的协调是关系推销的基础。一线生产人员、后勤人员及管理人员等非营销人员都必须要有营销意识，树立一切为顾客服务的思想，培育员工建立和维持终身客户的理念，以积极的市场化方式提供理性的服务。

3. 整体思维

关系管理中并不只是推销产品，不是为了销售而销售，而是向顾客提供一揽子的解决问题的方案，建立长期的战略合作伙伴关系，推销员必须要有整体思维，企业的其他员工同样也需要这种思想的支持。产品质量是买卖双方相互认同的，推销服务包含产品安装、技术服务、产品或服务的使用介绍、信息服务、社会联络等，这种全方位的服务体系强化了与顾客的关系，进一步使客户在市场行为上与企业发生必然的链接。

4. 双向沟通

在很多企业都能向顾客提供技术性能类似的产品时，与顾客之间的交流就显得越发重要。在关系管理推销中，与所有的客户都至少以一种方式保持密切的联系，实施双向的信息沟通，能够直接检测客户的满意度。关系管理中的这种客户管理行为，为直接了解客户满意度提供了可能。

5. 顾客价值

关系推销不仅仅是提供核心产品的价值，要能提供比交易推销多得多的客户价值。推销人员通过技术、信息、经验、知识或社会交往与客户建立密切的关系，这些重要的关系就能给顾客带来超越核心产品的利益，从而强化和稳定这种伙伴关系，给企业形成稳定的利润来源，即忠诚顾客创造了顾客价值。在关系推销中，忠诚顾客对价格的敏感度也会大大地降低。

（二）关系管理的策略

1. 履行诺言

履行诺言是关系推销中最重要的策略，也是最难持之以恒的策略。履行承诺，是稳定和发展买卖关系的根本。当然，这种买卖关系必须是对双方都是有利的，也是互惠的，能给双方带来共同的预期利益。正是由于共同的利益所在，存在一种无形的机制促成双方都努力履行自身的承诺，并维系这种关系的深化和发展。有了这种战略伙伴般的关系，推销活动的开展也就是水到渠成的事了。

2. 建立信任

信任是双方行动的基础。相互信任的任何一方都会最充分地考虑对方的利益，每一方都谋求协作，都愿意承担责任，都会很在乎业已形成的商务关系。推销人员要建立起信任，必须向顾客证明自己是可信赖的、坦率的、有能力的，关注客户的利益，善于与客户确立和发展和睦关系。为了得到顾客的信任，推销人员应以书面的形式将关键性承诺按日期记下来，并随时掌握客户的最新需求情况，以便随时能帮助客户解决问题，要让客户知道，顾客可以把他们的利益托付给推销人员；要公正客观地介绍产品和服务，不能夸大所销售产品的功能，以免顾客产生巨大的反差；掌握必要的营销知识，以便能向顾客提供正确的信息；善于听取客户的意见，询问客户的需求，从而明确客户的需要；友好、礼貌、关心客户利益，能够确立和保持密切关系。

3. 相互合作

关系推销要求期望建立买卖关系的各方相互协作，以实现共同的目标。相互合作是建立在买卖双方平等互利的基础上，只有相互平衡的制约关系，才能实现利益、责任的相对平衡，也才有合作的稳定性基础。在买卖双方中由实力强大的一方强制实施的行为，是不可能建立起伙伴意愿、信任和协作动机的。

4. 顾客满意

关系管理中要使各方，特别是顾客方面达到高度的满意，满足顾客商务活动的要求与期望，这不仅包括在特定产品上的满足，而且也包括在非产品方面的满足。这种牢不可破的结构性关系得益于关系各方的相互信赖与需要，谁也无法离开谁。

5. 动态适应

所谓关系中的动态适应是指商务关系的一方改变自身的运作方式或改变产品，以适应另一方的商务活动。一般来说，在建立商务关系的初期，通过相互适应可提高各自的信任度；而在商务关系的成熟期，通过相互适应则能巩固和扩展商务关系；相互适应的商业关系，也能自动阻止竞争者的渗入，成为防止竞争者的最好武器。根据关系建立的不同阶段，动态地适应客户的要求是关系推销的生命基础。

6. 广泛联系

关系管理中，推销人员要与顾客广泛联系，建立深厚个人友谊，从而密切双方企业间的关系。推销人员与顾客之间的私人关系，有利于维护商务关系。很多时候，这两种关系是相互渗透、相互推动的，很难区分是因为什么因素导致了某项交易的达成。

7. 后续推销

后续推销即是要求推销人员在客户购买以后一如既往地关心客户，从而留住客户。向购买者提供信息，消除购买后的疑虑，让客户认知这种购买决策是合适的，也可通过提供某种奖励或回报来强化购买后的信心，增加重复购买的可能性。

本章小结

一个好的推销人员应该具备多方面的知识和修养，具有良好的政治思想、文化业务、生理心理素质及特殊能力。

推销人员的职责包括搜集情报，传递产品信息、协调关系，开发潜在顾客、提供服务，促进产品成交、建立联系，树立企业形象。

可选用的推销人员应具备的条件是品质可靠、具有独立工作能力、具有相当的智力和谈判水平、愿去各地出差。

推销人员的培训应该从培训的目的、培训方法、培训的内容等方面入手。

推销人员的管理应关注自我管理、时间管理、行动管理及推销员业绩评价。

推销关系有交易推销与关系推销两大类：交易推销关注某一时间的一次性交易，重视眼前的利益；关系推销是一种营销新思维，强调在推销过程中销售人员向每位顾客提供个性化、定制化的客户问题解决方案，由此建立、培育长期的战略伙伴关系。关系推销认为任何一次现实的交易都与以前的交易有关，也影响到未来的交易。实施关系管理需要遵循长期协作、开展内部营销、树立整体思维、坚持双向沟通及重视顾客价值五个原则，运用关系管理的思维和策略包括履行诺言、建立信任、相互合作、顾客满意、动态适应、广泛联系、后续推销。

思考与实训

思考

(1) 推销人员应具备哪些素质?
(2) 推销人员的职责有哪些?
(3) 企业销售主管应该怎样选择和培养推销员?
(4) 对推销人员如何进行管理?
(5) 区分关系推销与推销关系概念。
(6) 关系推销与交易推销存在哪些方面的差别?
(7) 关系管理应遵循哪些原则?
(8) 关系管理有哪些主要策略?

实训

乔·吉拉德的故事及其经典语录

世界著名推销大师乔·吉拉德,被誉为"世界上最伟大的推销员"。乔·吉拉德49岁时便退休了。那时他连续12年荣登《吉尼斯世界纪录大全》销售第一的宝座,他所保持的连续12年平均每天销售6辆车的世界汽车销售纪录至今无人突破。

乔·吉拉德35岁前是个全盘的失败者,他患有相当严重的口吃,换过40份工作仍一事无成,甚至曾经当过小偷,开过赌场。然而,谁能想象得到,像这样一个谁都不看好而且是背了一身债务几乎走投无路的人,竟然能够在短短3年内爬上世界第一,并被《吉尼斯世界纪录大全》称为世界上最伟大的推销员。他是怎样做到的呢?虚心学习、努力执着、注重服务与真诚分享是乔·吉拉德四个最重要的成功关键。

"有人问我,怎么能卖出这么多汽车?有人会说是秘密。我最讨厌的就是有人装模作样说什么秘密,这世上没有秘密。"乔·吉拉德说。

1. 推销产品其实是推销自己

在全世界,人们都问乔·吉拉德同样一个问题:你是怎样卖出东西的?

生意的机会遍布每一个细节。多年前他就养成一个习惯:只要碰到人,左手马上就会到口袋里去拿名片。

"给你个选择:你可以留着这张名片,也可以扔掉它。如果留下,你知道我是干什么的、卖什么的,必要时可以与我联系。"所以,乔·吉拉德认为,推销的要点是,并非推销产品,而是推销自己。

"如果你给别人名片时想,这是很愚蠢很尴尬的事,那怎么能给出去呢?"乔·吉拉德说,恰恰那些举动显得很愚蠢的人,正是那些成功和有钱的人。他到处用名片,到处留下他的味道、他的痕迹。每次付账时,他都不会忘记在账单里放上两张名片。去餐厅吃饭,他给的小费每次都比别人多,同时放上两张名片。出于好奇,人家要看看这个人是做什么的。人们在谈论他、想认识他,根据名片来买他的东西,经年累月,生意便源源不断。他甚至不放过看体育比赛的机会来推广自己。他买最好的座位,拿了1万张名片。而他的绝妙之处就在于，在人们欢呼的时候把名片扔出去。于是大家注意了乔·吉拉德——已经没有人注意那个体育明星了。

在全世界，到处有人问乔·吉拉德卖什么。他说，是全世界最好的产品——独一无二的乔·吉拉德。

要推销出自己，面部表情很重要：它可以拒人于千里之外，也可以使陌生人立即成为朋友。

笑可以增加你的面值。乔·吉拉德这样解释他富有感染力并为他带来财富的笑容：皱眉需要9块肌肉，而微笑，不仅用嘴、用眼睛，还要用手臂、用整个身体。

"当你笑时，整个世界都在笑。"

2. 要热爱自己的职业

成功的起点是首先要热爱自己的职业。"就算你是挖地沟的，如果你喜欢，关别人什么事？"

他曾问一个神情沮丧的人是做什么的，那人说是推销员。乔·吉拉德告诉对方：销售员怎么能是你这种状态？如果你是医生，那你的病人一定遭殃了。

乔·吉拉德也经常被人问起过职业。听到答案后对方不屑一顾：你是卖汽车的？但乔·吉拉德并不理会：我就是一个销售员，我热爱我做的工作。

工作是通向健康、通向财富之路。乔·吉拉德认为，它可以使你一步步向上走。全世界汽车推销员的平均记录是每周卖7辆车，而乔·吉拉德每天就可以卖出6辆。

刚做汽车销售时，他只是公司42名销售员之一，而那里的销售员他有一半不认识，他们常常是来了又走，流动很快。有一次他不到20分钟已经卖了一辆车给一个人。最后对方告诉他：其实我就在这里工作。他说来买车是为了学习乔·吉拉德的秘密。

他认为，最好在一个职业上做下去。因为所有的工作都会有问题，但是，如果跳槽，情况会变得更糟。

他特别强调，一次只做一件事。以树为例，从种下去、精心呵护，到它慢慢长大，就会给你回报。你在那里待得越久，树就会越大，回报也就相应越多。

3. 销售的诀窍也适于生活

每个人的生活都有问题，但乔·吉拉德认为，问题是上帝赐予的礼物，每次出现问题，把它解决后，自己就会变得比以前更强大。

1963年，35岁的乔·吉拉德从事的建筑生意失败，身负巨额债务几乎走投无路。他说，去卖汽车，是为了养家糊口。第一天他就卖了一辆车。掸掉身上的尘土，他咬牙切齿地说：我一定会东山再起。

乔·吉拉德做汽车推销员时，许多人排长队也要见到他，买他的车。

尽管乔·吉拉德一再强调"没有秘密"，但他还是把他卖车的诀窍抖了出来。他把所有客户档案都建立系统的储存。他每月要发出1.6万张卡片，并且，无论是否买他的车，只要有过接触，他都会让人们知道乔·吉拉德记得他们。他认为，这些卡片与垃圾邮件不同，它们充满爱。而他自己每天都在发出爱的信息。他创造的这套客户服务系统，被世界500强中许多公司采用。

经过专门的审计公司审计，确定乔·吉拉德是一辆一辆把车卖出去的。他们对结果很满意,正式定义为全世界最伟大的推销员。这是件值得骄傲的事,因为他是靠实实在在的业绩取得这一荣誉的。

乔·吉拉德认为,所有人都应该相信:乔·吉拉德能做到的,你们也能做到,我并不比你们好多少。而他之所以做到,便是投入专注与热情。他说,太多选择会分散精力。而这正是失败的原因。

有人说对工作要百分之百地付出。他却不以为然:这是谁都可以做到的。但要成功,就应当付出140%,这才是成功的保证。他说对自己的付出从来没有满意过。

每天入睡前,他要计算今天的收获、冥想,集中精力反思。今天晚上就要把明天彻底规划好。离开家门时,如果不知道所去的方向,那么乔·吉拉德是不会出门的。

4. 让自己惊异

多次失败以后,朋友都弃他而去。但乔·吉拉德说:没关系,笑到最后笑得最好。

他望着一座高山——那是他的目标——说:我一定会卷土重来。他紧盯的是山巅,旁边这么多山,他一眼都不会看。3年以后,他成了全世界最伟大的销售员,"因为我相信我能做到"。

人的一生非常有限。有的人买许多身外之物,比如房产,比如珠宝。但在乔·吉拉德看来,人首先要买的是自己,要相信自己、热爱自己。"事实上,凡是向你买东西的人,买的都是你。"

73岁时的乔·吉拉德认为,自己的心理年龄只有18岁,因为他仍保持蓬勃向上的精神。

面对客户,有的销售员说,他看起来不像个买东西的人。但是,有谁能告诉我们,买东西的人长相什么样?

乔·吉拉德说,每次有人路过他的办公室,他内心都在吼叫:进来吧!我一定会让你买我的车!因为每一分一秒的时间都是我的花费,我不会让你走的。

乔·吉拉德说,你认为自己行就一定行,每天要不断向自己重复。要勇于尝试,之后你会发现你所能够做到的连自己都惊异。

要燃起熊熊的信念之火,乔·吉拉德认为,两个单词非常重要:一个是"我想",另一个是"我能"。

全世界95%的人并不知道他们要什么。但是,没有强烈的欲望,就不能成为好的推销员。乔·吉拉德说,这一点在我身上很管用。知道自己需要什么,最好把所想要的拍张照片挂起来增强这种欲望。做推销员时,他把全公司最好的推销员的照片挂在墙上,告诉自己要打败他。

"没有人能左右你的生活,只有你自己能控制。失去自己就是失去了一切,连朋友也不会理睬你。"

一定要与成功者为伍,以第一为自己的目标。乔·吉拉德以此为原则处世为人。他的衣服上通常会佩戴一个金色的1。有人问他:因为你是世界上最伟大的推销员吗?他给出的答案是否定的。他说,我是我生命中最伟大的!没有人跟我一样。

他每天这样离开家门:观察身上所有细节,看看是否自己会买自己的账。一切准备好,手握在门把手上,打开门,像豹子一样冲出去。乔·吉拉德对自己说:"我是第一!"

5. 经典语录

(1) 一开始不要急着把产品卖给别人。

(2) 就算不跟我买我照旧还是喜欢你。

(3) 生命就是要好好地学习。

(4) 你永远不能对你现在的成就感到满足,永远要不断地学习。

(5) 所有的人都是我的老师,不管是比我聪明的还是比我笨的。

(6) 今天我从床上起来,因此有人得付出代价,付钱给我。

(7) 昨天晚上睡觉之前一定要有计划。

(8) 我能做到,相信你们也能做到。

(9) 爱你所做的事情,销售、销售、销售。

(10) 我喜欢你。

(11) 永远呆在同一个岗位上。

(12) 要跟乔·吉拉德买,他能保证提供的服务。

(13) 不管你卖什么,你永远卖的是你自己。

(14) 吃饭要吃一口消化一口,然后再吃一口再消化,看书也是先看一章再看一章。

(15) 把你脑袋转化成金钱。

(16) 我可以在任何时间把任何产品卖给任何人。

(17) 你是唯一的,你是非常独特的,你就是你生命中的第一名。

(18) 真正销售是在成交之后才开始。

链接思考

乔·吉拉德的故事对我们推销职业生涯有怎样的启迪?

第三编　价格磋商、商务沟通与礼仪

第十一章　商务谈判与推销中的价格磋商

本章学习目标

学完本章以后，应掌握以下内容：①了解报价必须遵循的原则；②了解西欧式与日本式报价术；③了解价格解释、价格评论的含义；④了解讨价还价的含义与技巧；⑤掌握让价的策略。

案例导读：价格磋商是商务谈判与推销的需要

一对夫妻在浏览杂志时看到一幅广告中作背景的老式座钟非常喜欢，认为把它买来放在家里过道或客厅当中一定不错，于是他们决定去古董店找寻那座钟，并且商定价钱控制在 500 元以内。

他们经过三个月的搜寻，终于在一家古董店的橱窗里看到那座钟，妻子非常兴奋，丈夫及时地提醒妻子："记住，我们绝对不能超出 500 元的预算。"他们走近那座钟，发现上面的标价是 750 元，于是商定由丈夫作为谈判者，争取以 500 元买下。

丈夫走近售货员对她说："我注意到你们有座钟要卖，但上面蒙了不少灰，显得有些旧了。我打算买它，我给你出个价，只出一次价，希望不要吓着你，请你做好准备。"他停了一下以增加效果。"你听着，250 元，怎么样？"没想到那位售货员爽快地说："卖了，那座钟是你的了。"

听了这句话，被吓到的是那夫妻俩，丈夫的第一个反应是后悔，为什么不把价格压得再低一些，如果出价 150 元，将是什么样的结果呢？接下来的第二反应是这座钟这么便宜就卖给我们了，售货员不与我们进行价格磋商，会不会有什么问题？

可悲的是他们也没再与售货员进行任何磋商，便将座钟搬回了家。

然而放在客厅里的那座美丽的钟看起来好像没什么毛病，但是他们却始终感到不安，总担心那钟会出什么问题。晚上安歇后，半夜曾三度起来查看，搞得他们无法安稳入睡，这种情形持续了无数个夜晚。

为什么会这样？就因为他们之间没有经过价格磋商。

本章所指的价格是指谈判标的物的各分项价以及成交总额。其实，各项交易条件的汇集点最终反映在价格上，因而价格谈判是整个商务谈判中最敏感、最艰苦的谈判。

价格谈判有其自身的规律，无论项目大小、交易复杂程度和性质有多么不同，价格谈判都必须经过"三部曲"，即报价及其解释→价格评论→讨价还价。

第一节 报价与价格解释

如何报价是商务谈判与推销过程中的一个核心问题，因为一方面报价策略与技巧的应用很大程度决定了生意是否能够成交；另一方面，一旦生意成交，还将在很大程度上决定是盈利还是亏损。为此，掌握报价阶段的策略与技巧，是商务人员必须做到的。

报价的策略与技巧主要体现在谁先报价、怎样报价和怎样对待对方的报价三大方面。

一、先报价的利与弊

商务谈判双方在结束了非实质性交谈之后，就要将话题转入有关交易内容的正题上来。一经转入正题，双方即开始相互摸底。摸底的内容无外乎是了解对方对本次谈判的态度、兴趣、交易的大致内容和范围、谈判的议题等等。摸底的目的就是为提出本方的交易条件为报价做准备。

（一）先报价的利弊分析

1. 先报价的有利之处

一方面，先报价对谈判的影响较大，它实际上等于为谈判划定了一个框架或基准线，最终协议将在这个范围内达成。比如，卖方报价某种计算机每台 FOB 1000 美元，那么经过双方磋商之后，最终成交价格一定不会超过 1000 美元这个界限的。另一方面，先报价如果出乎对方的预料和设想，往往会打乱对方的原有部署，甚至动摇对方原来的期望，使其失去信心。比如，卖方首先报价某货物每吨 FOB 1000 美元，而买方心里却只能承受每吨 400 美元，这与卖方报价相差甚远。即使经过进一步磋商也很难达成协议，因此，只好改变原来部署，要么提价，要么告吹。总之，先报价在整个谈判中都会持续地起作用，因此，先报价比后报价的影响要大得多。

2. 先报价的弊端

一方面，对方听了我方的报价后，可以对他们自己原有的想法进行最后的调整。出于我方的先报价，对方对我方的交易条件的起点有了了解，他们就可以修改原先准备的报价，获得本来得不到的好处，正如上边所举的例子，卖方报价每台计算机机 FOB 1000 美元，那么对买方来讲，后报价至少可以使他获得 1000 美元报价的好处。另一方面，先报价后，对方还会试图在磋商过程中迫使我方按照他们的路子谈下去。其最常用的做法是：采取一切手段，调动一切积极因素，集中力量攻击我方的报价，逼迫我方一步一步地降价，而并不透露他们自己究竟肯出多高的价格。

（二）先报价的时机

先报价有利也有弊，一般来说，要通过分析双方谈判实力的对比情况来决定何时先报价。

（1）如果本方的谈判实力强于对方或者处于相对有利的地位，那么本方先报价就是有利的，尤其是当对方对本次交易的行情不太熟悉的情况下，先报价的好处就更大。因为这样可为谈判先划定一个基准线，同时，由于本方了解行情，还会适当掌握成交的条件，对本方无疑是利大于弊。

（2）如果通过调查研究，估计到双方的谈判实力相当，谈判过程中一定会竞争得十分激烈，那么，同样应该先报价，以便争取更大的影响。

（3）如果本方谈判实力明显弱于对手，特别是缺乏谈判经验的情况下，应该让对方先报价，因为这样做可以通过对方的报价来观察对方。同时可以扩大自己的思路和视野，然后再确定应对本方的报价作哪些相应的调整。

因此，在商务谈判中，应遵循的惯例是卖方先报价，买方还价。

二、报价的策略及技巧

报价是价格谈判中一个十分关键的步骤，它标志着谈判者的利益要求的"亮相"，它不仅给谈判对手以利益信号，而且成为能否引发对方交易欲望的前奏。

报价绝不是报价一方随心所欲的行为。报价应以影响价格的各种因素、对价格的理解、价格谈判的合理范围等为基础，不仅要以己方可能获得的利益为出发点，更要考虑对方可能的反应和能否被对方接受。如果报价的分寸把握得当，就会把对方的期望值限制在一个特定的范围，使之在以后的讨价还价过程中掌握主动权，如果报价不当，就会助长对方的期望值，甚至使对方有机可乘，使自己陷入被动境地。

（一）报价起点策略

报价的起点策略通常是：作为卖方，报价起点要高，即"开最高的价"作为买方，报价起点要低，即"出最低的价"。这种被人们称为"狮子大张口"的报价起点策略是合乎常理的。

谈判双方在提出各自的利益要求时，一般都包含策略性虚报的成分，这种做法，其实已成了谈判中的惯例。研究结果表明：若卖方开价较高，并振振有词时，为买方提供一个评价卖方商品价值尺度，买方往往会重新估算卖方的保留价格，一般情况下，价格总是能够基本反映商品的价值，"一分钱一分货"，人们总把高价与高档联系在一起，因此双方往往能在较高的价位成交；若买方出价较低，并有理有据时，卖方往往也会重新评价买方的保留价格，双方可能在较低的价位成交。同时，"开价要高，出价要低"的报价起点策略中的策略性虚报部分，为下一步的讨价还价过程提供了充分的回旋余地和准备了必要的交易筹码。在这种策略下，倘若双方能够有理、有利、有节地坚持到底，在谈判不至于破裂的情况下，往往会达成双方满意的成交价格，使双方都能获得预期的利益。这里要注意的是，开出高价并不是漫天要价，出价要低并不是胡乱杀价，否则就会失去谈判的机会。

（二）报价时机策略

价格谈判中，报价的最好时机是等对方充分了解商品的使用价值和为对方带来的实际利益，待对方对此发生兴趣后询问价格时，报价往往就会水到渠成；如果推销洽谈刚开始，对方就急于询问价格，这时对方对商品或项目尚缺乏真正的了解，过早报价会徒增谈判的阻力，最好的策略是听而不闻。但假如对方坚持即时报价，应把价格与商品可给对方带来的好处尽量联系起来做介绍。不能故意拖延，以免让对方感到不尊重而产生反感。

（三）报价表达策略

报价无论是采取口头或书面方式，表达都必须十分肯定、干脆，不能再做任何变动和没有任何商量的余地。有关"大约"、"大概"、"估计"一类含糊其辞的语句，在报价时是不适宜使用的，因为这会使对方感觉报价不实，给对方提供还有的商量的信息。

（四）报价差别策略

同一商品，因客户性质、购买数量、需求急缓、交易时间、交货地点、支付方式等方面的不同，会形成不同的购销价格。例如，对老客户、大批量需求的客户或为巩固良好的客户关系的需要，可适当实行价格折扣；对新顾客，有时为了开拓新市场也可视情况给予适当的让价；对于某些需求弹性较小的商品可适当实行高价策略；对方"等米下锅"，价格则不适宜下降；旺季、应时商品价格应较高，淡季、背时商品价格应较低；交货地点较远的地区应适当加价；一次支付比分期付款或延期付款的，价格应给予优惠；等等。

（五）报价对比策略

价格谈判中，使用报价对比策略，往往可以增加报价的可信度和说服力，报价对比可从多方面进行。例如，将本商品的价格与另一可比商品的价格进行对比，以突出相同使用价值的不同价格；将本商品以及附加各种利益后的价格与可比商品不附加各种利益的价格进行比较，以突出不同使用价值的不同价格；将本品的价格与竞争者同一商品的价格进行比较，以突出相同商品的不同价格。但如果买方以对比第三方的出价低为由胁迫时，你应明确告诉对方"一分钱一分货"，并对第三方的低价毫不介意。只有当对方表现出真实的交易意图，为表明至诚相待，才可在价格上开始让步。

（六）报价分割策略

这种报价策略，主要是为了迎合买方的求廉心理，将商品的计量单位细化并尽量使用小的计量单位报价。如房子报价不用"套"为单位，可用"平方米"报价，使对方在心理上产生便宜感而容易接受。

三、西欧式报价术与日本式报价术

在商务谈判与推销活动中，有两种比较典型的报价战术，即西欧式报价术和日本式报价术。

（一）西欧式报价术

西欧式报价术与我们前边所讲到的有关报价原则是一致的。其一般的做法是：首先卖方报出留有较大余地的价格，然后根据买卖双方的实力对比和该笔交易的外部竞争状况，通过给予各种优惠，如数量折扣、价格折扣、佣金和支付条件上的优惠（如延长支付期限、提供优惠信贷等）来逐步软化和接近买方的价格和条件，最终达成成交的目的。实践证明，这种报价方法只要能够稳住买方，往往会有一个不错的结果。

（二）日本式报价术

日本式报价术的做法是：将最低价格列在价格表上，以求引起买主的兴趣。由于这种低价格一般是以对卖方最有利的结算条件为前提条件的，并且在这种低价格交易条件下，各个方面都很难全部满足买方的需求，如果买主要求改变有关条件，则卖主就会相应提高价格。因此，买卖双方最后成交的价格，往往高于价格表中的价格。

日本式报价在面临众多外部对手时，是一种比较艺术和策略的报价方式。因为一方面可以排斥竞争对手而将买方吸引过来，取得与其他卖主竞争中的优势和胜利。另一方面，当其他卖主败下阵来纷纷走掉时，这时买主原有的买方市场优势不复存在了，原来是一个买主对多个卖主，谈判中显然优势在买主手中，而当其他卖主不存在的情况下，变成了一个买主对一个卖主的情况，双方谁也不占优势，从而可以坐下来细细地谈，而买主这时要想达到一定的需求，只好任卖主一点一点地把价格抬高才能实现。

综合以上两种报价策略，虽说日本式报价较西欧式报价更具有竞争实力，但它不适合买方的心理，因为一般人总是习惯于价格由高到低，而不是不断地提高。因此，对于那些谈判高手，会一眼识破日本报价术的伎俩，而不至于陷入其制造成形的圈套。

四、价格解释

（一）价格解释的含义

由卖方向买方就其报价的内容构成、价格的取数基础、计算方式所作的介绍或解答，统称为价格解释。

通过价格解释，买方可以了解卖方报价的实质、态势及其诚意；卖方可以充分利用这个机会表白自己报价的合理性及诚意，降低买方要求。

买卖双方均应重视价格解释。作为买方应善于提问以真正了解卖方报价。不论卖方怎么躲闪，总能变通地提出各种问题让其解答，从各个不同角度达到自己的目的；而作为卖方应充分准备各种材料，包括实质性、外围性、掩护性的材料，以求"尽力做到有问必答"、"答案有助于维护价格地位"，卖方所作的解释应条理分明，最好按报价内容依次作解释。

(二) 价格解释的原则

(1) 不问不答。即买方不主动问不答,买方未问到不答。以免言多必失,"凭空送礼",让买方看轻自己,削弱自己的谈判地位。

(2) 有问必答。即对于买方所提问题卖方要回答,且令人有"痛快感"。因为既然要回答,却又吞吞吐吐躲躲闪闪,那么本身就给人"不实"之感,授人以降价的把柄。

(3) 避实就虚。即卖方回答买方问题时,提供的资料要以好讲的为主,不好讲的部分、利润高的部分为次,能挡则挡,以其"特点"、"异点"渲染充斥解释的时间,转化缓解气氛,转移买方的视线。能拖则拖,不急于回答,态度诚恳,认真记下问题,过后再说。这样,在遵守讲实话的原则下,尽力维护自己的价格立场。

(4) 能言勿书。即可以口头解释的不用文字写。实在要写,写在黑板上,以便给可能的错误不留文字依据或争取修改的权力。俗话说"口说无凭",错了可以改,也可以否定。而白纸黑字,即便真是个误会,买方也会抓住做文章。尤其是价格问题,谁也不会放过时机。

在解释价格上的"诚实"问题时,只能从商务谈判的总趋势、惯例及习惯来判定,并非如实掏出自己底牌才称之为"诚实",诚实在谈判中是个相互的态度及行为。只有在买卖双方均以诚相待时,才有诚实可言。

(三) 价格解释的内容

(1) 货物价格的解释。货物的价格首先要与货物本身相符,故许多厂商在解释价格时,总是随着介绍性能带来相应的货物照片。即便没有照片也要把结构图、用料作介绍,使买方能相信其货价相符。此外,对于复杂的系统如生产线,要将其价格组成说清楚,做到内容与总价相一致。

至于报价是浮动价还是固定价,如何计算得来,卖方的解释有两种情况:①固定价,即合同期间不调价,那么在目前的报价中没有提高价格;②浮动价,即在合同期间可调价,那么在目前的报价中没有含调价的因素。

(2) 技术费的解释。技术费是软费用,也常常是卖方的利润所在,买卖双方对其价格的解释均很重视,作为卖方解释起来难度较大。目前,卖方使用的计算方法有两类:一种是基于提成的概念,另一种是基于投资的回收要求。前者有销售提成、净销售提成、利润提成和入门费加提成费等方式,后者有以投入科技人员为主的技术和以科研设备投资开发为主的技术等不同的回收计算方式。

(3) 技术服务费和资料费的解释。技术服务费主要包括培训费和技术指导费,该项费用有时会计入技术费,也可单独计费。技术资料费卖方有时称之为"免费",实则计入技术费中。技术资料费单列计价的方式有两种:以纸张材料费计价和以工时计价。

第二节 价格评论

一、价格评论的含义

买方对通过解释了解到的卖方价格的贵贱性质所做出的批评性反应称之价格评论。价格评论是买方通过对卖方的解释予以研究，寻找其漏洞，找出其价格上的不合理点，并对这些"虚头"、"水分"在讨价还价之前先挤一挤，好比总攻前的"排炮"，扫一扫路障，打掉一些明碉暗堡，为之后的价格谈判创造有利条件。从卖方来看，其实是对报价及其解释的反馈，便于了解买方的需求、交易欲望以及最为关切的问题，利于进一步的价格解释和对讨价有所准备。

二、价格评论的方法

价格评论的效果直接关系买卖双方的经济利益，而作为买方评价卖方的报价及价格解释其实是在向卖方发起进攻，而进攻应该讲究章法。

（一）既要猛烈又要有节奏

猛即准中求狠，抓住对方短处，着力渲染，使其不降低价格就下不了台。例如，如果 FOB 价报得比 CIF 价还高，不降显然无理，卖方不降，买方就不松手。所谓有节奏，即不能东一下，西一下，不见效果乱挪窝，把手上的材料要均匀地使用，要打且尽量有效果，突然一下子把"炮弹"都放光的方法不可取。

（二）既要自由发言又要严密组织

买方人员虽然都可以评论卖方缺点，但鉴于卖方也在窥测买方的意图、成交决心、成交价格线，因此每个发言的人必须事先分配台词，且在主谈人员的暗示下，适时发言，不是个人想什么时候发言就发言。表面上大家自由发言，实际上高度集中，严密组织。"自由发言"是为了加大卖方的心理压力，"高度集中"为的是保住买方的机密。

（三）重在说理，以理服人

卖方在买方评论面前会以"辩解"抵挡，不会轻易认输，因为认输即意味着降价。买方要想让卖方降价就必须在评论中"以理压价"。也就是说：无论多少人发言，均要围绕"说理"进行。买方手中的价格材料、卖方解释的矛盾、解释中的虚言，都是买方手中的理。既是说理，评论的态度、气氛就要坦率诚恳，不要轻易以话刺人，也不要抬杠。只有在卖方"无理搅三分"时，才可以评论其态度。许多卖主更注重维护自己的"贸易形象"，以求长期贸易利益，故在评论阶段不会拉开阵势硬干。相反，只要你抓住了他的破绽他也会借此台阶修改价格，表示成交诚意，而买方就应表示欢迎，不因求更大的调价而过早把气氛搞僵。因此，评论阶段在某种意义上讲可称之为"说理阶段"。

(四) 评论中再侦察，侦察后再评论

买方应在评论中再侦察，侦察后再评论，交错进行，这样进攻的效果会好得多。卖方在买方评论面前为自己辩解不一定是件坏事，通过其辩解，可以了解更多的情况，对于组织后面进攻更有好处。相反，不耐心听取卖方解释，往下再谈就会失去针对性，搞不好还会转来转去就是那么几句："我给你解释过了"，"你没有降价，不合理"，使谈判的初期变成了"烂泥坑"。

三、价格评论的内容

(一) 货物价格的评论

货物主要包括设备、备件、材料等，货物技术性能与价格的关系一般技术主谈人较熟悉，由他去评论更有力，对于货物量大的洽谈，可由技术人员分工，有人评工艺设备，有人评备件或材料。人人发言，攻势猛烈，对对方构成巨大心理压力。在评论中准备的价格分析材料以及针对卖方解释掌握的新材料应充足。

(二) 技术费的评论

技术费的评论首先要针对卖方价格解释的类型来做评论。若卖方是以销售提成计价，买方的评价可先从商品单价开始，单价要合理。其次，压低提成年限。最后，要审查提成率。若卖方是以销售提成加上专有技术费计价，买方评价可以首先不同意这种说法，提成本身就是为支付专有技术费，因此这是重复计价。如果提成加上入门费，这是可以理解的，但入门费应适当。在提成公式定下后，入门费本身也要合适。

(三) 技术服务费的评论

对于卖方的技术服务费可从两个角度评论：一是技术人员要评价其估计的服务量是否合理，量是否太多；二是从服务单价评价，卖方往往把专家工资单价报得很高，买方就应以劳务市场的标准价或习惯价来限制对方。

第三节 讨价还价

一、讨价还价概述

(一) 讨价还价的概念

在买方对卖方的价格解释给予了评论后，提出"重新报价"或"改善报价"的要求，视为"讨价"，也可称之为"再询盘"。而卖方在听了买方的评论后即修改了报价或未修改报价，就向买方提出"请告诉我你希望成交的价"，如买方以数字或文字描述回答了卖方的要求即视为"还价"，也可称之为"还盘"。当人们讲"讨价还价"时，

它实际上包含了"讨价"与"还价"的多次重复的概念和价格谈判的阶段性概念，即有反复几次的价格意见的往来，而且它标志着谈判的一个阶段。

一般而言，讨价还价是买方维护自己利益的权利和手段，而且，有经验的买方首先是反复讨价到一定程度后才还价，因此，还价应以讨价为基础。

（二）讨价

1. 讨价的方法

讨价的做法一般可归纳为：全面讨价→针对性讨价→全面讨价三个阶段。之所以讲"三个阶段"是因为首次讨价应从全面入手，可以一次，视情况也可两次、三次才转入针对性讨价；针对性讨价可同时针对好几项讨价，也可逐项讨价，依据谈判者总体谈判策略而定；最后还可以再总体讨价，确定最后的成交价。

2. 讨价应持的态度

讨价是伴随着价格评论进行的，故讨价应尊重对方，以说理的方式进行。又因为不是买方的还价，是启发、诱导卖方降价，为还价做准备，如果在此时"硬压"，则过早进入僵局，对结果会有影响。故在初期、中期的讨价即还价前的讨价应保持在"平和信赖"的气氛中，充分说理以求最大的效益。在这个阶段，卖方会以"算错了"、"内部调整"、"与制造厂商量"、"我不要某些费用了"为遁词，对价格作部分调整。即使厂家不同、交易的性质不同、谈判人的特点不同，此时的调价幅度均不会很大，但会有所松动。作为买方都应该欢迎，给对方垫台阶，鼓励重新报价。

3. 讨价次数

买方讨几次价应根据价格分析的情况与卖方价格解释和价格改善的状况而定。只要卖方没有大幅度的明显改进，就说明他留有很大的余地。为了维护自己的利润目标，卖方一般在做了两次价格改善以后就"封门"了，他们多半会说这是我最后的立场、我已无法降价等为借口"封门"。卖方一般语言诚恳，态度时而低下，时而强硬，表情十分感人，请求买方接受他的第二或第三次改善价，或者要求你还价。买方应不为所动，只要卖方没有实质性改善，买方就应根据报价计算的谬误、虚头埋设的大小、来人的权限、卖方成交的决心、双方关系的好坏等尽力向前推进。卖方也会依其地位的强弱力争多留余地，以对付买方的还价。

不过，"事不过三"这个成语用来确定买方讨价次数还是比较恰当的，毕竟在这个阶段买方还未还价，超过了三次将对双方心理产生影响。

（三）还价

为了推进谈判，在卖方作了数次调价后，强烈要求买方还价时，买方也应还价以表示尊重对方，也给谈判指明方向。由于买方公开叫了价，这时买卖双方就正式确定了一个价格谈判的区间，也把双方的买卖命运系在同一根绳子上了。许多谈判老手对"还价"都应十分谨慎，若还得不好，会让本来想尊重卖方的态度被卖方误解为侮辱人，还价还得不好还可能使对方更加逼进而令自己毫无退路。所以，还价好，则谈判性强，对双方有利；还价不好，则使谈判更加紧张直至破裂，或者要吃更大的亏。

例如日本某公司技术费报价1000万美元，买方还价200万美元，日方主谈当场撤销报价建议，称"与其开玩笑"而愤然离去。还得不好还可能使对方更加逼进而令自己毫无退路。又如欧洲某公司设备报价1000万美元，买方还价800万，导致欧洲某公司更加重对买方价格的追逼。

1. 还价方式

还价方式从性质上讲可以分为两种类型：一是按比价还，二是按分析的成本价还。这两种性质的还价又具体分为以下做法：

（1）逐项还价。即对主要设备逐台还价，对技术费、培训费、技术指导费、工程设计费、资料费分项还价。

（2）分组还价。即根据价格分析时划出的价格差距的档次分别还价，水分大的，还价时压得多；水分小的，还价时压得少，区别对待。

（3）总体还价。即把货物与软件分别集中还两个不同的价，或仅还一个总价。

以上方式运用哪种，应根据实际情况而定，不能死搬死套，越适合自己的具体情况效果就越好。

2. 还价方式的选择

还价方式的选择决定于自己手中掌握的价格材料哪一种更准确、更翔实、更有利于自己说理，就选用哪一种。

（1）如卖方价格解释清楚，买方手中比价材料丰富，卖方成交心切且有耐心及时间时，采用逐项还价对买方更有利。对卖方充分体现了"理"字，卖方也不会拒绝，他也可逐项防守。如果卖方解释不足，买方掌握的价格材料少，但卖方有成交的信心，然而个性急，时间紧时，采用分组还价的方式对双方都有利。

（2）如果卖方报价粗，且态度强硬，或双方相持时间也很长，但均有成交的愿望，在卖方已作一两次调价后，买方也可以采用"货物"和"软件或技术费"两大块还价。不过，还价应还得巧。所谓"巧"就是既考虑了对方改善过报价的态度，又抓住他们无理的地方。既考虑到买方自己的支付能力，又注意掌握卖方的情绪，留有合理的妥协的余地。既做到在保护买方利益的同时，使卖方还感到有利可图而不失成交的信心。

（3）大系统、成套项目的交易谈判中第一次还价不宜以"总体价"来还价。当然不是绝对不可能。只是这样做难度大，不易做好，不易说理，容易伤感情。还总价犹如拿着大刀一下子砍过去，过大，显得无知、无诚意；过小，自己又吃亏。即使砍价砍对了，还有面子问题，不一定马上奏效。有时双方旁观的技术人员也受不了这种砍法。东一点西一点地砍，他慢慢地疼也就忍住了，而且还保全了他的面子和自尊心，等到最后回头看时，虽有疼处，但合同到手了。

此外，对价格差距较大的商务谈判，卖方往往急于知道买方总的价格态度，以决定其最终立场。若买方过早还总价，也许在重砍之下把卖方赶跑，使谈判中断。卖方没有拿到总还价，就意味谈判未结束，在这种状态下卖方不会轻易走，否则就没有完成使命。有经验的卖主一般不会干这种"失礼又失策"的傻事。

3. 还价的起点

当买方选定了还价的方式以后，最关键的问题就是确定还价起点，确定还价起点有三个条件：①应分析卖方在买方价格评论与讨价后，其价格改善了多少；②看卖方改善后的报价与买方拟定的成交方案之间还有多大差距；③买方准备不准备在还价后让步，若让步，准备让几步。

4. 还价的次数和时间

（1）还价次数取决于谈判双方手中有多少余地。

买方还价的次数要根据交易金额与卖方改善报价的情况而定。要是项目小报价水分不大，则还价的次数不宜太多，以免浪费时间。如项目小，但水分大，买方可用"台阶"去挤他。无论二次还是三次还价，都要言之成理，没有"台阶"的做法不行。因为精明的商人不会相信"开口价"、"不二价"，卖方不觉得把买方"挤干"，就决不会撒手，所以买方的还价一定要留有退路。

（2）还价时间应掌握好"火候"。

第一，走在对方后面。即让对方先出价，自己后还价。

第二，选好时机。时间早晚对谈判心理有一定影响。一般来讲，第一次还价可选择在早晨谈判开始后1小时，便于听卖方看法，又可逼卖方下午再出价。第二次还价在上午11时以后较好，即早上交换了一阵意见以后，临近中午时才退步，甚至抱着告别的架势，增加"尽了努力"、"该价已得之不易"之感。当然，下午5点以后甚至在晚上临时约谈，有"救急之感"，临上飞机之前才给出最后阶段的还价，以力图减少损失。

第三，看准条件再还价。即以卖方价格条件改善的状况为还价前提。有的卖方为了少降价，更多地渲染气氛："我不能再降了"、"我宁可走"、"机票已订好"、"我还有一天时间"等逼迫买方后退。买方应随时判断卖方所给出的条件是否合理、是否进入自己的成交线，不能过分注重卖方的宣传攻势。买方的每一次还价最好是针对每一次新的降价，这一新的降价等于卖方也新报一次价，双方互相靠拢。

二、让价的策略与方式

谈判双方在价格问题上的让步就是让价。商务谈判中双方互相让步是不可避免的。一般来说，让步会使自己失去一些利益，给对方带来一些好处。所以，分析和了解各种谈判让步形态在实际运用中的利弊得失，以便为各种不同性质的谈判选择适当的让步策略与方式，促成有利于己方的谈判和局是十分必要的。

美国谈判大师嘉洛斯曾以卖方的让步为例，归纳出8种让步方式，并分别分析了它们的利弊。

假设一个卖主准备在交易中做出让价，需要经过四个回合的讨价还价，这里的让步幅度为60美元，那么他可以有8种让价方式的选择（见下表）。

让价方式表

让步方式	减价幅度	第一期让步	第二期让步	第三期让步	第四期让步
1. 正拐式	60	0	0	0	60
2. 阶梯式	60	15	15	15	15
3. 高峰式	60	8	13	17	22
4. 低谷式	60	22	17	13	8
5. 虎头蛇尾式	60	26	20	12	2
6. 断层式	60	49	10	0	1
7. 钓钩式	60	50	10	-1	1
8. 反拐式	60	60	0	0	0

（一）正拐式

它的表现形态是（0/0/0/60）。这是一种在让步的最后阶段一步让出全部可让利益的坚定的让步方式。其特点是态度果断。在具体操作上，开始时是寸步不让，态度强硬，然而到了关键时刻一次让步到位，获得成功。

这种让步方式的优点是：起初阶段寸利不让，坚持几次的"不"，足以向对方传递己方的坚定信念。如果对手软弱，缺乏毅力和耐性，就有可能被征服。而对对方来说，己方一次让出全部可让利益会有险胜感，因此会十分珍惜这种让步，不失时机地促成和局。

这种让步方式的缺点是：由于谈判让步的开始阶段一再坚持寸步不让的策略，则具有形成僵局的风险，且易给对方造成己方缺乏诚意的感觉而影响谈判的进行，进而失去谈判伙伴。

此种让步方式一般适用于对谈判的投资少、依赖性差，因而在谈判中占有优势的一方。因为该方不怕谈判失败。而谈判让步阶段一再坚持"不"的一方，可以迫使恐惧谈判的一方做出较大的让步。

（二）阶梯式

它的表现形态是（15/15/15/15）。这是一种逐步等额的让步形态。其特点是：态度谨慎，步子稳健。这种在谈判的让步过程中不断地讨价还价，且让步的数量、速度都很均等的方法，被国际上称为"色拉米"香肠式谈判让步法。

这种让步方式的优点是：平稳、持久、步步为营，不易让人轻易占了便宜；有益于双方充分讨价还价，在利益均沾的情况下达成协议；遇到性情急躁或无时间久谈的对手，会占上风，削弱对方的讨价能力。

这种让步方式的缺点是：由于每次让利的数量有限、速度又慢，极易使人产生疲劳感、厌倦感；效率低，浪费精力和时间；鼓励有耐性的对方耐心等待，期待进一步的让步。

在总结这种让步形态时,美国前国务卿亨利·基辛格说:这种"色拉米"香肠式的让步方法,"像切香肠一样,把他们的让步切成小片,切得愈薄愈好。这种方法给人以虚假的印象,好像是很强硬。由于双方都不知道哪是最后的一片香肠,因而双方都想等着瞧,这样就进一步拖长了谈判的时间。由于双方消磨了过多的时间、精力,都志在必得,压力也就不可避免地越来越大。这样也就很容易使谈判者走火,超出慎重的界限"。

此种让步方式在商务谈判中应用得十分普遍,然而更适用于缺乏谈判知识或经验以及进行一些较为陌生的谈判的人,因为他们不熟悉情况,故不宜轻举妄动。

(三) 高峰式

它的表现形态是(8/13/17/22)。这是一种逐步拔高的让步形态,又称递增式让步形态。其特点是:机智、灵活、富有变化。

这种让步的优点是:让步的起点恰当、适中,能够给对方传递可以合作,并有利可争的信息;谈判有活力,如果谈判不能在递增的让利中完成,则大举让利,极易成功;由于让利一次比一次增加,可以给对方以差不多了接近尾声之感,促使对方尽快拍板,以保住自己的较大利益。

这种让步的缺点是:由于让步表现为不稳定和由少到多的特点,往往会造成卖主的重大损失。它将买主的胃口越吊越高,买主会认为,只要坚持下去,令人鼓舞的价格就在前头。买主的期望值会随着时间的推移而愈来愈大,这样,对卖主极为不利。

此种让步方法使用起来技术性较强,又富有变化性,且要时时观察谈判对手的反应,以随时调整自己的让步速度和数量,故实施起来有一定的难度。所以,它适于谈判老手在竞争性较强的谈判中使用。

(四) 低谷式

它的表现形态是(22/17/13/8)。低谷式谈判让步形态是高峰式谈判让步形态的反用,它是由高峰走向低谷的策略,又称递减式让步形态。其特点是:合作为先,竞争为辅,诚中见虚,柔中有刚。

这种让步方式的优点是:起点较高,极有吸引力,因而成功率也较高;显示出卖主的立场越来越坚强,虽然愿意妥协,但是防卫森严,不会轻易让步。

这种让步方式的缺点是:谈判一开始就让利较大,极易给较强硬的买主造成软弱可欺的印象,从而加强进攻性。此种让步方法由于谈判双方是建立在互惠互利基础上的,一开始就做出较大的让步,有利于创造良好的合作气氛和建立友好的伙伴关系,因此它适于以合作为主的谈判。

(五) 虎头蛇尾式

它的表现形态是(26/20/12/2)。这是一种由大到小、逐渐下降、表示卖主有强烈妥协意愿的让步形态。其特点是自然、坦率,符合谈判活动中讨价还价的一般规律。

这种让步方式的优点是:顺乎自然,无需格外用意,且易为人接受;由于让利先大后小,有利于促成谈判和局;采取了一次比一次更为审慎的让步,一般不会产生大的让步上的失误,同时也可防止对方猎取超限的利益。

这种让步方式的缺点是:此种让步往往给人以虎头蛇尾之感,使谈判的终局情绪不高。

此种让步方式,一般适合谈判的提议方。一般来说,谈判的提议方对谈判的和局更为关注,理应以较大的让步做出姿态,以诱发对方从谈判中获利的期望。不过,它也告诉对方,所做的让步是有限的。在谈判的前期,有提高买主期望的危险,但是随着让步幅度的减少,卖主的立场愈显坚定后,危险也就降低了。买主自然领悟到,更进一步的让步已经不可能了。由于这种让步和谐、匀称、顺理成章,因而是谈判中最为普遍采用的谈判方法。

(六)断层式

它的表现形态是(49/10/0/1)。这是一种在谈判让步一开始就大幅让步,以表示卖主的诚意的很有技巧的方法。其特点是软弱,但成功率较高。

这种让步方式的优点是:以求和的精神为先,开始就让出较大利益,有换得对方回报的较大可能;第三步拒绝让利,很可能打消买主进一步谋利的期望;最后又让出小小利益,既显示了卖方的诚意,又会使通达的谈判对手难以拒绝,客观上表现出和为贵的温和友善态度。

这种让步方式的缺点是:开始表现软弱,大步让利,如果遇到贪婪竞利的买主,会更加变本加厉,得寸进尺;第三步拒绝让利易导致出现谈判僵局或败局。

总之,这是一种危险的让步方式,一开始就大让步,将会大幅度地提高买主的期望值。不过接着而来的第三期拒绝让步以及最后的小小让步,会很快抵消这一效果,让买主知道,即使再进一步讨论也是没有用的。当然,从卖主的角度看,危险在于一开始的大让步,他永远不会知道买主是否愿意付出更高的价格。

(七)钓钩式

它的表现形态是(50/10/-1/+1)。这是一种大幅度递减且最具有特殊性的让步形态。其特点是:风格果断诡诈,又具有冒险性。

这种让步方式的优点是:由于开始两步就让出了全部可让利益,因此具有很大的吸引力,会使陷入僵局的谈判起死回生;第三期的轻微涨价即价格反弹,表现出卖主更坚定的立场,从而会产生一种诱惑力,使对方上钩;待第四期又做小小的让步,将会使买主感到非常满意。

这种让步方式的缺点是:开始两步就让了全部可让利益,会导致对方的期望值增大,在心理上强化对方的议价能力;第三期属不该让出的一步,如果在第四期中不能讨回,就会损害卖方的利益;第四期的向回讨利,具有一定的风险性,如果处理不当,将会使谈判失败。

此种让步方式多是卖方处境危难,又不愿使已经付出代价的谈判归于失败,故不惜开始就大步让利,并以牺牲自己的利益为诱饵来挽救谈判,因此它是一种具有很高技巧的让步方法，多适用于陷入僵局或危难性的谈判。

（八）反拐式

它的表现形态是（60/0/0/0）。这是一种一次性让步形态，又被称为"先发制人"的让步形态。其特点是态度诚恳、务实、坚定、坦率。

这种让步方式的优点是：一开始就亮出底牌，让出全部可让利益，较易打动买方采取回报行动；率先做出让步，给人以合作感、信任感；坦诚相见，提高谈判效率，有益于速战速决。

这种让步方式的缺点是：一次性大步让利，可能给买方传递一种有利可图的信息，使买主充满了信心和希望。但是，接下来的便是失望，卖方的拒不让步，使谈判有破裂的危险。此种让步形态，一般适用于处于谈判劣势或谈判各方关系友好的谈判。

美国前国务卿亨利·基辛格在回忆《中美上海联合公报》谈判时，赞誉黄华代表中国政府在谈判中采用的这种方法。他说："我非常喜欢中国人对我们采取的那种做法。那天黄华对我就是采取了这种办法，那就是尽可能确定一项合理解决办法的性质。一步跨到那里，然后，坚持立场不变。"

总之，在商务谈判中，没有让步就没有成功。不同的让步形态传递着不同信息。让步是没有固定模式的，只有根据自己的需要，在谈判实践中灵活运用各种让步方法，才能取得谈判的成功。

三、讨价还价的技巧

（一）投石问路

投石问路是指谈判者不知对方的虚实，在谈判中利用一些对对方具有吸引力或突发性的问题同对方交谈，或是通过所谓的谣言、密讯，或有意泄密等手段，捉摸和探测对方的态度和反应，了解对方情况的战略战术，可以尽可能多地了解对方的打算和意图。比如，在价格讨论阶段，要想试探对方对价格有无回旋的余地，就可提议："假设我们买下你们的全部存货，报价又是多少？"或者"如果货物运输由我们解决，你们的价格是多少呢？"等，这样，买方就可以根据卖主的开价进行选择比较、讨价还价。

（二）抬价、压价

抬价、压价策略是商务谈判中应用最普遍、效果最显著的方法。谈判中一方开价，另一方不会马上同意，双方要经过多次的抬价、压价，才会相互妥协，确定一个一致的价格标准。所以，谈判高手也是抬价、压价的高手。关键就是抬到多高才是对方能够接受的。一般说来，抬价是建立在精确的观察、判断、分析和计算基础上。当然，谈判者的忍耐力、经验、能力和信心也是十分重要的。

事实证明，抬高价往往会有令人意想不到的收获。许多人常常在双方已商定好的基础上，又反悔变卦，抬高价格，而且往往能如愿以偿。

抬价作用还在于：卖方能较好地遏制买方的进一步要求，从而更好地维护己方的利益。美国谈判专家麦科马克参加谈判的一次亲身经历,很好地说明了这一问题:有一次,麦科马克代表公司交涉一项购买协议,对方开始的开价是50万美元,他和公司的成本分析人员都深信,只要用44万美元就可以完成这笔交易。一个月后,他开始和对方谈判,但对方却又声明原先的报价有误,现在开价60万美元,这反倒使麦科马克先生怀疑自己原先的估计是否正确。直到最后,当他以50万美元的价格与对方成交时,竟然感到非常满意。这是因为他认为是以低于对手要价10万美元之差达成了交易,而对方则成功地遏制了他的进一步要求。

在讨价还价中,双方都不能确定对方能走多远、能得到什么。因此,时间越久,局势就会越有利于有信心、有耐力的一方。压价可以说是对抬价的破解。如果是买方先报价格,可以低于预期目标进行报价,留出讨价还价的余地。

如果是卖方先报价,买方压价,则可以采取多种方式:①揭穿对方的把戏,直接指出实质。比如算出对方产品的成本费用,挤出对方报价的水分。②制定一个不能超过预算的金额或是一个价格的上下限,然后围绕这些标准进行讨价还价。③用反抬价来回击。如果在价格上迁就对方,必须在其他方面获得补偿。④召开小组会议,集思广益。⑤在合同没签好以前,要求对方作出某种保证,以防反悔。⑥使对方在合同上签署的人越多越好,这样对方就难以改口。

(三)目标分解

由于一些技术交易项目或大型谈判项目涉及许多方面,技术构成也比较复杂,包括专利权、技术先进性、人员培训、技术资料、图纸交换等方面,因此在对方报价时,价格水分较大。如果己方笼统地在价格上要求对方作机械性的让步,既盲目,效果也不理想。比较好的方法是:把对方报价的目标分解,从中寻找出哪些技术是己方需要的、价格应是多少,哪些是己方不需要的,哪一部分价格水分较大。这样,讨价还价就有利得多。

例如,我国一家公司与德国一家仪表公司进行一项技术引进谈判。对方向我方转让时间继电器的生产技术,价格是40万美元。德方靠技术实力与产品名牌,在转让价格上坚持不让步。双方僵持下来,谈判难以进展。最后我方采取目标分解策略,要求德方就转让技术分项报价。结果,通过对德方分项报价的研究,我方发现德方提供的技术转让明细表上的一种时间继电器元件石英振子技术已被我国国内厂家引进并消化和吸收,完全可以不再引进。以此为突破口,我方与德方洽商,逐项讨论技术价格,转让费将由40万美元降至25万美元,取得了较为理想的谈判结果。

(四)吹毛求疵

吹毛求疵就是故意挑毛病,在商务谈判中被广为使用。买主通常会利用吹毛求疵的战术来和卖主讨价还价。买主再三挑剔,提出一大堆问题和要求,这些问题有的是真实的,有的却只是虚张声势。他们之所以这么做,是为了以下几个目的:①使卖主把价降低;②使买主有讨价还价的余地;③让对方知道,买主是很聪明的,不会轻易被人欺蒙;④这个战术使销售员在以低价卖出货物时,仍有借口向老板交代。

这种吹毛求疵的战术在市场中已被证明是行得通的。试验证明：双方在交易开始时，要求得愈高，则谈判的结果愈好；要求得愈多，则所得到的也就愈多。因此，他们总是多次地运用这种战术。

对付吹毛求疵的策略是：①必须要有耐心，那些虚张声势的问题及要求自然会渐渐地露出马脚来，而失去影响；②遇到了实际的问题，要能直攻腹地、开门见山地和买主私下商谈；③对于某些问题和要求，要能避重就轻或视若无睹地一笔带过；④当对方在浪费时间、节外生枝或作无谓的挑剔和无理的要求时，必须及时提出抗议；⑤向买主建议一个具体而且彻底的解决方法，但不去讨论那些没有关系的问题；⑥也可以提出某些虚张声势的问题来加强自己的议价力量。

吹毛求疵战术能使你在交易时充分地争取到讨价还价的余地。如果能够善加运用，则它必然会给你带来无穷的好处。

（五）假出价

假出价是一种不道德的购买策略。买主利用出高价的手段消除了同行的竞争，取得购买的权利。可是，一旦卖主要卖给他时，他便开始削价了。讨价还价此时才正式开始。

例如，陈某是一个华侨，想卖掉自己老家的4间房子，买主纷纷前往求购。一位买主静静地观察着：有人报价大约10000元，最高的报价14000元，这位买主便出价16000元，使陈某辞掉了其他买主。但是，当陈某真正要办理转让手续时，买主突然说：房子墙皮脱落，需要维修，而且房子对面有厕所，应当把这些不利条件的折价扣除掉。因为陈某早回绝了其他欲购买的人，又急于出国，便不得不以低价把房子卖给了这位买主。这位买主使用的是"假出价"策略，以退为进，先挤走其他竞争者，再以附加条件要挟对方来达到目的。

（六）"蚕食"策略

一位高明的谈判者在谈判之初并不提出自己全部的、真正的要求，而是随着谈判的不断深入，采取挤牙膏的方法，顺顺当当地使对方做出一个又一个的承诺，直到满足自己的所有欲求为止。就好像蚕吃桑叶一样，一点一点、一片一片地统统吃光。这就是传统的蚕食谈判策略，又被称为"意大利香肠"策略。该策略的具体内容是：意欲取其尺利，则每次谋取毫厘，就像切香肠一样，一片一片地把最大利益切到手。

一般来说，人们对对方比较小的要求容易给以满足，而对较高的要求就会感到比较困难。因此，有经验的谈判者绝不会一开始就提出自己的所有要求，而是在谈判的过程中把自己所需要的条件一点一点地提出，这样累计起来，就得到了比较优惠的条件。该策略在商务谈判中运用得十分广泛。谈判桌上常常听到"不就是一角钱吗"、"不就多运一站路吗"、"不就是耽误一天吗"等，遇到这种情况，应当警觉，也许对方正在使用蚕食谈判策略；特别是当谈判经过双方的讨价还价阶段之后，有的谈判者总是试探着前进，不断地巩固阵地，不动声色地推行自己的方案，让人难以觉察而最终产生得寸进尺的效果。

本章小结

价格是分割交易双方利益的工具,因此价格谈判是商务谈判与推销的核心。价格谈判要经过报价及其解释→价格评论→讨价还价三个阶段。

报价是商务谈判与推销过程中的一个重要问题,它在很大程度决定了生意能否成交以及成交后是盈利还是亏损。正确的报价起点策略是卖方出价要高,买方还价要低,报价的原则是开盘价必须合情合理,报价的表达策略是坚定、明确、完整,且不加任何解释和说明。报价的基本方式有先高后低的西欧式报价术与先低后高的日本式报价术,其中日本式报价术是一个报价陷阱。

价格解释是卖方向买方就其报价的内容构成、价格的取数基础、计算方式所作的介绍或解答。价格解释要坚持不问不答、有问必答、避实就虚、能言勿书的原则。

价格评论是买方对通过解释了解到的卖方价格的贵贱性质所做出的批评性反应。价格评论的方法主要有:评论既要猛烈又要有节奏;既要自由发言,又要严密组织;重在说理,以理服人;评论中再侦察,侦察后再评论;等等。

一般而言,讨价还价是买方维护自己利益的权利和手段,而且,有经验的买方首先是反复讨价到一定程度后才还价,因此,还价应以讨价为基础。讨价还价实际上包含了讨价与还价的多次重复,即有反复几次的价格意见的往来。

所谓讨价是指买方向卖方提出重新报价或改善报价的要求。讨价的做法一般可归纳为:全面讨价→针对性讨价→全面讨价三个阶段。因为讨价是伴随着价格评论进行的,故讨价应尊重对方,以说理的方式进行。

所谓还价是指买方针对卖方报价的出价。还价方式从性质上讲可以分为两种类型:一是按比价还,二是按分析的成本价还。这两种性质的还价又具体分为逐项还价、分组还价、总体还价三种做法。

谈判双方在价格问题上的让步就是让价。美国谈判大师嘉洛斯以卖方的让步为例,归纳出八种让步方式:正拐式、阶梯式、高峰式、低谷式、虎头蛇尾式、断层式、钓钩式、反拐式,它们各有其优缺点和应用条件,其中虎头蛇尾式最为常见。

讨价还价的策略很多,本章介绍了投石问路、抬价、压价、目标分解、吹毛求疵、假出价、蚕食策略等几种较为典型的策略。

思考与实训

思考

(1) 试论述价格谈判在商务谈判中的地位。
(2) 正确的报价方法有哪些?
(3) 日本式报价术的特点和实质是什么?
(4) 如何进行价格解释?
(5) 价格评论有哪些主要方法?
(6) 什么叫讨价还价?讨价与还价有什么关系?
(7) 试举例说明什么叫钓钩式让步形态。

(8) 讨价还价中投石问路策略的"石"指什么？试举例说明。

实训

中日汽车索赔谈判中的议价沟通与说服

我国从日本S汽车公司进口大批FP-148货车，使用时普遍发生严重质量问题，致使我国蒙受巨大经济损失。为此，我国向日方提出索赔。

谈判一开始，中方简明扼要地介绍了FP-148货车在中国各地的损坏情况以及用户对此的反应，中方在此虽然只字未提索赔问题，但已为索赔说明了理由和事实根据，展示了中方谈判威势，恰到好处地拉开了谈判的序幕。日方对中方的这一招早有预料，因为货车的质量问题是一个无法回避的事实，日方无心在这一不利的问题上纠缠。日方为避免劣势，便不动声色地说："是的，有的车子轮胎炸裂，挡风玻璃炸碎，电路有故障，铆钉震断，有的车架偶有裂纹。"中方觉察到对方的用意，便反驳道："贵公司代表都到现场看过，经商检和专家小组鉴定，铆钉非属震断，而是剪断，车架出现的不仅仅是裂纹，而是裂缝、断裂！而车架断裂不能用'有的'或'偶有'，最好还是用比例数据表达，更科学、更准确……"日方淡然一笑说："请原谅，比例数据尚未准确统计。""那么，对货车质量问题贵公司能否取得一致意见？"中方对这一关键问题紧追不舍。"中国的道路是有问题的。"日方转了话题，答非所问。中方立即反驳："诸位已去过现场，这种说法是缺乏事实根据的。""当然，我们对贵国实际情况考虑不够……""不，在设计时就应该考虑到中国的实际情况，因为这批车是专门为中国生产的。"中方步步紧逼，日方步步为营，谈判气氛渐趋紧张。中日双方在谈判开始不久，就在如何认定货车质量问题上陷入僵局。日方坚持说中方有意夸大货车的质量问题："货车质量的问题不至于到如此严重的程度吧？这对我们公司来说，是从未发生过的，也是不可理解的。"此时，中方觉得该是举证的时候，并将有关材料向对方一推说："这里有商检、公证机关的公证结论，还有商检拍摄的录像。如果……""不！不！对商检公证机关的结论，我们是相信的，我们是说贵国是否能够做出适当让步，否则，我们无法向公司交代。"日方在中方所提质量问题攻势下，及时调整了谈判方案，采用以柔克刚的手法，向对方踢皮球，但不管怎么说，日方在质量问题上设下的防线已被攻克了，这就为中方进一步提出索赔价格要求打开了缺口。随后，对FP-148货车损坏归属问题上取得了一致的意见。日方一位部长不得不承认，这属于设计和制作上的质量问题所致。初战告捷，但是我方代表意识到更艰巨的较量还在后头，索赔金额的谈判才是根本性的。

随即，双方谈判的问题升级到索赔的具体金额上——报价、还价、提价、压价、比价，一场毅力和技巧较量的谈判竞争展开了。中方主谈代表擅长经济管理和统计，精通测算，他翻阅了许多国内外的有关资料，甚至在技术业务谈判中，他也不凭大概和想当然，认为只有事实和科学的数据才能服人。此刻，在他的纸笺上，在大大小小的索赔项目旁，写满了密密麻麻的阿拉伯数字。这就是技术业务谈判，不能凭大概，只能依靠科学准确的计算。根据多年的经验，他不紧不慢地提出："贵公司对每辆车支付加工费是多少？这项总额又是多少？""每辆车10万日元，计5.84亿日元。"日方接着反问道："贵国报价是多少？"中方立即回答："每辆16万日元，此项共计9.5亿日元。"精明强干的日方主谈人淡然一笑，与其副手耳语了一阵，问："贵国报价的依据是什么？"中方主谈人将车辆损坏后各部件需如何修理、加固、花费多少工时等逐一报价，"我们提出的这笔加工费并不高。"接着中方代表又用了欲擒故纵的一招："如果贵公司感到不合算，派员维修也可以，但这样一来，贵公司的耗费恐怕是这个数的好几倍。"这一招很奏效，顿时把对方将住了。日方被中方如此精确的计算所折服，自知理亏，转而以恳切的态度征询："贵国能否再压低一点？"此刻，中方意识到，就具体数目的实质性讨价还价开始了。中方答道："为了表示我们的诚意，可以考虑贵方的要求，那么，贵公司每辆出价多少呢？""12万日元"日方回答。"13.4万日元怎么样？"中方问，"可以接受。"日方深知，中方在这一问题上已做出了让步，于是双方很快就此项索赔达成了协议，日方在此项目费用上共支付7.76亿日元。

然而，中日双方争论索赔的最大数额的项目却不在此，而在于高达几十亿日元的间接经济损失赔偿金。在这一巨大数目的索赔谈判中，日方率先发言，他们也采用了逐项报价的做法，报完一项就停一下，看看中方代表的反应，但他们的口气却好似报出的每一个数据都是不容打折扣的。最后，日方统计可以给中方支付赔偿金30亿日元。中方对日方的报价一直沉默不语，用心揣摩日方所报数据中的漏洞，把所有的"大概"、"大约"、"预计"等含糊不清的字眼都挑了出来，有力地抵制了对方所采用的浑水摸鱼的谈判手段。

在此之前，中方谈判班子已经做了周密的测算，显示出各种数字。在谈判桌上，我方报完每个项目的金额后，讲明这个数字测算的依据，在那些有理有据的数字上，打的都是惊叹号。最后我方提出间接经济损失费70亿日元！

日方代表听了这个数字后，惊得目瞪口呆，老半天说不出话来，连连说："差额太大，差额太大！"于是，进行无休止的报价、压价。

"贵国提的索赔额过高，若不压半，我们会被解雇的！我们是有妻儿老小的……"日方代表哀求着，老谋深算的日方主谈人使用了哀兵制胜的谈判策略。

"贵公司生产如此低劣的产品，给我国造成多么大的经济损失啊！"中方主谈接过日方的话头，顺水推舟地使用了欲擒故纵的一招："我们不愿为难诸位代表，如果你们作不了主，请贵方决策人来与我们谈判！"双方各不相让，只好暂时休会。这种拉锯式的讨价还价，对双方来说是一种毅力和耐心的较量，因为谈判桌上，率先让步的一方就可能被动。

随后，日方代表急用电话与日本S公司的决策人密谈了数小时，接着谈判重新开始了，此轮谈判一接火就进入了高潮，双方舌战了几个回合，又沉默下来。此时，中方意识到，己方毕竟是实际经济损失的承受者，如果谈判破裂，就会使己方获得的谈判成果付诸东流；而要诉诸法律，麻烦就更大。为了使谈判已获得的成果得到巩固，并争取有新的突破，适当的让步是打开成功大门的钥匙。中方主谈人与助手们交换了一下眼色，率先打破沉默说："如果贵公司真有诚意的话，彼此均可适当让步。"中方主谈为了防止由于己方率先让步所带来的不利局面，建议双方采用"计分法"，即双方等量让步：

"我公司愿意付40亿日元。"日方退了一步,并声称:"这是最高突破数了!""我们希望贵公司最低限度必须支付60亿日元!"中方坚持说。

这样一来,中日双方各自从己方的立场上退让了10亿日元,双方比分相等,谈判又出现了转机。双方界守点之间仍有20亿日元的逆差,但一个界守点对双方来说,都是虚设的,更准确地说,这不过是双方的一道最后的争取线。该如何解决这"百米赛路"最后冲刺阶段的难题呢?双方的谈判专家都是精明的,谁也不愿看到一个前功尽弃的局面。几经周折,双方共同接受了由双方最后报价金额相加除以2,即50亿日元的最终谈判方案。

除此之外,日方愿意承担下列三项责任:①确认出售给中国的全部FP-148型货车为不合格品,同意全部退货,更换新车;②新车必须重新设计试验,精工细作,制作优良,并请中方专家检查验收;③在新车未到之前,对旧车进行应急加固后继续使用,日方提供加固件和加固工具等。

一场罕见的特大汽车索赔案终于公正地交涉成功了!

链接思考

分析中日双方谈判都运用了哪些价格谈判策略,试对各自的讨价还价技巧做利弊分析。

第十二章　商务沟通与礼仪

本章学习目标

学完本章以后，应掌握以下内容：①熟悉商务沟通语言；②掌握基本的商务沟通技巧；③熟悉日常商务礼仪；④掌握商务谈判礼仪；⑤掌握推销礼仪。

案例导读：烛之武退秦师

九月甲午，晋侯、秦伯围郑，以其无礼于晋，且贰于楚也。晋军函陵，秦军氾南。佚之狐言于郑伯曰："国危矣，若使烛之武见秦君，师必退。"公从之。辞曰："臣之壮也，犹不如人；今老矣，无能为也已。"公曰："吾不能早用子，今急而求子，是寡人之过也。然郑亡，子亦有不利焉！"许之。

夜缒而出，见秦伯曰："秦、晋围郑，郑既知亡矣。若亡郑而有益于君，敢以烦执事。越国以鄙远，君知其难也，焉用亡郑以陪邻？邻之厚，君之薄也。若舍郑以为东道主，行李之往来，共其乏困，君亦无所害。且君尝为晋君赐矣，许君焦、瑕，朝济而夕设版焉，君之所知也。夫晋，何厌之有？既东封郑，又欲肆其西封，若不阙秦，将焉取之？阙秦以利晋，惟君图之。"秦伯说，与郑人盟。使杞子、逢孙、杨孙戍之，乃还。

子犯请击之。公曰："不可。微夫人之力不及此。因人之力而敝之，不仁；失其所与，不知；以乱易整，不武。吾其还也。"亦去之。

烛之武去说服秦伯，虽然目的是求和，但决不露出一点乞怜相。他利用秦晋之间的矛盾，动之以情，晓之以理，头头是道，使人信服。他在说辞里处处为秦着想，使秦伯不得不心悦诚服，不仅答应退兵，而且助郑防晋。

上述案例说明，良好的沟通往往能达到事半功倍的效果，有助于彼此间观念、情感和思想的交换，有助于建立和维持人与人之间的相互信任关系，有助于认识自我、认识他人。常言道弱者惧怕他人的意见，愚者抗拒他人的意见，智者研判他人的意见，巧者诱导他人的意见！

第一节　商 务 沟 通

一、商务沟通语言

据研究表明，一个正常人每天要花60%～80%的时间在"说、听、读、写"等沟通活动上。故此人生的幸福就是人情的幸福，人生的幸福就是人缘的幸福，人生的成功就是人际沟通的成功。与他人进行有效的沟通，并且赢得他们的合作，这是现代人应该努力培养的一种能力。然而，专家研究表明：20%的沟通是有效的，80%的沟通是无效的。

商务沟通是指商务活动主体凭借一定的通道（或媒介），将语言等信息发送给既定对象（接受者），并寻求反馈以达到相互理解的过程。

（一）商务沟通中的口头语言

各种思维需要用语言来表达。商务沟通的整个过程就是交易双方的语言交换过程。如何把双方判断、推理、论证的思维结果、思想感情准确地表达出来，语言是关键。

1. 外交语言

外交语言是指商务沟通中所有委婉、礼貌的表达方式的用语。外交语言的特征是可能性、圆滑性、缓冲性。典型的外交语言通常表述为："很荣幸能与您共同谈判该项目""有关谈判议程悉听尊便""愿我们的工作能为扩大双方合作做出贡献""此事可以考虑""有待研究""我已讲了我所能讲的意见""请恕我授权有限""可以转达贵方要求""此事无可奉告""请原谅，我有为难之处，不能满足贵方愿望""既然如此，深表遗憾""坚持贵方立场是您的权利，但竞争失败的责任则由您自己负责""我们谈判的大门是敞开的，贵方请示过后，可以随时和我们联系""您说了我想说的意思"，等等。

2. 商业法律语言

商业法律语言是指与交易有关的技术专业、价格条件、运输、保险、税收、产权、企业法人与自然人、商检、经济和法律制裁等行业习惯用语和条例法规的提法。商业法律语言的特征是刻板性、通用性、严谨性。典型的商业法律语言有："装运港船上交货（FOB）""成本加运费（CPR）""成本加保险费、运费（CIF）""货交承运人（PCA）""买方信贷""进口、转口""易货，补偿贸易""合作生产，合资经营""来图（来样、来料）加工""经销代理，寄售"，等等。

3. 文学语言

文学语言是指在谈判中使用的优美动人的修辞。文学语言的特征是优雅、诙谐、生动、形象和富有感染力。鉴于人们受民族文化的熏染及个性的爱好，文学语言自然而然地被商务人员所引入，并具有很大的魅力。典型的文学语言有："平分秋色""浑水摸鱼""得寸进尺""春风化雨""山重水复疑无路，柳暗花明又一村""友谊桥梁的架设者"，等等。

4. 军事语言

军事语言是指在商务谈判中运用的军事术语，即简明、坚定的语言。在商务谈判中难免产生激烈对峙的局面，而且有的对手"吃硬不吃软"，从谈判的效果出发，军事语言就不可缺少。军事语言的特征是干脆、简明、坚定、自信。典型的军事语言有："价格防线""成本低限的摸底或侦查""集中突破一点""知彼知己，百战不殆""闪电战术""走马换将""各司其职""声东击西"，等等。

（二）商务沟通中的行为语言

尽管语言在人际沟通中发挥着重要的作用，但心理学研究发现，在两个人之间的面对面的沟通中，55%以上的信息交流是通过无声的身体行为语言来实现的。身体行为语言,是指那些包括目光、表情、身体运动、触摸、体态、身体间的空间距离等在内的非言语性的身体信号。身体行为语言在人际沟通中有着口头语言所无法替代的作用。

人的身体的每一个姿态变化都饱含了丰富的情感,能表现出交流者的许多内在和外在的丰富信息,表达内心的思想。因此,在商务沟通中不仅有语言交流,也有行为交流,不仅要听其言,还要观其行。

了解了行为语言所表达的信息,在谈判中不仅要辨认、感知、预测、分析、掌握对方的行为,更要学会巧妙地运用行为语言传递自己的信息。有声语言的阐述与无声语言(即行为语言)的配合,能起到事半功倍的作用。

二、商务沟通技巧

(一)语言表达的技巧

要收到良好的沟通效果,就必须注意语言的表达技巧。语言表达要努力做到:态度诚恳,观点明确;准确真实,通俗易懂;主次分明,层次紧凑;语言生动,叙述流畅。

1. 了解对象

塞万提斯说:"说话不考虑,等于射击不瞄准。"兵法上说:"知己知彼,百战不殆。"沟通交流也是一样,单单"知己",认识自己的能力、地位、人缘,这还远远不够,还要做到"知彼",了解对象,掌握对方的基本情况如他的个性、身份、地位等,然后投其所好,避其所忌,有的放矢地沟通。

2. 表达准确

商务活动中用语的选择要视具体情况而定,要求能准确表达意见、意思。用语不要含糊难解,态度不要模棱两可,以避免对方做出错误理解,导致错误反应,引起谈判的困难甚至破裂。出于策略需要的弹性语言须用得心中有数,做到不含糊,不会被误解。

3. 巧妙入题

万事开头难,当商务人员进入谈判场所后,往往有忐忑不安的心理,此时,从谈一些中性话题,介绍己方谈判人员,"自谦"、介绍己方的生产、经营、财务状况等入手可以自然地过渡到正式的洽谈。

4. 揣摩对方的心理状态

人在不同的情况下会有不同的心态,而且有时候未必会从外部表现上明显看出,要学会察言观色,洞悉对方的心理,以便有效沟通。

5. 考虑场合

人们常说,说得漂亮,不如说得恰当得体。所谓说话恰当得体,首先是指你所说的话要适应场合和对象。任何话语对其语言环境都有一定的依附性。在直接交流中,人们注意和感兴趣的不仅是语言本身所表达的内容,而且是一定的话语与其场合相结合的产物和效应。

美国前总统里根一次在国会开会前,为了试试麦克风是否好使,张口便说:"先生们请注意,五分钟之后,我对苏联进行轰炸。"一语既出,众皆哗然。里根在错误的场合、时间里,开了一个极其不当的玩笑。为此,苏联政府提出了强烈抗议,在庄重严肃的场合里是不宜开过头玩笑的。

6. 说话要有吸引力

做人不必强求完美，但在言谈举止、当众演讲、与人交流的实际表现上，却应当求美创新，讲求艺术性和吸引力，这是沟通成功的法宝。

在一次香港小姐的选美决赛中，为了测试参赛小姐的口才和风度，主持人向杨小姐提问："杨小姐，假如要求你在下面的两个人中必须选择一个人作为你的配偶，你会选择谁呢？这两个人一个是肖邦，一个是希特勒！"

杨小姐的回答是："我会选择希特勒！"台下的观众顿时骚动起来，高声盘问她："你为什么选择希特勒？"

杨小姐回答："我希望自己能感化希特勒。如果我嫁给希特勒，劝他弃恶从良，也许第二次世界大战不会发生，不会死那么多人了。"真是出奇有理，别开生面。这种表达又一次说明，不能只是为了标新立异而标新立异。一个人必须有思想又有创新意识，才会说话有新意。

7. 幽默

幽默是最有魅力的讲话艺术，可以使自己摆脱困境，将矛盾巧妙地化解。而且幽默不单是语言的艺术，幽默更是一种健康、优美而奇妙的品质。幽默究其实质是一种很高的人生境界，是积极开放的心理态度的表现。幽默使人与人积极交往，能降低紧张，制造轻松的气氛，帮助人洞察冲突和情绪困扰的原因，提供了表达不被社会接受的感情、行为和冲动的孔道，是用安全而不带威胁的方式表达内心的冲突。一个具有幽默感的人，会时时发掘事情有趣的一面，并欣赏生活中轻松的一面，建立出自己独特的风格和幽默的生活态度。

幽默的特点就是令人发笑，使人快乐、欣悦和愉快，把这一特点运用到社交生活中，会取得令人叹为观止的效果。

有一次，美国前总统里根在白宫钢琴演奏会上讲话时，夫人南希不小心连人带椅跌落在台下的地毯上。正讲话的里根看到夫人并没有受伤，便插入一句说道："亲爱的，我告诉过你，只有在我没有获得掌声的时候，你才应这样表演。"台下响起了一片热烈的掌声。

8. 及时肯定

在谈判过程中，当双方的观点出现类似或基本一致的情况时，谈判者应当迅速抓住时机，用赞誉之词积极地肯定这些共同点。如有可能，还要想办法及时补充、发展双方一致的论点，引导、鼓励对方畅所欲言，将交谈推向高潮。赞同、肯定的语言在交谈中常常会产生异乎寻常的积极作用。当然，赞美要态度诚恳，肯定要恰如其分，既不要言过其实，又不可词不达意。

9. 不伤害对方的面子与自尊

在谈判中，维护面子与自尊是一个极其敏感而又重要的问题。多数专家指出：在谈判中，如果一方感到失了面子，即使是最好的交易，也会留下不良后果。当一个人的自尊受到威胁时，他就会全力防卫自己，对外界充满敌意，在谈判中或者反击，或者回避，或者变得十分冷淡。这时，要想与他沟通、交往，则会变得十分困难。在多数情下, 丢面子、伤自尊心都是由于语言不慎造成的。最常出现的情况是由双方对问题的分歧发展到对对方的成见, 进而出现对个人的攻击与指责。这种由于没能很好地区别人与问题而造成的双方隔阂或感情上的伤害, 在谈判中屡见不鲜。

10. 注意说话的方式

一些被称作副语言的信息, 比如重音、停顿、声调变化、说话的速度、语调、声音大小等, 在沟通中起着十分重要的作用, 会在不同程度上影响说话的效果。

11. 富有感情色彩

语言表达应注入感情因素, 以情感人, 以柔克刚, 以谐息怒。人皆有理性的一面, 也有情绪的一面。谈判桌上的劝说, 不仅意味着晓之以理, 还意味着动之以情。有时候在说理不通的情况下, 可先从情绪上打动对方。

12. 坦诚相见

坦诚是最有力的沟通武器。但在商务沟通中, "坦诚"要负风险, 要做好对方利用你的"坦诚"逼迫你让步的准备。因此, "坦诚"也是有限度的, 并不是要把一切都和盘托出, 特别是与谈判无关的其他贸易事项, 绝不可向对方坦诚交底。

13. 尊重谅解

在交谈活动中, 只有尊重对方、理解对方, 才能赢得与对方感情上的接近, 从而获得对方的尊重和信任。因此, 商务人员千万不可信口开河、不分场合, 更不可咄咄逼人、自诩师尊。尊重对方, 谅解对方, 还应包括发现对方失言或有语病时, 不要立即加以纠正, 更不要当场表示惊讶。当对方在谈判中摆出虚假、傲慢、冷漠的态度时, 不应持同样错误的态度。

(二) 问与答的技巧

1. 提问的技巧

在商务沟通中常用提问作为摸清对方需要、掌握对方心理、表达己方感情的手段。提问能够引导买方和卖方更加积极地参与交流。

(1) 巧妙设问。在商务沟通中, 要达到的目的不同, 所提出的问题必然不同; 同一问题, 可以用各种不同的方法提出来。具体有想要获得资料的提问、能刺激思考的提问、不客气的提问、含糊不清的提问、引导性的提问、反诘的提问、坦白的提问、结束性的提问等。

(2) 把握时机。提问的时机很重要。掌握提问的时机, 可以控制谈话的引导方向。

(3) 讲究方式。在谈判过程中, 根据具体情况设计、使用提问技巧, 有时能取得出奇制胜的效果, 在与对方的沟通中, 一定要注意提问技巧方式。

2. 回答的技巧

一般情况下, 在商务活动中应当针对对方的提问, 实事求是地回答问题。但是, 由于对方的提问往往千奇百怪、形式各异, 而且又是对方处心积虑、精心营构后提出的, 其中有谋略、有圈套、有难测之心。如果对所有的问题都正面提供答案, 并不一定是最好的答复。所以, 回答问题也必须运用一定的策略巧妙回答。

(1) 不要彻底回答。当全部回答对方的问话会对己方不利时, 可缩小对方的问话范围；或者只回答其中的一部分问题，避开对方问话的主题；或者闪烁其词、似答非答，作非正面的间接回答。

（2）不要马上回答。对于未完全了解对方意图的问题，千万不要马上回答。有些问题可能会暴露己方的观点、目的，回答时更要谨慎。对于此类问题，或以资料不全或不记得为借口，暂时拖延；或顾左右而言他，答非所问；或回避话题，提出反问；或把有重要意义的问题淡化，掩盖问题的重要性；或找一些借口谈别的、做别的事情，如到洗手间去、突然感到肚子饿了等，有意推托；或提出一项新的建议，转移对方的思路……这样既避开了提问者的锋芒，又给自己留下了一定的思考时间，实为一箭双雕之举。

（3）不要确切回答。在谈判中，有时会遇到一些很难答复或者不便于答复的问题。对于此类提问，并不一定都要回答，要知道有些问题并不值得回答，而且针对问题的回答并不一定就是最好的回答。回答问题的要诀在于该如何回答，而不是回答得对否。所以，有时使用含糊其辞、模棱两可的回答，或使用富有弹性的回答，效果更理想。

（4）降低对方追问的兴致。面对对方连珠炮似的提问，想法使对方降低乃至失去追问的兴趣。比如，鼓励己方做不相关的交谈；倘若有人打岔，就姑且让他打扰一下；讨论某个含混不清而不重要的程序；让某个说话不清且有点不讲道理的人来解释一个复杂的问题等。

（5）婉言回答。在谈判中，当你不同意对方的观点时，不要直接选用"不"这个具有强烈对抗色彩的字眼，而应适当运用"转折"技巧，巧用"但是"，先予以肯定、宽慰，再用委婉的表示否定的意思来阐明自己不可动摇的立场，既表示了对对方的同情和理解，又赢得了对方的同情和理解。

（6）要冷静地回答对方。不论对方何时提出何种反对意见，都要镇定自如、轻松愉快地解答，并且要条理清楚、有根有据，不可感情用事或带有愤怒、责备的口吻。否则，既难以说服对方，也难以阐述自己的观点，从而破坏融洽的谈判气氛。

（7）不要直截了当地反驳对方。因为直接反驳会使对方难堪，永远不可能说服对方，所以一般应设法用一些间接的方式来反驳对方的反对意见。

（8）不要随心所欲地提出个人的看法。谈判者之间的洽谈不是个人之间的事情，而是一个组织或法人之间的事。因此，在洽谈中，如果对方不需要你说明个人看法，或没有把你当作参谋和行家来征求你的意见时，应当避免提出个人的看法和意见。随心所欲地提出个人的看法是一种不严肃、不负责任的做法。

（9）答复问题要简明扼要、紧扣谈判主题。如果回答问题长篇大论，不得要领，偏离主题，不仅没有说服力，而且可能出现漏洞，授人以柄，引起对方的反感和反驳。

（10）不要过多地纠缠某一问题。在洽谈中，不应过多地集中讨论某一反对意见，尤其是开始遇到的一些棘手的问题。在适当的时候可以变换一下洽谈的内容，以使谈判继续下去。在处理了反对意见以后，应立即把话题岔开，讨论其他议题，争取尽快促成交易，否则就会使对方提出更多的意见，陷入新的僵局。

（三）说服技巧

商务沟通从某种意义上说就是说服，而说服其实就是说理。俗话说：事实胜于雄辩。事实最有说服力和感染力。人们常说摆事实讲道理，事实就是道理的依据，也是促使整个说理生动有力的触媒。以事实基础，再辅以各种说服的技巧，那么就一定能够取得说服的良好效果。

1. 注重情理结合

说服不是支配，不是命令训斥，而是平等交流。只有平等待人、尊重对方才能沟通。林肯说得好："假如你在支配他人判断，命令他人行动，或是冷落、鄙视他人，那么他就会退居自己的堡垒，关闭一切通向他的大脑和心灵的道路。"

2. 取得对方的信任

不要只说自己的理由。要说服对方，就要考虑到对方的观点或行为存在的客观理由。要站在对方的角度设身处地地谈问题，亦即为对方想一想，从而使对方对你产生一种"自己人"的感觉，消除对方的戒心、成见。这样，对方就会信任你，就会感到你是在为他着想，效果将会十分明显。

3. 营造"是"的氛围

从谈话一开始，就要创造一个说"是"的良好的气氛，而不要形成一个"否"的气氛。不形成一个"否"的气氛，就是不要把对方置于不同意、不愿做的地位，然后再去批驳他、劝说他。

4. 不要直接批评、责怪、抱怨对方

戴尔·卡耐基告诉人们："要比别人聪明，却不要告诉别人你比他聪明。"任何自作聪明的批评都会招致别人厌烦。不要指责对方，不要把自己的意志和观点强加于对方。要承认对方"情有可原"，善于激发对方的自尊心。本杰明·富兰克林年轻的时候并不圆滑，但后来却变得富有外交手腕，善于与人应付，因而成了美国驻法国大使。他的成功秘诀就是："我不说别人的坏话，只说别人的好处。"

5. 抓住对方心理诱导劝说

"诱导"是教育心理学的名词。商务活动中的"诱导"，是指沟通一方提出似乎与磋商内容关系不大、对方能够接受的意见，然后逐步诱导对方不断靠近自己的目标。诱导说服对方，关键要抓住对方的心理动态，迎合其心理。先说什么，后说什么，该说什么，不该说什么，必须自己心中有谱，方能按照自己的意图改变对方的立场、观点。

6. 运用经验和事实说服对方

在说服艺术中，运用历史经验或事实去说服别人，无疑比那种直截了当地说一番大道理要有效得多。善于劝说的谈判者都懂得人们做事、处理问题都是受个人的具体经验影响的，抽象地讲大道理的说服力远远比不上运用经验和例证去进行劝说。

7. 说服用语要推敲

在商务谈判中，欲说服对方，用语一定要推敲。说服用语要朴实、亲切、富有感召力，不要过多地讲大道理。事实上，说服他人时，用语的色彩不一样，说服的效果就会截然不同。在通常情况下，在说服他人时要避免用"愤怒"、"怨恨"、"生气"或"恼怒"这类字眼。即使在表述自己的情绪时,比如像担心、失意、害怕、忧虑,等等,也要在用词上注意推敲。这样才会收到良好的效果。切忌用胁迫或欺诈的手法进行说服。

(四) 听与辩的技巧

1. 倾听的技巧

听是一门艺术,善于听别人说话有时比能说会道更重要。倾听是人们交往活动的一项重要内容。在商务沟通中,倾听是了解对方需要、发现事实真相的最便捷的途径。它可以使你更真实地了解对方的立场、观点、态度,了解对方的沟通方式、内部关系甚至对方成员之间的意见分歧,从而使你掌握谈判的主动权。

(1) 专心致志、集中精力。专心致志地倾听讲话者讲话,要求谈判人员在听对方发言时要特别聚精会神,同时还要以积极的态度去倾听。为了专心致志,就要避免出现心不在焉、"开小差"的现象发生。即使自己已经熟知的话题,也不可充耳不闻。万万不可将注意力分散到研究对策问题上去,因为这样非常容易出现万一讲话者的内容为隐含意义时,我们没有领悟到或理解错误,造成事倍功半的后果。

(2) 通过记笔记来集中精力。通常人们即席记忆及保持记忆的能力是有限的,集中精力方面也存在很多障碍,而记笔记是弥补这一不足的好方法。

(3) 有鉴别地倾听对手发言。在专心倾听的基础上,为了达到良好的倾听效果,可以采取有鉴别的方法来倾听对手发言。通常情况下,人们说话时是边说边想、来不及整理,有时表达一个意思要绕着弯子讲许多内容,从表面上听,根本谈不上什么重点突出。因此,听话者就需要在用心倾听的基础上,鉴别传递过来的信息的真伪,去粗取精,去伪存真,才能抓住重点,收到良好的听的效果。

(4) 克服先入为主的做法。先入为主地倾听,往往会扭曲说话者的本意,忽视或拒绝与自己心愿不符的意见,这种做法实为不利。这是因为:这种听话者不是从谈话者的立场出发来分析对方的讲话,而是按照自己的主观框框来听取对方的谈话。其结果往往是听到的信息变形地反映到自己的脑中,导致己方接受的信息不准确、判断失误,从而造成行为选择上的失误。所以,必须克服先入为主的倾听做法,将讲话者的意思听全、听透。

(5) 创造良好的沟通环境。人们都有这样一种心理:在自己所属的领域里交谈,无需分心于熟悉环境或适应环境;在自己不熟悉的环境中交谈,则往往容易变得无所适从,导致正常情况下不该发生的错误。可见,有利于自己的沟通环境,能增强自己的谈判地位和谈判实力。所以,要积极创造良好的谈判环境,使沟通双方能够愉快地交流。

2. 辩论的技巧

(1) 观点明确,事实有力。沟通中辩论的目的就是要论证自己的观点,反驳对方的观点。论辩的过程就是通过摆事实、讲道理,说明自己的观点和立场。辩论不是煽动情绪,而是讲理由、提根据。为了能更清晰地论证自己的观点,必须做好材料的选择、整理、加工工作,在论辩时运用客观材料以及所有能支持己方观点的证据,增强自己的论辩效果,反驳对方的观点。

（2）思路敏捷，逻辑严密。商务谈判中的辩论，往往是双方在进行磋商遇到难解的问题时才发生的。一个优秀的辩手，应该头脑冷静、思维敏捷、论辩严密且富有逻辑性。只有具有这些素质的人，才能应付各种各样的困难，摆脱困境。辩论中应遵循的逻辑规律是同一律、矛盾律、排中律、充足理由律。如果违背了这4条基本规律，思维的确定性就会受到破坏，进而使辩论脱离正常轨道。任何成功的论辩都具有思路敏捷、逻辑性强的特点。

（3）掌握大原则，不纠缠于细枝末节。在辩论过程中，要有战略眼光，掌握大的方向、前提及原则。辩论过程中不要在枝节问题上与对方纠缠不休，但在主要问题上一定要集中精力、把握主动。在反驳对方的错误观点时，要能够切中要害，做到有的放矢。

（4）掌握好进攻的尺度。辩论的目的是要证明己方立场、观点的正确性，反驳对方立场、观点的不足，以便能够争取有利于己方的谈判结果。切不可认为辩论是一场对抗赛，必须置对方于死地。因此，辩论时应掌握好进攻的尺度，一旦达到目的，就应适可而止，切不可穷追不舍、得理不饶人。在谈判中，如果某一方被另一方逼得走投无路，陷于绝境，往往会产生强烈的敌对心理，甚至反击的念头更强烈，这样即使对方暂时可能认可某些事情，事后也不会善罢甘休，最终会对双方的合作不利。

（5）态度客观公正，措辞准确严密。文明的商务活动准则要求：不论辩论双方如何针锋相对、争论多么激烈，双方都必须态度客观公正，措辞准确严密，切忌用侮辱诽谤、尖酸刻薄的语言进行人身攻击。如果某一方违背了这一准则，其结果只能是损害自己的形象，降低己方的谈判质量和谈判实力，不但不会给谈判带来丝毫帮助，反而可能置谈判于破裂的边缘。

第二节　商务礼仪

礼仪作为一种道德规范，是人类文明的重要表现形式；作为一种交际规范，是对客人表示尊敬的方式。它在一定程度上反映了一个国家、一个民族、一个地区或一个人的文明、文化程度和社会、道德风范。因此，懂得并掌握必要的商务礼仪，是商务人员必须具备的基本素养。

一、日常商务礼仪

（一）服饰礼仪

服饰是指人的衣服装饰。穿着打扮既是人类生存的基本要素，又是人体外表的重要构成。服饰是形成商务人员良好的个人形象的必备因素。商务人士服饰的总体要求是塑造一个着装合体、合时、自然、整洁、庄重和略显保守的形象。

1. 服饰要庄重、质朴、大方、得体

商务人员的服饰在正式场合以办公服及西服为主，服装风格应是庄重、高雅、质朴、大方，以显示精干、效率和有条不紊的工作作风。高雅是一种协调和雅致，而质朴是高雅的灵魂。凡质朴、大方、得体的服饰都是高雅的。

2. 服饰要符合角色、体现个性

服饰是反映个人角色、塑造个人形象的有力工具，对于商务人员第一形象的形成有着举足轻重的作用。为了能更好地塑造良好的个人形象，商务人士的衣着装扮应具有一定的个性，要针对自身的具体条件，包括性别、年龄、体型、性格、爱好和充任的角色，确定服装的式样和色彩的搭配。如色彩的选择，老成持重者宜择蓝灰基调，严肃冷峻者宜择黑褐基调，内向文静者宜择淡雅平稳色系。

3. 服饰要与年龄和体型相协调

商务人士是着装行为中的主体，服饰的选择应与人协调。首先，穿着要和年龄协调，根据年龄选择服饰，以反映和表现自身的特质。老年人的衣着以稳重、沉着、端庄为宜。穿一套深色中山装，显得成熟、稳重，亦不失老年人的潇洒；穿在小伙子身上，则会显得老气横秋。少女穿超短裙会显得朝气蓬勃；如少妇穿着超短裙，则会有轻佻之嫌。青年谈判者着装应优雅大方，符合自己的个性，并可尝试不同款式、颜色的搭配。中年女性谈判者服饰有一定限制，穿着要体现端庄稳重、充满成熟的魅力和智慧感；老年女性谈判者着装强调款式简单，更讲究端庄、大方、整洁。由于男性服饰在款式、面料、色彩方面的变化范围不大，只要大方得体，男性谈判者服饰不必过多考虑年龄局限。其次，穿着也要与形体协调。身材有高矮之分，体型有胖瘦之别，肤色有深浅之差。穿着理应因人而异，以强调和改善形体，扬长避短，取得最佳效果。体胖或高大者择冷色调为主，宜深不宜浅，宜柔和文雅而不宜浓艳鲜亮；体瘦或矮小者择暖色调为主，宜浅不宜深，宜鲜明亮丽而不宜色彩晦暗。

4. 服饰要与环境和场合相适应

首先，服饰要与自然环境协调，衣服的面料、款式和色彩应随季节的变化进行搭配组合，以适应时令的变化。其次，服饰要与社会环境协调，选择款式大方、色彩淡雅的服饰，以适应群体的心理需求。最后，服饰要与谈判场合协调，男性宜选用庄重、料厚质好的西装等，女性宜选用款式典雅的西装套裙等，切忌穿牛仔裤、短裤或超短裙，以适应谈判的气氛要求。

（二）馈赠及收受礼品的礼仪

1. 馈赠礼品的礼仪

（1）要注意对方的习俗和文化修养。商务人员由于所属国家、地区间有较大差异，文化背景各不相同，爱好和要求必然存在差别。要注意对方的习俗和文化修养。

例如，我国一般忌讳送梨或钟，因为梨与"离"同音，钟与"终"同音，"送离"和"送终"都是不吉利的字眼。男性对一般关系的女子，不可送贴身内衣、腰带和化妆品，更不宜送项链、戒指等首饰物品，否则极易引起误解。又如，亚、非、拉、中东地区的客商相对注重礼物的货币价值，在赠送其礼品时就不可忽视所赠礼物的实际价值，以免被认为小气、吝啬，从而达不到赠送礼物的目的。

（2）要照顾到不同国家人的喜好。外国友人喜欢我国礼品包括景泰蓝制品、玉佩、绣品、国画、书法、瓷器、紫砂茶具、竹制工艺品、汉字纸扇等。

（3）要考虑数字。我国一向以偶数为吉祥，而在日本却以奇数表示吉利。日本人和韩国人忌数字"4"，西方国家通常忌讳"13"这个数。因此，无论送水果或其他数量较多的礼物时都应注意数字。

（4）要注意包装。包装是礼物的外套，不可马虎、草率，否则影响到送礼的效果。在包装图案和颜色上，更要考虑不同国家、不同民族的习俗、爱好。

（5）要把握时机和场合。一般情况下，各国都有初交不送礼的习惯。此外，英国人多在晚餐或看完戏之后乘兴赠送，法国人喜欢下次重逢时赠送礼品。我国以在离别前赠送纪念品较为自然。如果为了引起对方惊喜之情，亦可于对方即将起飞或火车即将开动之时赠送礼品，当然这一般适用于特别熟悉的朋友之间。

2. 收受礼品的礼仪

正所谓礼尚往来，除馈赠礼品外，商务人员也会常遇到受礼问题。对于他人赠送的礼品是否能接受，要心中有数，因为如果你接受了一件礼物，就容易失去对某些事物的一些控制。在国际商务洽谈中，接受礼物须符合国家和企业的有关规定、纪律。当对所送礼物不能接受时，应说明情况并致谢。对符合规定的礼物，对欧美人一定要当面亲自拆开礼品包装，并表示欣赏、真诚接受和道谢。

（三）日常交往中礼仪

1. 遵时守约

在商务谈判活动中，如果有拜访约会，应按约定时间到达。过早到达，会使主人因没准备好而感到难堪；迟到，则是失礼，使主人长久等候、担心牵挂。万一因特殊原因迟到，应向主人表示歉意。如果因故不能赴约，要有礼貌地尽早通知主人，并以适当方式表示歉意。

2. 尊重年长者和女士

在谈判过程中，上下楼梯或车船、飞机，进出电梯，均让年长者和女士先行；对同行的年长者和女士，男士应为其提拎较重的物品；进出大门，男士帮助年长者和女士开门、关门；同桌用餐，两旁若坐着年长者和女士，男士应主动照料、帮助他们入座就餐等。

3. 尊重各国、各民族的风俗习惯

不同的国家、民族，由于不同的历史、文化、宗教等原因，各有特殊的宗教信仰、风俗习惯和礼节，应该受到理解和尊重。天主教徒忌讳"13"这个数字，尤其是遇上"13日，星期五"这个日子不举行宴请；印度、印度尼西亚、马里、阿拉伯国家等不用左手与他人接触或用左手传递东西；保加利亚、尼泊尔等一些国家摇头表示同意，点头表示不同意。不了解或不尊重其他国家、民族的风俗习惯，不仅失礼，严重的还会影响双边关系，阻碍谈判达成协议，因此必须高度重视这一问题。

4. 态度和蔼，自然得体

交谈时要充满自信、态度和蔼、语言得体、神情自然。说话时手势不要过大或过多，不要用手指指别人，不要唾沫四溅。谈话距离要适当。交谈的内容一般不要涉及病、亡等不愉快的事情；不要径直询问对方的履历、收入、家庭、财产等个人生活问题；不要谈论女士的年龄、婚姻、体态等问题；对方不愿回答的问题不要追问不止，如涉及对方反感的问题应表示歉意；不要批评长者和身份高的人；不要讥讽他人；不要随便议论宗教和他国内政。

二、商务谈判礼仪

（一）迎送礼仪

迎来送往是常见的社交活动，也是商务谈判中的一项基本礼仪。在谈判中，对应邀前来参加谈判的，无论是官方人士、专业代表团，还是民间团体、友好人士，在他们抵达和离开时，一般都要安排相应身份的人员前往迎送；对重要客商或初次来的客商要专人迎送。

1. 确定迎送规格

迎送规格应当依据前来谈判人员的身份和目的、己方与被迎送者之间的关系以及惯例决定。主要迎送人的身份和地位通常应与来者相差不多，以对口对等为宜。如果当事人因故不能出面，或者不能保证对等，可适当变通，由职位相当的人士或副职出面。当事人因故不出面，应从礼貌出发，向对方做出解释。

2. 掌握抵达和离开的时间

迎候人员应当准确掌握对方抵达的时间，提前到达机场、车站或码头等候，以示对对方的尊敬。客人经过长途跋涉，如果一下飞机、轮船或火车就看见有人在等待，心情会感到十分愉快。如果是初来乍到，则能因此而获得安全感。如果你迟到了，对方会感到失望和焦虑不安，即使事后解释，也很难改变对你失职的印象。

送别人员应事先了解对方离开的准确时间，提前到达来宾住宿的宾馆，陪同来宾一同前往机场、码头或车站。在来宾上飞机、轮船或火车之前，送行人员应按一定顺序同来宾一一握手话别。飞机起飞或轮船、火车开动之后，送行人员应向来宾挥手致意。直至飞机、轮船或火车在视野里消失，送行人员方可离开。

3. 做好接待的准备工作

在得知来宾抵达日期后，应首先考虑到其住宿问题。对方尚未启程前，先问清楚对方是否已经自己联系好住宿，如未联系好，或者对方系初到此地，可为其预订旅馆房间，最好是等级较高、条件较好的旅馆。

客人到达后，通常只需稍加寒暄，即应陪客人前往旅馆。在行车途中或在旅馆简单介绍一下情况，征询一下对方意见，即可告辞。客人到达的当天，最好只谈第二天的安排，另外的日期安排可在以后详细讨论。

（二）会见礼仪

会见是谈判过程中的一项重要活动。身份高的人会见身份低的人称为接见，身份低的人会见身份高的人称为拜会。接见与拜会在我国统称为会见。会见就其内容来说，分为礼节性的、政治性的和事务性的3种。在国际商务谈判活动中，东道主应根据来访者的身份和访谈目的，安排相应的有关部门负责人与之进行礼节性会见。

1. 会见前的准备工作

如果一方要求拜会另一方，应提前将自己的姓名、职务以及要求会见什么人、为何会见通知对方。接到要求的一方应尽早予以答复，无故拖延、置之不理是不妥当的。因故不能会见，应向对方做出解释。

如果接到要求的一方同意对方的请求，可主动将会见的时间、地点、己方的参加人员通知对方。提出要求的一方亦应提供其出席人员名单。双方的人数和身份应相当。礼节性的会见时间以半小时为宜。

会见一般都是在会客室或办公室里进行，我国习惯安排在会客室里。主人应在会见开始之前到达，可以在宾馆或单位正门口迎候客人，也可以在会客室内等候客人，而由工作人员把客人引入会客室。工作人员领客人时，应走在前边。到楼梯或拐角处时，要回头告诉客人一下。宾主双方进入会客室后，工作人员应负责关好门，并退出现场。在会见过程中，不允许外人进进出出。

2. 会见中的礼仪

握手是中国人最常用的一种见面致意礼，也是国际上通用的礼节。握手貌似简单，但这个小小的动作关系着个人乃至公司的形象，影响到谈判的成败。普通的握手方式应当是：双方各自伸出右手，手掌基本呈垂直状态，五指并拢，稍微握一下，时间不宜太长，也不宜过于短促，一般以3秒左右为宜。握手的力度要适当，动作过大或者力度过重都显得不大礼貌，更要切忌抓住对方的手来回摇晃。握手时双眼应平视对方，面带微笑，以此致意；目光旁顾会给人心不在焉、一心二用的感觉，显得缺乏对他人的起码尊重。在对方人员较多时，与每位来宾握手的时间应大体相当，否则给人以不同等对待、厚此薄彼的感觉。

握手的顺序基本是礼宾次序，由身份、职位的高低来决定：①宾主之间。主人有向客人先伸手的义务，主人主动、热情、适时的握手会增加亲切感。不论男女，女主人都要主动伸手表示欢迎，男主人也可对女宾伸出手表示欢迎。②男女之间。男方需待女方伸出手后才可握手；如女方没有握手的意思，男方则可点头致意或鞠躬致意。③年龄差别。年长者先伸手，年轻的立即回握。如果是男性年长者，一般仍以女性先伸手为主。④身份差别。身份高的应先伸手，身份低的要立即回握。握手时，让主人、年长者、身份高者、女性先伸手，是为了表示尊重他们的意愿，不至于将自己的意志强加于对方。但是，如果一方忽略了握手的先后次序，先伸出了手，对方应立即回握，以避免社交中的尴尬局面。

握手礼还应该避免以下几种不礼貌的行为：①与女性握手时间过长、握得过紧，有失态之嫌；②用左手与他人握手，这在有些民族为大忌，因为他们的左手一般用来做不洁之事；③在场人员较多时，注意不要发生交叉握手的情况；④握手寒暄、相互问候后，主人应请客方洽谈人员先行入座。双方可以一起入座，但主人自己抢先落座就显得有点无礼不恭了。入座后，除在场参与洽谈的人员外，其他服务人员均应退出洽谈场所；在洽谈中非洽谈参与者不得随意进进出出，以保持严肃和恰当的环境气氛。

3. 介绍礼仪

在与来宾见面时，通常有两种介绍方式：一种是第三者作介绍，另一种是自我介绍。自我介绍是用于人数多、分散活动而无人代为介绍的时候。自我介绍时，应先将自己的姓名、职务告诉来宾。

介绍的顺序各国不大一致，我国的习惯是一般先介绍职位高者。介绍时，应先将来宾向己方人员介绍，随即将己方人员向对方介绍。

如对方是己方人员都熟悉的人，就只需将己方人员介绍给对方。介绍己方人员时，要把姓名、职务说清楚，介绍到具体人士应有礼貌地以手示意，不要用手指指，更不要用手拍打别人。介绍时对外宾通常可称"女士"、"先生"和"小姐"。

4. 会见过程中应注意的其他问题

商务活动中的礼仪性会见，由其性质所决定，不可能时间很长，所以会见的双方应掌握分寸，言简意赅，多谈些轻松愉快、相互问候的话题，避免单方面冗长的叙述，更不可有意挑起争论。

在会见中，如果人员较多，亦可使用扩音器。主谈人交谈时，其他人员应认真倾听，不得交头接耳或翻看无关的材料，不允许打断他人的发言，更不允许使用人身攻击的语言。在会见时应预备茶水招待客人，夏季还应准备饮料。

会见结束后，主人应将客人送至门口或车前，握手话别。目送客人乘坐的车子走后，主人方可退回室内。

（三）洽谈礼仪

在圆满的洽谈活动中，遵守洽谈礼仪毫无疑问占有重要地位。当然，在洽谈活动中，遵守了洽谈礼仪未必因此使谈判一举成功。但是，如果违背了洽谈礼仪，却会造成许多不必要的麻烦，甚至给达成协议造成威胁。因此，在洽谈活动中，除遵守会谈礼仪的一般原则外，还必须严格遵守洽谈活动中的礼仪。

1. 座次安排

座次安排是洽谈礼仪中一个非常重要的方面。虽然各国的风俗习惯有所不同，但仍存在一定的国际惯例，即一个多数人能接受或理解的安排方式。座次的基本讲究是以右为尊，右高左低。这里所谓的高低是指洽谈参与者身份地位的高低。业务洽谈（特别是双边洽谈）多使用长方形的桌子。通常宾主相对而作，各占一边。谈判桌横对入口时，来宾对门而坐，东道主背门而坐。谈判桌一端对着入口时，以进入正门的方向为准，来宾居右而坐，东道主居左而坐。双方的主谈人是洽谈中的主宾和主人。主宾和主人居中相对而坐，其余人员按照职务高低和礼宾顺序分坐左右，原则仍是以右为尊。这样，主谈人右手第一人为第二位置，左手第一人为第三位置，右手第二人为第四位置，左手第二人为第五位置，依此类推。记录员一般位于来宾的后侧，翻译员位于主谈人的右侧。参与洽谈人员的总数不能是13，可以用增加临时陪坐的方法避免这个数字。多边洽谈一般采用圆桌的形式。有时为了强调对贵宾的尊重，己方人员有不满坐的习惯，即坐2/3即可，但须视情形而定。座次排列属于重要的礼节，来不得半点的马虎。为了避免因出错而失利或导致尴尬的场面，在座次安排妥当后，在每个位置前可安排一个名签以便识别；对坐员加以指引也是得体和恰当的。

2. 谈判用语

谈判的语言能充分反映和体现一个人的能力、修养和素质。在谈判中，应根据实际情况选择恰当的用语，表明自己的立场、观点、态度和意思。因此，谈判用语既要准确明白，又要文雅中听。粗暴无礼的话语，有伤他人自尊心的话语，埋怨、责骂、挖苦、自夸的话语，都要尽量避免使用。

3. 体态和手势

体态和手势是较难把握的无声语言，如没有确切的把握，可以尽量少用，避免出错。一旦由于情绪激动而做出某种失礼的姿态和手势，应勇于承认错误，主动向对方致歉。体态和手势应视具体情况而定，以文雅含蓄为准，不可失控失态。

4. 空间距离

人与人之间的空间距离与心理距离联系密切，空间距离大小直接影响洽谈双方心理上的距离。谈判中，较合适的双方距离应在 1～1.5 米之间，这个距离也是谈判桌的常规宽度。距离过大，双方交谈不方便，难以相互接近，有谈不到一起的感觉。距离太近，生息相通，显得人为地过分亲近，使人觉得不自在，浑身难受，难于进行良好的交流。

5. 面部表情

面部各个器官的动作能展示出内心多种情绪和心理变化。洽谈活动中，有人嘴唇紧闭，唇角下垂，眼睛睁大紧盯对方，有时甚至牙缝中挤出话来，这表明他是一个有攻击性和敌意的人，有一种不是你死就是我活的心态。有人满脸堆笑，目光闪烁，眉头不动，这反映了其人内心游移不定。有人面带微笑，脸露真诚，眉目平和安定，虽无咄咄逼人的气势，却反映了一种内在的力量，可能是个有能力、难以对付的强手。

在面部表情中，眼睛是最富表现力的。洽谈人员必须正确运用自己的目光。一般说来，目光以看着对方脸的上部三角部分，即双眼为底线、前额为上顶角的部位为宜，这样既能把握洽谈的进行，又不致因无礼而导致对方不快。视线接触对方脸部的时间正常情况下应占全部谈话时间的 30%～60%，超过或不足都有点失态。

6. 女性举止

举止和谈吐是女性在商务谈判活动中须注意的一个方面。女性的站、坐、走姿均有各自的规定性，不可等同于男子礼仪要求。女性坐下时应双腿并拢，端坐在椅边，坐下后注意整理一下衣着。行走时，头部要端正，不宜抬得过高，目光须平和，直视前方。行走间上身自然挺直，收腹，两手前后摆幅要小，两腿收拢，身子自然挺直，不能乱晃乱动。在业务洽谈中应注意语调、声音的正确应用，既要有自尊自重的态度，又不失女性的温柔，切忌用撒娇的语调或不庄重的语调进行洽谈。

（四）会务活动礼仪

1. 参观礼仪

安排参观日程，应根据接待计划、来宾的特点和要求，有针对性地安排。对于来宾提出的合理要求，在允许的情况下，要尽可能地予以满足；确实无法满足的，应做好解释。参观日程一经确定，应尽快通知参观接待的有关单位和部门，加以落实。无特殊情况，不应随便改变日程安排。引导来宾参观的人，要走在前方。上下楼梯时，引导的人应该靠扶手走，而让来宾靠墙走。

2. 宴请礼仪

宴请是指盛情约请谈判双方及有关人员宴饮的聚会。它是商务谈判中常见的交际活动形式之一。在谈判中，尤其是在签约仪式后，谈判的一方（一般是主方）通常宴请谈判双方及有关人员。

宴请方式。宴请种类复杂、名目繁多，各国宴请都有自己国家或民族的特点和习惯，因此宴请的方式多种多样，主要有中餐宴请、西餐宴请、茶会、鸡尾酒会、冷餐酒会等。

宴请礼仪。宴请对宾客来说是一种礼遇。设宴者和赴宴者都必须遵循宴请礼仪。宴请的基本礼仪规范为：

（1）认真地备宴。筹备宴请的主要内容包括：确定宴请的目的、名义、范围和形式；确定宴请的时间、地点；发出宴请请柬；订菜；席位安排；现场布置（安排宴请程序和现场服务，含迎客、入席、致辞、上菜、祝酒、就餐、餐毕、散席、送客等）。考虑这些问题时，必须兼顾政治气候、文化传统、民族习惯等因素的影响。

（2）礼貌地邀宴。主人应略早到并站在进口处迎接宾客，主动和来宾打招呼、握手，表示欢迎，然后由领座员安排客人入席；要给不相识的客人作介绍，不要让任何一位客人受到冷落；宴会正式开始时，主人致简短的欢迎词，向客人敬酒；席间，每上一道菜，主人要请客人用菜，同时还要引导客人谈话，调节宴会的气氛；主人要待客人都吃好了，才能示意离席；客人离去，主人要一一握别，并送至门外。

（3）得体地赴宴。赴宴者接到请柬以后，应看清宴会日期和时间，一般在宴会开始前15分钟到达即可。出席宴会前，最好稍作梳洗打扮，至少穿上一套符合时令的干净衣服。每个客人都衣着整洁、容光焕发地赴宴，会使整个宴会充满一种比较隆重的气氛，从而使主人感到高兴。最忌穿着工作服、带着倦容赴宴，这会使主人感到未受尊重。如果因事不能赴宴，必须提前通知对方，并表示感谢和惋惜。

入席前，要了解清楚自己的桌次和席位。如有女宾，应先让女宾入座，席间亦应适当照顾，离席时请女宾先走。

应当事先准备好名片。被介绍给他人时，要用双手捧着名片相赠，切不要随便丢到桌子上，让别人去捡。接别人名片时，也应用双手接。接到后应认真看一下，有时可有意识地重复一下对方的姓名和职务，以示尊敬和仰慕，不要漫不经心地随手塞进口袋。

进餐前应当自由地与其他客人交谈，不要静静地坐着。交谈面可以宽一些，不要只找老相识，要多交新朋友。应注意宴会是交际场合，不是专谈工作的地方，如果只谈工作，主人会感到不快。

进餐时举止要文雅。服务员送上的第一道湿毛巾主要是用来擦手的（以后吃过饭后再用别的毛巾擦脸），有的人一上来就擦脸，甚至连脑袋也擦一遍，这是很不文雅的。喝汤不要嚼，不要发出声音，不要一面咀嚼食物一面说话。剔牙时，应用手遮口。咳嗽、吐痰应离开餐桌。喝茶或咖啡时，送上的小茶匙放回茶碟上，千万不要用小匙来喝咖啡。喝时右手拿杯把，左手端小碟。祝酒一般由主人和主宾先碰杯，由主人和其他人——碰杯；人多的话，也可同时举杯示意，不一定个个碰。在碰杯时尽量不要交叉碰。在主人或主宾致辞、祝酒时，应暂停进餐，停止交谈，注意倾听，也不要借此机会抽烟。饮酒应控制在自己酒量的 1/3 以内，以免饮酒过量，失言失态，影响整个宴会气氛。对外宾敬酒要适度，不能劝酒。

宴会进行中，不能当众解开纽扣、脱下衣服。如主人请客人宽衣，男宾可脱下外衣挂在衣架或椅背上。宴会进行中，因不慎发生异常情况，如餐具掉落地上，或酒杯碰翻等，应沉着应付，可以轻轻向邻座或主人道声"对不起"。餐具掉落，可请服务员再送一套。酒水打翻，溅到邻座身上，应表示歉意，协助擦干。如果对方是女士，则只要把餐巾或干净手帕递过去，请她自己擦干即可。宴请外宾时，可用公用餐具主动给外宾让菜，不能用自己的餐具让菜。但是，如果外宾设宴回请，对方是主人，你不要主动让菜。自己不能吃或不爱吃的菜肴，不要拒绝，服务员分到盘内时，应表示"谢谢"，不要吐舌头或做出其他难堪的表情。

如果有事要早退，应事先向主人说明，到时再告别，悄悄离去，不必惊动太多客人，以免整个宴会的气氛受影响。宴会结束后应向主人致谢，称赞宴会组织得好、菜肴丰盛精美。

（五）签约礼仪

签约仪式是谈判双方或多方就达成的交易举行确认和签订协议的一种仪式。它往往比较正式、隆重、规范。签约的基本规范是：在签约仪式前，应做好各种文本的准备工作，包括定稿、翻译、校对、印刷、装订等，还有签字用的文具、物品，与对方商定助签人员，并安排双方助签人员洽谈仪式程序和其他有关细节。正式参加签约仪式的，一般是双方参加谈判的全体人员，各方参加仪式的人数应大致相同，有时还邀请主方或双方的高层人士出席仪式，以示正式和庄重。签约仪式的场所布置应有所考究，符合一定的礼仪规范；悬挂、摆放双方国旗时，以右为上、左为下；两国国旗并挂或并摆时，以旗本身的面向为准，右挂客方国旗，左挂本国国旗。签约仪式开始，各方参加人员应按礼宾次序进入签约厅；主签人员入座时，各方人员按身份顺序入位排列；助签人员分别站立于本方签约人员的外后侧协助翻揭文本、指明签字处，必要时待双方签字人在己方文本上签毕后帮助吸墨；然后由双方主签人交换文本，相互握手；此时，一般还要安排礼仪小姐或礼仪先生分别为主客方的主签人或全体人员每人呈上约 2/3 杯的香槟酒，双方干杯、祝贺、道谢；最后，一般还要在签约厅合影留念。

三、推销礼仪

现代推销是文明推销，推销人员是文明的传播者。推销人员流动性大，接触面广，对社会各方面的影响也较大，因此，要特别注意礼貌礼仪。时刻注意自己的衣着打扮和举止谈吐，讲究待人接物的礼节。

现代推销学要求推销人员在推销商品之前，先要推销自己。只要推销人员能够成功地推销自己，给顾客留下良好的印象，让顾客愿意与自己打交道，让顾客留恋，让顾客欣赏，让顾客喜欢，推销工作可达到事半功倍的效果。而要成功地推销自己，就必须注重推销礼仪，进行文明推销。

（一）推销人员的交际礼节

推销工作属于社会交际活动，推销人员则是社会活动家，一个优秀的推销人员，应该是一个善于交际的人，要与人交际，就要注意交际礼节。

1. 日常交往中的礼节

（1）遵守时间，不得失约。这是推销人员在交往中极为重要的礼节。应严格按照约定好的时间，准时前往，过迟过早都不好。特殊情况迟到，应表示歉意。尽量不要失约，失约是非常失礼的行为。

（2）尊重老人和妇女。这是做人的一种美德。推销人员要时刻把自己的爱洒向人间，在公共场所，注重社会公德，尊老爱幼，乐于助人。

（3）吸烟。在剧场、商店、教堂、博物馆、会议室等地不得吸烟。不可边走边吸烟，进入会客室或餐厅前，应把烟掐灭。有妇女在座，应征得她的同意；主人不吸烟，又未请吸烟，则最好不吸烟；在场的人多或同座身份高的人士都不吸烟时，则一般不吸烟。

（4）打电话。推销人员必须最大限度地利用电话。电话是推销人员常用的推销工具，在电话里更应注重礼节。首先打电话时要注意自己讲话的音质，尽量用给人以愉快感觉的声音讲话。在打电话时，要尽量做到比面对面说话时更富有感情。在电话里不能与对方争吵，因为与对方争吵用尖刻的话刺痛对方会使事态恶化。给对方打电话时，可以一边问商品的销路情况、库存情况，一边向对方问好。打电话时，要抓住要领，尽量时间短一些。

（5）名片。名片是推销人员必备的推销工具之一，推销人员在使用名片时，应讲究一定的礼节。通常，推销人员先递名片，在递送或接受名片时应用双手并稍欠身。接过顾客名片后应认真看一遍，然后放入口袋或公事包里。接送名片时，要面带微笑。推销人员应将顾客的名片妥善保管，建立档案，熟记顾客的姓名，为推销成功打下基础。

2. 见面时的礼节

（1）介绍。在交际场合，结识朋友，可由第三者介绍，也可自我介绍相识。为他人介绍时还可说明与自己的关系，便于新结识的人相互了解与信任。介绍有先后之别，把身份低的介绍给身份高的，年轻者介绍给年长者，男子介绍给女子。

（2）握手。在交际场合中，握手是司空见惯的事情，在一般情况下，握一下即可，不必用力；握手也有先后顺序，应由主人、年长者、身份高者、妇女先伸手；握手时双目注视对方，微笑致意，不要看着第三者握手。推销人员要主动、热情、适时地握手，这样会增强彼此的亲切感。另外，向别人祝贺、感激或相互鼓励时也可用握手来表达。

（3）打招呼。推销人员见到顾客的第一件事就是要向顾客打招呼，一个恰到好处的问候，会给顾客产生一个良好的印象。问候时，要注意顾客的身份、年龄特征，使用适当的称呼。推销人员可以因人因时因地而选择一个合适的话题，打起招呼来要显得格外亲切。此外，推销人员要注意与顾客同行的人打招呼，因为顾客周围的人也会影响顾客的购买决策，有时甚至就是真正的决策者。

3. 谈话时的礼节

谈话的表情要自然，语言和气亲切，表达得体；与人谈话时，距离要适度；谈话中遇有急事需处理或需离开，应向谈话对方打招呼，表示歉意；谈话现场超过三人时，应不时地与在场的所有人攀谈几句，不可有意冷落人。在向顾客进行推销介绍时，应给顾客发表意见的机会；要善于聆听顾客的意见，不轻易打断他；在相互交谈时，目光应注视对方，以示专心；对方谈话时，不可显出不耐烦的样子，也不要老看手表，或做出伸懒腰、玩东西等漫不经心的动作。

在与顾客谈话时，除了谈论有关商品的问题外，需谈论一些题外话时，应根据顾客的喜好来找话题。不提涉及疾病、死亡、荒诞离奇、耸人听闻、黄色淫秽的事情，对对方不愿回答的问题不追问，不究根问底，不提对方反感的问题，不讥笑、讽刺他人。

推销人员应保持语言的准确性，注意语言的规范化，讲普通话，特殊场合可使用方言土语，以增强彼此间的亲切感，所以推销人员要多懂几种地方话，会说几种地方话，以适应目前广泛开拓市场的需要。推销人员还应学会使用礼貌语言，讲究语言美。在任何情况下，话口气都要谦逊、委婉、温和、诚意、热情，对人要称同志、师傅、老师等，求人帮助要说请字，或用劳驾、麻烦等；谢谢、对不起、请原谅、打扰您了之类话语要常放在嘴边；要多用商量的口气，不用命令式的口气使人反感；不使用粗鄙、庸俗的话。说话时注意克服声音粗哑、单调无味、太高太低、太快太慢、有气无力等毛病。

4. 举止行为礼节

（1）进门之前，先按门铃或轻轻敲门，站在离门稍远一点的地方等候。
（2）看见顾客时，点头微笑致意。
（3）推销人员应等顾客坐定后，方可坐下。
（4）拜访顾客时，不可随意动顾客的东西。
（5）端坐在椅子上，身体稍往前倾。
（6）不卑不亢、不慌不忙、举止得体、彬彬有礼。
（7）站立时上身稳定，双手安放两侧，不要背手。
（8）当顾客起身或离席时，应同时起立示意。
（9）当与顾客初次见面或告辞时，推销人员应该先向对方表示打扰的歉意，感谢对方的交谈和指教。特别是拜访初次见面的顾客，在离去时，应诚恳地表示"非常高兴能够认识您"。

推销人员在访问顾客时，应避免下列的动作：①不停地眨眼；②摸鼻子，挖鼻孔；③眉梢上扬；④折手指发出"喀"的声音；⑤咬嘴唇，舔嘴唇；⑥搔头；⑦挖耳；⑧耸肩；⑨吐舌；⑩脚不停地颤抖，或用脚敲击地板发出响声；⑪不停地看手表；⑫面部表情给人不舒服的感觉，如皮笑肉不笑；⑬东张西望，不听顾客讲话；⑭慌慌张张，将东西掉到地上。

推销人员只要做到举止文雅得体，处处有礼有节，就会受到顾客的欢迎，赢得顾客的好感。

5. 招待顾客进餐的礼节

在推销工作中，有时需要招待应酬顾客，尤其在对外推销活动中，要与外国顾客打交道，更难免要相互宴请招待。在招待顾客进餐时应注意：宴请的地点要考虑顾客的心理；菜肴要适合顾客的胃口，由顾客选定；陪客人数不宜超过顾客人数；喝酒、劝酒要适度；席间避免谈论公事；推销人员不可先于顾客退席；不要在顾客面前领取收据。

（二）推销人员的仪容服饰

推销的成败并不完全取决于商品，商品本身并没有长脚，它要靠长着脚的推销员把它介绍到市场（家庭）中去。实际上，商品和推销员应该成为一个统一整体，顾客在没有感受到商品的魅力之前，如果能够感受到推销员的魅力，他也会投来审视的目光。因此，推销员在推销商品之前，应先把自己推销给顾客，而推销自己，必定要从仪表开始。在你尚未开口说话，对你一无所知之前，顾客先看到你的仪表，并留下印象。仪表决定了顾客对你第一印象的好坏，如果一开始就留给顾客一个好印象，就必须注意自己的仪表。仪表等于商品的包装，仪表的好坏，是推销自己成败的关键。仪表包括仪容与服饰。

1. 仪容

一个仪容不整、不修边幅的人，连自己的外表都处理不好，会使人产生没有条理的感觉。因此，别指望别人对他会有好感。要想使自己具有好的仪表，特别要注意的是个人卫生。推销员要适时理发，经常梳理，胡须要刮净，指甲要修剪，鼻毛应剪短，去除头皮屑。要常洗澡，去除体臭，保持牙齿干净；设法维持恰当的体重与良好的身材，走、站、坐要注意姿势优美。出外拜访顾客前，不要吃葱、蒜、韭菜等辛辣食品；有病最好不要去拜访顾客，非去不可时，注意咳嗽、打喷嚏时，应用手帕捂住口鼻，面向一旁，避免发出大的声音。

一个人的长相，是无法随意改变的。但他可借助对仪容的梳理打扮，使自己具有魅力，从而博得对方的好感。能否博得对方的好感，眼神起主要作用，一个推销员，只要他的眼神好，有生气，即可一优遮百丑。推销员不应有嘲笑的眼神、怜悯的眼神、狰狞的眼神、愤怒的眼神等。眼神对推销员的工作来说是非常重要的，绝对不可忽视，为了让顾客相信你，相信你的产品，请正确地使用眼神。在推销中，避免出现不正面看人、冷眼、混浊的眼以及环顾四周、眼珠乱转等眼神，学会用眼睛说话，发挥其心灵窗户的作用。

具有健康的体魄，是仪容美的一个重要因素。有了健康的体魄，才能充满热情地工作，给人以举止优雅、风度翩翩之感，即可在短时间内打动顾客的心，引起顾客的共鸣。

2. 服饰

对推销员来讲，衣服与饰物穿戴得很得体的话，才会给顾客留下好的印象。推销员的服饰，应以稳重大方、向顾客看齐为原则。推销员只有根据商品、顾客等因素随时变换自己的着装，以整齐清爽、干净利落为标准，吸引顾客的注意，才能成功地推销商品。

在通常情况下，要求推销员应该从时间、地点、场合出发，来分别穿戴不同的服装，力求整洁。同时还应注意一些具体的问题，如在经济条件许可的情况下，尽量去买质料较好的衣服，好衣服不但耐穿，也会增强人的自信。衣服的大小要合身，太大了，不精神；太小了，给人以小气之感。上衣与裤子、领带、手帕、袜子等均应搭配良好，使人产生清爽、端庄的感觉。衣服的色彩要搭配适当，穿得花里胡哨，就会给人以轻浮、不信任之感。衬衣要勤换洗，西装要保持干净、平整。不同的场合要穿不同的服装，特殊场合更应慎重选择衣着的式样和颜色。所配饰物，如项链、戒指、手表、眼镜、皮带、打火机、钢笔等要符合自己的身份。不同场合，鞋子也要有不同的选择，若穿皮鞋，务必擦亮，皮鞋走形了，最好不要再穿。年轻的推销员，一般来讲应穿雅致并稍微朴素一点的衣服，使人看起来沉着忠厚。中年推销员服装的颜色和款式应新颖一点，可带一条别致的领带、穿件时髦的衬衣等。手帕要准备好，以白色的为最佳（针对男推销员而言），并且要保证干净还要有替换的。男士不要用太香的香料，否则会给人一种不愉快之感。

从现代推销学来看，推销员应该穿反映时代气息的服装，朝气蓬勃，健康活泼，进取向上。直感敏锐的顾客初次与推销员接触，仅看一下对方的眼神、服装穿着，就能判断出推销员是否值得信任。可见，推销员要说服顾客，必须以端庄大方的衣着，值得自信的眼神赢得顾客的信赖。当推销员自尊自爱的时候，也就是推销员勇气十足、信心百倍的时候，这时的推销效果一定最佳。

综上所述，推销员的仪容、服饰与推销效果有着密切的联系，推销员只有时刻注意自己的仪容和服饰，根据具体的时间、地点、场合、顾客穿戴不同的服饰，才能保证推销活动有个良好的开端。

要注意：推销员只有成功地推销自己才能成功地推销自己所推销的产品及服务。另外，笑容也是推销员赢得顾客好感的一个很重要的方面，同时也是推销员不可缺少的基本功。接待顾客，笑脸相迎，就能赢得顾客好感。推销员要努力训练自己这方面的基本功，使自己笑得自然并富有韵味，用自己迷人的笑去接待顾客，笑得恰到好处，使气氛融洽。

本章小结

商务沟通是指商务活动主体凭借一定的通道（或媒介），将语言等信息发送给既定对象（接收者），并寻求反馈以达到相互理解的过程。商务沟通中的口头语言主要有外交语言、文学语言、军事语言等，商务沟通中不仅有语言交流，也有行为交流，不仅要听其言，还要观其行。要取得良好的沟通效果就必须掌握语言表达技巧、问与答的技巧、说服技巧、听与辩的技巧。

懂得并掌握必要的商务礼仪，是商务人员必需具备的基本素养。在日常商务交往中不仅要注意服饰礼仪、馈赠及收受礼品的礼仪，还要遵时守约，尊重年长者和女士，尊重各国、各民族的风俗习惯，态度和蔼，自然得体。

在懂得日常商务交往一般礼仪的基础上，谈判人员还应学会迎送礼仪、会见礼仪、洽谈礼仪、会务活动礼仪、签约礼仪，推销人员在交际礼节和仪容服饰礼仪方面格外要注意。

思考与实训

思考

（1）请结合自己的经验谈谈沟通对于我们生活与工作的重要性。
（2）语言表达有哪些基本技巧？
（3）如何提问与回答？
（4）说服有哪些基本技巧？
（5）正确倾听的方式有哪些？
（6）商务人员应掌握哪些基本服饰礼仪？
（7）在日常交往中应注意哪些礼仪？
（8）商务谈判的基本礼仪有哪些？
（9）推销的基本礼仪有哪些？

实训

一、苏格拉底的说服技巧

销售谈判中各方利益不同，看问题的角度不同，难免有分歧产生。为了自己的利益，就要善于说服对方接受自己的观点。2000年前的古希腊大哲学家苏格拉底创立了一种劝导他人接受自己观点的问答方法。其具体做法是：先对分歧点避而不谈，而只谈双方的共同点，让对方在对共同点的无数次的认可中自然而然地同意自己的观点。

例如，一家奥地利在沪的独资企业的奥籍华人张副总经理（简称张）来到某汽车销售公司的展厅，碰到了汽车销售员小王（简称王）及销售主管李先生（简称李）。先是小王迎上前去。

王：张先生，您想要啥牌子的车？
张：就桑塔纳吧。唉，这儿怎么不见2000型的桑塔纳车呀？
王：噢，刚卖完。不过明天就有货了。
张：唉，真不巧！

此时，在一旁的李主管走过去，小王把他介绍给客户。简短寒暄后，李主管得知客户是为新开张的独资企业的外商买自己的"坐骑"。

李：哟，这么说来，张总也在为浦东开发作贡献啊。
张：浦东变化真是很快，3年前我移民出去，现在大部分地区都认不出来了。
李：张总，您这个层次的职位真让人羡慕啊。你国外的老板名气一定很大吧？
张：那当然，全欧洲都知道我们这家公司。
李：噢，是大老板大公司。那么办事派头也很大啰。
张：大！外国人做生意都讲信用、讲派头，办公场所一定要在高级写字楼，而且要在市区繁华地段。员工出差也要住四星级以上宾馆……
李：张总，这么看来，买桑塔纳车好像不是很妥当了，买辆进口奥迪还差不多。
张：我不能乱花老板的钱。

李：张总，您想想2000型的桑塔纳车是经济实惠，款式也新，可让您驾驶，好像就不够档次了。老总有老总的派头，外国搞市场经济讲信用，讲派头，这里也一样，再说了，您为老板省了几个钱，老板下个月来的时候，说不定会责怪您呢？

张：这（犹豫地）……话说得有理，名车豪宅本身就是一种信用。那先不买了，下午我发个传真请示一下，晚上我就晓得老板的意见了。

第二天，张副总果然增加了自己的预算，买了一辆进口奥迪！

二、一个农夫的语言表达艺术

一个农夫在集市上卖玉米，因为他的玉米棒子特别大，所以吸引了一大堆买主。其中一个买主在挑选的过程中发现玉米棒子上有虫子，于是说："伙计，你的玉米棒子倒是不小，只是虫子太多了，你想卖玉米虫呀？可谁爱吃虫肉呢？"

农夫面带微笑却又一本正经地说："朋友，玉米上有虫，这说明我在种植中没有施用农药，是天然无污染植物，各位都是有见识的人，你们说对吗？"

农夫的一席话，让大家感到有理有据，纷纷掏出钱来，不一会儿工夫，农夫的玉米就销售一空。

链接思考

从上述两个实例中分析如何发挥口才艺术，与人沟通中应把握哪些言谈技巧？

参考文献

1. 董原. 商务谈判与推销技巧 [M]. 广州：中山大学出版社，2009
2. 雷娟，全婧. 商务谈判 [M]. 西安：西安交通大学出版社，2011
3. 聂元昆. 商务谈判学 [M]. 北京：高等教育出版社，2009
4. 潘肖珏，谢承志. 商务谈判与沟通技巧 [M]. 上海：复旦大学出版社，2010
5. 陈春娃. 原一平的疯狂推销术 [M]. 北京：中国纺织出版社，2011
6. 杨宜苗. 现代推销学 [M]. 大连：东北财经大学出版社，2010
7. （美）迈克尔·阿亨（MichaelAhearne）. 当代推销学 [M]. 吴长顺，等，编译. 北京：电子工业出版社，2010
8. （美）奥格·曼狄诺. 世界上最伟大的推销员 [M]. 安辽，编译. 北京：世界知识出版社，2010
9. （美）杰勒德·I. 尼尔伦伯格. 谈判的艺术 [M]. 曹景行，陆延，译. 上海：上海翻译出版公司，1986
10. （美）罗杰·费希尔，威廉·尤里，等. 理性谈判制胜术 [M]. 李小刚，等，译. 成都：四川人民出版社，1995
11. 樊建廷. 商务谈判 [M]. 大连：东北财经大学出版社，2007
12. 王丽娟，等. 谈判技能 [M]. 北京：企业管理出版社，2004
13. 王洪耘，宋刚，等. 商务谈判——理论·实务·技巧 [M]. 北京：首都经济贸易大学出版社，2005
14. 刘园. 国际商务谈判 [M]. 北京：对外经济贸易大学出版社，2006
15. 宋贤卓. 商务谈判 [M]. 北京：科学出版社，2004
16. 丁建忠. 商务谈判 [M]. 北京：中国人民大学出版社，2003
17. 李品媛. 现代商务谈判 [M]. 大连：东北财经大学出版社，2003
18. 彭庆武. 商务谈判 [M]. 大连：东北财经大学出版社，2008
19. 冯华亚. 商务谈判 [M]. 北京：清华大学出版社，2006
20. 王若军. 谈判与推销 [M]. 北京：清华大学出版社，2007
21. （美）查尔斯·M. 富特雷尔. 销售学基础：顾客就是生命 [M]. 苏丽文，主译. 大连：东北财经大学出版社，2000
22. （美）拉尔夫·W. 杰克逊，等. 销售管理 [M]. 李扣庆，等，译. 北京：中国人民大学出版社，2001
23. （美）海因慈·姆. 戈德曼. 推销技巧——怎样赢得顾客 [M]. 北京：中国农业出版社，1984
24. （美）罗纳德·B. 马克斯. 人员推销 [M]. 郭毅，等，译. 北京：中国人民大学出版社，2002

25. 吴健安．现代推销理论与技巧［M］．北京：高等教育出版社，2005
26. 李桂荣．现代推销学［M］．北京：中国人民大学出版社，2003
27.（美）奥格·曼狄诺．世界上最伟大的推销员［M］．深圳：海天出版社，1996
28. 孙奇．推销学全书［M］．武汉：武汉大学出版社，2003
29. 秦陇一，董原．推销学［M］．兰州：甘肃人民出版社，1996

后　记

　　商务谈判与推销既是一门科学，又是一门艺术。在经济高速发展的今天，商务谈判与推销已成为我们经济生活与社会生活中的重要一环；可以说人人都是谈判者与推销员，事事处处都需要谈判与推销。我们人生的幸福、事业的成功、企业的发展都离不开商务谈判与推销。

　　本书围绕普通高校本科生培养目标，在介绍商务谈判与推销实务、推销策略与方法的基础上，重点突出对高校本科生商务谈判能力和技巧的培养。本书内容丰富、实训扎实；体例新颖，案例贴近实际，体现了导学性、趣味性、实用性和可读性的特点。本书也可作为高等职业技术学院、高等专科学校、成人高校以及本科院校举办的二级职业技术学院和民办高校营销类专业的通用教材，亦可供企业从事商务谈判与推销的人员和社会读者阅读。

　　本书由兰州商学院工商管理学院院长董原教授、宋小强副教授担任主编；西安财经学院信息学院薛颖讲师、西安邮电大学经济与管理学院唐家琳讲师担任副主编。本书共12章，各章编写分工为：宋小强撰写第一、二、三、四、五、八、九章；董原撰写第六章；关辉国、陈刚分别撰写第十二章第一节、第二节；薛颖参与撰写第十章；唐家琳参与撰写第九章；胡强、郭晓云分别撰写第七章第一节、第二节；张洁撰写第十章、第十一章。最后由董原、宋小强对全书进行了修改和总纂。

　　本书在编写过程中，参考了国内外许多专家的最新科研成果，在此表示衷心感谢。西安交通大学经济与金融学院郝渊晓教授、西安邮电大学经济管理学院院长张鸿教授给予指导与支持，中山大学出版社蔡浩然编审为本书出版付出了艰辛的劳动，在此表示诚挚的谢意。

　　本书在编写过程中存在的不足之处，敬请同行专家及读者批评指正，以便再版时进行补充和修改。

董　原
2014年8月